Zwischen „nationaler Revolution"
und militärischer Aggression

Schriften des Historischen Kollegs

Kolloquien
48

Gerhard Besier
Zwischen „nationaler Revolution"
und militärischer Aggression

R. Oldenbourg Verlag München 2001

Zwischen „nationaler Revolution" und militärischer Aggression

Transformationen in Kirche und Gesellschaft während der konsolidierten NS-Gewaltherrschaft (1934–1939)

Herausgegeben von
Gerhard Besier
unter Mitarbeit von
Elisabeth Müller-Luckner

R. Oldenbourg Verlag München 2001

Schriften des Historischen Kollegs
herausgegeben von
Lothar Gall
in Verbindung mit
Arnold Esch, Etienne François, Klaus Hildebrand, Manfred Hildermeier, Jochen Martin,
Heinrich Nöth, Ursula Peters, Wolfgang Quint und Winfried Schulze
Geschäftsführung: Georg Kalmer
Redaktion: Elisabeth Müller-Luckner

Das Historische Kolleg fördert im Bereich der historisch orientierten Wissenschaften Gelehrte, die sich durch herausragende Leistungen in Forschung und Lehre ausgewiesen haben.
Es vergibt zu diesem Zweck jährlich bis zu drei Forschungsstipendien und ein Förderstipen-
dium sowie alle drei Jahre den „Preis des Historischen Kollegs".

Die Forschungsstipendien, deren Verleihung zugleich eine Auszeichnung für die bisherigen
Leistungen darstellt, sollen den berufenen Wissenschaftlern während eines Kollegjahres die
Möglichkeit bieten, frei von anderen Verpflichtungen eine größere Arbeit abzuschließen.
Professor Dr. Dr. Gerhard Besier (Heidelberg) war – zusammen mit Professor Dr. David J.
Cohen (Berkeley, Cal.), Dr. Lutz Klinkhammer (Köln) und Professor Dr. Wolfgang Reinhard (Freiburg) – Stipendiat des Historischen Kollegs im Kollegjahr 1997/98. Den Obliegen-
heiten der Stipendiaten gemäß hat Gerhard Besier aus seinem Arbeitsbereich ein Kolloquium
zum Thema „Zwischen ‚nationaler Revolution' und militärischer Aggression. Transformationen in Kirche und Gesellschaft während der konsolidierten NS-Gewaltherrschaft (Herbst
1934 bis Herbst 1939), Forschungsstand und Fragestellungen" vom 17. bis 20. Mai 1998 im
Historischen Kolleg gehalten. Die Ergebnisse des Kolloquiums werden in diesem Band veröffentlicht.

Das Historische Kolleg, bisher vom Stiftungsfonds Deutsche Bank zur Förderung der Wissenschaft in Forschung und Lehre und vom Stifterverband für die Deutsche Wissenschaft getragen, wird ab dem Kollegjahr 2000/2001 in seiner Grundausstattung vom Freistaat Bayern
finanziert; seine Stipendien werden aus Mitteln des DaimlerChrysler Fonds, der Fritz Thys-
sen Stiftung, des Stifterverbandes und eines ihm verbundenen Förderunternehmens dotiert.
Träger des Kollegs ist nunmehr die „Stiftung zur Förderung der Historischen Kommission
bei der Bayerischen Akademie der Wissenschaften und des Historischen Kollegs".

Die Deutsche Bibliothek – CIP Einheitsaufnahme

Zwischen „nationaler Revolution" und militärischer Aggression :
Transformationen in Kirche und Gesellschaft während der
konsolidierenden NS-Gewaltherrschaft (1934–1935) / hrsg. von Gerhard
Besier unter Mitarb. von Elisabeth Müller-Luckner. – München :
Oldenbourg, 2001
(Schriften des Historischen Kollegs : Kolloquien ; 48)
ISBN 3-486-56543-5

© 2001 Oldenbourg Wissenschaftsverlag GmbH, München
Rosenheimer Straße 145, D-81671 München
Internet: http://www.oldenbourg-verlag.de

Gedruckt auf säurefreiem, alterungsbeständigem Papier (chlorfrei gebleicht)
Gesamtherstellung: R. Oldenbourg Graphische Betriebe Druckerei GmbH, München
ISBN 3-486-56543-5

Inhalt

Gerhard Besier

Einleitung

„Die Kirchen und das Dritte Reich" als Thema internationaler kirchlicher Zeitgeschichtsforschung

Bei den hier vorgelegten Aufsätzen handelt es sich um überarbeitete Vorträge, die Mitte Mai 1998 im Rahmen eines Kolloquiums am Historischen Kolleg München gehalten wurden. Die Verfasser sind an verschiedenen Fragestellungen interessiert und arbeiten mit unterschiedlichen methodischen bzw. methodologischen Voraussetzungen. Diese Konstellation gibt Anlaß, an Bruchlinien der kirchlichen Zeitgeschichtsforschung zum Gegenstand „Kirche und Drittes Reich" zu erinnern[1].

Mehrfach schon ist die frühe Phase evangelischer kirchlicher Zeitgeschichtsschreibung nach dem Zweiten Weltkrieg Gegenstand kritischer Betrachtungen gewesen[2]. Die, wie man sagte, verklärende Sicht des Handelns einer kleinen Minderheit – eben des sog. entschiedenen Flügels der Bekennenden Kirche – von den Trägern dieser Gruppe selbst historiographisch bearbeitet – wurde seit Ende der 70er Jahre in Bausch und Bogen als „unhaltbar" verworfen. Lange vorher, nämlich schon 1958, schrieb der emeritierte Erlanger Ordinarius Friedrich Baumgärtel sein Buch „Wider die Kirchenkampf-Legenden"[3]. Seine Ausführungen wie die Entgegnung Günther Kochs in der Zeitschrift „Junge Kirche"[4] waren getragen von sehr unterschiedlichen theologischen Konzepten – der eine argumentierte aus der Perspektive des konservativen Luthertums, der andere verstand sich als Barthianer. Auch vor dem Hintergrund eines recht ähnlichen Theologie- und Kirchenverständnisses konnte es zu schneidenden Kontroversen kommen. Wolfgang Schweitzer und Hans Prolingheuer, beide in linksbarthianischer Tradition stehend, lieferten sich noch 1988 eine wahre Schlacht, weil dieser die legenden-

---

[1] Vgl. *Hans Günter Hockerts*, Zeitgeschichte in Deutschland. Begriff, Methoden, Themenfelder, in: ApuZ B 29–30 (1993) 3–19; *Ulrich von Hehl*, Kampf um die Deutung. Der Nationalsozialismus zwischen „Vergangenheitsbewältigung", Historisierungspostulat und „Neuer Unbefangenheit", in: HJ 117/II (1997) 406–436.
[2] Vgl. hierzu und zum Folgenden auch *Gerhard Besier*, Kirche, Politik und Gesellschaft im 20. Jahrhundert (EDG 56, München 2000) bes. 80 ff.
[3] *Friedrich Baumgärtel*, Wider die Kirchenkampf-Legenden (Neuendettelsau ²1959).
[4] JK 19 (1958) 576 ff., 632 ff.

umwobenen Kirchenkämpfer „mehrheitlich" den „Deutschnationalen, Rassisten und Faschisten" zuordnete und damit die Differenz zu den Deutschen Christen und den Neuheidnischen Bewegungen einebnete[5]. Schweitzer sah in dieser Deutung des Kirchenkampfes die Bildung von „Antilegenden"[6].

Als Kurt Meier 1977 die ersten beiden Bände seines „Evangelischen Kirchenkampfes" vorlegte, reagierte das bis dahin kaum angefochtene Haupt der evangelischen kirchlichen Historiographie, Wilhelm Niemöller, mit vernichtender Kritik. Zahlreiche sachliche Fehler, gravierende methodische Mängel, völlig einseitige Quellenauswahl, ja „unerhörte Ahnungslosigkeit"[7] meinte der Rezensent feststellen zu können. Was daran war richtig? Meier hatte eine völlige Umgewichtung vorgenommen, schenkte den sog. „Neutralen" im Kirchenkampf und den „Deutschen Christen" erhöhte Aufmerksamkeit und machte implizit auch deutlich warum: Seine Darstellung gründete – neben und in gewissem Widerspruch zu seiner Hochschätzung des religiösen Sozialismus – vor allem auf einem volkskirchlich-lutherischen Konzept mit theologischer Anspruchsminderung. Gegen Klaus Scholders etwa gleichzeitig erschienenen ersten Band über „Die Kirchen und das Dritte Reich" wandten seine Kritiker ein, Scholders Urteil fuße auf der Theologie des frühen Barth und lasse ihn darum über theologische und politische Gegner dieses Ansatzes unnachsichtig Gericht halten. Charakteristisch für beide Ansätze, wie übrigens für die meisten späteren Arbeiten auch, ist, daß die Autoren über ihre präskriptiven Sätze explizit keine Auskunft geben.

Ende der 80er Jahre nahmen sich einige Allgemeinhistoriker im Verein mit Christentumshistorikern kulturtheologischer Provenienz vor, der als binnentheologisch verstandenen „kirchlichen Hausgeschichtsschreibung" aus ihrem wirklichen oder vermeintlichen „Ghetto" herauszuhelfen. Kirchliche Zeitgeschichte sollte – im Anschluß an die allgemeinhistorische Kontroverse – zur Sozialgeschichte werden. Damit versuchte man im Rahmen des Methodenstreites innerhalb der Geschichtswissenschaft die als „Christentumsgeschichte" reinterpretierte Kirchengeschichte auf die Seite der historischen Sozialwissenschaft zu ziehen.

Seit Anfang der 70er Jahre geben die Sozial- und Gesellschaftswissenschaften, seit den 90er Jahren auch die Kulturwissenschaften den ehemaligen sog. „Geisteswissenschaften" Fragestellungen, Forschungsstrategien und Interpretationsregeln vor. Nicht mehr der Austausch über materielle Kenntnisse und der Diskurs über Deutungen von Sachverhalten, sondern der Streit über Begriffe, Denkmuster, Kategorien, Erklärungskonzepte und Problemzusammenhänge bestimmt vielfach die fachwissenschaftliche Diskussion. Die als gültig behaupteten Denkmuster etc. bestimmen und legitimieren die Deutungen und verhindern dadurch Diskurse

---

[5] Vgl. *Hans Prolingheuer*, Wir sind in die Irre gegangen. Die Schuld der Kirche unterm Hakenkreuz, nach dem Bekenntnis des „Darmstädter Wortes" von 1947 (Köln 1987) 14.
[6] *Wolfgang Schweitzer*, Legenden und Antilegenden zum Kirchenkampf 1933–1945, in: JK 49 (1988) 253–262.
[7] JK 38 (1977) 414.

über andere Möglichkeiten. Merkwürdigerweise blieb der Einspruch von wissenschaftstheoretischer Seite – etwa gegen die Soziologisierung der Geschichtswissenschaft – weithin unbeachtet[8]. Allerdings zeigen die anhaltenden Kontroversen innerhalb der Geschichtswissenschaft selbst, daß jedenfalls Teile der Zunft nicht nur begeisterte Zustimmung über die neuen historiographischen Zugänge äußerten, sondern auch scharfe Kritik übten. Es konnte nicht um eine Ablösung der bisher geltenden Methodologien und Methoden gehen, sondern nur um eine Erweiterung des Spektrums. Und auch die neuen sozialwissenschaftlichen Ansätze sind natürlich nicht voraussetzungslos, sondern ruhen auf Basissätzen auf, über die sich ein intersubjektiver Konsens nicht in jedem Fall herstellen läßt, wie der Streit zwischen wissenschaftstheoretischen Schulen illustriert. Ein ganz anderes Problem stellt die Übertragung von experimentellen Designs auf das historische Material dar.

Auch mit den Methoden und Fragestellungen der Geschichte von Milieus und Mentalitäten, der Alltags- und Psychohistorie verhält es sich so, daß sie, von vorausliegenden Basissätzen aus entwickelt, segmentellen Erkenntnisgewinn versprechen, aber nicht in dem Sinne einen erklärungskräftigeren Theoriekomplex anzubieten haben, daß sie traditionelle historiographische Ansätze ablösen könnten. „Rückkehrbewegungen", etwa auf dem Feld der historischen Biographie, bestätigen diese Einschätzung.

Die Historiographie des Katholizismus und der katholischen Kirche im „Dritten Reich" hat – wie die der evangelischen Kirche – ebenfalls Zäsuren erfahren und theoretische Kontroversen zu bestehen gehabt. Ernst Wolfgang Böckenfördes These von der inneren Affinität der katholischen Kirche zu autoritären Regimen[9] erschütterte 1961 die Zunft ebenso wie das 1963 erschienene Theaterstück Hochhuths die Katholiken insgesamt. Die 1997 wieder neu entbrannte Auseinandersetzung um das Verhältnis Pius' XII. zum „Dritten Reich"[10] und die Erklärung des Vatikans zur Shoah 1998 zeigen, daß der Komplex „Kirche und Nationalsozialismus" nach wie vor lebhaftes historiographisches wie theologisches Interesse hervorruft[11]. Entgegen der Deutung Scholders aus dem Jahr 1977 verneinten

---

[8] Vgl. *Helmut Seiffert*, Einführung in die Wissenschaftstheorie, Bd. 2 (München [2]1983) 197–225; im Anschluß daran *Gerhard Besier*, Religion – Nation – Kultur. Die Geschichte der christlichen Kirchen in den gesellschaftlichen Umbrüchen des 19. Jahrhunderts (Neukirchen-Vluyn 1992) 204 ff. und *Jürgen Kocka*, Annäherung und neue Distanz. Historiker und Sozialwissenschaftler seit den fünfziger Jahren, in: *Manfred Hettling, Paul Nolte* (Hrsg.), Nation und Gesellschaft in Deutschland. Historische Essays (München 1996) 15–31.

[9] *Ernst-Wolfgang Böckenförde*, Der deutsche Katholizismus im Jahr 1933. Eine kritische Betrachtung, in: Hochland 53 (1960/61) 215–239.

[10] Vgl. *John Cornwell*, Pius XII. Der Papst der geschwiegen hat (München 1999). Siehe auch *Pierre Blet*, Papst Pius XII. und der Zweite Weltkrieg. Aus den Akten des Vatikans (Paderborn, München, Wien, Zürich 2000); *Michael F. Feldkamp*, Pius XII. und Deutschland (Göttingen 2000).

[11] Vgl. *Georges Passelecq, Bernard Suchecky*, Die unterschlagene Enzyklika. Der Vatikan und die Judenverfolgung (München 1997); *Michael Phayer*, The Catholic Church and

Konrad Repgen, Ludwig Volk, Heinz Hürten und andere einen „Wirkungszusammenhang" zwischen dem Ja des Zentrums zum Ermächtigungsgesetz und den Konkordatsverhandlungen[12]. In den 80er Jahren wurde die Ablösung von historiographischen Konzepten wie denen Jedins und Iserlohs vielfach als Befreiung zugunsten einer Historiographie des politischen und sozialen Katholizismus mit neuen Zugängen empfunden. Damit ging eine inhaltliche Akzentverlagerung einher: Die Geschichte des deutschen Episkopats, des Vatikans wie die Theologiegeschichte traten gegenüber der Erforschung des Katholizismus in seiner politischen, sozialen, mentalen und milieubildenden Ausprägung deutlich zurück. Vor dem Hintergrund modernisierungstheoretischer Ansätze suchte man resistentes Verhalten katholischer Subkulturen im „Dritten Reich" als Abwehrreaktion gegen Modernisierungs- und Säkularisierungsschübe zu interpretieren. Gegen die darin enthaltenen, impliziten Wertungen wurde von anderer Seite entschiedener Widerspruch eingelegt[13].

Der Streit um die politischen Rahmenbedingungen der Konkordatsverhandlungen erinnert an Standortbindungen konfessioneller, kultureller, politischer und anderer Art. Im Bemühen um eine auch historiographische Überbrückung gerade konfessioneller Differenzen sind Versuche zu sehen, auf protestantischer Seite Entsprechungen zum politischen und sozialen Katholizismus zu entdecken. Doch die tiefgreifenden strukturellen wie inhaltlichen Unterschiede der Ekklesiologie wie der „Lebenswelten" liegen zu Tage und sollten mit allen ihren – auch theologischen – Implikationen offen thematisiert werden[14].

Als Ursachen für unterschiedliche Sicht- und Vorgehensweisen sind sozialpsychologisch-soziologische Dispositionen, die Zugehörigkeit zu wissenschaftlichen Schulen und natürlich spezifische Interessenbindungen zu nennen. Dazu gehören weltanschauliche Orientierungen, Glaubenshaltungen, Konfessions- und Gruppenzugehörigkeiten. Mit den prägenden Haltungen im Zusammenhang steht das inzwischen empirisch gut erfaßte Phänomen, daß Individuen und Gruppen sich durchaus unzuverlässig an Erlebtes erinnern und je nach Überzeugungen geneigt sind, Kontingentes zu einer in sich sinnvollen Geschichte zu formen[15]. Auf der

the Holocaust, 1930–1965 (Bloomington 2000); *Giovanni Miccoli,* I dilemmi e i silenzi di Pio XII. Vaticano, Seconda guerra mondiale e Shoah (Milano 2000).
[12] Vgl. *Konrad Repgen,* Über die Entstehung der Reichskonkordats-Offerte im Frühjahr 1933 und die Bedeutung des Reichskonkordats. Kritische Bemerkungen zu einem neuen Buch, in: VfZ 26 (1978) 499–534.
[13] *Urs Altermatt,* Katholizismus und Moderne. Zur Sozialgeschichte der Schweizer Katholiken im 19. und 20. Jahrhundert (Köln 1989). Siehe jetzt auch *ders.,* Katholizismus und Antisemitismus. Mentalitäten, Kontinuitäten, Ambivalenzen. Zur Kulturgeschichte der Schweiz 1918–1945 (Frauenfeld, Stuttgart, Wien 1999).
[14] Vgl. *Ulrich von Hehl,* Die Kirchen in der NS-Diktatur, in: *Karl Dietrich Bracher, Manfred Funke, Hans-Adolf Jacobsen* (Hrsg.), Deutschland 1933–1945. Neue Studien zur nationalsozialistischen Herrschaft (Bonner Schriften zur Politik und Zeitgeschichte 23, Düsseldorf 1992) 153–181.
[15] Vgl. *Gerhard Besier,* Psychophysiologie und Oral History als Faktoren der Sozietät. Anmerkungen zur Akkuratesse von Erinnerungen, in: KZG 7 (1994) 102–116. Siehe jetzt auch

anderen Seite kann es einer Gesellschaft wie einzelnen ihrer Subkulturen nicht gleichgültig sein, wie ihre Vergangenheit historiographisch bearbeitet wird. Historische Deutungen von Institutionen und in ihr tätig gewesenen Personen besitzen Wirkmächtigkeit in der Gegenwart. Geschichtsbilder leisten zur Identitätsbildung und zum aktuellen Selbstverständnis von Subgruppen und Gesellschaften einen zentralen Beitrag.

Bei der Beurteilung von Geschichtsdarstellungen sollte meines Erachtens nicht so sehr nach der Ferne oder Nähe zu bestimmten Methodenkomplexen gefragt werden, sondern danach, ob die gewählte Darstellungs- und Urteilsebene dem Betrachtungsgegenstand angemessen erscheint. Dabei geht es auf der Darstellungsebene um die Frage der Methodenwahl, auf der Urteilsebene um die Frage der Kriterien. Der Untersuchungsgegenstand muß sich im Prozeß der Urteilsbildung an den Kriterien messen lassen, die er für sich selbst als gültig anerkannt hat. Auf theologische Urteilskriterien kann in der kirchlichen Zeitgeschichtsschreibung darum nicht verzichtet werden, weil die christlichen Kirchen diese Disziplin als ihre unmittelbare Bezugswissenschaft verstehen. Hier wird Rechenschaft über den christlichen Glauben in seiner Zeit abgelegt. Der Gegenstandsbereich und sein Interpretationsrahmen sind durch die „intratextuellen Standpunkte und Lebensformen" der jeweiligen Religionsgemeinschaft vorgegeben[16]. Religionsgemeinschaften allein als gesellschaftliche Gruppen zu erfassen und zu erklären versuchen, inwiefern ihr politisch-soziales Handeln auf konfessionelle Sozialisationsbedingungen zurückzuführen ist und welche Funktion sie in bestimmten Zeiten einnahmen, genügt dem Selbstverständnis christlicher Kirchen auch in historischer Dimension nicht. Ebenso sachgemäß ist es, bei religionsvergleichenden Arbeiten nicht nur überkonfessionelle religionswissenschaftliche und -soziologische Kriterien heranzuziehen, sondern auch von der Innenperspektive aus den konfessionsspezifischen Lehrkomplex miteinzubeziehen, auf dem das Selbstverständnis der jeweiligen Religionsgemeinschaft basiert.

Ein möglichst breites Spektrum von methodologischen Zugängen und inhaltlichen Fragestellungen verspricht den größten Erkenntnisgewinn. Das ist m. E. auch dann der Fall, wenn aufgrund der unterschiedlichen Voraussetzungen die Einzelergebnisse nicht immer als kompatibel erscheinen und wir über ein eher heterogenes Bild von rekonstruierter vergangener Wirklichkeit, dem differierende Erklärungsversuche zugrunde liegen, nicht hinauskommen. Ein solch multiper-

---

Wolf Singer, Wahrnehmen, Erinnern, Vergessen. Über Nutzen und Vorteil der Hirnforschung für die Geschichtswissenschaft. Eröffnungsvortrag des 43. Deutschen Historikertags, in: FAZ Nr. 226 vom 28.9.2000, 10; *Susannah Radstone*, Memory and Methodology (New York 2000).

[16] Vgl. *George A. Lindbeck*, Christliche Lehre als Grammatik des Glaubens (Gütersloh 1994) 187; vgl. auch *Stanley Hauerwas*, Geschichte als Schicksal. Wie in Amerika aus der „Rechtfertigung aus Glauben" Anthropologie und Geschichte wurde, in: Rechtfertigung und Erfahrung. Festschrift für Gerhard Sauter, hrsg. von *Michael Beintker* u. a. (Gütersloh 1995) 269–286. Siehe zu dem Gesamtkonzept schon *Karl Barth*, Dogmatik im Grundriß im Anschluß an das apostolische Glaubensbekenntnis (Stuttgart 1947) bes. 10 ff.

spektivischer Zugriff schließt hegemoniale Deutungsansprüche aus. Es bleibt die diskursiv zu klärende Frage nach der Angemessenheit, Erklärungskraft und Reichweite bestimmter Methodologien, Methoden und Fragestellungen für einen bestimmten historiographisch zu erfassenden Gegenstand. Eine Auflösung der Spannungen zwischen den verschiedenen Positionen und Zugängen wird wahrscheinlich kaum möglich sein. Diese Spannungen jedoch nicht als unvereinbare Gegensätze, sondern als fruchtbaren Ansporn zu begreifen, muß – gerade in Deutschland – noch gelernt werden.

Gerhard Ringshausen geht in seinem methodischen Grundlagen-Beitrag „Die Deutung des NS-Staates und des Widerstandes als Thema der Zeitgeschichte" im einzelnen den wechselnden methodischen und methodologischen Deutungsmustern von der Nachkriegszeit bis in die Gegenwart nach und analysiert deren politische, philosophische und theologische Implikationen.

Hans Mommsen und *Julius H. Schoeps* diskutieren die Frage, ob der Nationalsozialismus eine „politische Religion" gewesen sei[17]. Mommsen weist auf Hitlers Abwehr gegen Versuche aus seiner Umgebung hin, den NS auch zu einer religiösen Bewegung zu machen. Alle Bestrebungen in dieser Richtung von Bormann, Himmler, Goebbels und Rosenberg seien letztlich kläglich gescheitert, wenn man vom Hitler-Mythos absieht. Nur aus propagandistischen Gründen, nicht im Interesse der Schaffung einer Religion habe man – unter Verwendung christlicher Rituale – mit sehr mäßigem Erfolg Ersatzfeierlichkeiten eingeführt. „Die auf parasitäre Nutzung und Zersetzung überkommener Werthaltungen und Institutionen beruhende nationalsozialistische Machtallokation besaß kein inneres Zentrum, das den Vergleich mit religiösen Strukturen zuläßt." Schoeps dagegen sieht im Hintergrund von „Erlösungswahn und Vernichtungswille" eine religiöse Motivation. Der Massenmord an den Juden bilde das heilsgeschichtlich begründete Kernstück einer religiösen Erlösungslehre. Der NS sei nicht nur als eine politische, sondern als eine „echte Glaubensbewegung" zu verstehen, die strukturelle Parallelen zur christlichen Apokalyptik aufweise. Da die Vernichtung der Juden und die „Erlösung" der „arischen" Deutschen einander bedingten, gebe es zwischen Goldhagens „Vernichtungsantisemitismus" und Friedländers „Erlösungsantisemitismus" keinen konzeptionellen Widerspruch. Für beide Interpretationen

---

[17] Vgl. dazu auch *Hermann Lübbe* (Hrsg.), Heilserwartung und Terror. Politische Religionen des 20. Jahrhunderts (Schriften der Katholischen Akademie in Bayern 152, Düsseldorf 1995); *Hans Maier*, Politische Religionen. Die totalitären Regime und das Christentum (Herder Spektrum 4414, Freiburg, Basel, Wien 1995); *ders.* (Hrsg.), ‚Totalitarismus' und ‚Politische Religionen'. Konzepte des Diktaturvergleichs (Politik und kommunikationswissenschaftliche Veröffentlichungen der Görres-Gesellschaft 16, Paderborn u.a. 1996); *ders.*, *Michael Schäfer* (Hrsg.), ‚Totalitarismus' und ‚Politische Religionen'. Konzepte des Diktaturvergleichs, Bd. 2 (Paderborn u.a. 1997); *Markus Huttner*, Totalitarismus und säkulare Religionen. Zur Frühgeschichte totalitarismuskritischer Begriffs- und Theoriebildung in Großbritannien (Extremismus & Demokratie 14, Bonn 1999). Siehe jetzt auch *Heinrich August Winkler*, Der lange Weg nach Westen. Deutsche Geschichte vom „Dritten Reich" bis zur Wiedervereinigung, Bd. 2 (München 2000) 1. Nach seinem Selbstverständnis, so Winkler, war der Nationalsozialismus „eine totalitäre politische Religion".

lassen sich Äußerungen Hitlers namhaft machen und zeitgenössische Phänomene beschreiben. Letztlich ist die nicht eigens thematisierte Frage, welchen Religionsbegriff man als heuristischen Maßstab wählen will, ausschlaggebend für die Entscheidung, ob der NS als „politische Religion" gelten kann[18].

Doris L. Bergen behandelt die Glaubensbewegung „Deutsche Christen" (DC), jene schätzungsweise 600 000 Mitglieder umfassende Gruppierung innerhalb der evangelischen Kirche, die eine Synthese von Christentum und Nationalsozialismus anstrebte. Dabei untersucht sie insbesondere das innere Kräftespiel zwischen der etwa fünf- bis sechstausend Mitglieder umfassenden geistlichen DC-Führungsspitze und der Masse der DC-Laien. Gemeinsam war ihnen ein Antiklerikalismus, den die DC-Geistlichkeit polemisch gegen ihren eigenen „verjudeten" Stand wendete, die DC-Basis aber auch gegen ihre DC-Theologen. Geistliche und Juden galten den DC gleichermaßen als „Pharisäer". Die DC-Basis hielt nach eigener Wahrnehmung treu an den großen Zielen der Bewegung fest, während die geistliche Spitze Aufweichungstendenzen zeigte. Dieser latente oder sogar offene Gegensatz zwischen Geistlichen und Laien „lähmte[.] die Deutschen Christen". Auch der Widerspruch, daß ausschließlich Männer einer „männlichen" Kirche mit Affekten gegen das Weibliche vorstanden, die Frauen aber einen erheblichen Beitrag in der DC-Bewegung leisteten, löste Spannungen aus und schwächte so die DC. Auch die Distanzierung führender NS-Funktionäre von den DC bedeutete einen schweren Schlag für die Bewegung, wenn an der Basis auch die Kooperation weiterlief. Oftmals nahmen begeisterte Nationalsozialisten auf lokaler Ebene sowohl Funktionen in der NSDAP wie bei den DC wahr.

Thomas Fandel stellt einen regionalgeschichtlichen Vergleich zwischen evangelischen und katholischen Pfarrern in der Pfalz an[19]. Die katholische Geistlichkeit und der Katholizismus besaßen im Zentrum bzw. in der Bayerischen Volkspartei bereits eine politische Heimat und sahen darum in der NSDAP eine Bedrohung. Die Evangelischen verbanden mit der NSDAP dagegen politische Hoffnungen. Vor allem im ländlichen Bereich wurde die NSDAP als protestantische Milieupartei wahrgenommen, die religiöse Konsolidierung und stärkeren gesellschaftlichen Einfluß gegenüber dem einflußreichen Katholizismus verhieß. Zwischen 1933 und 1940 war jeder fünfte evangelische Pfarrer Parteimitglied, mehr als 50 Prozent schlossen sich den DC an, die sie als kirchliche „Einigungsbewegung" wahrnahmen. Aber nicht nur der evangelische Landesbischof Ludwig Diehl, sondern auch

---

[18] Zum Religionsbegriff vgl. *Fritz Stolz*, Grundzüge der Religionswissenschaft (Kleine Vandenhoeck-Reihe 1527, Göttingen 1988) 9–21; *Hubert Seiwert*, Das Spezifische religiöser Wahrheit. Diskursive und pragmatische Begründung religiöser Wahrheitsansprüche, in: *Walter Kerber* (Hrsg.), Die Wahrheit der Religionen: ein Symposium (Fragen einer neuen Weltkultur 10, München 1994) 15–72. Siehe auch *James Thrower*, Religion. The Classical Theories (Edinburgh 1999); *Martin Riesebrodt*, Die Rückkehr der Religionen. Fundamentalismus und der Kampf der Kulturen (München 2000) bes. 35 ff.

[19] Siehe auch die Untersuchung von *Björn Mensing*, Pfarrer und Nationalsozialismus. Geschichte einer Verstrickung am Beispiel der Evangelisch-Lutherischen Kirche in Bayern (Bayreuth 1999). Der Verf. untersucht die Haltungen und politischen Einstellungen der bayerischen evangelischen Pfarrerschaft.

der katholische Bischof Sebastian zeigte Bereitschaft zur Kooperation. Er forderte von seinen Pfarrern politische Zurückhaltung bis zur „Entpolitisierung des Klerus" und – im Blick auf die Saarabstimmung – eine klare nationale Haltung. Auf protestantischer Seite wurde die patriotische Haltung der Katholiken durch ein Bekenntnis „zum Reiche Adolf Hitlers" überboten. Bis 1937 konnte die Gauleitung – gegen kirchenfeindliche Tendenzen auf Reichsebene – verhindern, daß NS-treue Theologen durch die Partei brüskiert wurden. Danach nahm die Gestapo das Heft in die Hand, die Austritte von Parteifunktionären nahmen zu, und enttäuschte Pfarrer gingen auf Distanz zur Partei, ohne ihre politische Grundhaltung zu ändern. Auch die Pfälzische Pfarrbruderschaft, der 1938 immerhin 29 Prozent der Geistlichen angehörten, opponierte nicht gegen das NS-Regime, sondern koordinierte den Widerspruch gegen das deutsch-christliche Kirchenregiment. Während auf seiten der Protestanten innerkirchliche Auseinandersetzungen dominierten, stand für die katholische Geistlichkeit der Kampf um die konfessionellen Schulen im Mittelpunkt. An dieser Frage endete der diplomatisch-taktierende Kurs des Bischofs und begann der Konflikt mit der Gauleitung. Aber auch der katholischen Kirche ging es dabei nicht um politische Opposition gegen den NS-Staat, sondern um „weltanschauliche Immunisierung und kirchlich institutionelle Selbstbehauptung". Den Einfluß auf die katholische Jugend wollte sie keinesfalls aufgeben. Keine Parallele zur katholischen Kirche hat die Diskussion innerhalb der Pfälzischen Landeskirche, ob Christen jüdischer Abstammung Mitglied in der Landeskirche sein könnten[20]. „Die katholische Form des Christentums", so Fandel, „machte generell die Anpassung an staatliche Vorgaben schwerer als die evangelische – unabhängig davon, um welche Staatsform es sich handelte." Nichtsdestoweniger stand zwischen 1935 und 1939 in beiden Kirchen die weltanschauliche Auseinandersetzung mit dem NS-Regime im Vordergrund. Zu dieser Annäherung der Protestanten an die katholische Verteidigungslinie hatte entscheidend der antikirchliche Kurs der NSDAP beigetragen.

Mit dem „Kaiserswerther Verband deutscher Diakonissenmutterhäuser", dem mit 28 000 Diakonissen und 3700 diakonischen Hilfskräften größten evangelischen Schwesternverband der Inneren Mission, gibt *Heide-Marie Lauterer* ein Beispiel für das Verhalten des Verbandsprotestantismus im NS-Staat. Nach ihrem Urteil kann der ideelle und materielle Kampf um Bestandssicherung, obwohl er den Verband vor der Gleichschaltung bewahrt habe, nicht als „Resistenz" bewertet werden. Das belege nicht zuletzt die Opferstatistik. In ihrem Aufsatz zeigt sie mittels einer Befragung von „Feierabendschwestern", damals junge Frauen aus meist kleinbäuerlichen, kleinbürgerlichen Schichten, daß das ideologische und repressive Potential des NS-Regimes zu erheblichen Veränderungen in Einstellung und Verhalten der Schwesterngemeinschaft geführt hat. „Bei vielen Schwestern

---

[20] Vgl. zu diesem Komplex, bezogen auf die niedersächsischen Verhältnisse, auch *Gerhard Lindemann*, „Typisch jüdisch". Die Stellung der Ev.-luth. Landeskirche Hannovers zu Antijudaismus, Judenfeindschaft und Antisemitismus 1919–1949 (Schriftenreihe der Gesellschaft für Deutschlandforschung 63, Berlin 1998).

überwog in der Zeit von 1933 bis 1938/39 die Begeisterung für die ‚nationale
Erhebung'." Vorbehalte gegen den Eintritt in NS-Organisationen verflüchtigten
sich unter Druck, für die kritische Beschäftigung mit politischen Fragen fehlte es
den Schwestern an Bildungsvoraussetzungen, Zeit und Interesse. Das Gesetz zur
Verhütung erbkranken Nachwuchses und die Konsequenz der Zwangssterilisie-
rung auch in konfessionellen Krankenhäusern führte nicht zu Protesten. Verbandsvorstand wie Mutterhausdiakonie fügten sich „unter Maßgabe der Bestandssicherung und der Bewahrung ihrer traditionellen Arbeitsstrukturen [...]"
ohne größere Konflikte in das NS-Regime ein" und arbeiteten im Bereich der
allgemeinen Wohlfahrtspflege mit. An der Verbandsspitze, insbesondere bei der
Verbandsoberin Auguste Mohrmann, bestand Übereinstimmung mit der nationalsozialistischen Volkstumsideologie – auch Diakonissen waren „Kämpferinnen
für die Volksgemeinschaft". Umgekehrt nahm die NS-„Bewegung", wie in anderen Bereichen auch[21], beim Aufbau der NS-„Schwesternschaft"[22] Anleihen an
Formen aus dem kirchlich-religiösen Bereich vor. Der Begriff, die einheitliche
Tracht, Bezahlung und Status orientierten sich ganz an dem Kaiserswerther Vorbild. Als entscheidender Unterschied blieb, daß die NS-Volkswohlfahrt nur
„rassisch wertvollen" Menschen offen stand, während die Diakonissen von ihrem
Auftrag her Dienst an allen notleidenden Menschen zu tun hatten. Da das
christliche Dienstverständnis nicht zu kopieren war, blieb die NS-Schwesternschaft mit ihrer Höchstzahl von 3866 Schwestern (1936) eine marginale Erscheinung. Als die NS-Volksfürsorge seit 1938/39 von konfessionellen Kindergärten
ideologische Erziehungsinhalte (Erziehung zur Erb- und Rassenpflege) forderte,
kam es auch zu inneren Distanzierungen der Kaiserswerther Schwestern von der
NS-Ideologie.

Klaus-Michael Mallmann beschreibt in seinem Aufsatz über „Geheime Staatspolizei, Sicherheitsdienst und christliche Kirchen 1934–1939/40" die Struktur der
Kirchenabteilungen beider „Polizeien" und ihre vom System her unvermeidbar
widersprüchliche Interventionspolitik. „Zunächst einmal waren die Kirchen
prinzipiell obrigkeitsbejahende Institutionen mit Massenrückhalt und Besitzstandsgarantien, deren Legalität in toto nicht angegriffen werden konnte, deren
oppositionelle Relevanz wiederum durchaus strittig war." Nicht nur der Kompe-
tenzwirrwarr sorgte für ein unsystematisches Vorgehen der straff organisierten
Institutionen. Wollte das Regime die Bevölkerung nicht gegen sich aufbringen,
mußte es bei der „Entkonfessionalisierung des öffentlichen Lebens" und damit
der Zurückdrängung des „unerwünschten Einflußfaktors" Kirche wohldosiert
vorgehen. Darauf achtete man in der Region meist sorgfältiger als auf Reichsebene. Außerdem blieb in den meisten Bereichen undefiniert, wo die Schwelle für

---

[21] Vgl. z.B. *Gerhard Besier*, Neuheidnische Religiosität und Protestantismus im NS-Staat:
Der Dom zu Quedlinburg als Kult- und Weihestätte der SS, in: RSG 1 (2000) 145–188.
[22] Vgl. dazu auch *Birgit Breiding*, Die Braunen Schwestern. Ideologie – Struktur – Funktion
einer nationalsozialistischen Elite (Beiträge zur Wirtschafts- und Sozialgeschichte 85, Stuttgart 1998). Siehe auch *Bronwyn Rebekah McFarland-Icke*, Nurses in Nazi Germany. Moral
Choice in History (Princeton 2000).

das gebotene Eingreifen der Polizei lag. Viele Gestapo-Bedienstete gehörten bis Anfang der 40er Jahre selbst noch der Kirche an, was zu inneren Loyalitätskonflikten führen mußte. Neben der Eindämmung des kirchlichen Einflusses durch die Anwendung willkürlicher Machtmittel griff die Gestapo auch zu Diffamierungskampagnen, die in Devisen- und Sittlichkeitsprozesse, aber auch in erpreßte Zusammenarbeit mündeten. Heydrich, der Leiter des SD des Reichsführers SS, stellte 1935 das „politische Priesterbeamtentum" mit Weltjudentum und Freimaurertum auf eine Ebene und sah in ihm eine dunkle Gegenmacht zur Vernichtung des deutschen Volkes. Mit der Dämonisierung der Kirchen ging die wachsende Distanzierung von ihnen einher. Dabei besaß der SD, der die Kirchen systematisch zu infiltrieren versuchte, eine „ideologische Schrittmacherrolle".

Im Unterschied zu den Religionsdezernaten der Staatspolizei Gestapo, die Juristen koordinierten, wurde die weltanschauliche Abteilung der Parteiinstitution SD von den ehemaligen Priestern Wilhelm Patin und Albert Hartl geleitet[23]. Zwischen beiden Einrichtungen gab es ständige Reibereien. „Der weltanschaulichen Radikalität der SS entsprach in der staatspolizeilichen Praxis lediglich ein improvisierter Kleinkrieg, der von taktischen Rücksichten geprägt und gebremst wurde." Das im September 1939 gegründete Reichssicherheitshauptamt (RSHA) vereinigte Gestapo, Kripo und SD. Die Fusion brachte den radikalen SDlern nicht nur exekutive Funktionen. Mit vielen anderen rückte auch Hartl in eine Führungsposition der neuen Superbehörde ein – die Leitung der neuen Gruppe mit den Fachgebieten Katholizismus, Protestantismus, Sekten, Freimaurer, Juden und Räumungsangelegenheiten. Damit löste die ideologische „Gegnerarbeit" endgültig die polizeiliche Einzelfall-Tätigkeit ab.

Daß die assimilierten deutschen Juden auf die nationalsozialistische Judenpolitik mit einer Re-Judaisierung reagiert hätten, wie vielfach behauptet, stellt *Michael Wolffsohn* anhand einer empirischen Studie auf Makroebene über die Wahl der Vornamen in Frage. Dabei geht er von der Hypothese aus, daß Eltern die Vornamen ihrer Kinder entsprechend mentaler Prägungen wählen[24]. Er gelangt zu dem Ergebnis, „daß bis 1945 eindeutig nichtjüdische Namen dominierten". Vor dem Hintergrund bestimmter Ereignisse – etwa 1935 im Jahr der Nürnberger Gesetzgebung oder 1938 im Jahr der sog. „Reichskristallnacht" – lassen sich aber auch immer wieder signifikante zyklische Abweichungen von dieser Generallinie in Gestalt einer Rückbesinnung auf jüdische Vornamen feststellen. Insgesamt zieht

---

[23] Vgl. auch *Roman Bleistein* SJ, „Überläufer im Sold der Kirchenfeinde". Josef Roth und Albert Hartl: Priesterkarrieren im Dritten Reich, in: BABKG 42 (1996) 71–109; *Wolfgang Dierker*, Die Kirchen- und Religionspolitik des Sicherheitsdienstes. Ein Forschungsprojekt der Evangelischen Arbeitsgemeinschaft für Kirchliche Zeitgeschichte, München, und der Kommission für Zeitgeschichte e.V., Bonn, in: Jahrbuch der historischen Forschung in der Bundesrepublik Deutschland. Berichtsjahr 1997 (München 1998) 43–49.
[24] Siehe auch *Michael Wolffsohn, Thomas Brechenmacher*, Die Deutschen und ihre Vornamen. 200 Jahre Politik und öffentliche Meinung (München u.a. 1999).

Wolffsohn das Resümee: „Wer verfolgt oder gar ermordet wird, kann nicht zugleich wiedergeboren werden."

Helmuth Kiesel unternimmt eine Durchsicht der deutschen Literatur zwischen
1934 und 1939. Dabei kommt sowohl Exilliteratur, Literatur der inneren Emigration und NS-Literatur in den Blick. Außerdem findet das Kriterium der Nähe
bzw. Distanz zu Christentum bzw. Religion Berücksichtigung. Während in der
NS-Literatur eindeutig Vorbehalte gegen die christliche Religion produziert werden und die NS-Bewegung religiöse Züge annimmt, suchen die nicht antichristlichen Literaten die Situation des „Dritten Reiches" mit apokalyptischen und anderen christlichen Deutungsmustern zu fassen; von den Kirchen wird „reformerisch
tätige Bewährung verlangt". Werner Bergengruen, der wie andere nicht emigrierte
Kritiker des „Dritten Reiches" seinen Stücken die unmittelbare Konfrontation
nimmt, indem er das Geschehen ins Historische und Exotische verlagert, erwartet
von der Kirche „eine kompromißlose und das Martyrium einkalkulierende Wahrung ihrer Prinzipien". Andere, wie Ödön von Horváth, konstatieren die „Kom-
promiß- oder Kollaborationsbereitschaft der Kirche", ohne sie dafür zu verurteilen. Für Hermann Broch, dessen Roman aber erst 1951 druckfertig vorlag, gehörte zu den Voraussetzungen für den möglichen Aufstieg des NS die Schwäche
der christlichen Kirche.

Karl Schwarz handelt über den „Anschluß" Österreichs im März 1938, besonders über die Haltung der protestantischen Minderheit zu den Vorgängen. Der
„Christliche Ständestaat Österreich" war zwischen 1934 und 1938 im Abwehrkampf gegen den NS „vom Grundsatz der religiösen Neutralität weit abgerückt
und hatte im Katholizismus sein Integrationsmoment gefunden". Die katholische
Abwehr des NS wurde historisch-stilisierend mit der Gegenreformation asso-
ziiert. Diese Entwicklung drängte die nichtkatholischen Milieus – Protestanten,
Sozialdemokraten und Nationalsozialisten – in eine Allianz mit elitärem Selbstbe-
wußtsein. Als vor dem Hintergrund der aufgenommenen Verhandlungen über ein
neues Protestantengesetz Teile der evangelischen Geistlichkeit sich der Regierung
vorsichtig annäherten (Neujahrshirtenbrief 1938 des Superintendenten Heinzelmann), zeigten die ablehnenden Reaktionen aus vielen Gemeinden, wie stark die
Orientierung auf den NS bereits war. Als der Präsident des Oberkirchenrates im
März für die Volksabstimmung zur Selbstbehauptung des Staates eintrat, sorgte
der Evangelische Bund für den Rücktritt der Kirchenleitung. Der neue Präsident
des Oberkirchenrats gehörte zur Spitze der NS-Opposition und ließ sich nach
dem „Anschluß" bis zu seinem Rücktritt Mitte April 1939 vorbehaltlos in den
Dienst der NS-Kirchenpolitik wie der NS-Volkstums-Ideologie nehmen. Mit
zwei Ausnahmen begrüßten auch die Mitglieder der Evangelisch-Theologischen
Fakultät der Wiener Universität den „Anschluß" und beabsichtigten durch neue
Berufungen den Aufbau einer deutschchristlichen Fakultät. Wie im „Altreich"
honorierte das NS-Regime die Identifikation des österreichischen Protestantismus mit der „Bewegung" nicht, sondern düpierte die Pfarrerschaft, indem sie sich
von ihr und ihrer religiösen Interpretation des „Anschlusses" abgrenzte. Im „konkordatsfreien Raum" konnte die „Entkonfessionalisierung des öffentlichen

Lebens" mit ihren „Modernisierungs"-Begleiterscheinungen entschlossener durchgeführt werden als im „Altreich". Anfang Juli 1938 wurde ein modernes Zivileherecht eingeführt, 1939 ein eigenes Kirchenbeitragsgesetz für die katholische Kirche. Schließlich wurden das kirchliche Vereinswesen und das konfessionelle Schulwesen beseitigt sowie drei der vier katholisch-theologischen Fakultäten abgebaut. Dennoch ließen sich beide Kirchen durch das NS-Regime instrumentalisieren, indem sie durch Ergebenheitsadressen und religiöse Gesten das Handeln des Regimes sanktionierten.

Südtirol, das mit dem Friedensvertrag von Saint-Germain am 10. November 1919 an Italien gefallen war, verblieb beim faschistischen Italien. Nachdem Mussolini und Hitler sich am 23. Juni 1939 darauf geeinigt hatten, das Südtirolproblem durch eine Umsiedlung der deutschsprachigen Bürger ins Reich zu lösen, mußten die Südtiroler für einen Verbleib in Italien oder für eine Aussiedlung nach Deutschland optieren. Der Optionsakt führte zu einer tiefen Spaltung zwischen Klerus und Laien, da diese sich zu 87 Prozent für das Reich, jener sich aber zu 80 bis 90 Prozent für den Verbleib in Südtirol aussprach[25]. Nach dem Sturz Mussolinis am 25. Juli 1943 und dem Waffenstillstand zwischen Italien und den Alliierten am 3. September 1943 bildeten deutsche Truppen aus den italienischen Provinzen Bozen, Trient und Belluno die sog. „Operationszone Alpenvorland". Der kirchliche Widerstand gegen den Nationalsozialismus, der von allen österreichischen Gauen in Nordtirol am heftigsten war, dehnte sich nun auch nach Südtirol aus[26].

Da die römisch-katholische Kirche treu an der Seite der Habsburger Monarchie gestanden hatte, stürzte sie nach der Bildung der Tschechoslowakischen Republik in eine tiefe Krise, wie *Josef Smolík* in seinem Beitrag berichtet. Trotz der Entstehung einer eigenen Tschechoslowakischen Kirche blieb sie aber größte Konfession der Republik und besaß in der mitregierenden Volkspartei eine politische Vertretung. Die Minderheit der Protestanten verteilte sich auf verschiedene Denominationen – an der Spitze mit 200000 Mitgliedern die Evangelische Kirche der Böhmischen Brüder. Auch die Protestanten standen hinter der demokratischen Republik Masaryks und waren bereit, sie zu verteidigen. Auf katholischer Seite gab es Kritik an der nicht gewollten Republik und eine Tendenz zum Ständestaat, aber unter der Präsidentschaft des gläubigen Katholiken Emil Hácha und seiner Politik der „Nationalen Gemeinschaft" kam es zu einer deutlichen Identifikation mit den demokratischen Verhältnissen. Von der Kirche initiierte, mit nationalreligiöser Symbolik aufgeladene Massenversammlungen stützten das politische Provisorium. Die Londoner Exilregierung unter E. Beneš stand in engem Kontakt mit dem katholischen Klerus und Adel in der Heimat.

Die Eingliederung der Minderheit von über drei Millionen deutschen Bewohnern in die neugegründete ČSR war von vornherein auf erheblichen Widerstand

---

[25] Vgl. *Josef Gelmi*, Kirchengeschichte Tirols (Innsbruck, Wien, Bozen 1986).
[26] Vgl. *ders.*, Der Widerstand der katholischen Kirche in der Apostolischen Administratur Innsbruck, in der Diözese Brixen und im Deutschen Anteil der Erzdiözese Trient 1938/1943–1945, in: Der Schlern Heft 74/2000, 346–356.

gestoßen. Die breite Mehrheit der in den Grenzgebieten von Böhmen und Mähren lebenden Deutschen wünschte den Anschluß an Deutsch-Österreich[27]. In den 20er Jahren formierte sich zwar ein „aktivistisches" Lager, das zur Mitarbeit in der Tschechoslowakischen Republik bereit war. Aber unter ihnen waren nur wenige Geistliche. Nach einer Volkszählung im „Reichsgau Sudetenland" vom Mai 1939 gehörten 88,5 Prozent der Bevölkerung zur katholischen, 5,4 Prozent zur evangelischen Kirche. 1938 veranlaßte die Gestapo sudetendeutsche Parteistellen, Angaben über die politische Zuverlässigkeit der rund 1700 deutschen und tschechischen Pfarrer im Gau zu machen. Danach waren 49,3 Prozent der katholischen und 91,9 Prozent der evangelischen Pfarrer Mitglieder der Sudetendeutschen Partei[28]. Da jedoch auch dieser Reichsgau zum konkordatsfreien Raum gehörte, betrieb das NS-Regime eine so rücksichtslose Gleichschaltungspolitik, daß es ungeachtet der deutsch-nationalen Option zu heftigen Protesten der Geistlichkeit und sogar zu Demonstrationen gegen die NS-Kirchenpolitik kam.

Nach dem Einmarsch der deutschen Truppen in die Resttschechei Mitte März 1939 suchte das NS-Regime mit immer brutaleren Methoden – 1941 löste Heydrich den früheren deutschen Außenminister, Konstantin Freiherr von Neurath, als Reichsprotektor ab – den vor allem national-böhmisch motivierten Widerstand von 7,2 Millionen Tschechen[29], Katholiken und Protestanten gegen die Okkupation zu brechen. Bei den Vergeltungsaktionen nach dem gelungenen Attentat auf Heydrich fanden auch viele Geistliche den Tod. Hunderte Gläubige kamen in Konzentrationslagern um. Die jüdische Bevölkerung – im Protektorat lebten 88 105 Juden – wurde vernichtet[30]. Einige Kollaborateure aus dem politischen Raum instrumentalisierten die Geschichte des Heiligen Wenzel und des mittelalterlichen Reiches[31], um den Anschluß ans „Dritte Reich" zu rechtfertigen. Außerdem ventilierten sie die Furcht vor dem Bolschewismus.

Wie die britischen Christen und die Kirchen Großbritanniens das nationalsozialistische Deutschland und den Kirchenkampf wahrnahmen, darüber informiert *Andrew Chandler*[32]. Die Kirche von England sah ihre Aufgabe in dem demokra-

[27] Vgl. dazu *Volker Zimmermann*, Die Sudetendeutschen im NS-Staat. Politik und Stimmung der Bevölkerung im Reichsgau Sudetenland (1938–1945) (Veröffentlichungen der Deutsch-Tschechischen und Deutsch-Slowakischen Historikerkommission 9, Essen 1999) 35 ff.
[28] Vgl. aaO., 382 ff.
[29] Im „Reichsprotektorat" lebten unter den 7,2 Millionen Tschechen nur noch knapp 200 000 Deutsche. Siehe dazu und zum Folgenden *Detlef Brandeš, Václav Kural* (Hrsg.), Der Weg in die Katastrophe. Deutsch-tschechoslowakische Beziehungen 1938–1947 (Veröffentlichungen des Instituts für Kultur und Geschichte der Deutschen im östlichen Europa 3, Essen 1994) 39 ff. Siehe auch *Ferdinand Seibt*, Das alte böse Lied. Rückblicke auf die deutsche Geschichte 1900–1945 (München, Zürich 2000) 284 ff.
[30] Siehe dazu auch *Callum MacDonald, Jan Kaplan*, Prague in the Shadow of the Swastika. A History of the German Occupation 1939–1945 (Praha 1995).
[31] Vgl. *František Graus*, Die Nationenbildung der Westslawen im Mittelalter (Nationes 3, Sigmaringen 1980); *Friedrich Prinz*, Böhmen im mittelalterlichen Europa (München 1984).
[32] Siehe auch *Edwin Robertson*, Unshakeable Friends. George Bell and the German Chur-

tischen Staatswesen darin, das nationale Gewissen der Nation erzieherisch zu fördern. Im Mittelpunkt kirchlicher Aufmerksamkeit standen der Völkerbund und
die Arbeit für den Frieden in der Welt. Hitler wurde zum Thema, weil er den Frieden zu bedrohen schien. Aus britischer Perspektive waren die deutschen Katholiken selbstverständlich ein wichtiger Faktor der universalen römisch-katholischen
Kirche, die Protestanten dagegen aufgrund ihrer differenzierten Struktur und ihrer theologischen Konzepte schwierig zu durchschauen. Andererseits hatte die
ökumenische Bewegung das Bewußtsein für die internationale Gemeinschaft aller
Christen deutlich geschärft. Über die Ökumene, insbesondere den Bischof von
Chichester, George Bell, gelangten auch authentische Informationen über
Deutschland nach Großbritannien. Anders als die Freikirchen arbeitete die Staatskirche eng mit der Times zusammen und konnte so sicher sein, daß bischöfliche
Protestbriefe hier abgedruckt wurden und darum auf erhebliche öffentliche Resonanz stoßen würden[33]. Der informelle Austausch zwischen Bischöfen, Abgeord-
neten und Regierungsmitgliedern im Parlament sorgte für eine breite Urteilsbildung, die von dort in die britische Öffentlichkeit gelangte[34]. Danach erschien das
NS-Regime mit seiner Verfolgung von Andersdenkenden, mit dem Willen zur Judenvernichtung und der Schaffung von Konzentrationslagern den britischen
Christen barbarisch und vollkommen inakzeptabel. Bischof Headlam, Vorsitzender des seit 1933 bestehenden Rates für Auswärtige Angelegenheiten am Sitz des
Erzbischofs von Canterbury in Lambeth Palace, betonte im Blick auf die protestantischen Kirchen in Deutschland immer wieder, daß die Bekennende Kirche
nur eine kleine Minderheit darstelle und die breite Mehrheit der „neutralen" Pastoren keinerlei Repressalien ausgesetzt sei. Doch gerade diese Haltung Headlams
provozierte auf seiten George Bells und anderer eine um so intensivere Hinwendung zur BK. Wann immer es irgendwie möglich schien, suchte man Kontakte mit
den Repräsentanten der offiziellen Kirche oder dem Reichskirchenministerium zu
vermeiden. Bischof Bell und andere Geistliche wie Laien protestierten regelmäßig
gegen die Gewaltmaßnahmen der Diktatur gegen die BK und ihre Pastoren. Seit
März 1938 konzentrierte sich die Aufmerksamkeit der Briten auf die Außenpoli-
tik. Frühere Verletzungen des Völkerrechts und verbindlicher Verträge (Locarno-
Abkommen) – die Invasion Abessiniens durch Mussolini 1935 und die Besetzung
des entmilitarisierten Rheinlandes durch deutsche Truppen im März 1936 – hatte
Großbritannien, gegen den Rat des Erzbischofs von Canterbury, hingenommen.
Das Fehlen einer christlichen Opposition gegen die britische Appeasement-Poli-
tik führt Chandler darauf zurück, daß nach Meinung vieler Briten die auf dem

---

ches (London 1995); und im Überblick *W. Reginald Ward*, Kirchengeschichte Großbritanniens vom 17. bis zum 20. Jahrhundert (Leipzig 2000).
[33] Siehe auch *Markus Huttner*, Britische Presse und nationalsozialistischer Kirchenkampf.
Eine Untersuchung der „Times" und des „Manchester Guardian" von 1930 bis 1939 (Veröffentlichungen der Kommission für Zeitgeschichte Reihe B, Forschungen 67, Paderborn
1995).
[34] Siehe auch *Owen Chadwick*, The English Bishops and the Nazis, in: Friends of Lambeth
Palace Library. Annual Report (1973) 9–28.

Versailler Vertrag basierende europäische Ordnung nicht gerecht und daher der
Verteidigung nicht wert war. Der „Anschluß" Österreichs, des deutschsprachigen
Teils des untergegangenen Vielvölkerstaates, erschien dem Erzbischof nur als natürlich und unvermeidlich. Auch die Sudetenfrage schien den britischen Christen
kein ausreichender Grund für einen Krieg, zumal ein militärischer Konflikt die
Integrität der Tschechoslowakei nicht hätte wiederherstellen können. Dankbar
begrüßten sie das Münchner Abkommen Ende September 1938 als Ergebnis ihrer
Gebete zur Erhaltung des Friedens. Die Reichspogromnacht wenige Wochen später belehrte die Briten, daß das Münchner Abkommen die Diktatur nicht gezähmt
hatte. Darum forderten die Kirchenführer eine feste Antwort auf die Annexion
der „Resttschechei" im März 1939. Doch erst die Invasion Polens im September
1939 führte zu einem Umschwung der öffentlichen Meinung in Großbritannien.
Eine Mehrheit der britischen Christen stand im September 1939 nun ebenso hinter Chamberlain wie sie im September 1938 hinter ihm gestanden hatte. Sie betete
für die Niederlage der deutschen Armee und den Zusammenbruch des Nationalsozialismus.

Frédéric Hartweg greift bei seiner Analyse der Ursachen der deutsch-französischen Konflikte weit zurück. Er erinnert an die konfessionellen Gegensätze und
an deren Instrumentalisierung in den politischen Auseinandersetzungen – etwa in
Gestalt der Bildung von Ahnenreihen (Luther, Bismarck, Hitler). Materialiter
beginnt der moderne Konflikt mit dem Ersten Weltkrieg und endet erst mit dem
Zusammenbruch des „Dritten Reiches". In Frankreich selbst bildete die kleine
protestantische Minderheit seit Beginn des 19. Jahrhunderts eine wichtige Stütze
für die laizistische Modernisierungsbewegung, weil sie als der einzige Weg zur
Herstellung eines religiösen Pluralismus erschien. In dieser Funktion erlangte die
protestantische Minderheit Frankreichs erheblichen politischen Einfluß, der erst
nach dem Ersten Weltkrieg auf ein realistisches Niveau abfiel, weil sich nun auch
die katholische Mehrheit mit der religionsneutralen Republik arrangierte.

Nach Hitlers Machtübernahme übte der französische Protestantismus, in weiten Teilen von der Theologie Karl Barths beeinflußt, eine „Art ‚Wächteramt'" im
Blick auf Deutschland aus, wie die kirchlichen Periodika ausweisen. Regelmäßig,
detailliert und auf hohem Niveau berichten sie über die innerkirchlichen Konflikte im Nachbarland und über die Religionspolitik des NS-Regimes. Damit verhinderten sie eine „pauschalisierende Verurteilung" der Deutschen nach 1945 und
ermöglichten einen sachgemäßeren Neuanfang als 1919.

Scharf verurteilte der Semeur beispielsweise das Münchner Abkommen und
wies alle Aufrechnungen zwischen Versailles[35] und München als Feigheit zurück.
Innerhalb des mehrheitlich eher links orientierten französischen Protestantismus

---

[35] Vgl. zur Auseinandersetzung um den Versailler Friedensvertrag auch *Gerhard Besier,* Die
Kriegsschuldfrage, das Problem unterschiedlicher Staats- und Kirchengrenzen und die Ökumenische Bewegung, in: *ders., Eckhard Lessing* (Hrsg.), Trennung von Staat und Kirche,
kirchlich-politische Krisen, Erneuerung kirchlicher Gemeinschaft 1918–1992 (Die Geschichte der Evangelischen Kirche der Union 3, Leipzig 1999) 118–142.

gab es auch eine in sich wiederum stark zerfaserte rechte Minderheit. Sie optierte für eine Politik der Stärke gegenüber der revanchelüsternen deutschen Diktatur und geißelte die nachgiebige Schwäche der westlichen Demokratien unter Einschluß Frankreichs. Trotz der Sympathien der protestantischen Rechten für Franco, der als Schutzwall gegen den Bolschewismus angesehen wurde, kam es, ungeachtet einiger Widersprüchlichkeiten, zu keiner Annäherung an den Hitler-Staat. Aufgrund der innerprotestantischen Spannungen zwischen den Konservativen und den Religiös-Sozialen mußten letztere 1938 ihre Mitarbeit im „Rassemblement Universel pour la Paix" bzw. in der „Alliance universelle" aufgeben, weil erstere argwöhnten, es bestünde eine zu große Nähe zum Kommunismus. Die Pazifismus- und Kriegsverweigerungsdiskussion im Frankreich der 30er Jahre führte im französischen Protestantismus zu Friktionen. Mehrheitlich wurde jedoch der „Anschluß" Österreichs an das Reich verurteilt und scharfe Kritik am Einlenken des österreichischen Katholizismus geübt.

Erich Dahlgrün, von 1929 bis 1939 Pfarrer der Deutschen Evangelischen Christuskirche in Paris, lavierte, anders als Dietrich Bonhoeffer, sein Kollege in London, zwischen den Kirchenkampf-Fronten und betonte zu Recht, daß die BK keine politische Widerstandsorganisation gegen den NS sei[36]. Dahlgrün stand nicht nur unter dem Druck des kirchlichen Außenamtes unter Bischof Theodor Heckel; auch NS-Formationen infiltrierten die reichsdeutsche Gemeinde. Aus Sorge um den Bestand der Kirchengemeinde ließ man es „an aktiver Solidarität gegenüber ‚nicht-arischen' gemaßregelten Gemeindegliedern mangeln", gemeinsame Veranstaltungen mit französischen Protestanten wurden vermieden. 1939 emigrierte Dahlgrün nach Genf.

Über die Transformationen des nordischen Protestantismus zwischen 1934 und 1939 handelt *Ingun Montgomery*. Obwohl hier Demokratie und Parlamentarismus nicht als von außen aufgezwungen erlebt wurden, entstand eine von mittelständischen Milieus getragene nationalsozialistische Bewegung, die sich einerseits gegen die Großindustrie, andererseits gegen den Kommunismus zur Wehr setzen wollte. Bei den Ahnen und ihrer Symbolik achtete man sorgfältig auf eine heimische, nicht vom Ausland importierte Tradition – in Schweden etwa Gustaf Wasa und das Wasawappen.

Die kirchliche Situation Schwedens war durch das Nichtverhältnis zwischen Staatskirche und unabhängigen Erweckungsbewegungen gekennzeichnet. Die Bischöfe der Staatskirche besaßen eine starke Stellung. Ihnen kam selbstverständlich die Rolle zu, „gegen Übergriffe totalitärer Staaten in kirchlichen Angelegenheiten zu protestieren". Die Leiter des dezidiert lutherischen Allgemeinen schwedischen Pfarrvereins (ASP), dem drei Viertel aller Pastoren angehörten, galten als ausgesprochen konservativ und deutschfreundlich. Noch deutlicher optierte das dem ASP nahestehende Schwedische Kirchenblatt zugunsten der NS-Bewegung in Deutschland. 1940 beschloß die schwedische Sektion des Protestantischen Welt-

---

[36] Siehe dazu auch *Christiane Tichy*, Deutsche evangelische Auslandsgemeinden in Frankreich 1918–1944 (KoGe 17, Stuttgart 2000) bes. 92 ff.

bundes, praktisch identisch mit dem ASP, die dem völkischen Geist zugewandte Lutherakademie in Sondershausen finanziell zu unterstützen[37]. Deren Vorsitzender war der schwedische Erzbischof Erling Eidem[38].

Unter den konservativen, der liberalen Theologie gänzlich abgeneigten Theologen im Westen und Süden Schwedens gab es eine Bewegung, die zur Bildung der kirchlich-konservativen Volkspartei führte. Sie stand dem NS-Gedankengut nahe. Zu ihren Hauptgründern gehörte Pfarrer Ivar Rhedin, Redakteur der Göteborger Stiftszeitung, einer Kirchenzeitung. Sie warb nicht nur für die Kirchliche Volkspartei, sondern druckte auch NS-Wahlanzeigen ab. Allerdings wurden die Rassenpolitik des NS wie auch die reichskirchlichen Pläne der DC abgelehnt. Nach einem Besuch in Deutschland im Herbst 1933 äußerte sich Rhedin begeistert über das „Dritte Reich" und betätigte sich fortan, trotz mannigfaltiger Kritik, als Herold der NS-Bewegung in Schweden.

Neben der NS-bejahenden Stiftszeitung und der ähnlich positiv gestimmten schwedischen Kirchenzeitung vertrat die ökumenische Zeitschrift für die vier skandinavischen Länder, Gemeinschaft der Christen, einen klar antinationalsozialistischen Kurs. Neben Eidem publizierte der norwegische Bischof Eivind Berggrav[39] in dieser Zeitschrift den Plan der Einberufung eines ökumenischen Kirchenrates aller skandinavischen Kirchen; 1940 unterbreitete Berggrav Vorschläge für eine christliche Friedensinitiative.

Angesichts ihrer Abhängigkeit von der deutschen Theologie war es für die schwedischen Theologen schwer, sich mit theologischen Gründen von der deutschen Entwicklung zu distanzieren – zumal viele deutsche Theologen das „Dritte Reich" begrüßt hatten. Die Theologen Anders Nygren und Gustaf Aulén betonten seit 1942 die Bedeutung des Rechtes und der Rechtsordnung, auch des Rechtes der Kirche auf freie Wortverkündigung. Andere unterstrichen die Bedeutung der Teilnahme der Kirche am kulturellen Leben der Gesellschaft und die Ablehnung des totalitären Anspruchs moderner Staaten. Nach der Okkupation Norwegens und Dänemarks verstärkte sich in Schweden die Ablehnung des NS in Kirche und Gesellschaft.

John S. Conway geht von der Frage aus, aufgrund welcher Faktoren es dazu kam, daß die amerikanischen Kirchen, nach dem Ersten Weltkrieg durch und durch pazifistisch, 1939 (Kanada) bzw. 1941 (USA) die Notwendigkeit der militärischen Auseinandersetzung mit Deutschland erneut bejahten[40].

---

[37] Vgl. dazu *Hans Mikosch*, Systematisch-theologische Überlegungen zur Zeit- und Wirkungsgeschichte der Luther-Akademie (Sondershausen) unter besonderer Berücksichtigung ihrer wissenschaftlichen Leiter Carl Stange und Rudolf Hermann von 1932–1962 (Diss. theol. Jena 1993).

[38] Vgl. dazu *Eino Murtorinne*, Erzbischof Eidem zum Deutschen Kirchenkampf 1933/34 (Helsinki 1968).

[39] Vgl. dazu auch *Arnd Heling*, Die Theologie Eivind Berggravs im norwegischen Kirchenkampf. Ein Beitrag zur politischen Theologie im Luthertum (Historisch-theologische Studien zum 19. und 20. Jahrhundert, Neukirchen-Vluyn 1992) 102 ff.; 148 ff.; *Gunnar Heiene*, Eivind Berggrav. Eine Biographie (Göttingen 1997) 89 ff.

[40] Siehe auch *Gerhard Besier*, „The friends ... in America need to know the truth..." Die

Gerhard Besier

Zunächst begrüßten die amerikanischen Kirchen, vornehmlich die mit
Deutschland eng verbundenen Lutheraner und Katholiken, Hitlers Machtübernahme, da sie sich von der neuen Regierung eine moralische Reinigung der deutschen Gesellschaft, eine Stärkung der deutschen Kirchen und eine konsequent an-
tibolschewistische Politik erhofften. Darum verteidigten sie zunächst die Diktatur
gegen Kritik, die sie als antideutsche Vorurteile bezeichneten. Andererseits wollten sich die Deutsch-Amerikaner nicht – wie während des Ersten Weltkrieges –
der Illoyalität gegenüber der eigenen Nation bezichtigen lassen und tendierten
darum dazu, Schreckensnachrichten aus dem Reich zu bagatellisieren oder zu
ignorieren und Stimmungen der Zeit – neben dem Pazifismus auch den Isolatio-
nismus – zu verstärken. Auf besorgte Anfragen der amerikanischen Kirchen reagierten die deutschen Kirchen mit der Warnung, den unzutreffenden Berichten,
etwa über Judenverfolgungen, keinen Glauben zu schenken.

Sehr viel kritischer als die US-amerikanischen Protestanten und von vornherein
ablehnend gegenüber der „nationalen Erweckung" Deutschlands verhielten sich
die kanadischen Presbyterianer. Die deutschstämmigen Mennoniten Westkanadas
wiederum, oft Emigranten aus der UdSSR, hoben positiv den antikommunistischen Charakter des NS-Regimes hervor.

Insgesamt lehnten die amerikanischen Kirchen die Intoleranz des NS-Regimes
gegenüber dem Judentum und die Unterdrückung der Bekennenden Kirche ab.
Mit lebhafter Anteilnahme verfolgten amerikanische Christen das Schicksal Martin Niemöllers. Die amerikanischen Katholiken hofften auf eine Besserung der
Verhältnisse aufgrund des Reichskonkordats. Im Vergleich zur Situation der
katholischen Kirche in der UdSSR, Mexiko und Spanien schien die Lage der
Katholiken in Deutschland so übel nicht, wenngleich man den Ausbruch eines
zweiten Kulturkampfes fürchtete.

Auf seiten des amerikanischen Protestantismus begriff man den „Kirchenkampf" nicht als binnenkirchliche Auseinandersetzung, was er tatsächlich war,
sondern als Kampf der BK mit dem Staat im Interesse der Durchsetzung liberaler
und demokratischer Werte. An nazi-kritischen Stellungnahmen fehlte es in der
Kirchenpresse nicht, aber die Bereitschaft der amerikanischen Regierung, Emigranten aufzunehmen, war angesichts der schlechten wirtschaftlichen Verhältnisse
denkbar gering. Aufgrund zwischenkirchlicher Rivalitäten und des Fehlens eines
politischen Einflusses gelang es aber nicht, die amerikanische Öffentlichkeit zu
mobilisieren. Auch nach der Reichspogromnacht erhob sich kein geschlossener
christlicher Protest, sehr wohl aber gab es Protestresolutionen, die auch dem deutschen Botschafter überreicht wurden. Seit dem November 1938 wuchs auch in
den traditionell deutschfreundlichen Kirchen, bei den Lutheranern und Mennoniten, die Kritik an den deutschen Verhältnissen, und immer mehr machte sich die
Überzeugung breit, daß ein „neuer Heiliger Krieg" unausweichlich sei, um die

deutschen Kirchen im Urteil der Vereinigten Staaten (1933–1941), in: Jahrbuch des Historischen Kollegs 1998 (München 1999) 23–76.

Mitchristen in Deutschland vom NS zu befreien und die Welt für die Demokratie und Gott bereit zu machen.

So unterschiedlich die Beiträge im Blick auf die Fragestellung wie den methodischen Zugriff auch sind, bestätigen sie doch auch für das Staat-Kirche-Verhältnis die These von der Konsolidierungsphase der Diktatur zwischen 1934/35 und 1939[41]. In einer ersten Phase hatte das NS-Regime außerordentlich rasch die Macht erobert und sich durchgesetzt, die Verschmelzung von Partei und Staat bewerkstelligt, die Gleichschaltung von Verbänden und Ländern durchgeführt und schließlich einen effektiven Überwachungs- und Verfolgungsapparat aufgebaut. Mit der Saarabstimmung vom 13. Januar 1935, der Wiedereinführung der allgemeinen Wehrpflicht am 16. März und den antisemitischen Nürnberger Gesetzen endet die alte und beginnt eine neue Phase, die kirchenpolitisch mit der Berufung Hanns Kerrls im Sommer 1935 Gestalt gewinnt[42]. Mit der Ernennung Heinrich Himmlers zum Reichsführer SS und Chef der deutschen Polizei Mitte Juni 1936 war auch die Exekutive zu einem zentralistischen Instrument der NS-Diktatur geworden. Obwohl die innen- und außenpolitischen Erfolge Hitlers und – damit zusammenhängend – seine Popularität in der Bevölkerung Jahr um Jahr zu bald mythologischer Größe emporwuchs, widersprachen Teile der Kirche den NS-Bestrebungen einer „Entkonfessionalisierung des öffentlichen Lebens" und einer Förderung des „Neuheidentums" durch Staat und Partei. Andererseits erschwerte die Haltung der Bevölkerung – etwa deutlich in den „Wahlen" vom 29. März 1936 – eine breite Opposition gegen das Regime. Darum konnten auch jene Kräfte in den Kirchen Europas und den USA diplomatisch nicht durchdringen, die – wie etwa George Bell – frühzeitig einen härtere Haltung ihrer Regierung gegen die deutschen Rechtsverletzungen forderten. Hier und da gab es auch außerhalb des Reiches Bewunderung und Sympathien für den deutschen Weg. Erst in der Phase zwischen Novemberpogrom 1938 und Annexion der „Resttschechei" Mitte März 1939 kam es in Großbritannien, Frankreich und den USA zu einem allmählichen Umdenken. Aber bis in den Krieg hinein erschien den Westalliierten das kommunistische Regime bedrohlicher als das NS-Regime.

---

[41] Vgl. hierzu und zum Folgenden auch *Gerhard Ringshausen*, Der Widerstand gegen die Diktatur und das neue Bild von Deutschland, in: *ders., Rüdiger von Voß* (Hrsg.), Die Ordnung des Staates und die Freiheit des Menschen (Bonn 2000) 19–67.
[42] Vgl. hierzu auch den seinerzeit bahnbrechenden Aufsatz von *Klaus Scholder*, Die evangelische Kirche in der Sicht der nationalsozialistischen Führung bis zum Kriegsausbruch, in: VZG 16 (1968) 15–35 sowie jetzt: *Heike Kreutzer*, Das Reichskirchenministerium im Gefüge der nationalsozialistischen Herrschaft (Schriften des Bundesarchivs 56, Düsseldorf 2000).

Verzeichnis der Tagungsteilnehmer

Prof. Dr. Doris L. Bergen, Notre Dame/USA
Prof. Dr. Dr. Gerhard Besier, Heidelberg (Stipendiat des Historischen Kollegs 1997/98)
Dr. Andrew Chandler, Birmingham
Prof. Dr. John S. Conway, Vancouver
Dr. Thomas Fandel, Heidelberg
Gertraud Grünzinger, M.A., München
Prof. Dr. Frédéric Hartweg, Straßburg
Prof. Dr. Hans Günter Hockerts, München
Prof. Dr. Helmuth Kiesel, Heidelberg
Dr. Heide-Marie Lauterer, Heidelberg
Prof. Dr. Hans Maier, München
PD Dr. Klaus-Michael Mallmann, Essen
Prof. Dr. Hans Mommsen, Feldafing
Prof. Dr. Ingun Montgomery, Oslo
Prof. Dr. Gerhard Ringshausen, Lüneburg
Prof. Dr. Julius H. Schoeps, Potsdam
Prof. Dr. Karl Schwarz, Wien
Prof. Dr. Michael Wolffsohn, Neubiberg

Religiöse Transformationen und Ausdrucksformen unter den veränderten gesellschaftlich-kulturellen Rahmenbedingungen des NS-Regimes

Gerhard Ringshausen

Die Deutung des NS-Staates und des Widerstandes als Thema der Zeitgeschichte

Der Widerstand kann nur verstanden werden, wenn er „in seiner Polarität als Antinomie zur Diktatur Hitlers, aber auch als Teil der Geschichte des Dritten Reiches und seines Ortes innerhalb der modernen deutschen Geschichte behandelt wird"[1]. Dieser Bezug des Widerstandes auf seine Zeit als Produkt und Antithese zum NS-Regime bedeutet zugleich, daß bei Zeitgenossen wie bei Zeithistorikern die Deutungsperspektiven für den Nationalsozialismus auch die Sicht des Widerstandes bestimmen und umgekehrt, um sich in der Definition von Widerstand zu bündeln[2]. Dabei bewirkten der Prozeß der historischen Meinungsbildung und die Veränderung der gesellschaftlichen und politischen Grundströmungen Perspektivenwechsel, die jeweils auf das NS-Regime und den Widerstand bezogen wurden. Deshalb dient im folgenden der Wandel bei der Erforschung des Dritten Reiches als Folie für die Geschichte der Widerstandsforschung. Wegen

---

[1] *Klaus Hildebrand*, Das Dritte Reich (München ⁴1991) 221; im folgenden zitiert: *Hildebrand*, Reich. Zur Geschichte der Deutung des NS-Regimes vgl. zuletzt *Ian Kershaw*, Der NS-Staat. Geschichtsinterpretationen und Kontroversen im Überblick (erweiterte und bearbeitete Neuausgabe Reinbek 1999).

[2] Vgl. *Peter Steinbach*, Der Widerstand als Thema der politischen Zeitgeschichte. Ordnungsversuche vergangener Wirklichkeit und politischer Reflexion (1986), in: *ders.*, Widerstand im Widerstreit. Widerstand gegen den Nationalsozialismus in der Erinnerung der Deutschen (Paderborn u.a. 1994) 39–102; im folgenden zitiert: *Steinbach*, Widerstand im Widerstreit; *ders.*, Widerstandsdiskussion und Widerstandsforschung im Spannungsfeld politischer Entwicklungen (1988), ebd. 103–123; im folgenden zitiert: *Steinbach*, Widerstandsdiskussion.

des Zusammenhangs von zeitgeschichtlicher Forschung und gesellschaftlicher und politischer Wertung ergibt sich aus der Forschungsgeschichte die wissenschaftstheoretische Frage nach den Bedingungen und der Legitimität dieser Interdependenz.

1. Paradigmen der Forschung[3]

1.1 Die ethisch-religiöse Deutung des Widerstandes gegen den Totalitätsanspruch des Nationalsozialismus

Nach 1945 wurde das Thema des Widerstandes zunächst von den Alliierten gemäß ihren politischen Zielen interpretiert, instrumentalisiert oder tabuisiert, wobei nur die Wertschätzung der Kirchen zunächst unbestritten war. Während im sowjetischen Machtbereich seit 1945 der 20. Juli als reaktionäres Unternehmen abgewertet wurde, blieben für das amerikanische Urteil über den bürgerlich-militärischen Widerstand die Unterschiede zwischen der skeptisch-abwertenden Einstellung der politischen Führung und der Öffentlichkeit, der sozialistischen Perspektive deutscher Emigranten in der Forschungsabteilung des Office of Strategic Services (OSS) und der positiven Würdigung durch dessen Stationschef in Bern, Allen W. Dulles, grundlegend[4]. Aufgrund seiner Befürchtungen über die zukünftige Europapolitik der UdSSR und wegen seiner Kontakte zum bürgerlich-militärischen Widerstand trat er seit 1943 für dessen Unterstützung durch eine einschränkende Deutung der Forderung des Unconditional Surrender von

---

[3] Vgl. zur Literatur allgemein *Michael Ruck*, Bibliographie zum Nationalsozialismus (Köln 1995). Vgl. zur Literatur zum Widerstand bis 1984 *Ulrich Cartarius*, Bibliographie „Widerstand" (München 1984); zum Forschungsstand *Peter Steinbach, Johannes Tuchel* (Hrsg.), Widerstand gegen den Nationalsozialismus (Berlin 1994) mit Auswahlbibliographie (623–655); im folgenden zitiert: *Steinbach, Tuchel*, Widerstand; sowie *dies.* (Hrsg.), Lexikon des Widerstandes 1933–1945 (München 1994) mit Kurzartikeln zu Personen und Gruppen; *Wolfgang Benz, Walter H. Pehle* (Hrsg.), Lexikon des deutschen Widerstandes (Fischer-Tb 50232, Frankfurt a.M. 1999) mit Überblicksdarstellungen, Lexikonartikeln zu Gruppen und Biogrammen; im folgenden zitiert: *Benz, Pehle*, Lexikon. Zur Forschungs- und Rezeptionsgeschichte vgl. *Klaus-Jürgen Müller, Hans Mommsen*, Der deutsche Widerstand gegen das NS-Regime. Zur Historiographie des Widerstandes, in: *Klaus-Jürgen Müller* (Hrsg.), Der deutsche Widerstand 1933–1945 (UTB 1398, Paderborn ²1990) 13–21; *Steinbach*, Widerstand im Widerstreit; *Gerd R. Ueberschär* (Hrsg.), Der 20. Juli 1944. Bewertung und Rezeption des deutschen Widerstandes gegen das NS-Regime (Köln 1994); überarbeitete Neuausgabe: Der 20. Juli. Das „andere Deutschland" in der Vergangenheitspolitik (Berlin 1998); im folgenden zitiert: *Ueberschär*, Der 20. Juli 1944.

[4] Vgl. *Jürgen Heideking*, Die „Breakers"-Akte. Das Office of Strategic Services und der 20. Juli 1944, in: *ders., Christof Mauch* (Hrsg.), Geheimdienstkrieg gegen Deutschland (Göttingen 1993) 11–50; *Christof Mauch*, Subversive Kriegsführung gegen das NS-Regime. Der Widerstand gegen den Nationalsozialismus im Kalkül des amerikanischen Geheimdienstes OSS, ebd. 51–89. Insgesamt vgl. *Christoph Mauch*, Schattenkrieg gegen Hitler. Das Dritte Reich im Visier der amerikanischen Geheimdienste 1941–1945 (Stuttgart 1999).

Casablanca ein. Die nach dem 20. Juli 1944 fortgesetzte Sammlung von Informationen ließ ihn nach dem Ende des Krieges und der Auflösung des OSS die Wichtigkeit einer historischen Darstellung erkennen und führte zur Würdigung des Widerstandes in den USA und zu ersten Veröffentlichungen für deutsche Leser.

Die ausführlichen Befragungen und Berichte von Hans Bernd Gisevius bildeten 1946 die Grundlage für dessen Buch „Bis zum bitteren Ende". Der enge Mitarbeiter von Dulles, der in Freiburg geborene naturalisierte Amerikaner Gero von Schulze-Gaevernitz, lernte bei seinen Nachforschungen Fabian von Schlabrendorff kennen und gab 1946 dessen eindrucksvollen Bericht über den Widerstand der „Offiziere gegen Hitler" heraus; seine weiteren Recherchen wurden 1947 zur Grundlage für die erste ausführliche Arbeit über „Germany's Underground" in Amerika von Allen W. Dulles[5]. Wie dessen deutsche Übersetzung konnten die ersten Darstellungen von Überlebenden des Widerstandes zum Nachweis des „Anderen Deutschland"[6] nur in der Schweiz verlegt werden. Allerdings machte sich bald die veränderte politische Situation des Kalten Krieges bemerkbar; die deutsche Übersetzung des Buches von Dulles ließ die amerikanische Militärregierung 1948 in ihrer Besatzungszone zur Umerziehung kostenlos verteilen. Die 1948 für amerikanische Leser verfaßte geschichtliche Deutung des Widerstandes von Hans Rothfels, der gegen die Kollektivschuldthese „Vorurteile aufzulösen, eine undogmatische Erörterung in Gang zu bringen und der historischen Gerechtigkeit Raum zu verschaffen"[7] suchte, konnte in erweiterter Fassung 1949 in Krefeld erscheinen.

Bereits im Oktober 1945 hatte der OSS-Mitarbeiter Franklin Ford für eine Anerkennung des Widerstandes plädiert, da er „ein hohes Maß an physischem Mut der Hauptbeteiligten" bewiesen habe und „in vielen Fällen einer echten moralischen Empörung über das Programm der Nazis" entsprungen sei[8]. Diese mora-

---

[5] *Hans Bernd Gisevius*, Bis zum bitteren Ende (Zürich 1946), engl.: To the Bitter End (Boston 1947); *Fabian von Schlabrendorff*, Offiziere gegen Hitler, hrsg. von *Gero von Schulze-Gaevernitz* (Zürich 1946), neue, durchgesehene und erweiterte Ausgabe hrsg. von *Walter Bußmann* (Berlin 1984); *Allen Welsh Dulles*, Germany's Underground (New York 1947), deutsch: Verschwörung in Deutschland (Zürich 1948).

[6] Vgl. *Ulrich von Hassell*, Vom Anderen Deutschland. Aus den nachgelassenen Tagebüchern 1938–1944 (Zürich 1946), nach der Handschrift revidierte und erweiterte Ausgabe: *Friedrich Frhr. Hiller von Gaertringen* (Hrsg.), Die Hassell-Tagebücher (Berlin 1988). Zu den Selbsthilfegruppen der Überlebenden vgl. *Christiane Toyka-Seid*, Der Widerstand gegen Hitler und die westdeutsche Gesellschaft: Anmerkungen zur Rezeptionsgeschichte des „anderen Deutschland" in den frühen Nachkriegsjahren, in: *Steinbach, Tuchel*, Widerstand 572–581.

[7] *Hans Rothfels*, Vorbemerkungen zur deutschen Ausgabe, in: *ders.*, Die deutsche Opposition gegen Hitler. Eine Würdigung (Krefeld 1949 = ²1951) 9f. Amerikanische Erstausgabe: The German Opposition to Hitler (Hinsdale, Ill. 1948); im folgenden zitiert: *Rothfels*, Opposition (1949).

[8] *Franklin Ford*, Die Bedeutung des 20. Juli 1944 für Gegenwart und Zukunft Deutschlands. Field Intelligence-Studie, in: *Jürgen Heideking, Christof Mauch* (Hrsg.), USA und Deutscher Widerstand. Analysen und Operationen des amerikanischen Geheimdienstes im Zwei-

lische Rechtfertigung vertiefte Rudolf Pechel 1947; für ihn war der von Deutschen aus allen Schichten getragene Widerstand als „Kampf gegen das böse Prinzip" eine „Menschheitsangelegenheit"[9]. Während der Nationalsozialismus „die widerlichste Erscheinung einer Krankheit [war], welche die gesamte Menschheit ergriffen hat"[10], bestimmten „die hohen Menschheitsziele unverrückbar das Streben der maßgeblichen Widerstandskreise"[11]. Entsprechend schilderte 1952 Eberhard Zeller den Weg des bürgerlich-militärischen Widerstandes zum 20. Juli unter dem Titel „Geist der Freiheit"[12].

Die Auseinandersetzungen der fünfziger Jahre über die Wertung des Widerstandes hatten ihren Höhepunkt 1953 im Braunschweiger Remer-Prozeß, den Fritz Bauer als Leiter der Staatsanwaltschaft durch die Heranziehung namhafter Gutachter zur Verurteilung des NS-Regimes und zur Begründung eines politisch-moralisch gerechtfertigten Widerstandsbildes nutzte. Tatsächlich hatten viele in den Anfangsjahren der Bundesrepublik ihre Bindung an den Nationalsozialismus keineswegs überwunden, so daß sie die „Verräter" des 20. Juli 1944 ablehnten[13]. In Aufnahme der offiziellen Erklärung der Regierung vom Oktober 1951 sah sich deshalb Bundespräsident Theodor Heuss „von sehr verschiedenen Seiten" aufgefordert, „zu der Sache der Diffamierung von Angehörigen der aktiven Widerstandsgruppen etwas zu sagen"[14], was seinen herausragenden Niederschlag in seiner Rede zum 10. Jahrestag des 20. Juli 1944 im Rahmen der erst seit 1952 stattfindenden Gedenkveranstaltungen im Berliner Bendlerblock fand.

Auf dem Hintergrund dieser Diskussionen sowie des 17. Juni 1953, der den antikommunistischen Konsens der Bundesrepublik nachhaltig verstärkte, verdeutlichte Schlabrendorff 1959 das Ziel seiner Darstellung, indem er der Neuausgabe die Widmung „Deo – Patriae – Humanitati" voranstellte: „Es ist kein Zweifel, daß die Widerstandsbewegung innerhalb Deutschlands eine Mission hatte, durch die der Kampf gegen Hitler zu einem Kreuzzug wurde. Es ging darum, die Gebote der Menschlichkeit wieder herzustellen. Es ging auch darum, den wahren Begriff des Vaterlandes, der auf der Achtung vor dem Leben anderer Nationen beruht, von dem Irrtum des Rassenwahns zu befreien. Es galt, die Ehrfurcht vor Gott wieder zur Grundlage des Lebens zu machen."[15] Entsprechend bestand der „Hauptgrund dafür, daß Hitler an die Macht gekommen ist und jeden Widerstand

ten Weltkrieg (Tübingen 1993) 142; vgl. *ders.*, The Twentieth of July in the History of the German Resistance, in: AHR 51 (1945/46) 609–626.

[9] *Rudolf Pechel*, Deutscher Widerstand (Erlenbach, Zürich 1947) 36.

[10] Ebd. 37.

[11] Ebd. 50.

[12] *Eberhard Zeller*, Geist der Freiheit. Der zwanzigste Juli (München 1952, vollständig neu bearbeitet [4]1963).

[13] Vgl. *Norbert Frei*, Erinnerungskampf. Zur Legitimationsproblematik des 20. Juli 1944 im Nachkriegsdeutschland, in: *Christian Jansen, Lutz Niethammer, Bernd Weisbrod* (Hrsg.), Von der Aufgabe der Freiheit. Festschrift für Hans Mommsen (Berlin 1995) 493–504; im folgenden zitiert: *Frei*, Erinnerungskampf.

[14] Theodor Heuss an Konrad Adenauer, 14. 7. 1952, zit. *Frei*, Erinnerungskampf 495.

[15] *Fabian von Schlabrendorff*, Offiziere gegen Hitler (Fischer-Tb 305, Frankfurt a.M. 1959) 17.

in Deutschland schon zu einer Zeit zu ersticken im Begriff war, als das Instrument der Gestapo [...] noch im Entwicklungsstadium war, [...] in dem geistigen Nihilismus, der im Gefolge des technischen Aufschwungs der letzten 100 Jahre entstanden war und, wie eine Wucherpflanze sich ausbreitend, alles andere erdrückt hatte"[16] durch die „Zersetzung und Auflösung aller Standpunkte, Philosopheme und Weltanschauungen" und damit der „geistigen Werte des Abendlandes". „Der Totalitätsanspruch des Nationalsozialismus, zu Ende gedacht, bedeutete nichts anderes als den Versuch Hitlers, sich selbst zum Herrn über Gott, das Vaterland und die Menschlichkeit zu machen."[17]

Bedeutete der Nationalsozialismus damit den Tiefpunkt einer Entwicklung, mußte sich der Widerstand aus diesem Gefälle lösen, indem er zu den Quellen des Abendlandes im Christentum und zu dessen Grundlehren, der Unterwerfung des Menschen unter Gott und der Nächstenliebe, zurückkehrte, um sich so „eine gemeinsame geistige Grundlage und eine einheitliche Metapolitik"[18] zu erarbeiten. „In der Anerkennung der christlichen Grundwahrheiten des Lebens"[19] trafen sich die Mitglieder des Widerstandes, wobei Martin Niemöller und die Bekennende Kirche (BK) „einem großen Teil der deutschen Widerstandsbewegung die weltanschauliche Grundlage"[20] gaben. „Alte Sozialdemokraten, Zentrumsleute, Liberale und Konservative, Zivilisten und Soldaten, Katholiken und Protestanten fanden sich auf der alten Grundlage des Abendlandes erneut zusammen."[21] Mit der an den Kreisauer Kreis erinnernden Aussage ist zugleich der bürgerlich-militärische Kern des Widerstands gekennzeichnet.

Schlabrendorff deutete NS-Staat und Widerstand als konträre Antworten auf den Prozeß der Moderne. Seine religiös-moralischen Kriterien entsprachen Äußerungen des bürgerlich-militärischen Widerstandes und waren in den fünfziger Jahren weit verbreitet, nicht zuletzt in der Abgrenzung vom Dritten Reich[22]. Weil dieses umgekehrt nach dem „Endsieg" die „Lösung der Kirchenfrage" ähnlich wie im Warthegau plante, betonten die SD-Berichte die Verbindung der Männer des

[16] Ebd. 13.
[17] Ebd. 17.
[18] Ebd. 14.
[19] Ebd. 15.
[20] Ebd. 28.
[21] Ebd. 15.
[22] Vgl. zur Verbreitung im Widerstand *Hans Mommsen*, Gesellschaftsbild und Verfassungspläne des deutschen Widerstandes (1966), jetzt in: *ders.*, Der Nationalsozialismus und die deutsche Gesellschaft. Ausgewählte Aufsätze, hrsg. von *Lutz Niethammer, Bernd Weisbrod* (Reinbek 1991) 240 ff.; im folgenden zitiert: *Mommsen*, Gesellschaftsbild. Zur Bedeutung in der Vorgeschichte des Grundgesetzes *Karlheinz Niclauß*, Der Weg zum Grundgesetz (UTB 2058, Paderborn 1998) 74 ff. Trotz des Anschlusses an die Mentalitätsgeschichte scheint das Phänomen weitgehend auf den christlich-kirchlichen Bereich beschränkt bei *Martin Greschat*, „Rechristianisierung" und „Säkularisierung". Anmerkungen zu einem europäischen interkonfessionellen Interpretationsmodell, in: *Jochen-Christoph Kaiser, Anselm Doering-Manteuffel* (Hrsg.), Christentum und politische Verantwortung. Kirchen im Nachkriegsdeutschland (Konfession und Gesellschaft 2, Stuttgart, Berlin, Köln 1990) 1–24; im folgenden zitiert: *Kaiser, Doering-Manteuffel*, Christentum.

20. Juli zu den Kirchen[23], ein bemerkenswerter Vorläufer der religiös-moralischen Deutung. Schlabrendorffs Stichwort „Kreuzzug" erinnert zudem an den amerikanischen Kampf gegen Hitler als den Antichrist und die Ziele der Besatzungsmacht: re-education und re-christianisation. Entsprechend wurde die BK 1946 als Widerstandsbewegung anerkannt[24]; 1947 konnten Heinrich Schmidt den „Beitrag der evangelischen Kirche zum Kampf im Dritten Reich" als „Apokalyptisches Wetterleuchten" schildern und Walter Künneth die „Begegnung zwischen Nationalsozialismus und Christentum" geschichtstheologisch unter der Überschrift „Der große Abfall" deuten, während im Jahr zuvor der „Kampf des Nationalsozialismus gegen die katholische Kirche und der kirchliche Widerstand" von Johannes Neuhäusler als Auseinandersetzung von „Kreuz und Hakenkreuz" verstanden wurde[25]. Die Rückkehr zu „der alten Grundlage des Abendlandes" bestimmte die Gründung der CDU wie die Anfänge der Europapolitik und wirkte bis in die sechziger Jahre. Auch Gegenpositionen, wie sie Martin Niemöller und seine Freunde vertraten, folgten mit der Metaphorik der „Kehrtwende um 180 Grad" einem vergleichbaren moralisch-religiösen Geschichtsbild. Eher variiert als überwunden erscheint es in dem bis heute beschworenen Ziel eines „Dritten Weges" jenseits von Individualismus und Kollektivismus, für den auch Jakob Kaiser, Eugen Gerstenmaier und andere Mitglieder des bürgerlich-militärischen Widerstandes[26] wie auch Sozialisten im Exil[27] plädierten.

Die Wurzeln dieser Wirklichkeitsdeutung liegen nur teilweise in der Zeit des Dritten Reichs, sie reichen vielmehr weiter zurück. Bei Schlabrendorff selbst mag

---

[23] Vgl. *Hans-Adolf Jacobsen* (Hrsg.), „Spiegelbild einer Verschwörung". Die Opposition gegen Hitler und der Staatsstreich vom 20. Juli 1944 in der SD-Berichterstattung, Bd. 1 (Stuttgart 1984) 167f., 233f., 304, 320ff., 434ff., 450f., 508ff. Die Berichte werden häufig Kaltenbrunner-Berichte genannt, obwohl sie SS-Obersturmbannführer Walter von Kielpinski verfaßte und der Chef der Sicherheitspolizei nur die Begleitschreiben unterzeichnete. Zur antikirchlichen Einstellung von Gestapo und SD vgl. *Klaus-Michael Mallmann*, Die unübersichtliche Konfrontation. Geheime Staatspolizei, Sicherheitsdienst und christliche Kirchen 1934–1939/40, in diesem Band.
[24] Entscheidung des Kassationshofes für Sonderaufgaben im Bayerischen Staatsministerium vom 14. 10. 1946, in: Amtsblatt der EKD 1 (1947) Nr. 7.
[25] *Heinrich Schmidt*, Apokalyptisches Wetterleuchten. Ein Beitrag der evangelischen Kirche zum Kampf im Dritten Reich (München 1947); *Walter Künneth*, Der große Abfall. Eine geschichtstheologische Untersuchung der Begegnung zwischen Nationalsozialismus und Christentum (Hamburg 1947); *Johannes Neuhäusler*, Kreuz und Hakenkreuz. Der Kampf des Nationalsozialismus gegen die katholische Kirche und der kirchliche Widerstand (München 1946).
[26] Vgl. *Mommsen*, Gesellschaftsbild 329, mit Nachweisen für Goerdeler, Schulenburg und Leuschner. Zu erinnern ist auch an Alfred Delps dritten Weg des personalen Sozialismus und ihre Fundierung in der katholischen Soziallehre oder den Beitrag des Freiburger Kreises zur Sozialen Marktwirtschaft als Wirtschaftskonzeption jenseits von Kapitalismus und Sozialismus.
[27] Vgl. *Willy Brandt*, Nach dem Krieg (1944), Teilabdruck in: *ders.*, Draußen. Schriften während der Emigration, hrsg. von *Günter Struve* (Berlin, Bonn ²1976) 45: „Die große Aufgabe, die unserer Generation gestellt ist, besteht darin, die Synthese von Kollektivismus und Liberalismus zu finden."

man an die prägende Beziehung zum altkonservativen Ewald von Kleist-Schmen-
zin denken, bei anderen Mitgliedern des Widerstandes an den Einfluß jungkonser-
vativer Theorien. Aber auch diese bilden nur einen Aspekt der Kritik an der
Moderne, wie sie sich gegen Ende des 19. Jahrhunderts in fast allen europäischen
Ländern als Krise des Liberalismus zeigte, sich besonders im Gefolge Nietzsches
seit 1890 durchsetzte und ihren einflußreichsten Vertreter nach dem I. Weltkrieg
in Oswald Spengler fand, an dessen „Untergang des Abendlandes" Schlabrendorffs Äußerungen unmittelbar anzuschließen scheinen[28]. Zu erinnern ist beispielsweise an die auch Spengler bestimmende Lebensphilosophie, an Jugend-
bewegung und liturgische Bewegung wie an die Betonung Gottes als des ganz
Anderen bei Rudolf Otto einerseits und andererseits in Aufnahme Kierkegaards
bei Karl Barth. Wenn die frühe Dialektische Theologie vielfach als Reaktion auf
die Erschütterung durch den I. Weltkrieg gedeutet wird, droht dabei mit ihrem
weiterführenden Impuls der Zusammenhang mit der Krise der Moderne im Fin
du siècle ausgeblendet zu werden[29], obwohl diese in der Kritik der BK an der
Konsistorialrats- und Bischofskirche weiterwirkte, die sich nicht zufällig mit dem
Jugendpathos von Nationalsozialismus und Deutschen Christen traf.

Als eine zivilisationskritische Leitfigur diente seit der Jerusalemer Weltmissi-
onskonferenz 1928 der aus der englischen Diskussion nun in die deutsche Sprache
übernommene Begriff „Säkularismus", der als „radikale Diesseitsgesinnung"[30] im
Stolz auf die Errungenschaften der Moderne alle Glaubenshaltungen als überholt
betrachtete. Obwohl er aus dem Christentum entstanden sei, galt dieser als der ge-
fährlichste Feind des Christentums und darüber hinaus als „Menschheitsgefahr"[31]. Demgegenüber hatte Ernst Troeltsch den bereits im 19. Jahrhundert mit
dem Begriff der Säkularisierung verbundenen Prozeß deutlicher als Dilthey und
Max Weber ambivalent gesehen als die für die Entstehung der modernen Welt not-

---

[28] Vgl. zum Verhältnis Nietzsche – Spengler *Detlef Felken*, Oswald Spengler. Konservativer
Denker zwischen Kaiserreich und Diktatur (München 1988) 157–169; im folgenden zitiert:
Felken, Spengler.
[29] *Trutz Rendtorff*, Karl Barth – ein theologisches Porträt, in: *ders.*, Theologie in der Moderne (Gütersloh 1991) 111: „Karl Barth ist Repräsentant einer Generation von Theologen,
die durch die Erschütterungen des Ersten Weltkriegs zutiefst bestimmt wurde und in der Erfahrung einer Zeitenwende die Herausforderung zu fundamentaler theologischer Neubesin-
nung erkannte." Vgl. demgegenüber die vielfältigen Zuordnungen bei *Matthias Kroeger*,
Friedrich Gogarten. Leben und Werk in zeitgeschichtlicher Perspektive, Bd. I (Stuttgart,
Berlin, Köln 1997) bes. 416 ff. Bekanntlich war die Wirkung von Spenglers „Untergang des
Abendlandes" unmittelbar mit dem Kriegsende verbunden, aber Auslöser für die Abfassung
des Buches war die Krise von Agadir. Vgl. auch *Friedrich Jaeger*, Bürgerliche Modernisierungskrise und historische Sinnbildung. Kulturgeschichte bei Droysen, Burckhardt und Max
Weber (Bürgertum 5, Göttingen 1994).
[30] *Karl Heim*, Der Kampf gegen den Säkularismus (1930), in: *Heinz-Horst Schrey* (Hrsg.),
Säkularisierung (WdF 424, Darmstadt 1981) 109; im folgenden zitiert: *Heim*, Kampf. Vgl.
Kurt Nowak, Zur protestantischen Säkularismus-Debatte um 1930, in: WPKG 69 (1980) 37–
51; im folgenden zitiert: *Nowak*, Säkularismus-Debatte.
[31] *Joseph H. Oldham*, Der Säkularismus als Menschheitsgefahr, in: Mission und Unterricht
17 (1929) 289–297.

wendige und legitime, aber „unsäglich schwere Probleme" bereitende Selbstauf-
lösung des überlieferten christlichen Glaubens[32]. Den bereits von Franz Over-
beck betonten negativen Aspekt griff Karl Barth in seinem Tambacher Vortrag
1919 auf, in dem er jede Amalgamierung des christlichen Glaubens in Kultur und
Politik als Versuch bezeichnete, Christus „zu säkularisieren", wie das Mittelalter
„die Gesellschaft zu klerikalisieren" suchte[33]. Im Gegensatz dazu forderte Paul
Tillich gegen jede Form einer religiösen Kultur wie gegen die Denunzierung der
modernen Autonomie gerade das Festhalten am Projekt der liberalen Theologie,
nämlich die Durchdringung von Religion und Kultur, „das lebendige dialektische
Verhältnis des vorhandenen Geisteslebens zum Christentum"[34], auch wenn letztlich nur das Christentum – innerhalb und außerhalb der Kirche – den Zerfall der
Kultur aufhalten kann. Auf katholischer Seite zeigte sich das Säkularisations-
Thema etwa beim Nachdenken über die Glaubenskrise der Neuzeit, die sich nach
dem Verlust der „Naivität des mittelalterlichen Glaubens" für Romano Guardini
und ähnlich für Alfred Delp in einer „konstitutiven Schwächung der psychologischen Glaubenskraft"[35] durch die nicht zu verdrängende, aber zu überwindende
Reflexion zeigt.

Der Orientierungsverlust durch die Kultur der Zwanziger Jahre scheint dabei
von gleicher Struktur wie die Herausforderung durch das Dritte Reich und läßt
dieses als dämonische Versuchung erscheinen. 1930 zeichnete Karl Heim den
Kampf gegen den Säkularismus mit apokalyptischen Farben, die auch 1942/43 in
Gerhard Ritters Beitrag zur Freiburger Denkschrift über „Politische Gemeinschaftsordnung" aufleuchten: „Alle Kräfte des Antichristentums ballen sich zu
einer Einheitsfront zusammen. Das Zeichen der Kirche steht auf Sturm. Eine letzte
Geisterschlacht bereitet sich vor."[36] „Der Säkularismus ist die Form, in der die

---

[32] *Ernst Troeltsch*, Die Bedeutung des Protestantismus für die Entstehung der modernen
Welt (1911, Neudruck: München, Berlin 1953). Vgl. zur Begriffsgeschichte *Hermann Zabel*,
Säkularisation, Säkularisierung, III. Der geschichtsphilosophische Begriff, in: GGB, Bd. 5
(Stuttgart 1984) 809–829; *Giacomo Marramao*, Säkularisierung, in: HWP, Bd. 8 (Basel 1992)
1133–1161.

[33] *Karl Barth*, Der Christ in der Gesellschaft, in: *Jürgen Moltmann* (Hrsg.), Anfänge der dia-
lektischen Theologie, Bd. 1 (Theologische Bücherei 17, München 1962) 6, 8.

[34] *Paul Tillich*, 10. These bei der Lizentiatenprüfung 1912, zit. *Heinz-Horst Schrey*, Einführung, in: *ders.*, Säkularisierung (WdF 424, Darmstadt 1981) 17; im folgenden zitiert: *Schrey*,
Einführung.

[35] *Romano Guardini*, Der Glaube in der Reflexion (1928), in: *ders.*, Unterscheidung des
Christlichen. Gesammelte Studien (Mainz ²1963) 299. Vgl. *Alfred Delp*, Lage und Seelsorge
(Herbst 1943), in: *ders.*, Gesammelte Schriften, hrsg. von *Roman Bleistein*, Bd. V (Frankfurt
a.M. 1988) 246: „Verlust der religiösen und geistigen Substanz" und „der naturhaften In-
stinktsicherheit"; die Entchristlichung ist das durchgehende Thema Delps. Es begegnet auch
bei Hans Peters; vgl. die Vertiefung seines Beitrages zum Kreisauer Kreis: *Hans Peters*,
Zwischen Gestern und Morgen. Betrachtungen zur heutigen Kulturlage (Berlin 1946) bes.
106–108. Vgl. *Wolfgang Löhr*, Rechristianisierungsvorstellungen im deutschen Katholizismus 1945–1948, in: *Kaiser, Doering-Manteuffel*, Christentum 25–41.

[36] *Heim*, Kampf 127; vgl. *Reinhard Hauf* (Hrsg.), Denkschrift „Politische Gemeinschaftsordnung", in: *Klaus Schwabe, Rolf Reichardt* (Hrsg.), Gerhard Ritter. Ein politischer Histo-

gefallene Welt sich in dämonischer Weise selbst an die Stelle Gottes zu setzen sucht"[37], so wie Schlabrendorff es als Wesen des NS-Regimes bezeichnete. In kritischer Wendung gegen Troeltsch klagte deshalb Ritter, „daß unsere deutschen Reformationskirchen eine schwere Mitschuld an dem totalen Verfall unserer politischen Gesittung tragen, indem sie das ‚Politische‘ als eine dem christlichen Gewissen fremde Sphäre gleichsam ausklammerten und so in weiten Teilen selber der Säkularisation, ja geradezu dem Dämon der Macht und der nationalen Selbstzerstörung verfielen (wie es uns schon nach dem ersten Weltkrieg bewußt, aber erst seit 1933 ganz deutlich wurde)"[38]. Zwischen Heims Äußerung und Ritters Deutung hatte allerdings die „Machtergreifung" der NSDAP für viele – auch für Karl Heim – durch die „religiöse Wiedergeburt" Deutschlands die Entkirchlichung überwunden, so daß die Klage über Säkularismus/Säkularisation zunächst versiegte[39], um dann aber im Widerstand zur Deutung des NS-Regimes zu dienen[40].

1947 verfaßten die katholischen Bischöfe der USA einen Hirtenbrief „Gegen den Säkularismus". Als „der praktische Ausschluß Gottes aus dem menschlichen Denken und Leben" sei er „der fruchtbare Boden, in dem solche sozialen Ungeheuerlichkeiten wie der Faschismus, der Nazismus und Kommunismus Wurzel fassen und wachsen konnten"[41]. Angesichts dieser Totalitarismus-These entfalten die Bischöfe die segensvollen Wirkungen der Rückkehr zu dem katholischen Naturrecht und der Verantwortung vor Gott, wobei die amerikanische Stimme zugleich einen Beleg für die internationale und ökumenische Verbreitung des Topos bietet. Obwohl evangelischerseits Dietrich Bonhoeffer in den Briefen aus der Haft eine positive Bestimmung von Glaube und Säkularisation suchte und Fried-

---

riker in seinen Briefen (Schriften des Bundesarchivs 33, Boppard/Rh. 1984) 683; im folgenden zitiert: *Hauf*, „Politische Gemeinschaftsordnung".
[37] *Heim*, Kampf 123.
[38] *Hauf*, „Politische Gemeinschaftsordnung" 663 f.; ähnlich die Aufnahme des Säkularisationsgedankens bei Gustav Aulén 1942, vgl. *Ingun Montgomery*, Transformationen in Schwedens Kirche und Gesellschaft während der konsolidierten NS-Gewaltherrschaft, in diesem Band, 247–258, hier 253, 256.
[39] Vgl. *Notker Slenzka*, Das ‚Ende der Neuzeit‘ als volksmissionarische Chance? Bemerkungen zum volksmissionarischen Anliegen der Glaubensbewegung ‚Deutsche Christen‘ in der Hannoverschen Landeskirche in den Jahren 1933/34, in: KZG 11 (1998) 255–317. Bereits 1937 konstatierte jedoch Ernst von Harnack, daß mit dem Totalitätsanspruch des Nationalsozialismus „mehr in Gang [kam] als eine bloße Säkularisation von Außenpositionen, deren Betreuung die Kirche – ohne ihren zentralen Aufgaben untreu zu werden – der weltlichen Gewalt hätte überlassen dürfen." *Ernst von Harnack*, Jahre des Widerstands 1932–1945, hrsg. von *Gustav-Adolf von Harnack* (Pfullingen 1989) 112.
[40] Vgl. neben der Freiburger Denkschrift „Politische Gemeinschaftsordnung" Hans-Bernd von Haeften an Herbert Krimm, Mai 1941, in: *ders., Barbara von Haeften*, Aus unseren Briefen 1931–1944 (Privatdruck) 120; *Dietrich Bonhoeffer*, Ethik, hrsg. von *Ilse Tödt* u. a. (DBW 6, Gütersloh ²1998) 103–105, 118 (1940), 236, 263 f. (1942). Ohne den Begriff Säkularisation bestimmt das Problem besonders den Kreisauer Kreis. Die Aufnahme des Säkularisations-Themas im Widerstand, als deren Reflex wiederum Bonhoeffers Überlegungen in der Haft zu verstehen sind, hat *Nowak*, Säkularismus-Debatte, bes. 50, übersehen.
[41] Gegen den Säkularismus. Hirtenbrief der katholischen Bischöfe der USA, in: *Heinz-Horst Schrey* (Hrsg.), Säkularisierung (WdF 424, Darmstadt 1981) 128.

rich Gogarten diese nach 1950 vom Säkularismus abhob, blieb nach dem Krieg die negative Prägung des Begriffs bestimmend. Der Blick auf das Dritte Reich als „Der große Abfall" (Walter Künneth) sollte zur Selbstprüfung der Gegenwart führen. So sah die Fuldaer Männerseelsorgekonferenz 1951 im Säkularismus die „Krankheit unserer Zeit"[42]. 1948 erschien „Das Jahrhundert ohne Gott" von Alfred Müller-Armack, und im gleichen Jahr deutete Hans Sedlmayr den Weg – nicht nur der Kunst – seit der Französischen Revolution als „Verlust der Mitte", wobei der Einfluß Spenglers bemerkenswert ist und manche Urteile nicht zufällig an die Angriffe auf die „entartete Kunst" erinnern[43].

„Die Verführungskraft des Nationalsozialismus war deshalb so groß, weil seine Predigt auf eine Selbstvergötterung der Nation und eine ideologische Verklärung natürlicher Vitalität hinauslief. Dieser Pseudoreligion war letztlich nur eine echte Religion geistig gewachsen, oder doch eine sittlich-politische Überzeugung, die in der Überlieferung echter Religion wurzelte."[44] Mit diesem Zitat steht auch Gerhard Ritters Goerdeler-Buch von 1954 in der angedeuteten Tradition; wie Schlabrendorff betrachtete er das „nihilistische Verdämmern echter Ideale zur bloßen Ideologie"[45] als Voraussetzung für Hitlers Aufstieg, dessen Berufung auf den „Volkswillen" die innere Nähe zum Bolschewismus zeige; „denn die Masse verlangt danach, an einen Menschen und an eine Sache zu glauben".

Ritters Betonung der religiös begründeten Widerstandskraft schloß – wie den von Günther Weisenborn 1952 betont herausgestellten Widerstand der Arbeiter[46] – entsprechend der Abgrenzung von der „DDR" die „kommunistische Opposition" vom Widerstand aus, trotz des gemeinsamen Nahziels, den Diktator zu stürzen. „Was die kommunistische Untergrundbewegung zusammenhielt und durch viele Jahre hindurch die unerhörtesten Blutopfer bringen ließ, war ein verbissener, fanatischer Glaube an [...] ihre kommunistische ‚Weltanschauung'. Man kann sie als eine Art Ersatzreligion betrachten", die aber, „im Gegensatz zur echten Religion, den menschlichen Egoismus, den irdischen Geltungsdrang, den kämpferischen Machtwillen nicht zähmt durch Unterwerfung unter einen göttli-

---

[42] Zit. *Schrey*, Einführung 15. Vgl. mit weiteren Belegen *Wolfgang Lück*, Das Ende der Nachkriegszeit. Eine Untersuchung zur Funktion des Begriffs der Säkularisierung in der „Kirchentheorie" Westdeutschlands 1945–1965 (Frankfurt a.M., Bern 1976).

[43] *Werner Hofmann*, Denker der Kehrseiten, in: *Hans Sedlmayr*, Verlust der Mitte. Die bildende Kunst des 19. und 20. Jahrhunderts als Symptom und Symbol der Zeit (Klassiker des modernen Denkens, Gütersloh 1988) 307, erinnert an Sedlmayrs Wandlungen vom linksliberalen Intellektuellen der Zwischenkriegszeit in Wien über den Verehrer Hitlers zum Katholizismus (Pseudonym nach Kriegsende: Hans Schwarz), während Sedlmayr im Nachwort zur 1. Auflage (ebd. 285) die Entstehung des Buches auf diese drei Phasen verteilt. Daß Sedlmayr „deutlich von Spengler beeinflußt" gewesen sei, meint auch *Felken*, Spengler (wie Anm. 28) 245.

[44] *Gerhard Ritter*, Carl Goerdeler und die deutsche Widerstandsbewegung (Stuttgart ²1955) 12; im folgenden zitiert: *Ritter*, Goerdeler. Das Buch geht auf eine Anregung des „Hilfswerks 20. Juli 1944" zurück.

[45] Ebd. 94.

[46] *Günther Weisenborn*, Der lautlose Aufstand. Bericht über die Widerstandsbewegung des deutschen Volkes 1933–1945 (Hamburg 1952, Frankfurt a.M. ⁴1974).

chen Willen, unter ein absolutes Sittengebot, sondern aufs äußerste steigert"[47].
„Aus ganz anderer Tiefe echter Glaubensüberzeugung"[48] entsprang dagegen die
kirchliche Opposition; da sie „so weit entfernt blieb von allem Mitschwingen
weltlicher Motive", gelang es ihr, „kühner und freier zu reden, getroster ins Martyrium zu gehen als an irgendeinem anderen Abschnitt der Widerstandsfront",
wenn auch besonders die evangelische Seite erst durch eine „grundsätzliche Neu-
besinnung auf die Grenzen der weltlichen Staatsgewalt" den Weg in den politischen Widerstand gehen konnte.

Allerdings konnte Ritter Carl Goerdeler, die Hauptfigur seines Buches, nicht
mit diesem religiösen Maßstab erfassen. Obwohl er seinen Widerstand „aus der
Tiefe sittlich-religiöser Überzeugung"[49] entspringen ließ, betrachtete er seinen
Glauben nur als „religiös gesteigerte Ethik, Ethik edelster Art"[50]. So gründete die
„Kraft des Widerstandes" nicht in der „echten Religion", sondern in der „Echt-
heit, Klarheit und Tiefe des Freiheitsglaubens"[51]. „Außerhalb der Kirchen war
dieser Freiheitsglaube nicht rein moralisch-religiöser Natur, sondern mitgespeist
durch weltlich-politische Motive der verschiedensten Art und Herkunft. Will
man die Oppositionsgruppen des deutschen Bürgertums, die sich in den verschiedensten Parteilagern bildeten, auf einen Nenner bringen, so läßt sich vielleicht
eines sagen: daß ihre Mitglieder alle, in geschichtlicher Bildung erzogen, das
Bewußtsein einer sittlichen Verpflichtung gegenüber der deutschen Vergangenheit
in sich trugen."

Aber die „edelsten Werte deutscher Geschichte" waren umstritten, was Ritter
zu der Feststellung veranlaßte, „daß jede dieser Geisteshaltungen Aus- und
Umdeutungen erfahren konnte, die es ermöglichten, sie aus der Front des Widerstandes auszuschalten, ja wohl gar in das Fahrwasser der Hitler-Bewegung zu
ziehen"[52]. Obwohl er „die politischen Ideen und die dahinterstehenden sittlich-
religiösen Überzeugungen"[53] des Widerstandes als „Ideale eines neuen, besseren
Deutschland und eines neuen, besseren Europa" der Gegenwart vor Augen stellen
wollte, enthielt seine Relativierung der religiösen Motivation eine Historisierung
der politisch-ethischen Orientierungen, welche in den sechziger Jahren zur Revision der moralischen Widerstandsdeutung führen sollte.

Durch ständige Überarbeitungen begleitete Hans Rothfels mit seiner Würdigung „Die deutsche Opposition gegen Hitler" seit 1948/49 die Widerstands-
erinnerung und -geschichtsschreibung. So betrachtete er noch in der letzten
Bearbeitung 1969 den Nationalsozialismus „[i]n mancher Hinsicht" als „letzte
Gipfelung und Übersteigerung der Säkularisationsbewegung des 19. Jahrhun-

---

[47] *Ritter*, Goerdeler 106.
[48] Ebd. 111.
[49] Ebd. 142.
[50] Ebd. 435.
[51] Ebd. 118.
[52] Ebd. 119.
[53] Ebd. 12.

derts"[54] im Zusammenhang der „nihilistische[n] Welle und [...] eines mechani-
sierten und säkularisierten Gesellschaftsapparats"[55]. Demgegenüber wurde „im
Widerstand eine Krise des Nationalstaates zur Evidenz gebracht [...], eine innere
Krise der Loyalität, bei der die Rangordnung der Werte sich zurechtrückte und
ethisch-religiöse Postulate an Stelle politisch-säkularisierter wieder an die oberste
Stelle traten"[56].

Rothfels wandte sich deshalb gegen eine grundsätzliche Revision, wie sie durch
amerikanische Beiträge und in Deutschland besonders durch die Studien von
Hermann Graml und Hans Mommsen 1966 angestoßen wurde[57]. „Keine Würdigung der deutschen Opposition gegen Hitler wird ihrer Aufgabe genügen, die sich
nur innerhalb der begrenzten Sphäre politischer Betrachtungen und Möglichkeiten bewegt, die etwa nach den ‚Klassen'-Motiven der an der Verschwörung stark
beteiligten ‚alten Eliten' fragt und so nach bestimmten Methoden sozialwissen-
schaftlicher, wenn nicht gar psychoanalytischer Untersuchungen verfahren zu
sollen glaubt oder die in der Hauptsache die ‚nationalen' Ziele des Widerstands
herausstellt, um schließlich ihren Beurteilungsmaßstab in der äußerlichen Ansicht
von Erfolg oder Mißerfolg zu finden. Solche sogenannten ‚realpolitischen' Deutungen sind berechtigt, soweit die Tatbestände in ihren Bereich fallen. Aber um
auf den Grund zu sehen, muß man zum Prinzipiellen vorstoßen, zu den Kräften
moralischer Selbstbehauptung, die über die Erwägungen des bloß politisch Notwendigen hinausgehen."[58]

Rothfels plädierte für eine multiperspektivische Analyse, welche das Prinzi-
pielle in seinen historischen Bedingungen sichtbar macht. Deshalb suchte er den
Widerstandsbegriff durch die Beschreibung einzelner Verhaltensweisen zu differenzieren. Danach entwickelte sich der Widerstand „durch verschiedene Stufen
der Nicht-Gleichschaltung und Nicht-Übereinstimmung hindurch: von der
Feindseligkeit, die hinter Gefängnismauern und Stacheldraht erstickt wurde, und
dem Schweigen einer potentiellen Opposition, vom humanitären Protest und der
geheimen Hilfe, die Opfern der Verfolgung gewährt wurde, zur Sabotage durch
die Illegalen, zu ihrer Untergrundtätigkeit, zum geistig-religiösen Angriff auf die

---

[54] *Hans Rothfels*, Die deutsche Opposition gegen Hitler. Eine Würdigung. Mit einer Einführung von Friedrich Frhr. Hiller von Gaertringen (Neuausgabe der Fassung letzter Hand
1969) (Manesse Bibliothek der Weltliteratur, Zürich 1994) 90; im folgenden zitiert: *Rothfels*,
Opposition (1994). Zur Erstausgabe vgl. oben Anm. 7.
[55] Ebd. 332.
[56] *Rothfels*, Vorwort von 1969, ebd. 26.
[57] Vgl. ebd. 390 f., Anm. 47 f. die Auseinandersetzung mit *Hermann Graml*, Die außenpolitischen Vorstellungen des deutschen Widerstandes, und *Hans Mommsen*, Gesellschaftsbild
und Verfassungspläne des deutschen Widerstandes, in: *Walter Schmitthenner, Hans Buchheim* (Hrsg.), Der deutsche Widerstand gegen Hitler. Vier historisch-kritische Studien (Köln,
Berlin 1966) 15–72, 73–167; im folgenden zitiert: *Schmitthenner, Buchheim*, Der deutsche
Widerstand.
[58] Ebd. 34. Für die Weiterarbeit von Rothfels an seiner Darstellung ist der Vergleich mit der
ersten Fassung aufschlußreich; *Rothfels*, Opposition (1949) 17. Vgl. auch dort (190 f.) die Abgrenzung gegenüber dem „Revisionismus".

Grundgedanken aller totalitären Systeme, zu aktivem Planen und politischem Widerstand"[59]. Dieser Ansatz erwies sich in doppelter Weise als fruchtbar. Einerseits führte er dazu, daß Karl Dietrich Bracher ausgehend von der Endphase der Weimarer Republik den Weg zum politischen Widerstand als Prozeß der Auseinandersetzung mit dem sich wandelnden NS-Regime deutete[60]. Andererseits ließen sich diese Stufen präzisieren, indem Eberhard Bethge an biographischen Beispielen fünf Stufen auf dem Weg in den Widerstand aufzeigte, während Ernst Wolf vier „Schichten" des kirchlichen Widerstandes unterschied, die aus historischen und theologischen Gründen nicht eindeutig einer teleologischen Orientierung folgen[61].

1.2 Die funktionalistische Revision

Der Perspektivenwechsel bei der Erforschung des Dritten Reiches Mitte der sechziger Jahre war beeinflußt und begleitet von Aufsehen erregenden Strafprozessen, besonders dem am 15. 12. 1961 mit dem Todesurteil endenden Eichmann-Prozeß und dem am 20. 12. 1963 begonnenen Auschwitz-Prozeß wegen nationalsozialistischer Gewaltverbrechen. Sie fanden ihren unmittelbaren Niederschlag in der nun erst richtig in Gang kommenden Erforschung der Vernichtung des europäischen Judentums, des Holocaust[62], während im öffentlichen Bewußtsein erst das amerikanische Fernsehdrama „Holocaust" 1979 als prägend empfunden wurde[63]. Die Einsicht in industrielle Vernichtung führte zu einer Veränderung des Bildes vom NS-Staat, indem nun der Rassismus als die spezifische Ausprägung

---

[59] *Rothfels*, Opposition (1949) 190, vgl. 36 ff. Um weitere Aspekte ergänzt *Rothfels*, Opposition (1994) 321.

[60] Vgl. *Karl Dietrich Bracher*, Anfänge der deutschen Widerstandsbewegung, in: *Wilhelm Berges, Carl Hinrichs* (Hrsg.), Zur Geschichte und Problematik der Demokratie. Festgabe für Hans Herzfeld (Berlin 1958) 375–395.

[61] Vgl. *Eberhard Bethge*, Adam von Trott und der deutsche Widerstand (1963), jetzt in: *ders.*, Ohnmacht und Mündigkeit (München 1969) 32 ff.; *ders.*, Dietrich Bonhoeffer. Theologe – Christ – Zeitgenosse (München 1967) 890; *Ernst Wolf*, Kirche im Widerstand? (München 1965) 16 ff.; *ders.*, Zum Verhältnis der politischen und moralischen Motive in der deutschen Widerstandsbewegung, in: *Schmitthenner, Buchheim*, Der deutsche Widerstand, 215–255, hier 230 f. Vgl. weiterhin *Klaus Gotto, Hans Günter Hockerts, Konrad Repgen*, Nationalsozialistische Herausforderung und kirchliche Antwort, in: *Klaus Gotto, Konrad Repgen* (Hrsg.), Kirche, Katholiken und Nationalsozialismus (Mainz ³1990) 173–190; *Konrad Repgen*, Katholizismus und Nationalsozialismus (Köln 1983) 10 f.

[62] Vgl. von den Literaturberichten bes. *Konrad Kwiet*, Zur historiographischen Behandlung der Judenverfolgung im Dritten Reich, in: MGM (1/1980) 149–192; *Michael Marrus*, The History of the Holocaust. A Survey of Recent Literature, in: JMH 59 (1987) 114–160; *ders.*, The Holocaust in History (London 1988); *Peter Baldwin* (Hrsg.), Reworking the Past: Hitler, the Holocaust and the Historians (Boston 1990); *Peter Novick*, The Holocaust in American Life (Boston 1999). Für die USA wie für Israel bildet der arabisch-jüdische Krieg 1967 den entscheidenden Anstoß.

[63] Vgl. *Yizhak Ahren* u. a., Das Lehrstück „Holocaust". Zur Wirkungspsychologie eines Medienereignisses (Opladen 1982); *Ilan Avisar*, Sreening the Holocaust. Cinema‚s Images of the Unimagenable (Bloomington, Indianapolis 1987).

von Ideologie und menschenfeindlicher Gewalt des NS-Regimes erkannt wurde, während er zuvor allenfalls als Teil des totalitären Systems in den Blick kam.

Ablesbar an den drei Parlamentsdebatten über die Verjährung der NS-Gewaltverbrechen 1960, 1965 und 1969 zeigte die Veränderung des Forschungsinteresses den Übergang vom Erinnern der Zeitgenossen und Überlebenden zur Distanz der jüngeren Historiker. Sie war eingebettet in die Veränderungen am Ende von Nachkriegszeit und Adenauer-Ära, die sich dann 1968 entluden. Während sich in dessen Gefolge die Kritik an den „Vätern" wegen mangelnden Widerstandes verschärfte, drohte der Widerstand selbst sein moralisches Gewicht als das „Andere Deutschland" zu verlieren, wobei auch der Abschied von der Orientierung an der Nation neue Perspektiven für die Beschäftigung mit dem Exil eröffnete. Der Klimawechsel kündigte sich bereits Anfang des Jahrzehnts an, wie Fritz Fischers „Griff nach der Weltmacht" (1961) und die anschließende Diskussion besonders im Blick auf Gerhard Ritter oder die Kritik an der Rolle der katholischen Kirche im Dritten Reich durch Ernst-Wolfgang Böckenförde (1961) und in Rolf Hochhuths „Stellvertreter" (1963) belegen. 1964/65 zeigten Erwin Fischers Forderung „Trennung von Kirche und Staat" (1964), das sog. Schulgebetsurteil des Hessischen Staatsgerichtshofes (1965) u. a., daß mit dem Geist der Zeit „das Pendel der staatskirchenrechtlichen Bewegung nach ausgiebigem Ausschlag in die kirchenfreundliche Richtung im Begriff war, in die entgegengesetzte Richtung zu fallen"[64]. Das sollte Konsequenzen haben für die Beurteilung der bisher positiv akzentuierten Rolle der Kirchen, die Beachtung religiöser Momente beim Widerstand und überhaupt für das – nun kritisch werdende – Verhältnis von allgemeiner und kirchlicher Zeitgeschichte, weil sich die Theorien der Geschichte in deutlicher Korrespondenz zum Zeitbewußtsein wandelten. Deutlich wurde das in der im Zuge der „Zweiten Aufklärung" vollzogenen Wendung „gegen den ‚mainstream' der traditionellen Politikgeschichte, ihre nationalkonservativen Wertorientierungen und ihr historisches Selbstverständnis"[65]. Die Aufnahme (neo-)marxistischer Theoreme und besonders Max Webers führte zur Rezeption sozialgeschichtlicher Theorien und Methoden mit modernisierungstheoretischer Ausrichtung, zur Umformung der Geschichte in Historische Sozialwissenschaft, welche durch die Zeitschrift „Geschichte und Gesellschaft" 1975 institutionalisiert wurde.

Für den Zeithorizont charakteristisch setzte Hans Mommsen 1966 die aus ihren Voraussetzungen zu verstehende „antipluralistische und antiliberale Grundhaltung" des Widerstandes von der heutigen „demokratisch verfaßten offenen Gesellschaft" ab[66]. Deshalb sei „die historische Dimension" des Widerstands auf-

---

[64] *Axel Frhr. von Campenhausen*, Zum Verständnis des evangelischen Religionsunterrichts, in: ZevKR 13 (1967/68) 33.
[65] *Lutz Raphael*, Anstelle eines „Editorials". Nationalzentrierte Sozialgeschichte in programmatischer Absicht: Die Zeitschrift „Geschichte und Gesellschaft. Zeitschrift für Historische Sozialwissenschaft" in den ersten 25 Jahren ihres Bestehens, in: GG 25 (1999) 5–7, hier 6; im folgenden zitiert: *Lutz Raphael*, Anstelle eines „Editorials".
[66] *Mommsen*, Gesellschaftsbild (wie Anm. 22) 323. Zur Rezeption des Ansatzes vgl. *ders.*, Die Geschichte des deutschen Widerstands im Lichte der neueren Forschung, in: APuZ B 50

zudecken, in die sein „politische[s] Denken [...] eingeordnet werden muß"⁶⁷. Die
„sozial- und verfassungspolitischen Überlegungen des deutschen Widerstands
[...] bezeugen, daß die tiefe Krisis der liberalen Demokratie, auf der der Sieg der
Faschismen und des Nationalsozialismus beruhte, auch ihre Anhänger erfaßt
hatte"⁶⁸, was ihnen ein „unmittelbares Verhältnis zur Politik erschwert hat"⁶⁹.
„[E]ine unverkennbare Spannung zur heutigen Demokratietheorie"⁷⁰ zeigte der
„Widerstand ohne Volk", indem er „vom Modell des ‚deutschen Wegs' abstam-
mende Vorstellungen"⁷¹ vertrat, wie sie noch „der von Erhard vorgelegte Plan der
‚Formierten Gesellschaft'" erkennen lasse. Die Betonung des „Aufstandes des Gewissens"⁷² erschien als apologetische Legitimation der Bundesrepublik aus dem
Gegeneinander von NS-Regime und Widerstand, während deren Zeitgenossenschaft und Vergleichbarkeit ausgeblendet wurden. Die oben erwähnten Traditionen der Zivilisationskritik wurden damit politisch als „antipluralistische und
antiliberale" Gegenbewegung zu den westlichen demokratischen Traditionen gewertet, was an Vorbehalte der Alliierten gegenüber Vertretern des Widerstandes
erinnert. Allerdings hielt es Mommsen mit der älteren Forschung für „verfehlt, die
Legitimation des Widerstands allein aus seinen an eine bestimmte historische
Situation gebundenen gesellschafts- und verfassungspolitischen Vorstellungen zu
messen. Der deutsche Widerstand kämpfte für die Würde und christliche Bestimmung des Menschen, für Gerechtigkeit und Anstand, für die Freiheit der Person
vor politischer Gewalt und sozialem Zwang."⁷³
   Neuere Interpretationsansätze wollten auch bei der kritisch differenzierenden
Analyse des Dritten Reichs „Schuld- und Verantwortungsfragen zugunsten einer
[...] realistischen Analyse hinter sich lassen"⁷⁴. Indem die strukturellen, soziolo-
gischen und politologischen Kriterien die Erforschung des NS-Staates und seiner
Institutionen sowie einzelner Bereiche der Gesellschaft, des Geistes und der Wirtschaft bestimmten, galt das Interesse wie bei der Beschäftigung mit dem Wider-

(1986) 3–18. Zu seinem methodologischen Standort vgl. *Hans Mommsen*, Historische Methode, und *ders.*, Sozialgeschichte, in: *Waldemar Besson* (Hrsg.), Geschichte (Fischer-Lexi-
kon 24, Frankfurt a.M. 1961) 78–91, 313–322.
⁶⁷ *Mommsen*, Gesellschaftsbild 235. Unter dem Gesichtspunkt der Historisierung (Broszat)
hat *Nicolai Hammersen*, Politisches Denken im deutschen Widerstand. Ein Beitrag zur Wirkungsgeschichte neokonservativer Ideologien 1914–1944 (Berlin 1993) Mommsens Ansatz
vertiefend entfaltet.
⁶⁸ *Mommsen*, Gesellschaftsbild 256.
⁶⁹ Ebd. 324.
⁷⁰ Ebd. 235.
⁷¹ Ebd. 323.
⁷² Vgl. die von *Annedore Leber* herausgegebenen Lebensbilder aus dem Widerstand: Das
Gewissen steht auf (Frankfurt a.M. 1950), Das Gewissen entscheidet (Frankfurt a.M. 1954);
Neuausgabe in einem Band, hrsg. von *Karl Dietrich Bracher* (Mainz 1984); vgl. weiterhin
Europäische Publikation e.V. (Hrsg.), Vollmacht des Gewissens, 2 Bde. (Frankfurt a.M.,
Berlin 1960/1965).
⁷³ *Mommsen*, Gesellschaftsbild 324.
⁷⁴ *Karl Dietrich Bracher*, Tradition und Revolution im Nationalsozialismus, in: *ders.*, Zeitge-
schichtliche Kontroversen. Um Faschismus, Totalitarismus, Demokratie (München 1976) 62.

stand nicht mehr den individuellen Entscheidungen, ihren ethischen und religiösen Begründungen und der daraus erwachsenen Verantwortung, sondern strukturellen Bedingungen, den Handlungen ermöglichenden und begrenzenden Faktoren und den sie legitimierenden Wertordnungen der Gesellschaft und einzelner Subsysteme. Dieser methodische Unterschied wurde auf die Kurzformel „Intentionalisten" und „Funktionalisten" gebracht und bestimmte bis in die Mitte der achtziger Jahre die Forschung auf allen Gebieten des Dritten Reiches, ob es sich um den Stellenwert Hitlers, den Holocaust, den Widerstand oder die Rolle der Kirchen handelte. Zweifellos bewirkten dabei besonders die sozialgeschichtliche Ansätze aufgreifenden „Funktionalisten" durch ihre Fragestellungen grundlegende Veränderungen in der Sicht des NS-Staates, so daß sich vorliegender Bericht besonders auf diese Revision früherer Sichtweisen konzentriert.

Entscheidend wurde für die Neuvermessung die Beobachtung, daß das Regime nicht statisch strukturiert war, sondern sich prozeßhaft veränderte und in sich durch Konkurrenzen und Spannungen bestimmt war. Deshalb verabschiedete man die Totalitarismus-Theorie, welche die Aufgabe der Entscheidung zwischen individueller Freiheit und kollektiver Zwangsordnung betonte, aber zugleich durch die Mystifizierung der Herrschaftsmacht entschied. Die Forschung griff nun einerseits die Faschismusdiskussion wieder auf und entwickelte andererseits die polykratische Deutung des Regimes, welche ältere Beobachtungen über die Diskrepanz von Herrschaftsanspruch und chaotischen Kompetenzstrukturen radikalisierte[75].

Für die Deutung des Widerstandes führte die Faschismustheorie im Zusammenhang mit der Marxismus-Renaissance zur Rezeption der DDR-Forschung und zur – allerdings wiederum leicht moralisch überhöhenden – Betonung des Arbeiterwiderstandes, besonders auf lokaler und regionaler Ebene, während im Hintergrund von Mommsens Analyse eine strukturell-funktionale Theorie des Faschismus[76] stand. Die Polykratie-Theorie wurde für den bürgerlich-militärischen Widerstand wichtig, indem sie durch die Entdämonisierung Hitlers und Entmonumentalisierung des NS-Staates die Polarität Drittes Reich und Widerstand auflöste. Während die ideologische und totalitäre Dimension des NS-Staates zum bloß verschleiernden „Führermythos" zu werden drohte, standen die Gruppierungen des 20. Juli in der Gefahr, ihre religiösen und moralischen Voraussetzungen zu verlieren. Da sie zugleich mit ihren autoritären Staatsvorstellungen außenpolitisch am Streben nach europäischer Hegemonie festgehalten hätten sowie angesichts der Erfolge Hitlers von der Revisions- zur Großmachtpolitik gewechselt wären, bildeten sie weniger eine Alternative als einen Teil des Systems[77], zumal sich ihr Widerstand im Kern dem Versuch der Wahrung ihrer

---

[75] Vgl. *Gerhard Hirschfeld, Lothar Kettenacker* (Hrsg.), Der ‚Führerstaat': Mythos und Realität. Studien zur Struktur und Politik des Dritten Reiches (Stuttgart 1981).
[76] Vgl. *Hildebrand*, Reich 141 f.
[77] Vgl. *Hans Jürgen Schultz* (Hrsg.), Der zwanzigste Juli – Alternative zu Hitler? (Stuttgart 1974) – eine viel beachtete Sendereihe.

Machtstellung verdankt hätte[78]. Sie erhielten nun das Kennzeichen „national-konservativ", wobei das besondere Interesse etwa der Arbeiten von Klaus-Jürgen Müller zu Generaloberst Ludwig Beck der Kooperation der traditionellen Eliten mit dem NS-Staat und dem Prozeß der Auflösung dieser „Entente" galt. Die Kennzeichnung „national-konservativer Widerstand" war zwar „als ein deskriptiver, nicht als wertender Begriff gedacht"[79], aber nicht zuletzt angesichts der politisch gewollten und vielfach akzeptierten These vom ‚Ende des Nationalstaates' gewann die Aussage, daß „das Denken und Planen der betreffenden Persönlichkeiten den Rahmen des Nationalstaates, des ‚Reichs', nicht überschritten" hat, einen wertenden Charakter.

Einen besonderen Akzent erhielt diese sozialgeschichtliche Distanzierung, als auch die Widerstandsforschung die Frage nach den Bedingungen und der Durchführung des Holocaust aufgriff, die selbst „mit Emotionen und moralischer Wertung belastet ist"[80]. Hatte Hans Rothfels Hilfen für die Juden als Hinweis auf die breite Verankerung des Widerstandes in nicht-nationalsozialistischen Einstellungen gewertet, fragte 1983/84 Christof Dipper gerade nach dem Verhältnis der herausragenden Personen des Widerstandes zur Judenvernichtung. Er stieß dabei auf das „Vorhandensein antisemitischer Ressentiments bei einer nicht geringen Zahl der Verschwörer"[81]. Wenn entsprechend die Verfolgung und Ermordung der Juden Europas nicht zentral die Motivation des Widerstandes bestimmten, dann sind seine Bindung an „National-, Klassen- und Statusinteressen" besonders zu betonen[82]. Hinzu kam der Vorwurf gegenüber zentralen Personen des militärischen Widerstandes, daß sie „zu den Vollzugsorganen der Vernichtungspolitik" gehört[83] und auch Mitglieder der Fronde um Henning von Tresckow in der Heeresgruppe Mitte aktiv an der Vernichtungspolitik in der Sowjetunion mitgewirkt hätten[84].

[78] Vgl. dazu die Kontroverse: *Klaus-Jürgen Müller*, Staat und Politik im Denken Ludwig Becks, in: HZ 215 (1972) 607–631; dagegen: *Peter Hoffmann*, Generaloberst Ludwig Becks militärpolitisches Denken, in: HZ 234 (1982) 101–121; Replique: *Klaus-Jürgen Müller*, Militärpolitik nicht Militäropposition, in: HZ 235 (1982) 355–371.
[79] *Klaus-Jürgen Müller*, Über den „militärischen Widerstand", in: *Huberta Engel* (Hrsg.), Deutscher Widerstand – Demokratie heute (Bonn, Berlin 1992) 118; im folgenden zitiert: *Müller*, militärischer Widerstand; vgl. *ders.*, Die national-konservative Opposition vor dem Zweiten Weltkrieg: Zum Problem ihrer begrifflichen Erfassung, in: *Manfred Messerschmidt, Klaus A. Maier* u.a. (Hrsg.), Militärgeschichte. Probleme – Thesen – Wege (Stuttgart 1982) 215–242.
[80] *Lucy Dawidowicz*, Der Krieg gegen die Juden 1933–1945 (München 1979) 7.
[81] *Christof Dipper*, Der deutsche Widerstand und die Juden, in: GG 9 (1983) 349–380; bearbeitet: Der Widerstand und die Juden, in: *Jürgen Schmädeke, Peter Steinbach* (Hrsg.), Der Widerstand gegen den Nationalsozialismus (München 1985) 598–616, hier 612; im folgenden zitiert: *Schmädeke, Steinbach*, Widerstand.
[82] *Arno J. Mayer*, Der Krieg als Kreuzzug. Das Deutsche Reich, Hitlers Weltmacht und die „Endlösung" (Hamburg 1989) 616.
[83] *Manfred Messerschmidt*, Das Verhältnis von Wehrmacht und NS-Staat und die Frage der Traditionsbildung (1981), jetzt in: *ders.*, Militärgeschichtliche Aspekte der Entwicklung des deutschen Nationalstaates (Düsseldorf 1988) 244.
[84] Vgl. *Christian Gerlach*, Die Männer des 20. Juli und der Krieg gegen die Sowjetunion, in:

1997 nahm der durch seine Arbeiten zum 19. Jahrhundert ausgewiesene Historiker Theodore S. Hamerow diese Überlegungen auf, um die revisionistische
Betrachtungsweise nun auf die Frage der Motivationen zum Widerstand zu beziehen[85]. Im Anschluß an einen SD-Bericht von SS-Obersturmbannführer Walter
von Kielpinski behauptet er, daß gemäß ihren Aussagen „die [!] Teilnehmer an
dem versuchten Staatsstreich des 20. Juli [...] nicht durch eine grundsätzliche Opposition gegen die Ideologie des Dritten Reichs motiviert wurden, sondern durch
eine Ablehnung der Mittel, auf die im Namen dieser Ideologie zurückgegriffen
wurde"[86]. Bonhoeffer gilt demgegenüber als „einer der wenigen [...], die das
Dritte Reich ausschließlich aus einem universellen Glauben an die Menschheit
heraus – und nicht aus nationalem Interesse und patriotischer Pflicht – bekämpf-
ten"[87]. Aber für „die meisten Mitglieder des Widerstandes", wie es mehrfach trotz
Ausgrenzung herausragender Personen heißt, hätten die Kritik der Demokratie
und die „nicht eindeutige" Stellung zur „Judenfrage" eine grundsätzliche Übereinstimmung mit den Nazis ermöglicht. Ursachen des Antidemokratismus in
Beamtenschaft, Kirchen und Militär sieht Hamerow in der Treue zum Kaiser und
in der Klassen- und Standeszugehörigkeit, was nicht nur die Vielfalt des „antidemokratischen Denkens in der Weimarer Republik" (Kurt Sontheimer) und die
europäische Krise des Liberalismus, sondern auch weithin die spezifischen Bedingungen und Wandlungen der ‚Republik ohne Verteidiger' übersieht, als wenn sie
nur eine kaum vom Regierungssystem der USA unterschiedene Verfassung verwirklicht hätte. Das eigentliche Ziel des Umsturzes hätte für die „Widerständler"
(ein herabsetzender Lieblingsausdruck des Übersetzers) nur in der Vermeidung
der Niederlage und ihrer Folgen bestanden. „Im allgemeinen entschieden sie sich
eher für den Patriotismus, dem sie ethische Prinzipien unterordneten."[88] Die moralische Anerkennung des Widerstandes in der früheren Forschung ist in diesen
Arbeiten in eine entsprechende Kritik umgeschlagen, so daß sich nun die Aufgabe
einer abwägenden Urteilsbildung stellt[89].

Hannes Heer, Klaus Naumann (Hrsg.), Vernichtungskrieg, Verbrechen der Wehrmacht 1941
bis 1944 (Hamburg 1995) 427–446.
[85] Vgl. *Theodore S. Hamerow*, On the Road to Wolf's Lair. The German Resistance to Hitler
(Cambridge/Mass., London 1997), deutsche Ausgabe: Die Attentäter. Der 20. Juli – von der
Kollaboration zum Widerstand, aus dem Englischen von Matthias Grässlin (München 1999);
im folgenden zitiert: *Hamerow*, Attentäter; vgl. die Rezensionen von *Peter Hoffmann* in:
AHR 103 (1998) 1271f.; FAZ vom 12. 7. 1999, und *Karl Otmar Frhr. von Aretin*, in: Rheini-
scher Merkur vom 16. 7. 1999.
[86] *Hamerow*, Attentäter 26.
[87] Ebd. 286. Einen – dazu noch „universellen" – „Glauben an die Menschheit" hätte allerdings Bonhoeffer theologisch als eine Unmöglichkeit betrachtet, so daß gerade diese positiv
gemeinte Charakterisierung die fehlende Präzision von Hamerows Kategorien belegt.
[88] Ebd. 309. Bemerkenswert erscheint, daß *Rainer Zitelmann*, Adolf Hitler. Eine politische
Biographie (Göttingen 1989) bes. 164ff., zu ganz ähnlichen Urteilen kommt, indem er den
Widerstand allerdings an den sozialrevolutionären Zielen Hitlers mißt.
[89] Vgl. *Hans Mommsen*, Der Widerstand gegen Hitler und die nationalsozialistische Judenverfolgung, in: *ders.*, Alternative zu Hitler. Studien zur Geschichte des Widerstandes (München 2000) 384–415, der antisemitische Einstellungen bei vielen, keineswegs bei allen Ver-

Forschungsgeschichtlich bewirkte die „revisionistische Schule" vor allem, daß das Interesse an historisch-sozialen und politischen Bedingungen und Erfolgen, an wahrgenommenen oder verkannten Freiräumen und Handlungsmöglichkeiten von Individuen und Gruppen die Betonung der letzten Voraussetzungen und Ziele überholte. Das Interesse an der Sozialgeschichte richtete den Fokus der Forschung von den sozialen Eliten weg hin zu Handlungen und Einstellungen bei der Masse der Deutschen, besonders in der Arbeiterschaft. Bisher zu Unrecht übergangene und kaum beachtete Gruppierungen bis hin zu den „unbesungenen Helden"[90] rückten zudem in das Blickfeld der Forschung, die sich nun auch intensiver der regionalen Widerstandsgeschichte zuwandte[91]. Das Interesse der funktionalen, sozial- und strukturgeschichtlichen Betrachtungsweise galt nicht ethischen Konzepten und Deutungen, sondern empirisch nachweisbaren Bedingungen und Handlungen. Vergleichbare Ansätze[92] zeigten sich fast gleichzeitig in der Widerstandsforschung der DDR, welche die einseitig an der antifaschistischen Selbstlegitimation orientierte Überbewertung des kommunistischen Widerstandes und entsprechende Kritik des bürgerlichen und militärischen Widerstandes auflöste[93], während sich die westliche Historiographie dem Widerstand der KPD zuwandte[94].

schwörern aufzeigt, andererseits aber den politischen Lernprozeß vieler, jedoch nicht aller im Fortgang des II. Weltkriegs wie der Umsturzplanung betont; *Gerd R. Ueberschär* (Hrsg.), NS-Verbrechen und der militärische Widerstand gegen Hitler (Darmstadt 2000).
[90] Vgl. dazu mit grundsätzlichen Überlegungen und charakteristischen Beispielen weiterführend *Peter Steinbach*, „Unbesungene Helden" – ihre Bedeutung für die allgemeine Widerstandsgeschichte (1993), jetzt in: *ders.*, Widerstand im Widerstreit 215–233.
[91] Vgl. z.B. *Heike Bretschneider*, Der Widerstand gegen den Nationalsozialismus in München 1933–1945 (München 1968); *Kurt Klotzbach*, Gegen den Nationalsozialismus. Widerstand und Verfolgung in Dortmund 1930–1945 (Hannover 1969); *Hans-Josef Steinberg*, Widerstand und Verfolgung in Essen 1933–1945 (Bonn, Bad Godesberg 1969).
[92] Vgl. *Gerhard Besier*, Widerstand im Dritten Reich – ein kompatibler Forschungsgegenstand für gegenseitige Verständigung heute? Anfragen aus historisch-theologischer Perspektive (1988), jetzt in: *ders.*, Die evangelische Kirche in den Umbrüchen des 20. Jahrhunderts, Bd. 1 (Historisch-Theologische Studien zum 19. und 20. Jahrhundert 5.1, Neukirchen 1994) 243–261.
[93] Vgl. *Ines Reich, Kurt Finker*, Reaktionäre oder Patrioten? Zur Historiographie und Widerstandsforschung in der DDR bis 1990, in: *Ueberschär*, Der 20. Juli 1944 126–142; *Ines Reich*, Das Bild vom deutschen Widerstand in der Öffentlichkeit und Wissenschaft der DDR, in: *Steinbach, Tuchel*, Widerstand 557–571; *Jürgen Danyel* (Hrsg.), Die geteilte Vergangenheit. Zum Umgang mit Nationalsozialismus und Widerstand in beiden deutschen Staaten (Berlin 1995); *Olaf Groehler*, Zur Genesis der Widerstandsforschung in der Sowjetischen Besatzungszone Deutschlands und in der DDR, in: *Christian Jansen, Lutz Niethammer, Bernd Weisbrod* (Hrsg.), Von der Aufgabe der Freiheit. Festschrift für Hans Mommsen (Berlin 1995) 505–516.
[94] Vgl. *Detlev Peukert*, Die KPD im Widerstand. Verfolgung und Untergrundarbeit an Rhein und Ruhr 1933 bis 1945 (Wuppertal 1980); *Klaus-Michael Mallmann*, Kommunistischer Widerstand 1933–1945. Anmerkungen zu Forschungsstand und Forschungsdefiziten, in: *Steinbach, Tuchel*, Widerstand 113–125; *ders.*, Konsistenz oder Zusammenbruch? Profile des kommunistischen Widerstandes 1933–1945, in: *Detlef Schmiechen-Ackermann* (Hrsg.), Anpassung, Verweigerung, Widerstand. Soziale Milieus, Politische Kultur und der Wider-

Die polykratische Deutung des NS-Staates ließ zugleich die Gestaltungsräume von Widerständigkeit in neuem Licht erscheinen und führte zur Ausweitung des Widerstandes. Peter Hüttenberger faßte 1977 in Überlegungen zu dem zunächst von ihm geleiteten Bayern-Projekt des Instituts für Zeitgeschichte[95] den neuen Ansatz zusammen: „Die Erforschung des Widerstandes muß also die sozialen Beziehungen umgreifen und die wechselseitigen Mechanismen von Herrschaft und gesellschaftlicher Reaktion einbeziehen."[96] Dem polykratischen Chaos der Herrschaft entsprach eine Vielzahl von symmetrischen und asymmetrischen Beziehungen gemäß der Vielfalt der Beherrschten, wobei sich institutionelle Faktoren wie Herrschaftshierarchien und soziale wie Rollen und Gruppenzugehörigkeiten auswirkten. Die grundlegende Differenz von Symmetrie und Asymmetrie bzw. von Stabilität und Instabilität erscheint deshalb vielfach gebrochen und wird bis hin zur individuellen Ebene zumeist nur in Teilidentitäten faßbar. Indem weltanschauliche Dissidenz und Teilwiderstand wichtige Formen der Widerständigkeit wurden, drohte die teleologische Stufung des Widerstandes ihr bestimmendes Ziel zu verlieren; an die Stelle des Wagnisses der Schuld durch die systemstürzende Tat trat die Vielfalt nonkonformen Verhaltens. Diese Nonkonformität gegenüber dem Wollen des Dritten Reiches ließ „Widerstand" in der Form von Unangepaßtheiten im Alltag des ‚kleinen Mannes' erscheinen, welche das Bayern-Projekt in großer Breite auch historisch nachweisen konnte. Deshalb schlug Martin Broszat vor, zwischen „Widerstand" und „Resistenz" zu unterscheiden[97]. Gegenüber dem zur Monumentalisierung neigenden Widerstandsbegriff und seiner Verbindung mit subjektiven Motiven und dem moralisch-ethischen Handlungsrahmen sollen mit „Resistenz" – ähnlich wie auf medizinischem Gebiet mit Immunität – strukturell und wertneutral jedwede Verhaltenweisen mit „tatsächlich die NS-Herrschaft und NS-Ideologie einschränkende[r] Wirkung" erfaßt werden: „Wirksame Abwehr, Begrenzung, Eindämmung der NS-Herrschaft oder ihres Anspruches, gleichgültig von welchen Motiven, Gründen und Kräften her."[98] Da im Blick auf die inhaltlich eher mit Widerstand zu verbindenden Begriffe résistance, resistance,

stand gegen den Nationalsozialismus in Deutschland im regionalen Vergleich (Schriften der Gedenkstätte Deutscher Widerstand A 3, Berlin 1997) 221–237; im folgenden zitiert: *Schmiechen-Ackermann*, Anpassung.

[95] Vgl. *Martin Broszat* u.a. (Hrsg.), Bayern in der NS-Zeit, Bd. I–VI (München, Wien 1977–1983); im folgenden zitiert: *Broszat* u.a., Bayern. Eine weiterführende Parallelstudie bildet *Klaus-Michael Mallmann, Gerhard Paul* (Hrsg.), Widerstand und Verweigerung im Saarland 1935–1945, Bd. 1–3 (Bonn 1989–1995).

[96] *Peter Hüttenberger*, Vorüberlegungen zum „Widerstandsbegriff", in: *Jürgen Kocka* (Hrsg.), Theorien in der Praxis des Historikers (GG SoH 3, Göttingen 1977) 122; vgl. *ders.*, Heimtückefälle vor dem Sondergericht München 1933–1939, in: *Broszat* u.a., Bayern, Bd. IV, 518–526.

[97] *Martin Broszat*, Resistenz und Widerstand. Eine Zwischenbilanz des Forschungsprojekts „Widerstand und Verfolgung in Bayern 1933–1945" (1981); im folgenden zitiert: *Broszat*, Resistenz; jetzt in: *ders.*, Nach Hitler. Der schwierige Umgang mit unserer Geschichte, hrsg. von *Hermann Graml, Klaus-Dietmar Henke* (München 1986) 68–91; im folgenden zitiert: *Broszat*, Nach Hitler.

[98] Ebd. 75 f.

resistenza die Wahl des Terminus „Resistenz" kaum glücklich erscheint, hat man Broszats Anliegen durch Ausdrücke wie Dissidenz, Nonkonformität u. a. aufzunehmen und weiterzuführen versucht, wobei allerdings eine trennscharfe Unterscheidung zwischen einzelnen Formen der Widerständigkeit durch ihre Nähe zu den zu beschreibenden Phänomenen kaum möglich ist[99]. Die Leistung des sozialgeschichtlichen Ansatzes liegt jedoch in der Erweiterung des Blickfeldes und der Differenzierung zwischen einer Vielzahl von Widerstandshaltungen und -formen, die alltagsgeschichtlich[100] und im Zusammenhang der historischen Entwicklung des NS-Staates sichtbar und verständlich zu machen sind. Das hat die Forschung ungemein angeregt und ausgeweitet[101]. Diese Vielfalt zeigte aber zugleich den Mangel des Ansatzes, der als Wertmaßstab nur die meßbare Differenz zum Regime und die faktische Wirkung gelten ließ und deshalb die Resistenz mit ihrem geringeren Risiko als die der totalitären Herrschaft gemäße Form der Opposition betrachtet.

„Wenn erneut deutlich wird, daß der aktive, fundamentale Widerstand gegen das NS-Regime fast überall vergeblich geblieben, dagegen wirkungsvolle Resistenz in den verschiedenen politisch-gesellschaftlichen Sektoren der deutschen Gesellschaft vielfältig zu registrieren ist"[102], erschien dies Broszat durchaus als Gewinn, zumindest als Anstoß „zum Nachdenken über die Prämissen des Widerstandsbegriffs". Damit entsprach die Akzentverschiebung – „Es gab nicht nur den 20. Juli ..."[103] – zugleich Urteilen, Maßstäben und Mentalitäten der Zeit. Nun ging es um Legitimation des individuellen Gewissensentscheides zum „politischen Ungehorsam" gegen den – bundesrepublikanischen – Staat, der als Inbegriff von Macht, Herrschaft und Zwang verstanden wurde, und der sich dadurch bildenden und rechtfertigenden Gruppen. Entsprechende Forschungsansätze und „Geschichtswerkstätten" mündeten schließlich wie in der Frauengeschichte in dem Versuch, „Widerstand als Teil der gegenwärtigen Identitätsfindung öffentlich plausibel zu machen", wodurch der geschichtswissenschaftlichen Forschung die Gefahr kritikloser Servicefunktion für einzelne Gruppen drohte und Geschichte nur noch als „Steinbruch" diente[104].

Für die Interpretation des Nationalsozialismus hatten die neuen Ansätze eine „Historisierung"[105] zur Folge, wobei die Einbettung in den Verlauf der Geschichte die früher dämonisierte Singularität und die totalitäre Macht des NS-Regimes zu überlagern drohte, was der „Historikerstreit" 1986 im Blick auf den

[99] Vgl. u. a. *Steinbach*, Der Widerstand als Thema 61 ff.; *Klaus-Michael Mallmann, Gerhard Paul*, Resistenz oder loyale Widerwilligkeit, in: ZfG 41 (1993) 99–116.
[100] Zum „alltagsgeschichtlichen" Ansatz vgl. *Detlev Peukert*, Volksgenossen und Gemeinschaftsfremde (Köln 1982).
[101] Vgl. die Beiträge in: *Schmiechen-Ackermann*, Anpassung.
[102] *Broszat*, Resistenz 77.
[103] Es gab nicht nur den 20. Juli ... Dokumente aus einer Sendereihe im Westdeutschen Fernsehen, Wuppertal 1979.
[104] Vgl. *Steinbach*, Widerstandsdiskussion 116 f.
[105] Vgl. *Martin Broszat*, Plädoyer für eine Historisierung des Nationalsozialismus (1985), jetzt in: *ders.*, Nach Hitler 159–173.

Holocaust polemisch thematisierte. Entsprechend führte der Revisionismus mit der Erschließung des Widerstandes in seiner ganzen Breite zu einem vielfach differenzierten Bild der historischen Prozesse, aber auch zur Gefahr, durch Übergehen der spezifischen Hermeneutik geschichtlichen Verstehens die Differenzen zwischen dem sein Leben in die Schanze stellenden Widerstand gegen die Diktatur für eine lebenswerte Zukunft der Menschen und einer die eigene Identität wahrenden Nonkonformität oder gar dem verfassungsrechtlich geschützten Protest im Rahmen der Demokratie zu verwischen.

Seit Mitte der sechziger Jahre bewirkte die „Arbeit am Mythos"[106] Korrektur, Ausweitung und Differenzierung der Perspektiven, welche die Tagung zum 40. Jahrestag des 20. Juli „Die Deutsche Gesellschaft und der Widerstand gegen Hitler" eindrucksvoll dokumentierte[107]. Aber seine den Forschungsstand repräsentierenden Beiträge belegen auch, daß die älteren Fragen und Positionen durch den Perspektivenwechsel nicht grundsätzlich verdrängt wurden. Während sich dies im Blick auf den NS-Staat beispielhaft an der Rezeption der seit der Mitte der fünfziger Jahre entwickelten Sichtweise von Karl Dietrich Bracher zeigen läßt, insistierte in der Widerstandsforschung besonders Klemens von Klemperer auf dem Recht der Frage nach „Glaube, Religion und Widerstand", also nach den tragenden und bestimmenden Motiven, da jeder im Widerstand seinen eigenen Weg gehen mußte[108] – auch beim Überwinden des Nazis im eigenen Denken und Fühlen. Es entsprach zugleich dem Ende der Soziologie als Metawissenschaft, wenn Klemperer betonte: „Nicht Soziologie ist der Schlüssel zum Verstehen des Widerstandes, sondern das Gewissen des Einzelnen, der sich zum Wagnis und Opfer entschließt."[109] Dieses bildet aber kein metaphysisches Absolutum, sondern kann nur im Kontext seiner Zeit angemessen erfaßt werden. Deswegen plädierte er, den Ansatz der Revisionisten aufnehmend, für eine Historisierung des Widerstandes, die aber keine Trivialisierung sein darf[110].

---

[106] So die kennzeichnende Überschrift über den Literaturbericht von *Ulrich Heinemann* aus Anlaß des 50. Jahrestages des 20. Juli (GG 21 [1995] 111–139 und – mit *Michael Krüger-Charlé* – 23 [1997] 475–501).
[107] Vgl. *Schmädeke, Steinbach*, Widerstand (wie Anm. 82). Als ereignisgeschichtliche Gesamtdarstellung des bürgerlich-militärischen Widerstands bis zum 20. Juli 1944 gilt als grundlegend *Peter Hoffmann*, Widerstand – Staatsstreich – Attentat. Der Kampf der Opposition gegen Hitler (München 1969, erneut überarbeitet ³1979).
[108] *Klemens von Klemperer*, Glaube, Religion, Kirche und der deutsche Widerstand gegen den Nationalsozialismus (1980), jetzt in: *Hermann Graml* (Hrsg.), Widerstand im Dritten Reich (Fischer-Tb 980, Frankfurt a.M. 1984) 140–156; *ders.*, Sie gingen ihren Weg ... – Ein Beitrag zur Frage des Entschlusses und der Motivation zum Widerstand, in: *Schmädeke, Steinbach*, Widerstand 1097–1106.
[109] *Ders.* an Marion Gräfin Dönhoff, 26. 7. 1987 (Kopie im Archiv des Verfassers).
[110] *Ders.*, Reflections and Reconsiderations on the German Resistance, in: KZG 1 (1988) 13–28; *ders.*, Der deutsche Widerstand gegen den Nationalsozialismus. Gestaltwandel eines Forschungsfeldes in fünf Jahrzehnten oder Gedanken zur Historisierung des Widerstandes, in: *Anselm Doering-Manteuffel, Joachim Mehlhausen* (Hrsg.), Christliches Ethos und der Widerstand gegen den Nationalsozialismus in Europa (Konfession und Gesellschaft 9, Stuttgart, Berlin, Köln 1995) 34–45.

Dabei erweist sich die Kennzeichnung „national-konservativ" für den zum
20. Juli führenden Widerstand als unangemessen, da er die vielfältigen Entwicklungen, Motivationen und Zugehörigkeiten in dem breit gespannten Bündnis vom
amtierenden Minister Johannes Popitz einerseits bis zum die „Sozialistische Aktion" planenden Carlo Mierendorff andererseits mit wenigen älteren Generalen
und handlungsbereiten jungen Obersten sowie reaktivierten oder in der Verwaltung eingesetzten Reserveoffizieren unzulässig reduziert. Sicher läßt sich der
Kreisauer Kreis nicht mit dieser Generalisierung erfassen[111], aber auch die Beck-
Goerdeler-Gruppe sprengt diese Etikettierung. Die ältere Bezeichnung „bürger-
lich-militärisch" scheint demgegenüber weiter und angemessener, da bürgerlich
über das traditionelle Großbürgertum hinaus auch die leitenden Funktionäre und
Journalisten aus den Arbeiterbewegungen erfaßt. Entgegen der Tendenz zur Ver-
allgemeinerung zeigte die Vorlage von biographischen Studien und Sammelbän-
den – besonders in den Gedenkjahren 1984 und 1994 – die Fruchtbarkeit eines
Ansatzes bei den individuellen Entscheidungsprozessen, bei der „Grenzsituation
der sittlichen Entscheidungen", die Bundespräsident Theodor Heuss bereits aus
Anlaß des 10. Jahrestages des 20. Juli hervorgehoben hatte[112].

Das Problem des biographischen Ansatzes zeigt sich innerhalb der Erforschung
des Nationalsozialismus besonders an der Beschäftigung mit der Person Hitlers,
der für das Regime ein nicht in Strukturen auflösbarer Bezugspunkt war[113]. So
stieß 1973 die durchweg ideologische, soziale, wirtschaftliche und politische Prozesse berücksichtigende Hitlerbiographie von Joachim C. Fest auf den Einwand
der Strukturalisten, daß sie die gesellschaftlichen Strukturen und Einflüsse dem
Individuum gegenüber zurücktreten lasse[114]. Für die gegenwärtige Lage der Methodendiskussion scheint demgegenüber charakteristisch, daß Ian Kershaw für
seine jüngst abgeschlossene Hitler-Biographie bewußt eine Verbindung des von
ihm bisher bevorzugten sozialgeschichtlichen Ansatzes mit der biographischen
Darstellung versucht[115]. So verdeutlicht dieses Buch auch den sich seit Mitte der
achtziger Jahre ankündigenden Abschied von der unfruchtbar gewordenen Pola-

---

111 In dieser Hinsicht hat *Müller*, Militärischer Widerstand 119, seine früheren Arbeiten mo-
difiziert.
112 *Theodor Heuss*, Bekenntnis und Dank, in: *Forschungsgemeinschaft 20. Juli e.V.* (Hrsg.),
Gedanken zum 20. Juli 1944 (Mainz 1984) 36.
113 Vgl. *Gerhard Schreiber*, Hitler. Interpretationen 1923–1983. Ergebnisse, Methoden und
Probleme der Forschung (Darmstadt 1984, ²1988); *John Lukacs*, Hitler. Geschichte und
Geschichtsschreibung, aus dem Amerikanischen von Helmut Dierlamm und Norbert Jura-
schitz (München 1997); *Ron Rosenbaum*, Die Hitler-Debatte. Auf der Suche nach dem
Ursprung des Bösen, aus dem Amerikanischen von Suzanne Gangloff und Holger Fliessbach
(München, Wien 1999).
114 Vgl. *Joachim C. Fest*, Hitler. Eine Biographie (Frankfurt a. M., Berlin 1973, ⁷1997); vgl.
Hermann Graml, Probleme einer Hitler-Biographie. Kritische Bemerkungen zu Joachim C.
Fest, in: VZG 22 (1974) 76–92.
115 *Ian Kershaw*, Hitler 1889–1936 (London 1998), aus dem Englischen von Jürgen Peter
Krause und Jörg W. Rademacher (Stuttgart 1998); *ders.*, Hitler 1936–1945 (München 2000),
aus dem Englischen von Klaus Kockmann (Stuttgart 2000).

risierung der Forschung zwischen Intentionalisten und Funktionalisten, die im „Historikerstreit" ihren geschichtspolitischen, weniger methodologischen und neue Erkenntnisse vermittelnden Höhepunkt erreicht hatte.

1.3 Neue Herausforderungen und alte Fragen

Eine Verstärkung erfuhr der entideologisierende Abschied von der Polarisierung durch das gleichzeitig sich vorbereitende Ende des Ost-West-Gegensatzes und schließlich den Zusammenbruch des Sowjet-Imperiums und der DDR. Damit veränderte sich auch die Aufgabe des – nicht gleichsetzenden – Vergleichs der Systeme und wurde über Nolte hinaus die Totalitarismus-Theorie wieder aktuell[116] – ein kennzeichnendes Beispiel für das erneute Interesse für scheinbar überholte Fragestellungen. Die gegenwärtige Beschäftigung mit dem Dritten Reich bzw. seinen in eigenständigen Forschungszusammenhängen thematisierten Bereichen orientiert sich „jenseits von ,Intentionalismus' und ,Funktionalismus'"[117] oder sucht nach ihrer Synthese.

Für erneute Revisionen innerhalb der Widerstandsforschung erscheint bemerkenswert, daß inzwischen der Ausweitung des Widerstands bis zu alltäglichen Formen der Resistenz und Dissidenz widersprochen wird im Namen eines neuen sozialhistorischen Realismus, der auch im revisionistischen Konzept noch die Überhöhungen der älteren Totalitarismusforschung erkennt, obwohl das NS-Regime weder ideologisch noch institutionell die propagierte „Volksgemeinschaft" herstellen und überwachen konnte – ohne die Mitwirkung von unterschiedlich motivierten Denunzianten[118]. Wie innerhalb Deutschlands der Streik während des Dritten Reiches nur in wenigen Fällen als politisches Kampfmittel eingesetzt wurde[119], erscheint auch vielfach die Widerstandsqualität soldatischen

---

[116] Vgl. *Achim Siegel* (Hrsg.), Totalitarismustheorien nach dem Ende des Kommunismus (Schriftenreihe des Hannah-Arendt-Instituts für Totalitarismusforschung 7, Köln 1998); *Eckhard Jesse* (Hrsg.), Totalitarismus im 20. Jahrhundert. Eine Bilanz der internationalen Forschung (Bonn ²1999); *Wolfgang Wippermann*, Totalitarismustheorien. Die Entwicklung der Diskussion von den Anfängen bis heute (Darmstadt 1997); *Marc-Pierre Möll*, Gesellschaft und totalitäre Ordnung (Bonn 1998).

[117] *Christopher R. Browning*, Jenseits von „Intentionalismus" und „Funktionalismus": Die Entscheidung zur „Endlösung" (1992), jetzt in: *ders.*, Der Weg zur „Endlösung". Entscheidungen und Täter, übersetzt von Jürgen Peter Krause (Bonn 1998) 67–104; im folgenden zitiert: *Browning*, Weg.

[118] Vgl. *Gerhard Paul*, Die widerspenstige „Volksgemeinschaft". Dissens und Verweigerung im Dritten Reich, in: *Steinbach, Tuchel*, Widerstand 395–410; im folgenden zitiert: *Paul*, „Volksgemeinschaft"; *Klaus-Michael Mallmann, Gerhard Paul*, Allwissend, allmächtig, allgegenwärtig? Gestapo, Gesellschaft und Widerstand, in: ZfG 41 (1993) 984–999; *dies.* (Hrsg.), Die Gestapo. Mythos und Realität (Darmstadt 1995); *Robert Gellately*, Die Gestapo und die deutsche Gesellschaft. Die Durchsetzung der Rassenpolitik 1933–1945 (Paderborn 1993); *ders.*, Die Gestapo und die deutsche Gesellschaft. Zur Entstehungsgeschichte einer selbstüberwachten Gesellschaft, in: *Schmiechen-Ackermann*, Anpassung 109–121.

[119] Vgl. *Günter Morsch*, Streik im Dritten Reich, in: VZG 36 (1988) 649–691; vgl. auch *Wolfgang Zollitsch*, Modernisierung im Betrieb. Arbeiter zwischen Weltwirtschaftskrise und Nationalsozialismus, in: *Schmiechen-Ackermann*, Anpassung 95–107; kritisch dazu *Ludwig*

Dissenses von der Kriegsdienstverweigerung bis zur Desertion fragwürdig; für „Simulanten' und ‚Wehrkraftzersetzer', für Deserteure und Überläufer stand nur in den seltensten Fällen das NS-Regime und seine Kriegspolitik zur Disposition; vorrangig ging es um das individuelle Überleben"[120]. Um so wichtiger sind dagegen die Fälle bewußter, politischer und/oder glaubensmäßiger Entscheidung.

Dem Aufgreifen älterer Forschungsansätze wie der antifunktionalistischen Wendung zur Mentalitätsgeschichte entspricht, daß sich nach den sozial- und strukturgeschichtlichen Fragestellungen seit den ausgehenden sechziger Jahren erneut die Frage nach dem Gehalt der NS-Weltanschauung und der Funktion der Ideologien in anderen totalitären Regimen als „politische Religionen"[121] stellt, nachdem Eberhard Jäckel lange den Konsens der Forschung über die eklektische Mixtur der NS-Ideologie bestimmte hatte[122].

Mit dem Ende des Kommunismus und der deutschen Wiedervereinigung stellte sich die Aufgabe, die Widerstandsforschung auf beide Diktaturen mit dem Ziel eines Vergleichs auszuweiten[123]. Eine derartige Erweiterung der Perspektiven hat

Eiber, Arbeiteropposition im Betrieb. Spielräume und Grenzen am Beispiel der Hamburger Hafen- und Werftarbeiter, ebd. 269–287.

[120] *Paul*, „Volksgemeinschaft" 407; vgl. dagegen *Norbert Haase*, Desertion – Kriegsdienstverweigerung – Widerstand, in: *Steinbach, Tuchel*, Widerstand 526–536; *Manfred Messerschmidt*, Zur Opposition und Verweigerung von Soldaten, in: *Ueberschär*, Der 20. Juli 1944 309–336. *Lothar Walmrath*, „Iustitia et disciplina". Strafgerichtsbarkeit in der deutschen Kriegsmarine 1939–1945 (Frankfurt a.M. 1998) hat über 70 000 Verfahrensakten ausgewertet. Von den ca. 130 000 verurteilten Marineangehörigen wurden 1,3 % überwiegend wegen Fahnenflucht und Wehrkraftzersetzung zum Tode verurteilt; von ihnen lassen aber nur 3,7 % „Ablehnung des Nationalsozialismus oder Kriegsmüdigkeit" als Begründung ihres Tuns erkennen.

[121] Vgl. *Hans Maier* (Hrsg.), ‚Totalitarismus' und ‚Politische Religionen'. Konzepte des Diktaturvergleichs, Bd. I und II (Politik- und Kommunikationswissenschaftliche Veröffentlichungen der Görres-Gesellschaft 16 und 17, Paderborn 1996/1997); *Sabine Behrenbeck*, Der Kult um die toten Helden. Nationalsozialistische Mythen, Riten und Symbole (Kölner Beiträge zur Nationsforschung 2, Vierow 1996); *Claus-Ekkehard Bärsch*, Die politische Religion des Nationalsozialismus. Die religiöse Dimension der NS-Ideologie in den Schriften von Dietrich Eckart, Joseph Goebbels, Alfred Rosenberg und Adolf Hitler (München 1998); *Peter Steinbach*, Die totalitäre Weltanschauungsdiktatur des 20. Jahrhunderts als Ausdruck „Politischer Religion" und als Bezugspunkt des antitotalitären Widerstands, in: KZG 12 (1999) 20–46; *Gerhard Besier*, Der Nationalsozialismus als Säkularreligion, in: *ders., Eckhard Lessing* (Hrsg.), Die Geschichte der Evangelischen Kirche der Union, Bd. 3 (Leipzig 1999) 445–478. Zur Strittigkeit des Erklärungsansatzes vgl. die Beiträge von *Julius H. Schoeps*, Erlösungswahn und Vernichtungswille, und *Hans Mommsen*, Der Nationalsozialismus als säkulare Religion, in diesem Band. Das neue Interesse an Ideengeschichte belegen zuletzt *Frank-Lothar Kroll*, Konservative Revolution und Nationalsozialismus. Aspekte und Perspektiven ihrer Erforschung, in: KZG 11 (1998) 339–354; *ders.*, Utopie als Ideologie. Geschichtsdenken und politisches Handeln im Dritten Reich (Paderborn 1998).

[122] Vgl. *Eberhard Jäckel*, Hitlers Weltanschauung. Entwurf einer Herrschaft (Tübingen 1969, Stuttgart ⁴1991).

[123] Vgl. *Rainer Eckert*, Die Widerstandsforschung über die NS-Zeit – ein methodisches Beispiel für die Erfassung widerständigen Verhaltens in der DDR?, in: GWU 46 (1995) 551–564; Widerstand im Deutschland der Diktaturen, in: KZG 9 (1996) Heft 1. Zum Problem des Diktaturvergleiches vgl. *Günther Heydemann, Christopher Beckmann*, Zwei Diktaturen in

nicht zuletzt Rückwirkungen auf das Verständnis von Widerstand, das sich zwar
im Zuge des Revisionismus von der Orientierung an dem herausragenden
Handeln einzelner lösen sollte, aber weithin auf die innerdeutsche Situation des
Regimes bezogen blieb. Deshalb ist bisher nur ansatzweise eine vergleichende
Integration in den Zusammenhang der europäischen Widerstandsbewegungen
gelungen[124], die angesichts der Okkupation in ihrer nationalen Fundierung nie
den Problematisierungen des deutschen Widerstandes gegen die eigene Regierung
ausgesetzt waren, aber inzwischen ebenfalls besonders in Frankreich und Italien
eine historische Relativierung erfuhren. Bereits Ende der sechziger Jahre setzte
sich eine Neubewertung des Exils durch, nachdem es – gerade auch von Überlebenden des Widerstandes – als Ausweichen oder gar Verrat negativ beurteilt
worden war. Trotzdem ist das immer noch bestehende Nebeneinander von Wider-
stands- und Exilforschung bemerkenswert, zumal der Widerstand aus dem Exil
heraus erst ansatzweise untersucht wurde[125]. Zusammenhänge und strukturelle
Ähnlichkeiten wurden in der neueren Forschung nur für einzelne Bereiche her-
ausgestellt, besonders für die Arbeiterbewegungen, weil „der politisch-weltan-
schaulich motivierte Widerstand der vom NS-Regime gnadenlos Verfolgten [...]
oft gleichzusetzen ist mit dem Widerstand im Exil"[126].

Deutschland. Möglichkeiten und Grenzen des historischen Diktaturvergleichs, in: DA 30
(1997) 12–40; *Günther Heydemann, Eckhard Jesse* (Hrsg.), Diktaturvergleich als Herausforderung. Theorie und Praxis (Berlin 1998).
[124] Vgl. *Michael Kißner, Harm-Hinrich Brandt, Wolfgang Altgeld* (Hrsg.), Widerstand in
Europa. Zeitgeschichtliche Erinnerungen und Studien (Konstanz 1995).
[125] Vgl. *Claus-Dieter Krohn*, Der Kampf des politischen Exils im Westen gegen den Nationalsozialismus, in: *Steinbach, Tuchel*, Widerstand 495–512; *Patrik von zur Mühlen*, Exil und
Widerstand, in: *Benz, Pehle*, Lexikon 127–139; Exil und Widerstand, in: Exilforschung 15
(1997); *Wolfgang Benz*, Widerstand im Exil – Exil als Widerstand (Beiträge zum Widerstand
1933–1945, Berlin 1991). Das Nebeneinander von Exil und Widerstand zeigt sich paradigmatisch bei *Hartmut Mehringer*, Widerstand und Emigration. Das NS-Regime und seine Gegner (dtv 4520, München 1997), indem trotz des Titels die Emigration nur in zwei jeweils der
Widerstandsgeschichte folgenden Kapiteln erscheint; den Zusammenhang von „Widerstand
und Exil als Antwort auf die Diktatur" betont *Gerhard Ringshausen*, Der Widerstand gegen
die Diktatur und das neue Bild von Deutschland, in: *ders., Rüdiger von Voss* (Hrsg.), Die
Ordnung des Staates und die Freiheit des Menschen. Deutschlandpläne im Widerstand und
Exil (Bonn 2000) 19–67. Zum Stand der Exilforschung vgl. *Claus-Dieter Krohn, Patrik von
zur Mühlen, Gerhard Paul, Lutz Winkler* (Hrsg.), Handbuch der deutschsprachigen Emigration 1933–1945 (Darmstadt 1998).
[126] *Helga Grebing*, Einleitung, in: *dies., Christl Wickert* (Hrsg.), Das „andere Deutschland"
im Widerstand gegen den Nationalsozialismus. Beiträge zur Überwindung der nationalsozialistischen Diktatur im Exil und im Dritten Reich (Veröffentlichungen des Instituts zur
Erforschung der europäischen Arbeiterbewegung A 6, Essen 1994) 7. Vgl. *Bundeszentrale
für politische Bildung* (Hrsg.), Widerstand und Exil der deutschen Arbeiterbewegung 1933–
1945 (Bonn 1981). *Werner Röder*, Zum Verhältnis von Exil und innerdeutschem Widerstand,
in: Exilforschung 5 (1987) 28–39, konzentriert sich auf das für die Arbeiterparteien charakteristische Verhältnis von Exilleitung und innerdeutschem Widerstand. *Wolfgang Benz*, Kon-
zeptionen für die Nachkriegsdemokratie. Pläne und Überlegungen im Widerstand, im Exil
und in der Besatzungszeit, in: *Thomas Koebner, Gert Sautermeister, Sigrid Schneider* (Hrsg.),
Deutschland nach Hitler. Zukunftspläne im Exil und aus der Besatzungszeit 1939–1949 (Op-

Während sich in der Geschichtsschreibung unterschiedlich akzentuierte Verbindungen von der zu erschließenden Vielfalt des Widerstandes und politisch-anthropologischen Wertbezügen beobachten lassen, stieß die Entheroisierung des Widerstandes des 20. Juli und auch der Kirchen in der Öffentlichkeit auf Widerstände, die sich seit Mitte der achtziger Jahre an dem Konzept und den Details der ständigen Ausstellung „Widerstand gegen den Nationalsozialismus" in der „Gedenkstätte Deutscher Widerstand" festmachten[127]. Das Engagement der Kritiker gründete dabei vielfach in ihrer biographischen Betroffenheit, der besonders die frühere Widerstandsforschung entsprochen hatte und die sich nun den Konsequenzen der neueren Forschung gegenüber sah. Hinzu kam aber besonders beim 50. Jahrestag des 20. Juli 1944 die Erfahrung der Wiedervereinigung. So schien manchen das integrale Widerstandskonzept der Ausstellung durch die Einbeziehung von Walter Ulbricht und Wilhelm Pieck sowie des Nationalkomitees Freies Deutschland (NKFD) und des Bundes deutscher Offiziere (BDO) im Gegensatz zu ihrer Präsentation in den Arbeitsräumen von General Friedrich Olbricht, Oberst i.G. Claus Graf Schenk von Stauffenberg u.a., wo Generaloberst Ludwig Beck am Abend des 20. Juli 1944 starb, zu stehen und dem Charakter des Bendlerblocks als Gedenkstätte zu widersprechen[128]. Aber auch andere Phänomene belegen, daß nach dem Ende der DDR die Wertungsfragen der fünfziger Jahre wieder aufbrechen. Für die Deutung der NS-Rassenpolitik, des Holocaust, belebte Daniel J. Goldhagen[129] 1996 wieder die Kollektivschuld-These der vierziger Jahre,

laden 1987) 201–213, stellt die drei Bereiche nacheinander dar, jeweils vorwiegend nach politischen Grundrichtungen strukturiert.
[127] Vgl. *Peter Steinbach*, Ausstellungen zum deutschen Widerstand, in: *Ueberschär*, Der 20. Juli 1944 174–188.
[128] Vgl. *ders.*, Das Nationalkomitee Freies Deutschland und der Widerstand gegen den Nationalsozialismus (1990), in: *ders.*, Widerstand im Widerstreit 257–289; *ders.*, „Widerstand hinter Stacheldraht"? Zur Diskussion über das Nationalkomitee Freies Deutschland als Widerstandsorganisation seit 1943, in: *Ueberschär*, Der 20. Juli 1944 332–346; *Gerhard Ringshausen*, 50 Jahre nach dem 20. Juli 1944, in: KZG 8 (1995) 378–380; *Ulrich Heinemann, Michael Krüger-Charlé*, Arbeit am Mythos. Der 20. Juli in Publizistik und wissenschaftlicher Literatur des Jubiläumsjahres 1994 (Teil II), in: GG 23 (1997) 475–480. Zur Einordnung des NKFD in die Deutschlandplanungen der Moskauer KPD vgl. *Peter Erler, Horst Laude, Manfred Wilke* (Hrsg.), „Nach Hitler kommen wir". Dokumente zur Programmatik der Moskauer KPD-Führung 1944/45 für Nachkriegsdeutschland (Berlin 1994) 63 ff.; zur Einschätzung durch die Angloamerikaner vgl. *Heike Bungert*, Das Nationalkomitee und der Westen. Die Reaktion der Westalliierten auf das NKFD und die Freien Deutschen Bewegungen 1943–1948 (Transatl. Hist. Stud 8, Stuttgart 1998).
[129] *Daniel J. Goldhagen*, Hitlers Willing Executioners. Ordinary Germans and the Holocaust (London 1996), deutsch: Hitlers willige Vollstrecker. Ganz gewöhnliche Deutsche und der Holocaust (Berlin 1996), vgl. *Julius H. Schoeps* (Hrsg.), Ein Volk von Mördern? Die Dokumentation zur Goldhagen-Kontroverse um die Rolle der Deutschen im Holocaust (Hamburg 1996); *Dieter Pohl*, Die Holocaust-Forschung und Goldhagens Thesen, in: VZG 45 (1997) 1–47; *Johannes Heil, Rainer Erb* (Hrsg.), Geschichtswissenschaft und Öffentlichkeit. Der Streit um Daniel J. Goldhagen (Frankfurt a.M. 1998); *Norman G. Finkelstein, Ruth Bettina Birn*, Eine Nation auf dem Prüfstand. Die Goldhagen-These und die historische Wahrheit (Hildesheim 1998). *Christopher R. Browning*, Ganz normale Männer. Das Reserve-Polizeibataillon 101 und die „Endlösung" (rororo Sachbuch 60800, Neuausgabe Hamburg

die auch in der Diskussion um die Ausstellung des Hamburger Instituts für
Sozialforschung „Verbrechen der Wehrmacht 1941 bis 1944" nicht fern ist. In diesen Debatten über die Geschichte geht es nicht zuletzt um die Konflikte in der
Deutung der Gegenwart, nachdem die überkommenen Interpretationsmuster gemäß den Ideologien des Ost-West-Gegensatzes an ihr Ende gekommen sind.

2. Konsequenzen?

Nicht nur die Gedenkreden, sondern auch der „Historikerstreit", die Frage des
Widerstandes im NKFD und BDO oder die Ausstellung „Verbrechen der Wehrmacht" u. a. lassen jenseits von Revisionismus und Antirevisionismus, Historisierung und Aktualisierung ein Grundproblem besonders der Zeitgeschichte deutlich werden, das aber grundsätzlich jede große Geschichtsschreibung begleitet[130],
nämlich die bereits von Hans Rothfels betonte Aufgabe, „mit Nähe und stärkerer
Betroffenheit [...] ein Abstandnehmen von den Leidenschaften des Tages"[131] zu
verbinden. Die maßgeblichen Orientierungen und verbindlichen Wertungen der
Gegenwart sollen keinen Gegensatz bilden zum historischen Interesse an dem,
„wie es wirklich gewesen" ist, sondern zum methodischen Kritikpotential der
Wissenschaft in einer fruchtbaren Spannung stehen, die den Prozeß der Forschung mitbestimmt.

2.1 Geschichtsschreibung und Orientierungshorizont

Die Widerstandsforschung hat innerhalb eines halben Jahrhunderts ihre Perspektiven und Methoden gewechselt, wobei sich mit dem historischen Anspruch mehr
oder minder gewollt Wertentscheidungen und Strömungen des Zeitgeistes verbanden. Es erscheint deshalb nicht zufällig, daß sich die methodologische Diskussion
der Geschichtswissenschaft[132] – abgesehen vom linguistic turn – besonders intensiv
im Rahmen der Neueren und Zeitgeschichte abspielt, während z. B. für die Erforschung des Mittelalters neuere Methoden scheinbar problemlos rezipiert werden.
Besonders das Verständnis der Geschichte als Teil der historischen Sozial- und Kul-

---

1999), ist nicht nur wegen der Auseinandersetzung mit Goldhagen im Nachwort einschlägig
(vgl. *ders.*, Daniel Goldhagens willige Vollstrecker [1996], in: *ders.*, Weg 161–181), sondern
besonders wegen des Umgangs mit den auch von diesem ausgewerteten Quellenbeständen
instruktiv; vgl. auch *Jens Bannach*, Heydrichs Elite. Das Führerkorps der Sicherheitspolizei
und des SD 1936–1945 (Paderborn 1998). Zu Goldhagens Sicht des Christentums vgl. die Rezension von *Klaus Beckmann* in: KZG 10 (1997) 213–217.
[130] Vgl. *Reinhard Koselleck*, Anmerkungen zur ‚Zeitgeschichte‘, in: *Victor Conzemius, Martin Greschat, Hermann Kocher* (Hrsg.), Die Zeit nach 1945 als Thema kirchlicher Zeitgeschichte (Göttingen 1988) 17–31.
[131] *Hans Rothfels*, Zeitgeschichte als Aufgabe, in: VZG 1 (1953) 2.
[132] Vgl. *Ute Daniel*, Clio unter Kulturschock. Zu den aktuellen Debatten der Geschichtswissenschaft, in: GWU 48 (1997) 195–218, 259–278; im folgenden zitiert: *Daniel*, Clio.

turwissenschaften soll zu dem Ziel führen, durch Anleihen bei den entsprechenden Wissenschaften und ihren Methoden im – teilweise verspäteten – internationalen Austausch die Distanz zu dem Untersuchungsgegenstand und damit soweit möglich eine wissenschaftliche Objektivität zu gewährleisten, ohne damit aber die Positionalität des Historikers in seiner Zeit- und Lebenswelt überspringen zu können.

Um 1990 ist bei den Historikern der Verheißungscharakter der Sozial- und Gesellschaftsgeschichte und ihres Modernisierungstheorems deutlich verblaßt und dem in sich wiederum vielfältigen Paradigma der Kulturwissenschaft gewichen und teilweise in es eingegangen, zumal es auf eine „trennscharfe begriffliche Unterscheidung von Kulturgeschichte, Neuer Ideen- oder Geistesgeschichte, Mentalitätsgeschichte, Alltagsgeschichte und Historischer Anthropologie" als „vorläufig kaum möglich und auch nicht sinnvoll" verzichtet[133]. Diese Position bildet gegenwärtig einen Part in der Diskussion über das Verhältnis von allgemeiner und protestantischer kirchlicher Zeitgeschichte[134], nachdem die sozialgeschichtliche Konzeption sich einerseits besonders bei Hans-Ulrich Wehler für religiöse Welten wenig aufgeschlossen gezeigt und andererseits etwa bei Martin Greschat zu einer deutlichen Verkürzung der Perspektive geführt hatte[135]. Allerdings wird dabei von den entsprechend engagierten kirchlichen Zeitgeschichtlern nicht die ganze Weite des Kulturbegriffs bis hin zur Wiederaufnahme hermeneutischer Ansätze[136] rezipiert und für die Vielfalt von Kirche und Christentum in Anschlag gebracht, sondern im Anschluß an Max Weber und besonders Ernst Troeltsch Kulturgeschichte als Rahmen für eine entsprechend konstruierte Christentumsgeschichte verstanden.

Die theologische Konzeption der Christentumsgeschichte wurde zunächst in Auseinandersetzung mit den Ansätzen Karl Barths und seiner Nachfolger aus der innertheologischen Rezeption Troeltschs seit den späten sechziger Jahren entwickkelt und beinhaltet in Auseinandersetzung mit der Säkularisations-Theorie eine

---

[133] *Wolfgang Hardtwig, Hans-Ulrich Wehler*, Vorwort, in: *dies.* (Hrsg.), Kulturgeschichte Heute (GG, Sonderheft 16, Göttingen 1996) 7; im folgenden zitiert: *Hardtwig, Wehler*, Kulturgeschichte Heute.

[134] Vgl. *Joachim Mehlhausen*, Zur Methode kirchlicher Zeitgeschichtsforschung, in: EvTh 48 (1988) 508–521; im folgenden zitiert: *Mehlhausen*, Methode; *Gerhard Besier, Hans G. Ulrich*, Von der Aufgabe kirchlicher Zeitgeschichte – ein diskursiver Versuch, in: EvTh 51 (1991) 169–182; im folgenden zitiert: *Besier, Ulrich*, Aufgabe; *Gerhard Ringshausen*, Ein neuer „Methodenstreit". Zur Aufgabe der Kirchlichen Zeitgeschichte, in: KZG 4 (1991) 284–292; die Beiträge der Themenhefte KZG 5 (1992) Heft 1; KZG 10 (1997) Heft 2; *Anselm Doering-Manteuffel, Kurt Nowak* (Hrsg.), Kirchliche Zeitgeschichte (Konfession und Gesellschaft 8, Stuttgart, Berlin, Köln 1996); im folgenden zitiert: *Doering-Manteuffel, Nowak*, Kirchliche Zeitgeschichte; *Gerhard Besier*, Kirche, Politik und Gesellschaft im 19. Jahrhundert (EDG 48, München 1998) 66–89; *ders.*, Kirche, Politik und Gesellschaft im 20. Jahrhundert (EDG 56, München 2000) 80–91.

[135] Vgl. zu *Martin Greschat*, Das Zeitalter der Industriellen Revolution (Stuttgart u. a. 1980) die Rezension von *Thomas Nipperdey* in: HZ 238 (1984) 651–654.

[136] Vgl. *Ute Daniel*, Quo vadis Sozialgeschichte? Kleines Plädoyer für eine hermeneutische Wende, in: *Winfried Schulze* (Hrsg.), Sozialgeschichte, Alltagsgeschichte, Mikrohistorie (Kl. Vandenhoeck-Reihe 1569, Göttingen 1994) 54–64.

bestimmte Deutung der Situation der Christenheit in der Moderne. Danach soll
sich mit der Moderne nicht eine Säkularisierung als Entchristlichung durchsetzen,
sondern das Wesen des Christentums erst im Zuge der Modernisierung als Religion der Freiheit voll entfalten. Diese modernisierungstheoretische Orientierung
der theologischen Konzeption beinhaltet eine Distanz zur Vielfalt und Eigendynamik religiöser Welten und Verhaltensweisen.

Deshalb steht sie in Spannung zu der Offenheit der neuen Kulturgeschichte, in
der „zum einen die historisch-konkreten Akteure an ihren jeweiligen, historisch-
konkreten Ort [zurückkehren] – zugleich aber auch die konkreten Beobachter
und Interpreten, die Historiker mit ihrem jeweiligen spezifischen Deutungshori-
zont, mit ihren lebensweltlich bedingten Erfahrungen, Wahrnehmungsweisen und
Vorurteilen, in denen man nun wieder geneigt ist, nicht nur störende Interferenzen wahrzunehmen, sondern eher das kreative und erkenntnisfördernde Potential, das sie unbestreitbar immer enthalten."[137] Deshalb soll das Fach „Geschichte" – entgegen den Vorschlägen für die kirchliche Zeitgeschichte – keineswegs „in eine Historische Kulturwissenschaft transformiert werden" wegen
„der vitalen Vielfalt und der Differenzierungen dieses Faches – in unterschiedlichen Ausprägungen, die wiederum geschichtlich bedingt sind –"[138]. Vielmehr
soll die Kooperation der kulturwissenschaftlichen Disziplinen und Wissenschaften sich mit den je spezifischen Leistungen in fruchtbarer Spannung verbinden[139].

Trotzdem wird man beachten müssen, daß mit der einen Paradigmenwechsel
anzeigenden Installation des neuen Metabegriffs auch die Zielsetzung gegeben ist,
diesen als zeitgemäßen, allein gültigen Ausdruck des wissenschaftlichen Metho-
denbewußtseins zu behaupten[140]. Obwohl dieses bei der Pluralisierung der
Wissenschaft immer seltener gelingt, fordern einige Kirchenhistoriker gerade im
Interesse der Anerkennung als Wissenschaft den Anschluß der kirchlichen Zeitgeschichte an die Kulturgeschichte, wobei man allerdings – aus theologischen

---

[137] *Otto Gerhard Oexle*, Geschichte als Historische Kulturwissenschaft, in: *Hardtwig, Wehler*, Kulturgeschichte Heute (wie Anm. 133) 14–40, hier 15.
[138] Ebd. 21.
[139] Entsprechend betont *Karl-Egon Lönne*, Katholizismus-Forschung, in: GG 26 (2000)
128–170, hier 130: „Unterschiedliche Perspektiven und Akzentuierungen der einzelnen Ansätze können […] durchaus eine Bereicherung des historischen Diskurses darstellen", wenn
allerseits ein entsprechendes Interesse für die Fragen des anderen zum Zuge kommt. Das entspricht durchaus der Gesprächslage bei katholischen Kirchenhistorikern, die zudem den spe-
zifisch glaubensmäßigen Faktoren ein größeres Gewicht einräumen; vgl. *Ulrich von Hehl*,
Umgang mit katholischer Zeitgeschichte, in: *Karl Dietrich Bracher* u.a. (Hrsg.), Staat und
Parteien. Festschrift für Rudolf Morsey (Berlin 1992) 387–395. Das katholische Verständnis
von Kirche, Klerus und Laien eröffnet andere Perspektiven als das evangelische, so daß auch
der Verbandskatholizismus nur bedingt mit den evangelischen Verbänden verglichen werden
kann, abgesehen von den unterschiedlichen Bedingungen im 19. Jahrhundert.
[140] Vgl. *Thomas Mergel*, Kulturgeschichte – die neue „große Erzählung"? Wissenssoziologi-
sche Bemerkungen zur Konzeptionalisierung sozialer Wirklichkeit in der Geschichtswissenschaft, in: *Hardtwig, Wehler*, Kulturgeschichte Heute 41–77, hier 46ff., im folgenden zitiert:
Mergel, Kulturgeschichte.

Gründen – am Modernisierungstheorem der Sozialgeschichte festhält. Neben der formalen Qualifikation aufgrund der Anwendung methodischer Standards soll das Christentum nämlich nicht im Sinne der Kulturgeschichte als „fremde Welt" erscheinen, sondern durch seine Geschichts-, Gegenwarts- und Zukunftsrelevanz material die Beschäftigung mit seiner Geschichte auch im Horizont der Moderne legitimieren. In kritischem[141] oder mindestens distanziertem Verhältnis zur institutionell verfaßten Kirche als klassischem Bezug der Kirchengeschichte sowie zur Theologie soll im Anschluß an Troeltsch „die christentumsgeschichtliche und religionswissenschaftliche Signatur der Moderne"[142] erfaßt werden. Man möchte sich nicht beschränken auf den „sympathischen Blick" und subjektive Parteilichkeit für Dimensionen, über welche „die Dampfwalze der Aufklärung mit all ihren Konsequenzen hinweggegangen ist"[143], sondern ist vielmehr davon überzeugt, daß die Säkularisation zwar einen Gestaltwandel, aber gerade nicht das Ende des Christentums bedeutet.

Die Akzeptanz entsprechend angelegter Forschungen durch die allgemeine Zeitgeschichte und Historiographie gilt deshalb als Bestätigung nicht nur der Sachgemäßheit und methodischen Angemessenheit, sondern auch des christentumsgeschichtlichen Konzeptes und seiner (theologischen) Voraussetzungen[144]. Dabei ist allerdings zu fragen, ob tatsächlich die Konzeption das entscheidende Movens ist oder nicht vielmehr das kulturgeschichtliche Interesse der Historiker und der ihm entsprechende Wandel der Mentalität[145]. Zu beachten ist zudem, daß das Verständnis von Christentum nicht immer die aus der Aufklärung rezipierte „kirchen- und konfessionskritische Weite"[146] und einer kulturprotestantischen Deutung der Moderne verpflichtete Signatur zeigt. So kann Christentumsgeschichte auch im Sinne der histoire religieuse/religious history als Teil der Kultur- und Religionsgeschichte verstanden oder im Überschneidungsbereich von Kirche und Gesellschaft angesiedelt werden[147]; Kirchengeschichte soll in theologischer und historischer Verantwortung erfolgen[148] oder durch die Aufnahme

---

[141] Vgl. bereits als Vorläufer des gegenwärtigen Trends: *Wolfgang Schieder*, Religionsgeschichte als Sozialgeschichte, in: GG 3 (1977) 291–298. Demgegenüber ging es *Rudolf von Thadden*, Kirchengeschichte als Gesellschaftsgeschichte (1983), jetzt in: *ders.*, Weltliche Kirchengeschichte (Göttingen 1989) 11–28, durchaus um „die Kirche als Gegen- und Alternativkraft zum Staat", die nicht „in einem Meer christentumsgeschichtlicher Makroanalysen untergehen" darf.

[142] Programm der Reihe „Konfession und Gesellschaft", jeweils im Vorspann der einzelnen Bände.

[143] *Mergel*, Kulturgeschichte 75.

[144] Vgl. zuletzt *Kurt Nowak*, Kirchengeschichte des 19./20. Jahrhunderts. Teil 1, in: GWU 51 (2000) 190–207, bes. 190f.; im folgenden zitiert: *Nowak*, Kirchengeschichte.

[145] Dafür spricht u.a. die schon vor der Historiographie erfolgte Wendung der Kunstgeschichte zu Kultur und Religion z.B. in den Arbeiten von Horst Bredekamp oder Hans Belting.

[146] *Nowak*, Kirchengeschichte 195.

[147] So *Kurt Nowak*, Geschichte des Christentums in Deutschland (München 1995) 9.

[148] Vgl. *Mehlhausen*, Methode 517f.

der Sozialgeschichte zu einer ethisch-politisch akzentuierten „kritischen Geschichtswissenschaft" werden[149].

Bei allen diesen Konstellationen ist die Legitimation durch eine gesellschaftliche Relevanz der Inhalte mit derjenigen durch ein anerkanntes Repertoire an Methoden und Fragestellungen verknüpft, wobei beide Intentionen – mehr oder
minder apologetisch – auf die zustimmende Rezeption in der historischen Nach-
bardisziplin gerichtet sind. Diese doppelseitige Begründung für die Neubestim-
mung von Kirchengeschichte soll die für das Fach bisher konstitutive Spannung
von theologischer Begründung und Vielfalt der historischen Methoden[150] ablösen. Mit der Christentumsgeschichte stellt sich damit das auch für die Historiographie grundlegende methodologische Problem, in welchem Sinne Geschichte
ihre Erschließung begründet. Wenn demgegenüber Allgemeinhistoriker durch
Abgrenzung von der traditionellen Kirchengeschichte ihre eigene Position zu bestätigen suchen, verdecken sie die Grundlagenfrage nach den Konstitutionsbedin-
gungen der Geschichte als Wissenschaft. Diese sind nämlich strittig nach dem
Ende der seit der Aufklärung gültigen Legitimation, daß Geschichte Sinnzusam-
menhänge als Orientierungsrahmen für Lebenspraxis eröffnen sollte. Daß diese
Aufgabenbestimmung die Grenzen wissenschaftlicher Rationalität überschreitet,
läßt sich im postchristlichen Zeitalter anscheinend besonders wohlfeil durch die
Ablehnung von theologischen Kategorien wie der Geschichte Gottes demonstrie-
ren[151]. Die dagegen positiv gezeichnete Historisierung verdankt sich und dient
jedoch ebenfalls „dogmatischen" Sinnannahmen; die Summe aller möglichen Fakten ergibt nämlich nicht die Geschichte, die nur als Reflexionsbegriff, bedingt
durch eine Theorie der Geschichte, als „gedachte Zusammenhänge" (Max Weber)
durch metahistorische Kategorien erschlossen, aber nicht empirisch überprüft
werden kann[152]; denn bereits die Vorhandenheit der gewesenen Fakten ist ein

---

[149] Vgl. *Martin Greschat*, Die Bedeutung der Sozialgeschichte für die Kirchengeschichte, in:
HZ 256 (1993) 67–103, gekürzt in: *Doering-Manteuffel, Nowak,* Kirchliche Zeitgeschichte
101–124. Ethisch orientiert: *ders.,* Christentumsgeschichte (Grundkurs Theologie 4 = Ur-
ban-Tb 424, Stuttgart u. a. 1997); vgl. meine Rezension in KZG 11 (1998) 169–178.
[150] Vgl. *Besier, Ulrich,* Aufgabe (wie Anm. 134).
[151] Vgl. z. B. *Werner K. Blessing,* Kirchengeschichte in historischer Sicht. Bemerkungen zu
einem Feld zwischen den Disziplinen, in: *Doering-Manteuffel, Nowak,* Kirchliche Zeitgeschichte 14–59, bes. 18ff; im folgenden zitiert: *Blessing,* Kirchengeschichte; dabei bestätigt
sich, daß das „Spannungsfeld von Dogmatik und Historie" mitverantwortlich ist für die
„Hemmungen" mancher Allgemeinhistoriker zum Austausch mit der kirchlichen Zeitgeschichte (*Kurt Nowak,* Allgemeine Zeitgeschichte und kirchliche Zeitgeschichte, in: ebd.
60–78, hier 66; im folgenden zitiert: *Nowak,* Zeitgeschichte), aber warum sollen die u. a. biographisch bedingten (vgl. 61 f.) Behinderungen durch Korrektur des theologisch begründeten Programms aufgehoben werden?
[152] Vgl. *Lothar Gall,* Das Argument der Geschichte. Überlegungen zum gegenwärtigen
Standort der Geschichtswissenschaft, in: HZ 264 (1997) 1–20, und in Weiterführung von
Reinhard Koselleck *Eilert Herms,* Theologische Geschichtsschreibung, in: KZG 10 (1997)
305–330, bes. 305ff; im folgenden zitiert: *Herms,* Geschichtsschreibung. Zur unumgäng-
lichen Verwendung nicht empirisch ableitbarer Kategorien und Wertungen vgl. *Reinhart
Staats,* Das Kaiserreich 1871–1918 und die Kirchengeschichtsschreibung. Versuch einer theo-

Konstrukt des Denkens – unabhängig von der „postmodernen" Reflexion der Differenz von Sprache und Dingen. Demgegenüber dürfte im Hintergrund des Insistierens auf rationaler, nicht wertender Wissenschaft ein verkürzendes Mißverständnis von Max Webers Postulat der Werturteilsfreiheit stehen. Dieses zielt nämlich nicht auf eine methodologische, durch bestimmte Verfahrensregeln zu gewinnende oder zu gewährleistende Trennung von rationaler Wissenschaft und vorrationalen Sinnzusammenhängen, sondern bildet eine pragmatologische Abgrenzung der empirisch zu begründenden, rationalen Aussagen von wertenden, emotionalen Urteilen, weil diese nicht auf erhebbare Sachverhalte zurückgeführt und an diesen überprüft werden können. Deshalb ist die Werturteilsfreiheit als idealtypische Forderung selbst wertbezogen, bei Weber begründet in seinem Verständnis von Rationalität, wobei er den Wertbezug von Wissenschaft – von der Entscheidung für einzelne Forschungen bis zur Ausformung der Begriffe – klar gesehen hat. Der Appell an die Wertfreiheit kann gerade nicht den Zusammenhang von „Erkenntnis und Interesse" (Habermas), von Reflexion und Konfession transzendieren[153]. Deshalb ist dieser, statt ihn etwa durch die Betonung der eigenen Offenheit und Relativität zu tabuisieren, wissenschaftstheoretisch zu reflektieren und für die Forschung fruchtbar zu machen.

Das Problem läßt sich im Anschluß an die analytische Wissenschaftstheorie durch die Unterscheidung von Entdeckungs- und Begründungszusammenhang entfalten, da diese einerseits die Forderung der Selbstbeschränkung der Wissenschaft im Interesse ihrer Rationalität (das Postulat der Werturteilsfreiheit) und andererseits die Wirksamkeit, ja Notwendigkeit von subjektiven und kollektiven Wertgeltungen ernst nimmt[154]. Beide Kontexte können nicht gegeneinander ausgespielt werden, da sie kategorial auf unterschiedlichen Ebenen liegen, die jedoch gegenseitig in Beziehung stehen. Deswegen ist ihre methodische Unterscheidung nicht mit einer grundsätzlichen Trennung gleichzusetzen, die sich in concreto viel-

---

logischen Auseinandersetzung mit Hans-Ulrich Wehlers „problemorientierter historischer Strukturanalyse", in: ZKG 92 (1981) 86–96.

[153] Paradigmatisch zeigt sich das bei *Blessing*, Kirchengeschichte 38 f.: Da die auch den Historiker bewegende Frage nach dem Sinn und der Gerechtigkeit keine „verifizierbaren" Antworten erlaube, bleibt ihm nur die persönliche Meinung, von der er sich durch „oft mühsame Selbstdistanzierung" absetzen müsse; das biete allerdings den „entscheidenden Erkenntnisgewinn [...], die Offenheit der Geschichte in der Vielfalt menschlicher Sinngebung zu sehen [...] und damit eine humane Dimension möglichst weitreichenden Verstehens zu sichern". Die normative Werthaltigkeit der Vorstellung von der „Offenheit der Geschichte" und der „Vielfalt menschlicher Sinngebung" kulminiert im Begriff der „humane[n] Dimension möglichst weitreichenden Verstehens". Bei seiner Analyse urteilt *Lutz Raphael*, Anstelle eines „Editorials", über die Fachkontroversen in der „mit dezidierten historisch-politischen Werturteilen verbundenen Zeitschrift" (ebd. 34, Anm. 53) GG, „daß die kleinen Differenzen in Theorie und Methode verstärkt worden sind durch Unterschiede in den politisch-kulturellen Werturteilen und einhergingen mit Unterschieden in den akademischen Interessen [...]. Ein ganz wesentlicher Faktor, der die unterschiedlichen Dimensionen in eine Urteilslogik einbindet, ist dabei die implizite oder explizite Identifikation mit Denkkollektiven" (ebd. 29, Anm. 42).

[154] Vgl. *Hans Albert*, Traktat über kritische Vernunft (Tübingen ⁵1991) 37–41.

fach als undurchführbar erweist, ohne aber deshalb die Sachgemäßheit der Unterscheidung zu widerlegen. Der Entdeckungszusammenhang, das sind Theorien, außer- und vorwissenschaftliche Faktoren, Wertungen politischer und weltanschaulicher Art sowie subjektive Interessen, kann den Zugriff auf den Begründungszusammenhang positiv und negativ bestimmen, erschließen und verstellen. Deshalb ist die Begründungsfähigkeit seiner Aussagen im Zusammenhang der Forschung, im Begründungszusammenhang zu prüfen, was wiederum Veränderungen im Entdeckungszusammenhang zur Folge hat. So ergeben sich nicht nur bei der Beschäftigung mit (Zeit-)Geschichte aus Entdeckungszusammenhängen neue Fragestellungen und Forschungsprogramme, Theoriefolgen und Methoden. Diese selbst konzentrieren den Blick auf bestimmte Bereiche und müssen sich im Rahmen des – Wissenschaft legitimierenden und limitierenden – Begründungszusammenhangs als sachgemäß erweisen, indem sie gemäß dem Falsifikations-/Verifikationsprinzip zu validen Theorien und intersubjektiv überprüfbaren Ergebnissen führen.

Der Entdeckungszusammenhang ist nicht einfach der Bereich des Irrationalen im Gegensatz zur Rationalität des Begründungszusammenhangs, vielmehr beruht seine Bedeutung auf der Theoriefähigkeit seiner Inhalte, der wahrheitsfähigen Aussagen. Das schließt seine eigene Veränderbarkeit – nicht nur wegen des Begründungszusammenhangs – ein; im Wandel des Zeitgeistes, der Milieus und der Erfahrungen entstehen in ihm ständig neue Problemstellungen. Diese gehen in der Weise in den Prozeß der Forschung ein, daß für ihre Bearbeitung eingeführte Theorien und Methoden auf ihre Brauchbarkeit hin geprüft und neue entwickelt werden müssen. Diese sich aus dem Entdeckungszusammenhang speisende Dynamik der Forschung führt dazu, daß ständig neue Fragen in den Begründungszusammenhang integriert werden und eine zunehmend komplexere Multiperspektivität und entsprechend ein Methodenpluralismus mit differenzierten Terminologien entsteht, wie z.B. die Unterscheidung von Formen der Widerständigkeit. Auf der Ebene der Wissenschaftsorganisation zeigt sich entsprechend nicht das Ziel einer Einheitswissenschaft, sondern eine Vielfalt theoretischer Systeme, die sich im Einverständnis über die Aufgaben und Methoden als Einzelwissenschaften institutionalisieren können.

Dieses Modell denkt den Gang der Forschung als kumulatives Wachstum von Theorien, Methoden und Wissen, nicht als linearen Fortschritt. Dieser würde nämlich voraussetzen, daß sich bei der Bearbeitung eines Sachverhaltes nicht nur die Eignung einer Methode zeigen würde, sondern dadurch eine andere in ihrem Methodencharakter widerlegt werden könnte; es kann sich jedoch nur die Inkonsistenz von zwei Theorien ergeben. Dieser Tatsache widerspricht die disqualifizierende (d.h. den die Einzelwissenschaft begründenden Konsens bestreitende) Auseinandersetzung mit Autoren, deren Schrift nicht dem methodischen Ansatz des Rezensenten entspricht: ‚Dieses Werk hätte mit seinen überholten Forschungsansätzen und Methoden bereits im Jahre x erscheinen können‘[155]. Diese Argumen-

---

[155] So wird von *Hans-Ulrich Wehler*, Aufklärung oder „Sinnstiftung" (1989), jetzt in: *ders.*, Die Gegenwart als Geschichte (München 1995) 191, im Nachgang zum Historikerstreit der

tation kann auch nicht durch den Hinweis auf Kuhns Theorie des Paradigmen-
wechsels begründet werden, da sich danach die Ablösung des bisher herrschenden
Paradigmas gerade nicht nachprüfbaren Kriterien verdankt, sondern als kontin-
gente, irrationale Revolution gilt.

Jedes Forschungsprogramm enthält jedoch als Zusammenhang von Theorie
und Methode einen normativen Anspruch im Rahmen des generierenden Entdek-
kungszusammenhangs, aber im wissenschaftlichen Diskurs kann dieser nur als in
der Forschung zu legitimierende Erweiterung des Wissens, als Ergänzung des Begründungszusammenhangs vertreten und dem Falsifikations-/Verifikationsprin-
zip unterworfen werden, was Totalansprüche und Universaltheorien ausschließt.
Die historische Forschung selbst und nicht nur ihre Gegenstände unterliegen damit dem Prozeß der relativierenden Historisierung.

So hat die Widerstandsforschung heute die ganze Breite des Widerstands mit
der Vielfalt seiner Formen und Motivationen zum Thema, indem sich bei der
Wahl der Forschungsobjekte und deren methodischer Erschließung individuelle
und kollektive Entdeckungszusammenhänge auswirken, welche entsprechend
die Rezeption durch andere Forscher und in der Öffentlichkeit leiten. Zudem
erlaubt die Unterscheidung von Entdeckungs- und Begründungszusammenhang
auch eine angemessene Einschätzung der Unterscheidung von allgemeiner und
kirchlicher (Zeit-)Geschichte, indem sich die kirchliche Zeitgeschichte als theologische Disziplin auf einen entsprechenden Entdeckungszusammenhang beruft,
der transzendentalphilosophisch als theologische Theorie der Geschichte gedeutet werden kann[156].

Zur Konstitution des Entdeckungszusammenhangs gehört nicht nur der Le-
benszusammenhang des einzelnen Forschers, sondern vor allem der umfassendere
Kontext der inhaltlichen Gegebenheiten und institutionellen Bezüge, die sich auf
die Aufgabenstellungen im Begründungszusammenhang auswirken. Im Falle der
kirchlichen Zeitgeschichte bzw. der Theologie überhaupt ist dabei der Zusammenhang mit der Kirche zu bedenken, während für die Geschichte allgemein ihre
gesellschaftlichen Bindungen bedeutsam sind. Damit kommen zugleich Wertun-

---

„antiquierte Treitschkeanismus und die methodische Naivität" von Andreas Hillgruber geta-
delt, wobei er sein Fortschrittsdenken mit Karl Popper meint begründen zu können. Vgl.
ders., „Moderne" Politikgeschichte? Oder: Willkommen im Kreis der Neorankeaner vor
1914, in: GG 22 (1996) 257–266; *Anselm Doering-Manteuffel*, Griff nach der Deutung. Bemerkungen des Historikers zu Gerhard Besiers Praxis der ‚Kirchlichen Zeitgeschichte', in:
ders., *Nowak*, Kirchliche Zeitgeschichte 79–89; weitere Beispiele bei *Daniel*, Clio 271 mit
Anm. 47.
[156] Die transzendentalontologische Argumentation von *Herms*, Geschichtsschreibung 310–
330, verdankt sich philosophie- und wissenschaftsgeschichtlich anderen Voraussetzungen als
die analytische Wissenschaftstheorie; auf diese beruft sich *Heinzpeter Hempelmann*, „Erkenntnis aus Glauben". Notwendigkeit und Wissenschaftlichkeit von Kirchengeschichte
und Kirchlicher Zeitgeschichte als theologischen Disziplinen, in: KZG 10 (1997) 263–304. Ersichtlich sind beide Theorien nicht deckungsgleich, besonders ihre theologisch-inhaltlichen
Konsequenzen bedürfen der Diskussion. Die vorliegenden Überlegungen schließen sich der
analytischen Theorie an, da sie für die aktuelle Methodendiskussion der (Kirchen-)Histori-
ker hilfreich scheint.

gen des Entdeckungszusammenhangs in den Blick, die ein schöpferisches Motiv für den Begründungszusammenhang bilden wie zu seiner Verzeichnung beitragen können.

Der Faktor Kirche ist als Kommunikationszusammenhang im Rahmen einer Theorie der Theologie als Theorie der Kirche zu bedenken[157]; eine kulturtheoretische Entfaltung im Rahmen einer Theorie der Institutionen oder der Bildung hat entsprechend andere Voraussetzungen, die solange den Begründungszusammenhang legitim bestimmen, wie sie keinen wissenschaftstheoretisch problematischen Universalanspruch stellen, der u. a. den theologischen Zugriff grundsätzlich ausschließt. Daß theologisch relevante Aspekte des Entdeckungszusammenhangs zum fruchtbaren Moment werden können, zeigt sich auch im Blick auf die Kirche an ihrem kritischen Potential, insofern sie zur Rückfrage nach dem Maßstab der Kirche nötigen und die Kirchengeschichte über den Rang einer „Hilfswissenschaft" (K. Barth) erheben. Der theologische Zusammenhang bedeutet also gerade keine Selbstimmunisierung, sondern ist in seiner Strittigkeit zu bearbeiten, weil Theologie wie jede andere Wissenschaft nicht zeitlos und unwandelbar ist. Problematisch verkürzt wird dieser Sachverhalt allerdings, wenn deshalb die Theologie nur als Produkt ihrer Zeit gesehen wird. Damit wäre nämlich ihr Wahrheitsanspruch als Wissenschaft aufgehoben, ihre methodische Rationalität im Begründungszusammenhang und ihr Geltungsanspruch im Entdeckungszusammenhang. Die Kritik an „kirchlichen Zeithistorikern", daß für sie „das Identitätsproblem der Kirche in der historischen Arbeit nicht hintergehbar"[158] wäre, verweist auf die Annahme eines Bedingungshorizontes ‚hinter' dem theologisch bestimmten, der ihn also transzendiert. Aber damit wird durch eine Universaltheorie (der Geschichte oder der Gesellschaft) der unvermeidliche, wissenschaftliche „Pluralismus der Lesarten"[159] nur als Vielfalt der Methoden gedacht – ohne die sie bedingende Vielfalt der Perspektiven, die in den gegebenen Entdeckungszusammenhängen begründet sind.

Was für die Kirche gilt, läßt sich auf alle Institutionen und kollektive Gemeinschaften übertragen, die eine ihre Bedingungen kritisch reflektierende und sichernde Selbstreflexion brauchen. Das bedeutet, daß (Zeit-)Geschichte nicht nur ihre wissenschaftsinterne Rationalität zu bedenken hat, sondern auch die mit ihrer gesellschaftlichen Bedingtheit gegebenen Herausforderungen und den von ihr zu explizierenden Orientierungshorizont. Die wissenschaftstheoretische Trennung von Entdeckungs- und Begründungszusammenhang sowie von Lebenswelt und Forschung impliziert deshalb eine Theorie der demokratischen Gesellschaft, welche die Weltanschauung mit der Freiheit des einzelnen und der Forschung überhaupt der gesellschaftlichen oder staatlichen Reglementierung entzieht, gerade weil sie auf deren Wirksamkeit angewiesen ist. Der damit gewollte „Pluralismus

---

[157] Vgl. z. B. *Gerhard Sauter*, Wissenschaftstheoretische Kritik der Theologie. Die Theologie und die neuere wissenschaftstheoretische Diskussion (München 1973) 225 ff.
[158] *Nowak*, Zeitgeschichte 66.
[159] Ebd. Nowak zitiert im Anschluß an *Mehlhausen*, Methode 513, Jürgen Habermas.

der Lesarten" hat seine Grenze nur im Toleranzgebot bzw. in der Anerkennung der Freiheit und Wahrheitsfähigkeit des anderen.

Die Herausforderung der Zeitgeschichte und besonders der Beschäftigung mit NS-Staat und Widerstand ist, daß diese Forschungsfelder in einem eminenten Verhältnis zu dieser Grenzziehung stehen. Einerseits betreibt die Zeitgeschichte als Teil der historischen Forschung eine Relativierung und Distanzierung, andererseits führt beispielsweise die Geschichte des Widerstandes als Exempel politischer Philosophie zur Frage nach den Grundunterscheidungen der Staatlichkeit zwischen dem rechtmäßigen Maß staatlichen Handelns und der Rechtlosigkeit der Tyrannei und damit zum Problem der Selbstbegründung einer freiheitlichen Gesellschaft. Dieses „Vorstoßen zum Prinzipiellen" (Rothfels) ist für die demokratische Kultur einer Gesellschaft wesentlich, die sich immer mit der Gefährdung ihres freiheitsfördernden und -sichernden Toleranzgebotes auseinandersetzen muß. Neben die historische Distanzierung tritt deshalb das unterscheidende, wertende, gedenkende Erinnern[160].

2.2 Zeitgeschichte als Erinnern und Historisieren

Mit Henri Rousso[161] muß man bei dem wertenden Umgang mit der Zeitgeschichte die Gefahr der Moralisierung sehen, wie sie bei der Widerstandsgeschichte von den Revisionisten bekämpft wurde, ohne sie im „Historikerstreit" ganz zu vermeiden; aber Moralisierung unterscheidet sich vom hier gemeinten selbst der Frage ausgesetztem Erinnern, weil sie als bloße Affirmation Prinzipielles nicht von Akzidentiellem unterscheidet und deswegen konventionelle, beliebige Imperative formuliert[162]. Dieser affirmative Charakter entspricht der Tatsa-

---

[160] Die terminologische Differenz von Erinnern und Gedächtnis ist im Blick auf die kulturwissenschaftliche Gedächtnistheorie gewählt; vgl. als Überblick *Klaus Große-Knecht*, Gedächtnis und Geschichte: Maurice Halbwachs – Pierre Nora, in: GWU 47 (1996) 21–31. Allerdings werden die unterschiedliche Modalität des intentionalen Gedächtnisses (denken an) und der reflexiven Erinnerung (sich erinnern) sowie die begriffsgeschichtliche Differenz zwischen dem ursprünglich psychologischen Begriff des Gedächtnisses und dem Erinnern als Zentralbegriff der Metaphysik, der in der Neuzeit in die Geschichts- und Naturphilosophie wechselte, vielfach übersehen. So unterscheidet *Fritz Stern*, Ansprache aus Anlaß der Verleihung, in: Friedenspreis des Deutschen Buchhandels 1999 (Frankfurt a.M. 1999) 31–58, die historisch-kritische Forschung von der Erinnerung vergangener Wirklichkeit wie besonders Auschwitz; statt Gedächtnis- ist es die „Erinnerungskultur, in der die Erinnerungen einzelner ebenso wie öffentliche ritualisierte Erinnerung einen wichtigen Platz einnehmen" (ebd. 36). Auch *Dietrich Harth*, Gedächtnis und Erinnerung, in: *Christoph Wulf* (Hrsg.), Vom Menschen (Weinheim 1997) 738–744, tendiert zu einer gegenseitigen Durchdringung der Begriffe. Immerhin unterscheidet *Jan Assmann*, Das kulturelle Gedächtnis (München 1992), im Anschluß an Claude Lévi-Strauss zwischen distanzierter „kalter" und konzentrierter, das eigene Leben bereichernder „heißer Erinnerung".
[161] *Henri Rousso*, La hantise du passé (Les éditions Textuelles: Paris 1998); vgl. *Ulrich Raulff*, Marktwert der Erinnerung, in: FAZ vom 5. Mai 1998.
[162] Vgl. dazu die Friedenspreis-Rede von *Martin Walser*, Die Banalität des Guten, in: FAZ vom 12. 10. 1998, und die dadurch ausgelöste Diskussion, besonders mit Ignatz Bubis; *Frank*

che, daß dabei die erinnerten Inhalte wie Gegenstände durch das deutende und wertende Handeln des Historikers von ihrem Ort in der Vergangenheit über die Differenz der Zeit in die Gegenwart transportiert werden sollen. „Hier ist das Gedächtnis nicht die Quelle der Zeit, sondern mehr oder weniger gute Aufbewahrerin dessen, was ‚wirklich' gewesen ist," gibt Ludwig Wittgenstein zu bedenken[163]. Erinnern bezieht sich nicht auf die Vergangenheit als neutrale Konserve oder bietet kein „etwas schwaches und unsicheres Bild dessen, was wir ursprünglich in voller Deutlichkeit vor uns hatten"[164], sondern eröffnet und bestimmt die Zeitlichkeit der Existenz. Deshalb hat „‚die Zeit' [...] eine andere Bedeutung, wenn wir das Gedächtnis als die Quelle der Zeit auffassen"[165].

Diese paradigmatisch aufgenommenen Überlegungen Wittgensteins[166] sind

Schirrmacher (Hrsg.), Die Walser-Bubis-Debatte. Eine Dokumentation (Frankfurt a.M. 1999).

[163] *Ludwig Wittgenstein*, Philosophische Bemerkungen, in: *ders.*, Werkausgabe, Bd. 2 (Frankfurt a.M. 1989) 81; im folgenden zitiert: *Wittgenstein*, Philosophische Bemerkungen; Wittgenstein unterscheidet nicht zwischen Gedächtnis und Erinnerung (vgl. oben Anm. 160). Wichtige Hinweise für die folgenden Überlegungen verdanke ich dem Kollegen Johann Kreuzer, Wuppertal, und seinem Manuskript „Wittgenstein über Erinnerung"; vgl. auch seine Beiträge zu Augustin, die dessen Denken der Erinnerung als über die cartesische Selbstbeschränkung moderner Subjektivität hinausweisend deuten; z.B. *Johann Kreuzer*, Erinnerung, Zeit und Geschichte: Augustin und die Anfänge der mittelalterlichen Philosophie, in: Perspektiven der Philosophie 25 (1999) 37–62. Augustin bleibt demnach nicht bei der für die memoria als Gedächtnis charakteristischen Höhlen-Metaphorik stehen, die etwa *Gerd Theissen*, Tradition und Entscheidung, in: *Jan Assmann, Tonio Hölscher* (Hrsg.), Kultur und Gedächtnis (stw 714, Frankfurt a.M. 1988) 170–196, hier 189, von „den großen Lagerhallen des kulturellen Gedächtnisses" sprechen läßt, so weiterführend auch seine Unterscheidungen von Tradition und Gedächtnis sowie historisierende Distanzierung und ethisch zu reflektierende kulturelle Identifikation sind.

[164] *Wittgenstein*, Philosophische Bemerkungen 84.

[165] Ebd. 81.

[166] Hinzuweisen wäre auch auf die geschichtsphiloshpischen Thesen Walter Benjamins: „Vergangenes historisch artikulieren heißt [...], sich einer Erinnerung bemächtigen"; *Walter Benjamin*, Über den Begriff der Geschichte, in: *ders.*, Gesammelte Schriften, Bd. I, 2, hrsg. von *Rolf Tiedemann, Hermann Schweppenhäuser* (Frankfurt a.M. 1974) 693–704, hier 695. „Die Geschichte ist Gegenstand einer Konstruktion, deren Ort nicht die homogene und leere Zeit sondern die von Jetztzeit erfüllte bildet." Ebd. 701. Weitere Ansätze ließen sich nennen; denn im Gefolge des durch Nietzsche und Kierkegaard bezeichneten Epochenumbruchs wurde die „‚Dehnung' des Augenblicks über Retention und Protention [...] erst drei Jahrhunderte nach Descartes zur Last der Phänomenologie". Weil die Haltbarkeit des Cogito ergo sum zerbrach, hatte sich „die philosophische Zentralthematik [...] an der Epochenschwelle" geändert: „nicht die Zeitlosigkeit der Wahrheit, sondern die Wahrheitschance der Zeithaftigkeit war thematisch geworden." *Hans Blumenberg*, Der Befehl des Delphischen Gottes und die Ironie seiner Spätfolgen, in: *ders.*, Ein mögliches Selbstverständnis (Stuttgart 1997) 115–125, hier 123; im folgenden zitiert: *Blumenberg*, Der Befehl. Henri Bergson dachte durée als Bewußtseinstatsache der inneren Zeit, als „Gegenwart, in der sich Vergangenheit und Zukunft des individuellen Bewußtseins durchdringen", also gerade nicht quantifizierend, wie sie in das historische Konzept der long durée (Fernand Braudel) einging; *Ulrich Raulff*, Der unsichtbare Augenblick. Zeitkonzepte in der Geschichte (Göttingen 1999) 25. Zur Überwindung dieses psychologischen Bewußtseins bei Husserl vgl. *Krzysztof Michalski*, Zeit, Bewußtsein, Zeitfluß, in: *Enno Rudolph, Eckehart Stöve* (Hrsg.), Geschichtsbewußt-

auch im Blick auf die Zeit-Geschichte zu bedenken[167]. Beim Erinnern findet eine differenzierte Verschränkung von Erinnertem und Gegenwärtigem statt, indem sich das Erinnern selbst als gegenwärtig in der Zeit konstituiert. Erinnern ist nicht ein Mittel, um Abwesendes als Gegenwärtiges zu denken und zu deuten, sondern unterscheidet sich gerade von diesen intentionalen Akten, indem es unwillkürlich verschiedene Gegenwärtigkeiten in der Zeit verbindet. „Den Begriff des Vergangenen lernt ja der Mensch, indem er sich erinnert."[168] Diese Verknüpfung wird als zeitliche Differenz erfahren. Als Bewußtsein zeitlicher Verschiedenheit eröffnet Erinnern im Vollzug den Zeitsinn auf Zukunft hin. Zeit-Geschichte unterscheidet sich demnach nicht durch ihren speziellen Zeitabschnitt von anderen Disziplinen der Geschichtsschreibung, sondern durch den zeitlichen Modus der Erinnerung. Zeit-Geschichte erschließt im Durchgang durch das erinnerte Vergangene die Gegenwart auf Zukunft hin. Kommt dabei auch dem durch Zeitgenossenschaft Erinnerbaren ein besonderer Stellenwert zu, so gilt diese Struktur grundsätzlich auch für andere Vergangenheiten, da das Erinnern die Bedingung der Möglichkeit von Geschichte ist.

Bereits im Blick auf die zeitgenössische Geschichte enthält diese grundsätzliche Differenz von Erinnern und etwas als Gegenwärtiges Denken ein methodologisches Problem. Es ist nämlich gerade die Aufgabe der historischen Methode, Vergangenes so zu betrachten, als wenn man dafür nur in die Vergangenheit wie in einen anderen Raum gehen bräuchte[169]. Entsprechend lautet der Imperativ der gegenwärtigen Gedächtniskultur, daß besonders der Holocaust nicht in Vergessenheit geraten darf, sondern als Gegenwärtiges präsentiert werden und die Lebenswelt bestimmen soll. Damit wird aber Erinnern auf Erinnertes bzw. Zu-erinnerndes reduziert. Diese Verobjektivierung ist dem Prozeß historischer Forschung als methodische Arbeit grundsätzlich inhärent, indem ein vorausgesetztes „Ich" Objekte gemäß verabredeten, geltenden oder zu erprobenden Regeln untersucht mit dem Anspruch auf Gültigkeit, die der Zeitlosigkeit des „Ich" entspricht. Auch eine wertende Geschichtsbetrachtung bleibt diesem „Ich" verbunden, wenn es sich auch mit seinem Urteilen zur Disposition stellt. Demgegenüber ist das Subjekt des Erinnerns gerade nicht dessen Voraussetzung, sondern erfährt sich aller-

sein und Rationalität (FBESG 37, Stuttgart 1982) 313–343, bes. 327ff. Als anfänglich durch Husserl beeinflußter Historiker unterschied *Alfred Heuß*, Verlust der Geschichte (Kleine Vandenhoeck-Reihe 82, Göttingen 1959), jetzt in: *ders.*, Gesammelte Schriften, hrsg. von *Jochen Bleicken*, Bd. III, 1 (Wiesbaden 1995), „Geschichte als Erinnerung" als das „Prius aller nur denkbaren historischen Auffassungsweisen" von der „Geschichte als Wissenschaft", die als „ein geistesgeschichtliches Phänomen verhältnismäßig jungen Alters" die Erinnerung vernichtet.
[167] Zwar forderte *Reinhart Koselleck*, Begriffsgeschichtliche Anmerkungen zur „Zeitgeschichte", in: *Victor Conzemius* u. a. (Hrsg.), Die Zeit nach 1945 als Thema kirchlicher Zeitgeschichte (Göttingen 1988) 17–31, hier 23, einen „systematischen" Begriff von Zeitgeschichte, bezog sich dabei aber nur auf ausgedehnte Zeit und Zeiten.
[168] *Wittgenstein*, Philosophische Untersuchungen, Bd. 1, 579.
[169] Vgl. zu diesem Bild Wittgenstein und der Wiener Kreis, *Wittgenstein*, Philosophische Bemerkungen, Bd. 3, 48.

erst im zeitlichen Prozeß als Werden. „Die Erinnerung kann sich ihrer nicht selbst versichern; sie muß garantieren, was umgekehrt sie garantieren müßte."[170] Dieses Risiko enthält die Möglichkeit des produktiven, verändernden Lernens, während die Vergegenwärtigung der Geschichte aufgrund ihrer methodischen Erschließung wie die Gedächtniskultur entgegen ihrer Intention nur Kenntnisse über Gegenstände, Ereignisse, Strukturen oder Jahreszahlen vermittelt[171]. Deshalb ist es die Aufgabe der Zeit-Geschichte, diese Reduktion aufzudecken. Die von Rothfels bezeichnete Aufgabe des Vorstoßens zum Prinzipiellen bezeichnet damit nicht nur eine Besonderheit des Untersuchungsgegenstandes, sondern qualifiziert ihren Zeit-geschichtlichen Zugang.

Für die Zeitgeschichte ergibt sich damit eine Spannung zwischen ihrer Struktur als Disziplin historischer Wissenschaft sowie als Konstrukt der Periodisierung einerseits und ihrem spezifischen Zeit-Bezug andererseits. Diese spannungsvolle Differenz darf nicht nach einer Seite hin aufgelöst werden. Einerseits dient das vielfältige Repertoire historischer Methodik der Beschreibung und der verstehenden Deutung des Gewesenen und ist deshalb gegen die Gefahr der Verzeichnung weiter zu differenzieren, andererseits kann das so Erschlossene nur im Modus des Erinnerns qualifizierende Bedeutung für die Gegenwart erhalten. In diesem Zusammenhang zeigt sich der wertende Umgang mit Geschichte als ambivalenter Vorgang. Einmal kann er nämlich die Übertragung heutiger Urteilsstrukturen auf die rekonstruierte Vergangenheit und damit ihre Moralisierung bedeuten, zum anderen kann das wertende Urteil auch in der Verschränkung der Zeit ihrem Zukunftssinn entsprechen, weil der erinnernde Durchgang durch die Vergangenheit die Gegenwart erschließt und damit Verantwortung möglich macht.

Die philosophische, wissenschaftstheoretische und methodologische Spannung zwischen Historisierung und Erinnern ist auch demokratie- und institutionstheoretisch zu reflektieren, damit sich die Gesellschaft vor ideologischer Moralisierung schützen kann. Diese Unterscheidung ist für die Demokratie notwendig und zudem legitim, wenn sie sich nicht „postmodern" als rein formale versteht. In diesem Zusammenhang scheint sich aber eine sozial- und kulturwissenschaftlich verstandene (kirchliche) Zeitgeschichte durch ihre postulierte Abstinenz von Wertungen den Herausforderungen durch die Öffentlichkeit zu entziehen, die nur als Informationsbedürfnis in den Blick kommen. Allerdings setzt die Rahmentheorie durchaus wertbezogene Annahmen voraus, wie sich z.B. beim Modernisierungstheorem und entsprechend beim Verständnis des neuzeitlichen Christentums zeigt; ihre Geltung soll jedoch auf Konvention beruhen, die nicht als solche zu entfalten und zu problematisieren ist. Demgegenüber kann eine

---

[170] *Blumenberg*, Der Befehl 123.
[171] Vgl. ebd. 124: „Das Kapitel ‚Haltbarkeit der Zeit' wurde zentral für eine Kultur der Gewißheit von eigenen Gnaden – und eben damit wird ‚Erinnerung' in einem sich vertiefenden Verstande zum Medium aller Selbstverständnisse. [...] Der Evidenzmoment des ‚Ich denke', dessen Punktualität die Gewißheit zur ‚Ungegenständlichkeit' aushob und darin wiederum ‚idealisierte', hatte die Memoria zum dubiosen Organ der um ihren Absolutismus verlegenen Subjektivität entwertet."

kirchliche Zeitgeschichte für die Gesellschaft durchaus an Gewicht gewinnen, wenn sie sich theologisch versteht. Indem sie den damit gegebenen Anspruch einer spezifischen Wahrheit im öffentlichen Diskurs vertritt, trägt sie – jenseits ihres kirchlich-theologischen Ortes – bei zur Selbstreflexion der demokratischen Gesellschaft durch Historisieren und Erinnern.

Hans Mommsen

Der Nationalsozialismus als säkulare Religion

Die Bemühung Erik Vögelins, den Nationalsozialismus als „politische Religion"
zu deuten, ist in jüngster Zeit neu aufgegriffen worden und steht im Zentrum
eines umfassenden Forschungsprogramms, das eine vergleichende Theorie der
modernen Totalitarismen unter dem Gesichtspunkt der Religionsphilosophie vor-
zulegen sucht[1]. Dies entspricht der Rückwendung der Geschichtswissenschaft zu
ideengeschichtlichen Fragestellungen, die seit den späten 60er Jahren gegenüber
sozial- und strukturgeschichtlichen Problemstellungen eher in den Hintergrund
getreten sind.

Dahinter steht ein universalgeschichtlicher Ansatz, der die Entstehung des
modernen Totalitarismus als Teil eines umfassenden abendländischen Säkularisie-
rungs- und Entpersonalisierungsprozesses begreift, der in der Herausbildung
„politischer Religionen" kulminiert.

Die Deutung des Nationalsozialismus als Resultat der in Deutschland durch
den Ersten Weltkrieg verschärften Modernisierungskrise und als Mobilisierung
der ungleichzeitigen Sektoren der Gesellschaft (Ernst Bloch) betont demgegenüber stärker die Auswirkungen, welche die sozialen Umschichtungen im Zuge der
zweiten industriellen Revolution auf den gesellschaftlichen Zusammenhalt gehabt
haben[2]. Dabei bediente sich die nationalsozialistische Propaganda höchst erfolgreich der sozialen Ressentiments, die durch den Abstieg von Teilen des alten Mit-
telstandes und die spätestens nach 1924 chronisch gewordene Agrarkrise hervorgerufen und verstärkt wurden. In gewisser Hinsicht war die NSDAP sowohl
Nutznießer der sozialen und kulturellen Krise der deutschen Gesellschaft als auch
Reflex dieser als fundamentale Gefährdung empfundenen Bedrohung der Herrschaft der weißen Rasse in der Welt eben sowohl wie die Selbstbehauptung ihrer
tragenden Schichten gegenüber einem aufsteigenden Plebejertum[3].

---

[1] Vgl. *Hans Maier*, Konzepte des Diktaturvergleichs. „Totalitarismus" und „politische Religion", in: *ders.* (Hrsg.), „Totalitarismus" und „Politische Religionen" (Paderborn 1996)
233–250.
[2] Vgl. *Detlev J. K. Peukert*, Die Weimarer Republik. Krisenjahre der klassischen Moderne
(Frankfurt a.M. 1987) 268 f.
[3] Vgl. *Gottfried Benn*, Der neue Staat und die Intellektuellen (Stuttgart 1933) 27; *Fritz Stern*,
Kulturpessimismus als politische Gefahr. Eine Analyse nationaler Ideologie in Deutschland
(Bern 1963) 18 ff.

Ob es jedoch angeraten ist, die nationalsozialistische Bewegung in diesem universalgeschichtlichen Kontext als geschlossene gesellschaftliche Formation zu deuten, die folgerichtig auch zu religionsanalogen Institutionen und Denkhaltungen vordrang, erscheint jedoch zweifelhaft. Denn je mehr der Nationalsozialismus als parasitäre Erscheinung aufgefaßt wird, die in umfassendem Sinne bisherige gesellschaftliche Werthaltungen eben sowohl wie politische und soziale Institutionen denaturierte und zu bloßen Instrumenten propagandistischer Mobilisierung derangierte, desto weniger ist es plausibel, ihm eigenständige gestalterische Qualität zuzumessen, statt ihn als Auswurf dieser Krise zu begreifen.

Von diesem Gesichtspunkt aus wird man den Nationalsozialismus gerade nicht als Gegenentwurf zur überkommenen bürgerlichen Gesellschaft, sondern als deren Zerfallsprodukt deuten, und nicht zuletzt die destruktiven Faktoren im Auge haben, die mit der Durchsetzung extrem nationalistischer und antisemitischer Bestrebungen im kirchlichen Raum, insbesondere beim Protestantismus, auch hier einen Prozeß parasitärer Vernutzung überkommener Strukturen und Loyalitätshaltungen hervorbrachten. Dazu ist es notwendig, die konkreten politischen Prozesse nachzuzeichnen, die nicht nur die Pervertierung der politischen Institutionen, sondern auch die Indienststellung christlicher Traditionen und Gesinnungen für die angestrebte politische Mobilisierung zur Folge hatten.

Allerdings ist zunächst der Frage nachzugehen, wie erfolgreich sich die nationalsozialistische Gleichschaltungspolitik im Bereich der Christlichkeit der Gesellschaft auswirkte. Bekanntlich stürmte die NSDAP im Zuge der Machteroberung in einem Amoklauf ohnegleichen die vorhandenen Institutionen in Staat und Gesellschaft, ohne sie, jedenfalls zunächst, innerlich zu verändern. Die Gleichschaltung blieb jedoch in einigen Sektoren unvollkommen. Zwar gelang es, die Kommunen weitgehend mit der eigenen Klientel zu durchsetzen und die Medien rasch und nachhaltig der Kontrolle des Propagandaapparates zu unterwerfen. Anders verhielt sich dies auf dem Sektor der inneren und allgemeinen Verwaltung und der Ministerialbürokratie, welche die hineingepreßten nationalsozialistischen Kader rasch assimilierten, so daß sich bis in die Spätjahre des Regimes ein immer wieder aufbrechender Gegensatz zwischen Staat und NSDAP trotz aller Verwerfungen, die durch die Schaffung sekundärer bürokratischer Apparate eintraten, bestehen blieb.

Die Kräfte innerhalb der NS-Bewegung, die zu einer vollständigen Umwälzung von Staat und Gesellschaft drängten, konzentrierten sich in der SA, die zum Sammelbecken der am stärksten sozialrevolutionären Elemente wurde. Das Bestreben der SA, nachdem es ihr nicht gelungen war, sich die staatlichen Institutionen zu unterwerfen – die zunächst allenthalben eingerichteten SA-Kommissariate wurden von Göring und Frick nach und nach aufgelöst –, durch den Aufbau einer umfassenden Miliztruppe zum entscheidenden Waffenträger der Nation aufzusteigen und die Reichswehr schrittweise zu mediatisieren, scheiterte spätestens am 30. Juni 1934. Die bewaffnete Macht blieb daher bis zum Juli 1944 dem unmittelbaren Parteieinfluß entzogen.

Die Strategie der Gleichschaltung erwies sich auch im Hinblick auf die christlichen Kirchen als wenig erfolgreich. Dabei waren anfänglich gute Chancen vorhanden, die evangelischen Kirchen unmittelbar in das entstehende Regierungssystem einzubinden. Die Bewegung der Deutschen Christen fungierte als Stoßkeil, um die widerstrebenden Synodalen der einzelnen Landeskirchen zu spalten und in den Kirchenwahlen unerwartete Mehrheiten zu erringen. Der Versuch, unter dem Vorwand einer als überfällig betrachteten organisatorischen Neuordnung eine einheitliche nationale Reichskirche zu schaffen, welche die Reichsregierung bedingungslos unterstützte, wäre vermutlich erfolgreich gewesen, wenn er mit größerer Behutsamkeit unternommen worden wäre. Die Manipulation, die zur Wahl des Reichsbischofs Ludwig Müller führte, unterschied sich nicht von den Methoden, mit der die NSDAP die Gleichschaltung auf der gesellschaftlichen Ebene vorantrieb[4].

Während die protestantischen Kirchen schon vor dem Januar 1933 sich in den Dienst der nationalen Erhebung gestellt hatten, war die Katholische Kirche zunächst in Distanz geblieben und hielt an der Unvereinbarkeit von Zugehörigkeit zur Kirche und der aktiven Mitgliedschaft in der NSDAP fest. Dies änderte sich am 28. Februar auf Grund der Beschlüsse der Fuldaer Bischofskonferenz. Die Konkordatsverhandlungen, die am 14. Juli 1933 zum Abschluß gelangten, warfen hier ihren Schatten voraus.

Das Einschwenken des katholischen Lagers in die „nationale Erhebung" erfolgte jedoch nicht unvorbereitet. Schon seit der Übernahme des Vorsitzes durch den Prälaten Kaas hatte sich eine klare Rechtswendung der Zentrumspartei abgezeichnet, die den Anschluß an die nationale Opposition suchte. Durch die Brüskierung durch Franz von Papen bei dessen Übernahme der Kanzlerschaft war sie jedoch zunächst daran gehindert, auf die Linie seines Präsidialkabinetts einzulenken[5]. Die positive Haltung, die Kardinal Faulhaber gegenüber dem Kabinett Hitler einnahm, beruhte auf der Erwartung einer konservativ-autoritären Stabilisierung, in welcher der katholischen Kirche eine maßgebende Rolle zukommen würde. Franz von Papens Bemühungen, eine „Arbeitsgemeinschaft katholischer Deutscher" zu begründen, um eine dauerhafte Zusammenarbeit mit der NSDAP zu erreichen, gehören in diesen Zusammenhang[6]. Beide Kirchen gaben sich schwerwiegenden Illusionen hin und hofften, daß die Hitlersche Parteidiktatur nur eine Übergangsstufe zu einem von den nationalen Kräften getragenen autoritären Regierungssystem darstellen werde. Dabei bestand die Erwartung, daß Hitler die NS-Bewegung nach der Ausschaltung der „marxistischen" Parteien zu einem kleinen Orden zur Führerauslese zurückbilden würde. Die Vorgänge des

---

[4] Vgl. die umfassende Darstellung durch *Klaus Scholder*, Die Kirchen und das Dritte Reich, Bd. 1: Vorgeschichte und Zeit der Illusionen 1918–1934 (Frankfurt a.M. 1972) 603 f., 623 ff.
[5] Vgl. *Rudolf Morsey*, Der Untergang des politischen Katholizismus. Die Zentrumspartei zwischen christlichem Selbstverständnis und „Nationaler Erhebung" 1932/33 (Stuttgart 1972) 46 ff.
[6] Vgl. *Klaus Breuning*, Die Vision des Reiches. Deutscher Katholizismus zwischen Demokratie und Diktatur 1919–1934 (München 1969) 235 f.

30. Juni 1934, die eine Zurückdrängung der Rolle der Partei anzukündigen schienen, wurden von der kirchlichen Öffentlichkeit als „Abschluß der nationalen Revolution" nahezu einhellig begrüßt. Allerdings war die Ermordung Erich Klauseners, des Leiters der Katholischen Aktion, und anderer führender Katholiken ein warnendes Signal.

Aber bereits wenige Wochen danach zerstoben diese Illusionen und traten die Interessenkonflikte zwischen Regime und Kirche offen hervor. Sie entzündeten sich an Übergriffen auf kirchliche Einrichtungen von seiten der Parteigliederungen, in erster Linie dem massiven Druck, der auf die formell durch das Konkordat geschützten katholischen Jugendverbände ausgeübt wurde. Der katholische Klerus beantwortete diesen Einbruch in die vom Konkordat garantierte kirchliche Autonomie mit hinhaltendem Widerstand, und er sah sich durch die Verlesung der Enzyklika „Mit brennender Sorge" von den Kanzeln darin bestätigt[7].

Die nationalsozialistische Kirchenpolitik unterschied sich nicht grundsätzlich von der von ihm sonst befolgten innenpolitischen Strategie und bediente sich einer Methode des trial and error. Zugleich gab es keinerlei einheitliche Zielvorgaben, die über taktische Erwägungen hinausgingen und eine grundsätzliche Klärung des Verhältnisses von Kirche und Staat anstrebten. Zwischen der ausgeprägt antiklerikalen Einstellung Alfred Rosenbergs und Martin Bormanns und den vermittelnden Positionen des späteren Reichskirchenministers Hanns Kerrl klafften Abgründe. Über die Kirchenfeindlichkeit des engeren Kerns der NSDAP konnte nicht der geringste Zweifel bestehen.

Das galt auch für die von Hitler eingenommene weltanschauliche Position, die er aber in der praktischen Politik weitgehend zugunsten pragmatischer Kompromisse mit den Kirchen zurückstellte. Er vermied zugleich, zwischen denjenigen zu optieren, die für eine außerkirchliche Glaubensbewegung eintraten und jenen, die glaubten, eine Verschmelzung der zu schaffenden evangelischen Reichskirche mit dem nationalsozialistischen Staat erreichen zu können, was insbesondere von der Glaubensbewegung der Deutschen Christen angestrebt wurde. Indessen gelang es keiner der widerstreitenden Fraktionen in der NS-Führungsgruppe, Hitler auf eine klare kirchenpolitische Linie festzulegen.

Anfänglich hatte sich Hitler der Vorstellung hingegeben, im protestantischen Lager eine Regelung des Verhältnisses von Kirche und Staat analog zum Reichskonkordat herbeiführen zu können. Die Auseinandersetzung zwischen Bekennender Kirche und neu geschaffener Reichskirche fügte dem Regime jedoch einen schwerwiegenden Prestigeverlust bei. Hitler erkannte, daß er sich durch die einseitige Parteinahme für die deutschchristliche Richtung in eine problematische Situation manövriert hatte. Er entschloß sich daher dazu, Ludwig Müller abrupt fallen zu lassen und gegenüber den dissentierenden Landeskirchen einzulenken. Der Vorstoß des Reichsbischofs endete daher in einem kläglichen Debakel[8].

---

[7] Vgl. *Guenter Lewy*, Die katholische Kirche und das Dritte Reich (München 1965) 177f.
[8] Vgl. dazu die eingehende Darstellung von *Klaus Scholder*, Die Kirchen und das Dritte

Wenn es auf seiten der Nationalsozialisten Hoffnungen gegeben hatte, insbesondere den Protestantismus für die eigenen Zwecke zu vereinnahmen, traten sie seit der Mitte der 30er Jahre vollends in den Hintergrund. Der Verzicht auf eine Integration des Protestantismus in den nationalen Staat muß jedoch auch mit der generellen Veränderung des kulturell-ideologischen Klimas in Verbindung gebracht werden, die am Ende der Machteroberungsphase eintrat. Das Verbot der Thingbewegung, das Auslaufen der vielfältigen Bestrebungen, einen eigenständigen völkischen Kulturbetrieb „aufzuziehen", sowie die im „Schwarzen Korps" einsetzende Intellektuellenschelte bezeichnen diesen Wandlungsprozeß, der von der Ernüchterung vieler zuvor mit der „nationalen Revolution" sympathisierender Intellektueller und Schriftsteller und ihrer beginnenden Distanzierung vom Regime begleitet war. Auch im Schul- und Bildungswesen vollzog sich eine Rückwendung von den völkisch-nationalistischen Experimenten der Machteroberungsphase zu den bewährten rechtskonservativen Propagandainhalten und Geschichtsbildern. Die zunehmende Reduktion der weltanschaulichen Gehalte auf den Führerkult und die Zielsetzung rassischer Homogenität dieser Jahre stand am Endpunkt der Bemühungen, eine völkisch geprägte „Kulturrevolution" in Gang zu setzen. Das Interesse, die christlichen Kirchen darin einzubauen, trat in diesem Zusammenhang zurück und wich einer Strategie systematischer Ausgrenzung und Isolierung.

Die Kirchenpolitik des Regimes hatte zunächst überwiegend taktische Funktion und zielte darauf ab, die Widerstände gegen das Ermächtigungsgesetz und die innere Machteroberung auszuräumen. Wie in anderen Politikfeldern, kam es zu einem Kompromiß zwischen den antikirchlichen Kräften der NSDAP und dem herkömmlichen Regierungsapparat, der mit den konservativen Kräften der Landeskirchen sympathisierte. Hitler nahm keine klare Linie in den Fragen der Neuorganisation im protestantischen Bereich ein und überschätzte wohl die Möglichkeiten, durch eine Gleichschaltung an der Spitze den Einfluß der Partei auf den Protestantismus zu sichern.

Hitlers Verhältnis zur Katholischen Kirche war von vornherein durch extremes Mißtrauen und Feindschaft bestimmt, zugleich aber durch ein deutliches Bewußtsein von der Machtstellung der Kirche. Das Konkordat, das die Rolle der Kirche auf den seelsorgerlichen Bereich begrenzte, wurde von ihm, wie ähnliche vertragliche Verpflichtungen, als unvermeidlicher modus vivendi aufgefaßt, wobei er schon bald eine Kündigung erwog, aber immer wieder aufschob. Er honorierte die politischen Konzessionen der Kurie nicht und reagierte auf die sich verschlechternde Beziehung zur katholischen Kirche ausgeprägt negativ, wie seine wütende Reaktion auf die Enzyklika vom 31. März 1937 zeigte[9]. Wenngleich Goebbels' Bericht über Hitlers feindselige Ausfälle dessen eigene Einstellung mit reflektieren, waren doch Hitlers zornige Ausfälle echt. Sie spiegelten eine ausgeprägte

Reich, Bd. 2 (Das Jahr der Ernüchterung 1934. Barmen und Rom) (Berlin 1985) 335 ff., 351; im folgenden zitiert: *Scholder*, Die Kirchen und das Dritte Reich, Bd. 2.

[9] *Lewy*, Die Katholische Kirche 178.

Verlegenheit und zeigen, daß Hitler darin eine schwere Beeinträchtigung seines persönlichen Prestiges erblickte[10].

Als Goebbels mit einer typischen Überreaktion nun einen „Vergeltungsschlag gegen die Pfaffen" ankündigte und einen Diffamierungsfeldzug begann, der in seiner Rede vom 28. Mai 1937 in der Berliner Deutschlandhalle gipfelte, glaubte er, von der Zustimmung Hitlers getragen zu sein[11]. Im April hatte er in seinem Tagebuch notiert: „In der Kirchenfrage radikalisiert sich der Führer zusehends", und die Schlußfolgerung gezogen, jetzt werde „rücksichtslos aufs Ganze" gegangen[12]. Die langfristige Strategie, die er, dabei Ideengänge Hitlers aufgreifend, vorschlug, bestand in der Abschaffung des Zölibats, der Beschlagnahme des kirchlichen Vermögens, der Begrenzung des Zugangs zu Theologiestudium und der Kündigung des Reichskonkordates, also einer langfristigen Untergrabung der institutionellen Grundlagen der Kirche. Doch daraus wurde nichts. Gobbels sah sich vielmehr gezwungen, die Aktion abzublasen, da Hitler sich dagegen aussprach. „In der Kirchenfrage will er im Augenblick Ruhe", notierte er am 22. Dezember 1937 in sein Tagebuch[13].

In der Folge schwenkte Goebbels auf die eher abwartende und vorsichtige Linie Hitlers in der Kirchenfrage ein, die ihn prompt mit Martin Bormann, einem der Scharfmacher auf kirchenpolitischem Gebiet, in Konflikt brachte. Vor allem nach Beginn des Krieges drängt er darauf, die Nadelstichpolitik gegen die katholische Kirche einstweilen einzustellen. „Auseinandersetzung mit der Kleric für die Zeit nach dem Kriege aufsparen", notierte er und fügte hinzu, nach dem Sieg werde es ein Leichtes sein, „in einem Generalaufwaschen die ganzen Schwierigkeiten zu beseitigen"[14]. Als Bormann die gegen die Kirche gerichteten repressiven Maßnahmen, so den Klostersturm von 1941, mit Kriegsnotwendigkeiten begründete, kam es erneut zu einem bremsenden Eingriff Hitlers, der ganz offenbar weitere kirchliche Konflikte für schädlich hielt und davon negative Rückwirkungen auf die öffentliche Meinung erwartete[15].

Der häufig zitierte Geheimerlaß Martin Bormanns vom 6. Juni 1941 über das „Verhältnis von Nationalsozialismus und Christentum" zielte auf eine entschiedene Zurückdrängung des kirchlichen Einflusses und richtete sich gegen die Bei-

[10] Vgl. Die Tagebücher von Joseph Goebbels, hrsg. von *Elke Fröhlich*, Teil I, Bd. 3 (München 1987) 105; im folgenden zitiert: Goebbels Tagebücher, Teil I, Bd. 3.
[11] Vgl. Goebbels Tagebücher, Teil I, Bd. 3, Eintragung vom 29. und 30. Mai 1937, 156 f.; *Hans Günter Hockerts*, Sittlichkeitsprozesse gegen katholische Ordensangehörige und Priester 1936/37 (Mainz 1991) 113 f.; *Ralf Georg Reuth*, Goebbels (München 1990) 360 f.; im folgenden zitiert: *Reuth*, Goebbels.
[12] *Reuth*, Goebbels 105, 107.
[13] Ebd. 379.
[14] Goebbels Tagebücher, T. II (Diktate 1941–1945), Bd. 1, Aufzeichnung vom 18. August 1941, 254; vgl. Aufzeichnungen vom 19.8. und 7. 9. 1941, 258 und 372 f.
[15] Vgl. *Ludwig Volk*, Episkopat und Kirchenkampf im Zweiten Weltkrieg, in: Katholische Kirche und Nationalsozialismus. Ausgewählte Aufsätze von Ludwig Volk, hrsg. von *Dieter Albrecht* (Mainz 1987) 92 ff.

behaltung der ursprünglichen Kompromißlinie[16]. „Nationalsozialistische und christliche Auffassungen sind unvereinbar", hieß es einleitend. Bormann entwikkelte eine eigene Position, die mit dem Begriff der „Gottgläubigkeit", der Anerkennung eines „Willens der Allmacht" reichlich vage war und sicherlich alles andere darstellte als den Versuch, ein tragfähiges Surrogat der christlichen Religion zu propagieren. Es ist hingegen weniger bekannt, daß die Denkschrift auf Grund zahlreicher Proteste aus Kreisen der Parteifunktionäre förmlich zurückgezogen werden mußte[17].

Bormann ging es vor allem darum, die kirchlichen Einflüsse zu eliminieren. „Immer mehr muß das Volk den Kirchen und ihren Organen, den Pfarrern, entwunden werden." Anders als Gauleiter Alfred Meyer, der für die Schaffung einer einheitlichen Reichskirche plädierte, setzte er sich aus taktischen Beweggründen für die Erhaltung und Verstärkung des kirchlichen Partikularismus ein[18]. Gleichwohl ging der Stellvertreter des Führers nicht so weit, unmittelbaren Druck auf Parteimitglieder auszuüben, aus der Kirche auszutreten. Daher wies Bormann am 15. März 1941 die Gauleiter an klarzustellen, daß zwar „die Tätigkeit für die Bewegung mit einer Tätigkeit für konfessionelle Organisationen unvereinbar" sei, daß aber darüber hinausgehende Anweisungen an die Partei- und Volksgenossen den „Grundsatz der Glaubens- und Gewissensfreiheit" nicht verletzen dürften[19].

Dieser Festlegung war ein bezeichnender innerparteilicher Konflikt vorausgegangen. Der badische Ministerpräsident und Kultusminister Christian Mergenthaler hatte die Abhaltung des Religionsunterrichts in der bisherigen Form untersagt, die Beteiligung von Pfarrern unterbinden und einen allgemeinen „Weltanschauungsunterricht" einführen wollen[20]. Daraufhin teilte Rudolf Heß dem Vorsitzenden des Ministerrates für die Reichsverteidigung, Hermann Göring, am 18. April 1940 mit, daß es unzweckmäßig sei, den Beschluß des Ministerrats, daß der Religionsunterricht künftig nicht mehr von Pfarrern abgehalten werden sollte, schon „jetzt im Kriege aufzugreifen". Trotz des Vorprellens von Mergenthaler wurden Initiativen in dieser Richtung mit der Begründung gestoppt, eine Beunruhigung der Bevölkerung zu vermeiden[21].

[16] Rundschreiben R 8/41g vom 9. 6. 1941 unter Bezugnahme auf Bormanns Schreiben an Gauleiter Alfred Meyer vom 6. 6. 1941, abgedruckt bei *Friedrich Zipfel*, Kirchenkampf in Deutschland 1933–1945. Religionsverfolgung und Selbstbehauptung der Kirchen in der nationalsozialistischen Zeit (Berlin 1965) 511ff.

[17] Vgl. *John S. Conway*, Die nationalsozialistische Kirchenpolitik 1933–1945. Ihre Ziele, Widersprüche und Fehlschläge (München 1969) 275; im folgenden zitiert: *Conway*, Die nationalsozialistische Kirchenpolitik.

[18] Vgl. *Georg Denzler, Volker Fabricius*, Christen und Nationalsozialismus. Darstellungen und Dokumente (Frankfurt a.M. 1983) 109.

[19] Vgl. Rundschreiben des Leiters der Partei-Kanzlei der NSDAP über die Behandlung politisch-konfessioneller Angelegenheiten vom 26. April 1943, abgedruckt bei *Conway*, Nationalsozialistische Kirchenpolitik 378f.

[20] Vgl. *Lewy*, Katholische Kirche 206f.

[21] Vgl. Schreiben von Rudolf Heß an Hermann Göring vom 18. April 1940: „Den ursprünglich einmal verfolgten Plan, eine Reichskirche zu schaffen, hat der Führer nicht nur aufgegeben, er lehnt diesen Plan heute restlos ab" (Centre de Documentation Juive Contemporaine,

Die Anweisung des Stellvertreters des Führers ging auf die Bedenken Hitlers zurück, der während des Krieges vor direkten Interventionen gegen die Kirchen zurückscheute. In Anwesenheit Heinrich Himmlers artikulierte er zwar am 14. Oktober 1941 tiefsitzende Zweifel daran, ob das Konkordat langfristig sinnvoll sei und es die Regierung nicht auf die Dauer von der Kirche abhängig mache. Andererseits hielt er es für verfehlt, „sich jetzt in einen Kampf mit der Kirche zu stürzen". Man müsse das Christentum „langsam ausklingen lassen". Er glaubte damit rechnen zu können, daß die kirchlichen Dogmen auf mittlere Sicht den Fortschritten der Wissenschaften nicht standhalten würden. Allerdings müsse auf das „metaphysische Bedürfnis" der Individuen Rücksicht genommen werden, das nicht durch ein Parteiprogramm ersetzt werden könne, zumal der Säkularisierungsprozeß lange dauern könne[22].

Hitler hat an der Linie, „den Kampf nicht zu suchen, wo es sich vermeiden läßt"[23], kontinuierlich festgehalten. Er legte nachdrücklich Wert darauf, die Partei aus den Kirchenfragen herauszuhalten. Diese Überzeugung verstärkte sich auf Grund des Mißerfolgs bei der Schaffung der evangelischen Reichskirche. Die tiefere Begründung für diese Haltung ist sicherlich darin zu suchen, daß er trotz aller Kritik am Christentum gerade dem Katholizismus einen hohen Respekt entgegenbrachte. Desgleichen schätzte er den Einfluß der Kirche auf die Bevölkerung bemerkenswert hoch ein, sehr im Unterschied zu seinen engeren Gefolgsleuten wie Martin Bormann, Joseph Goebbels und Heinrich Himmler.

Zugleich hielt es Hitler grundsätzlich für nicht opportun, in der Kirchenfrage politisch zu optieren. Dies hing mit seinem in den 20er Jahren entwickelten Politikverständnis zusammen, demzufolge die Partei vermeiden müsse, in religiösen Fragen für eine Seite einzugreifen, da dadurch der universalistische Anspruch der NSDAP, die Gesamtheit des Volkes zu vertreten, in Zweifel gezogen wurde. Gerade in religiösen Fragen bezog Hitler eine Haltung der Nicht-Option. Das bildete den Hintergrund seiner Konflikte mit Otto Dickel, dem er vorwarf, die Partei in einen „abendländischen Bund" umzuformen[24], und mit Arthur Dinter, dem Autor des Buches „Die Sünde wider das Blut", der eine stringente völkische Weltanschauung zu begründen trachtete[25].

Ebenso hat Hitler jede unmittelbare Identifikation mit Alfred Rosenbergs „Mythus des 20. Jahrhunderts" vermieden, auch wenn dessen Beauftragung mit „der gesamten weltanschaulichen Schulung der NSDAP" gerade auf kirchlicher

---

Paris, Dienststelle Rosenberg CXLIII–370), abgedruckt bei *Conway*, Nationalsozialistische Kirchenpolitik 372 f.
[22] Adolf Hitler. Monologe im Führerhauptquartier 1941–1944. Die Aufzeichnungen Heinrich Heims, hrsg. von *Werner Jochmann* (Hamburg 1980) 82 f.; im folgenden zitiert: *Jochmann*, Hitler Monologe.
[23] *Jochmann*, Hitler Monologe 83.
[24] Vgl. *Werner Maser*, Frühgeschichte der NSDAP (Frankfurt a.M. 1965) 26 f.; *Georg Franz-Willing*, Die Hitler-Bewegung (Frankfurt a.M. 1962) 105.
[25] Vgl. *Wolfgang Horn*, Führerideologie und Parteiorganisation der NSDAP (1919–1933) (Düsseldorf 1972) 56.

Seite Mißverständnisse auslösen mußte[26]. Desgleichen belächelte er Himmlers okkultistische Neigungen und dessen Bemühungen, den Germanenkult neu zu beleben und die Tradition Heinrichs I. für den Orden der SS zu okkupieren[27], und verhielt sich skeptisch gegenüber pseudoreligiösen Propagandainhalten. Mit Entschiedenheit wandte er sich dagegen, daß die Partei religiöse Funktionen übernahm. Die Partei solle „kein Ersatz sein für die Kirche" erklärte er und betonte ausdrücklich: „Ich möchte jedoch nicht, daß wir auf das kirchliche Gebiet gehen, eine kultische Handlung vornehmen. Das würde mir grauenhaft sein, mein ganzes Leben möchte ich nicht gelebt haben, wenn ich eines Tages wie ein Buddha dasitzen müßte."[28] Bei anderer Gelegenheit argumentierte er in gleicher Weise: „Eine Bewegung wie die unsere darf sich nicht in metaphysische Abschweifungen hineinziehen lassen. Es ist nicht Aufgabe der Partei, die Religion nachzuahmen." Und er fügte ironisch hinzu: „Sollen meine Gauleiter ihren Lüsten entsagen, um Heilige zu werden." Die Partei müsse, meinte er weiter, der Gefahr enthoben sein, „ein Konkurrenzunternehmen für die Kirche zu werden"[29].

Hitler äußerte wiederholt, daß es nicht möglich sei, die Kirchen zu beseitigen, ohne irgendeinen Ersatz für die metaphysischen Bedürfnisse der breiten Massen bereitzustellen. Die Ausschaltung christlicher Einflüsse auf die Bevölkerung werde noch Jahrzehnte beanspruchen. Andererseits wandte er sich nicht gegen die kirchenpolitischen Maßnahmen Josef Bürckels in der „Ostmark" und stimmte der Neuordnung des Verhältnisses von Staat und Kirche im Warthegau durch Gauleiter Arthur Greiser zu. Er war jedoch sicherlich nicht die treibende Kraft[30].

Die kirchenfeindliche Einstellung der Partei verstärkte sich noch, als sie allenthalben die Erfahrung machen mußte, daß der kirchliche Einfluß nach einer Phase des Überganges sichtlich zunahm. Die Zahl der Kirchenaustritte ging nach 1938 deutlich zurück, und nach dem Beginn des Krieges stieg die Popularität beider Kirchen deutlich an. Versuche der NSDAP, Rituale zu entwickeln, welche die Funktion kirchlicher Feste bei Heiraten und Begräbnis ersetzen sollten und nationalsozialistische Weihestunden einzuführen, stellten daher im wesentlichen eine Defensivmaßnahme dar.

Es war dafür charakteristisch, daß die Parteikanzlei im Zuge der von Bormann seit 1943 eingeleiteten Regenerierung des Parteiapparats Anstrengungen unternahm, die seelsorgerliche Praxis der katholischen Kirche zu kopieren. Die Denkschrift, die der Gauleiter Weser-Ems, Carl Röver 1942 im Auftrag der Parteikanzlei erstellte, enthält eine Fülle von Beispielen für diese Tendenz[31]. Die Einführung

---

[26] Vgl. *Scholder*, Die Kirchen und das Dritte Reich, Bd. 2, 134 f.; vgl. *Henry Picker*, Hitlers Tischgespräche im Führerhauptquartier 1941–1942, hrsg. von *Percy Ernst Schramm* (Stuttgart 1963) 428.

[27] Vgl. *Josef Ackermann*, Heinrich Himmler als Ideologe (Göttingen 1970).

[28] *Jochmann*, Hitler Monologe 85 f.

[29] Ebd. 84 f.

[30] Vgl. *Martin Broszat*, Nationalsozialistische Polenpolitik 1939–1945 (Frankfurt a.M. 1961) 163 ff. und 170; vgl. *Conway*, Nationalsozialistische Kirchenpolitik 329 f.

[31] IfZ Fa 204; vgl. *Peter Longerich*, Hitlers Stellvertreter. Führung der Partei und Kontrolle

von Sprechabenden, bei denen die Parteigenossen ihre Gravamina den örtlichen Funktionären vortragen konnten, und das Wettrennen zwischen Parteiapparat und Kirche bei Begräbnissen von gefallenen Soldaten gehörten ebenso zu dem Repertoire der fragwürdigen Versuche, mit dem Einfluß der Gemeindepfarrer zu konkurrieren, wie die Wahrnehmung der Funktion, die Verwandten vom Heldentod ihrer Angehörigen durch den zuständigen Ortsgruppenleiter zu informieren[32].

Die Versuche, religionsanaloge säkulare Kultformen zu schaffen, standen angesichts der Skepsis Hitlers, aber auch der geringen Resonanz in der Bevölkerung von vornherein auf schwachen Füßen. Mit dem Fortgang des Krieges war davon, abgesehen von einigen sektiererischen Bestrebungen, keine Rede mehr. Die NSDAP rückte immer mehr in eine politisch-ideologische Defensive gegen die beiden Kirchen, die immer mehr Zulauf fanden. Versuche, deren Öffentlichkeitsarbeit nachzuahmen, waren ein Anzeichen der Schwäche. Ebenso dürfen die pseudoreligiösen Elemente in der nationalsozialistischen Propaganda der Frühphase des Regimes nicht überbewertet werden, zumal die großen propagandistischen Inszenierungen – wie das Erntedankfest in Bückeburg – sich in wenigen Jahren verbrauchten. Wo solche Tendenzen bleibende Wirkungen entfalteten, trat deren eigentümliche Hohlheit deutlich in Erscheinung. Ein klassisches Beispiel dafür bildet die von Himmler noch unter Kriegsbedingungen zum Kultzentrum ausgebaute Wevelsburg, die über bloß äußerliche Rituale und Weiheformen nicht hinausgelangte. Es ist nicht zu sehen, mit welchen Inhalten diese merkwürdige Kultstätte hätte ausgefüllt werden sollen[33].

Andererseits ist unbestreitbar, daß die nationalsozialistische Propaganda in weitem Umfang auf christliche Symbole und semantische Anleihen bei der religiösen Überlieferung zurückgriff, und es ergaben sich zahlreiche äußere Ähnlichkeiten zu christlichen Kultformen, wie sich auch am Beispiel des nationalsozialistischen Feierjahres zeigen läßt[34]. Es gibt Gründe dafür, darin eine bewußte Nachahmung zu erblicken, die pseudoreligiösen Charakter besaß. Dafür spricht eine Äußerung von Goebbels in seinem Tagebuch vom 7. August 1933: „Wir werden selbst eine Kirche werden"[35], doch ist der Propagandaminister später auf die Linie eingeschwenkt, sich gerade nicht in irgendeine Konkurrenz zu den bestehenden Religionsgemeinschaften zu begeben.

des Staatsapparats durch den Stab Heß und die Parteikanzlei Bormann (München 1992) 119 und 191.
[32] Vgl. die detaillierten Anweisungen zu „Benachrichtigung von Angehörigen gefallener und vermißter Soldaten", in: Verfügungen, Anordnungen, Bekanntgaben, hrsg. von der Partei-Kanzlei, Bd. III (1942) A 33/42 vom 17. 6. 1942, S. 426ff.; vgl. auch A 72/42 vom 11. 1. 1942.
[33] Vgl. *Karl Hüser*, Wevelsburg 1933–1945. Kult- und Terrorstätte der SS (Paderborn 1987) 61ff.
[34] Vgl. *Hans Günter Hockerts*, Mythos, Kult und Feste. München im nationalsozialistischen „Feierjahr", unterstellt die Intention, den kirchlichen Festtagskalender „auf längere Sicht zu ersetzen", in: München – Hauptstadt der Bewegung, Ausstellung im Münchner Stadtmuseum (München 1993) 333; im folgenden zitiert: *Hockerts*, Mythos, Kult und Feste.
[35] Goebbels Tagebücher, T. I, Bd. 2, 455.

Es steht auf einem anderen Blatt, daß die nationalsozialistische Propaganda namentlich in den ersten Jahren des Regimes Inszenierungen vornahm, die sich der religiösen Bedürfnisse der Bevölkerung bedienten und in starkem Maße emotionale Wirkung auslösen sollten. Neben den Parteitagsritualen führt Hockerts insbesondere den Novemberkult am 9. November in München an und verweist zugleich auf die Symbolik der historischen Festtagsumzüge. Dabei griff die NS-Propaganda, ganz im Stile der Zeit, durchaus sehr verschiedenartige Vorbilder auf, die keineswegs immer christlichen Ursprung hatten. Die häufig von Hitler selbst vorgenommenen Flaggenweihen gehörten ebenso dazu wie der aus der völkischen Tradition entlehnte Totenkult.

Die ästhetisierende Propaganda des Nationalsozialismus ist von Hans-Jochen Gamm als „brauner Kult" bezeichnet worden, der auf eine „Sakralisierung der Führerherrschaft" zielte. Sie besaß ihre Vorbilder in erster Linie im völkischen und imperialistischen Nationalismus der Vorkriegszeit und im Wagner-Kult[36]. Der manipulative Charakter dieser ästhetischen Inszenierungen liegt auf der Hand, und er entsprach der Eigenart des Faschismus, politische Integration durch emotionale Einstimmung und nicht durch rationale Überzeugung herbeizuführen. Die Abstraktion von der konkreten Wirklichkeit und die Vortäuschung einer Scheinwelt gehörte zu seinen Charakteristika[37].

Indessen hielt die Faszination der öffentlichen Rituale nicht lange an und nahm seit der zweiten Hälfte der 30er Jahre deutlich ab. Die Veralltäglichung der Propagandarituale führte zur Ernüchterung. Gleichzeitig reduzierte sich das ideologische Angebot der Partei auf den Führerkult und die antisemitische Agitation. Das Syndrom der Befreiung vom Joch der jüdischen Vorherrschaft und der Herstellung rassischer Homogenität diente als Droge zur Verleugnung widerständiger Realität. Es fällt schwer, diese selbst gewählten psychotischen Vorstellungen mit dem Begriff der „politischen Religion" zu vereinbaren.

Das Regime nützte Anklänge an die christliche Überlieferung und Semantik zur Manipulation der öffentlichen Meinung, nicht zur Erzeugung einer alternativen Religion. Auch wenn es an Bestrebungen nicht gefehlt hat, sich pseudoreligiöser Ausdrucksformen und Inhalte zu bedienen, um damit die fehlende politisch-programmatische Substanz der Bewegung zu ersetzen[38], ist es doch wenig hilfreich, den Begriff der „politischen Religion" zur Beschreibung des Herrschaftsanspruches und der Herrschaftspraxis des Dritten Reiches zu verwenden, zumal ihm damit eine innere Logik und Folgerichtigkeit beigelegt wird, der ihm gerade abging. Die auf parasitäre Nutzung und Zersetzung überkommener Werthaltungen und Institutionen beruhende nationalsozialistische Machtallokation besaß kein inneres Zentrum, das die Gleichsetzung mit gewachsenen religiösen Strukturen zuläßt.

---

[36] Vgl. *Hockerts*, Mythos, Kult und Feste 332; *Hans Jochen Gamm*, Der braune Kult. Das Dritte Reich und seine Ersatzreligion. Ein Beitrag zur politischen Bildung (Hamburg 1962).
[37] Vgl. *Jay W. Baird*, The Mythical World of Nazi Propaganda, 1925–1945 (Minneapolis 1974); vgl. auch *Peter Reichel*, Der schöne Schein. Faszination und Gewalt des Faschismus (Frankfurt a.M. ²1993).
[38] Vgl. *Heinz Hürten*, Deutsche Katholiken 1918–1945 (Paderborn 1992) 305 f.

Julius H. Schoeps

Erlösungswahn und Vernichtungswille
Der Nationalsozialismus als Politische Religion[*]

Offensichtlich ging von Hitler eine derartige Faszination aus[1], daß die Menschen sich von ihm geradezu magisch angezogen fühlten. Wir ahnen manche Zusammenhänge, sind aber nicht sicher, warum bestimmte Entwicklungen so und nicht anders eingetreten sind. Wir haben uns Erklärungen zurechtgelegt und meinen, gewisse Mechanismen zu kennen, die der NS-Politik zugrunde gelegen haben[2]. Gleichzeitig wissen wir aber auch, daß mit herkömmlichen Erklärungsmodellen nur Teilantworten möglich sind. Was der Nationalsozialismus eigentlich war und welches die Motive waren, die dem organisierten Judenmord zugrunde lagen, wird vermutlich auch künftig rätselhaft bleiben.

Nach wie vor verunsichert uns die Frage, ob es nur eine geschickt aufgezogene Propaganda war, auf die die Massen zwischen 1933 und 1945 unvorbereitet hereinfielen. Die Deutungsmodelle der Historiker geben darauf keine wirklich zufriedenstellende Antwort. Der Eindruck drängt sich sogar auf, als ob manche Historiker der zentralen Frage nach dem „warum" ausweichen.

Für diesen Eindruck spricht, daß man sich eher darüber streitet, wieviele Juden umgekommen sind und ob es einen expressis verbis formulierten Führerbefehl für den fabrikmäßig betriebenen Mord gegeben hat oder nicht[3]. Es sind das zwar

---

[*] Der vorliegende Text ist eine überarbeitete und erweiterte Fassung eines Beitrages, der zuerst in dem Band „Der Nationalsozialismus als politische Religion, hrsg. von *Michael Ley* und *Julius H. Schoeps* (Studien zur Geistesgeschichte 20, Mainz 1997) 262–271" veröffentlicht wurde.

[1] Zur Hitler-Forschung s. *Gerhard Schreiber*, Hitler. Interpretationen 1929–1983. Ergebnisse, Methoden und Probleme der Forschung (Darmstadt 1984).

[2] Es gibt zahlreiche Deutungen, die bemüht sind, Hitler in überzeitliche Zusammenhänge zu entrücken: „als Endfigur in der Krise der Moderne, Katastrophe des ‚faustischen Prinzips' oder der deutschen Philosophie zwischen Hegel und Nietzsche" (*Joachim Fest*, Zeitgenosse Hitler, in: Frankfurter Allgemeine Zeitung, 7. Oktober 1995).

[3] Vgl. Gab es einen Befehl Hitlers? Die Historiker und der organisierte Judenmord, in: *Julius H. Schoeps*, Über Juden und Deutsche. Historisch-politische Betrachtungen (Stuttgart, Bonn 1986) 122–131. Mittlerweile hat Christian Gerlach (Werkstatt Geschichte, 18/1997, 7 ff.) nachgewiesen, daß die Behauptung, es habe nie eine zentrale Entscheidung Hitlers gegeben, nicht haltbar ist. Nach Gerlachs Indizienbeweis ist am 12. Dezember 1941 durch Hitler die Entscheidung zur sogenannten „Endlösung" bekanntgegeben worden.

legitime Fragen, deren Beantwortung führt aber in dem Anliegen nicht weiter, hinter die tatsächlichen Motive des NS-Judenmordes zu kommen. In der Regel bleibt es bei allgemeinen Formulierungen und Mutmaßungen.

Es ist auffallend, daß gerade die zuletzt aufgeworfene Frage die Historikerzunft seit Jahren intensiv beschäftigt. Für ihre Klärung wurden eigens Konferenzen angesetzt und Sammelbände konzipiert und herausgegeben[4]. Die im Zuge dieser Debatte betriebenen Untersuchungen, ob die Zahl von sechs Millionen ermordeter Juden tatsächlich stimme, haben bei manchen Beobachtern sogar den Verdacht aufkommen lassen, daß hinter solchen Erörterungen etwas ganz anderes steckt, nämlich die tiefsitzende Wunschvorstellung, der Sachverhalt des NS-Judenmordes lasse sich relativieren. Wenn es gelänge, das ist offensichtlich die Meinung von Historikern vom Schlage Ernst Noltes, den „Holocaust" in einen welthistorischen Kontext zu stellen, wenn man ihn mit den Untaten Stalins oder denen eines Pol Pot vergleichen kann, dann wird auch die Monstrosität und Ungeheuerlichkeit der NS-Verbrechen an Schrecken verlieren.

Die Historiker sind besonders über die Frage gespalten, ob der Vernichtungsantisemitismus in der NS-Ideologie angelegt war oder nicht. Die sogenannten Intentionalisten (Saul Friedländer, Eberhard Jäckel, Helmut Krausnick, Yehuda Bauer, Raul Hilberg und andere) argumentieren, es habe eine direkte Beziehung zwischen Ideologie, Planung und politischer Entscheidung gegeben, und Hitler sei die ausschlaggebende Rolle bei der Vernichtung der europäischen Juden zuzuschreiben.

Dagegen argumentieren die sogenannten Funktionalisten (Hans Mommsen, Martin Broszat, Karl Schleunes), bei den Handlangern der NS-Mordmaschinerie müsse man technokratischen Durchführungseifer strikt von ideologischer Motivation trennen. Sie sind davon überzeugt, es habe einen Prozeß der „kumulativen Radikalisierung" gegeben, an dessen Ende, fast wie von selbst, die Vernichtungslager gestanden hätten.

Die Interpretation der Funktionalisten, von der manche Kritiker meinen, sie rede den „Holocaust" quasi zu einer Art „Betriebsunfall" der Geschichte herunter, stößt verstärkt auf Widerspruch. Der Wiener Sozialwissenschaftler Michael Ley zum Beispiel bestreitet die Thesen der Funktionalisten und vertritt die Ansicht, der Nationalsozialismus und seine Geschichte würden durch Thesen dieser Art verzeichnet, wenn nicht sogar verfälscht. Der Nationalsozialismus, meint er, sei etwas ganz anderes gewesen, keine Weltanschauung, eher eine Obsession. In jedem Fall aber eine Bewegung religiöser beziehungsweise halbreligiöser Natur. Der messianisch-völkische Charakter sei unübersehbar, die christlichen Wurzeln des Nationalsozialismus unverkennbar[5]. Wolle man wirklich begreifen, was im

[4] So zum Beispiel: Der Mord an den Juden im Zweiten Weltkrieg. Entschlußbildung und Verwirklichung, hrsg. von *Eberhard Jäckel, Jürgen Rohwer* (Stuttgart 1985).
[5] *Michael Ley*, Genozid und Heilserwartung. Zum nationalsozialistischen Mord am europäischen Judentum (Wien 1993). Ley steht damit in der Schule derjenigen, die wie zum Beispiel *Karl Löwith*, Weltgeschichte und Heilsgeschehen. Die theologischen Voraussetzungen der Geschichtsphilosophie (Stuttgart 1961), *Eric Voegelin*, Die neue Wissenschaft der Politik

Deutschland der Jahre 1933 bis 1945 vor sich gegangen sei, dann müsse man tie-
fergehende Fragen stellen, und zwar in einer Radikalität, wie sie bisher selten oder
gar nicht gestellt worden sind.

Die vom Nazismus infizierten Deutschen, so argumentiert Ley, hätten in Hitler
geradezu die Inkarnation von Christus gesehen und das „neue" Deutschland für
den Beginn des ersehnten Tausendjährigen Reiches gehalten. Einige Formulierungen der NS-Propaganda seien für solche Gedankengänge geradezu typisch und
lassen gar keine andere Interpretationsmöglichkeit zu: „Die Juden", heißt es beispielsweise im April 1943 in Streichers „Stürmer", „haben Christus ans Kreuz
geschlagen und ihn totgeglaubt. Er ist auferstanden. Sie haben Deutschland ans
Kreuz geschlagen und totgesagt, und es ist auferstanden herrlicher denn je zuvor."[6]

Zunehmend gibt es NS-Forscher, die hinter dem „Holocaust" weder soziale
noch irgendwelche ökonomische oder gar massenpsychologische Gründe erkennen wollen. Es seien Ereignisse beziehungsweise Vorgänge, so meinen sie,
die – wenn überhaupt – nur „heilstheologisch" (Michael Ley) gedeutet werden
könnten. Folgt man dieser Sichtweise und läßt sich auf diese Argumentation ein,
dann kann man durchaus zu dem Schluß kommen, daß Hitler und seine Gefolg-
schaft die Vernichtung des europäischen Judentums tatsächlich als eine „heilige
Tat" begriffen haben, gewissermaßen als die Vorbedingung für das Kommen des
Tausendjährigen Reiches.

Joseph Goebbels, der sich als „Instrument jenes göttlichen Willens" ansah, „der
die Geschichte gestaltet"[7] und von der Erlösung des deutschen Volkes träumte,
glaubte diese Erlösung nur durch das Mittel der Vernichtung der Juden erreichen
zu können. 1942 notierte er in sein Tagebuch: „Die Juden würden, wenn wir uns
ihrer nicht erwehren würden, uns vernichten... Wir müssen diesen Prozeß [der
Vernichtung, der Verf.] nur mit einer kalten Rücksichtslosigkeit beschleunigen
und wir tun damit der leidenden und seit Jahrtausenden vom Judentum gequälten
Menschheit einen unschätzbaren Dienst."[8]

Als Beleg für den in der NS-Judenpolitik feststellbaren Zusammenhang von Erlösungswahn und Vernichtungswille könnte insbesondere ein scheinbar beiläufi-
ger Sachverhalt gelten. Als nach der Niederlage in Stalingrad Zugverbindungen im
Osten dringender denn je benötigt wurden, verminderte man nicht die Transport-
kapazitäten in die Vernichtungslager, sondern erhöhte sie sogar noch. Die Er-

(Salzburg 1957), *Norman Cohn*, Das Ringen um das Tausendjährige Reich. Revolutionärer
Messianismus im Mittelalter und sein Fortleben in den modernen totalitären Bewegungen
(Bern 1961) oder *Claus E. Bärsch*, Erlösung und Vernichtung. Dr. phil. Joseph Goebbels. Zur
Psyche und Ideologie eines jungen Nationalsozialisten (München 1987) den Geschichtspro-
zeß und den Geschichtsablauf heilsgeschichtlich gedeutet haben.
6 Zitiert nach *Ley*, Genozid und Heilserwartung 29.
7 Joseph Goebbels. Die Revolution als Ding an sich, in: Wege ins Dritte Reich. Briefe und
Aufsätze für Zeitgenossen (München 1926) 48.
8 Goebbels' Tagebücher aus den Jahren 1942–43, hrsg. von *Luise P. Lochner* (Zürich 1948)
142 f.

kenntnis, die sich daraus ableitet, ist die, daß die Ausrottung des Judentums der Naziführung eindeutig wichtiger war als der Fortgang des Krieges im Osten.

Solche und andere Sachverhalte belegen, daß mit den herkömmlichen Interpretationsmustern und den üblichen Instrumentarien der Historiker dem Phänomen des Judenmordes nicht beizukommen ist. Dieser hatte offensichtlich doch so etwas wie eine versteckte „heilstheologische" Dimension, die eigentlich nur den Schluß zuläßt, im Nationalsozialismus seien Politik und Religion so eng miteinander verzahnt gewesen, daß sie für die Zeitgenossen nicht mehr auseinanderzuhalten waren. Sie sind gewissermaßen, wie das Claus E. Bärsch in seinen Studien formuliert[9], zu einer symbiotischen Einheit verschmolzen.

Das Geheimnis des Erfolges, den Hitler und die Nazis bei den Deutschen hatten, hängt vermutlich auch damit zusammen, daß die von ihnen propagierte völkische Ideologie einen religiösen beziehungsweise halbreligiösen Kern hatte. Die Menschen wurden durch die NS-Propaganda und die liturgischen Handlungen (Feiern für die Märtyrer der Bewegung, Aufmärsche in Nürnberg, Schaffung „deutscher Weihestätten") angesprochen.

Die Menschen fühlten sich durch Hitler verstanden und im Nationalsozialismus wie in einer Kirche aufgehoben. Dazu kam, daß Hitler offensichtlich fest daran geglaubt hat, eine besondere Beziehung zu Gott zu haben und daß sein persönliches Schicksal mit dem Willen Gottes zusammenfalle: „Ich glaube", so bekannte er am 9. April 1938 in Wien, „daß es auch Gottes Wille war, von hier [Österreich] einen Knaben in das Reich zu schicken, ihn groß werden zu lassen, ihn zum Führer der Nation zu erheben."[10]

Es wird heute zunehmend akzeptiert, daß der Hitlersche Nationalsozialismus eine echte Glaubensbewegung war, eine Bewegung also, die sich alle mythologischen Funktionen einer Religion zu eigen gemacht hatte. Dazu waren unbedingtes Bekenntnis und totale Unterwerfung erforderlich. Von Anfang an stilisierte sich Hitler in die Rolle des „erlösenden Führers" (wahrscheinlich bis er selbst daran glaubte) und genoß es, daß er als „Messias aller Deutschen" gefeiert wurde. Einem Polizeibericht zufolge soll Hitler am 18. Dezember 1926 auf einer Rede in München erklärt haben: „Das Werk welches Christus angefangen habe, aber nicht beenden konnte, werde er (Hitler) zu Ende führen. Der Nationalsozialismus sei nichts anderes als eine praktische Befolgung der Lehre Christi."[11]

Zahlreich finden sich in den Reden und Texten Hitlers und seiner Anhänger Passagen, die ganz offensichtlich gnostischer beziehungsweise apokalyptischer Natur sind. Da ist die Rede von gut und böse, hell und dunkel. Dem jüdischen Dämon steht der arische Lichtmensch gegenüber. Da finden sich der Topos vom „Dritten Reich" und Anspielungen auf die Apokalypse des Johannes. In „Mein

---

[9] Vgl. *Claus E. Bärsch*, Die politische Religion des Nationalsozialismus. Die religiöse Dimension der NS-Ideologie in den Schriften von Dietrich Eckart, Joseph Goebbels, Alfred Rosenberg und Adolf Hitler (München 1998) 45 ff.
[10] *Max Domarus*, Hitler. Reden und Proklamationen 1932–1945 (Wiesbaden 1973) 849.
[11] *Adolf Hitler*, Reden, Schriften, Anordnungen, Februar 1925 bis Januar 1933, Bd. 2, hrsg. von *Bärbel Dusik* (München 1992) 105 f.

Kampf" heißt es: „So glaube ich heute im Sinne des allmächtigen Schöpfers zu handeln: Indem ich mich des Juden erwehre, kämpfe ich für das Werk des Herrn."[12]

Deutlicher als mit diesen Worten kann eigentlich nicht belegt werden, wie sehr Christentum und Nationalsozialismus in der Person Hitlers eine quasi symbiotische Beziehung eingegangen sind. Mit der Formulierung „Indem ich mich des Juden erwehre, kämpfe ich für das Werk des Herrn" identifizierte sich Hitler mit der Rolle des Erlösers und Retters, desjenigen also, der die Deutschen aus der Not befreien und ans Licht führen will.

Hitler und die Nazis waren zutiefst davon überzeugt, die Welt sei verdorben, und zwar durch die Juden, die geopfert werden müßten, damit das Tausendjährige Reich nicht eine Vision bleibe, sondern Wirklichkeit werde. Ganz offensichtlich hat Hitler sich als den Befreier angesehen, als den Erlöser, der mit der Vernichtung der Juden nicht nur Deutschland, sondern der ganzen Welt das Heil und die Befreiung bringen werde. In einer seiner Reden heißt es bezeichnenderweise: „Christus war der größte Pionier im Kampf gegen den jüdischen Weltfeind. Christus war die größte Kämpfernatur, die es je auf Erden gegeben hat... Die Aufgabe, mit der Christus begann, die er aber nicht zu Ende führte, werde ich vollenden."[13]

Den gnostischen Häretikern des frühen Christentums stand Hitler vermutlich näher als den europäischen Staatsmännern seiner Epoche. Es war deren Tragik, daß sie das nicht erkannten, insbesondere nicht, daß Hitler von der Unvermeidlichkeit eines Vernichtungskrieges gegen die Juden geradezu besessen war. Daß das nicht gesehen wurde, lag vermutlich am judenfeindlichen Grundtenor der Epoche, der alle in den Bann schlug und blind machte gegenüber all dem, was sich vor aller Augen abspielte.

Auf die Verschmelzung von Politik und Religion im Nationalsozialismus fielen nicht nur ein Großteil der Bevölkerung, sondern bezeichnenderweise auch zahlreiche christliche Theologen herein. Der damals in Bonn lehrende Neutestamentler Ethelbert Stauffer zum Beispiel forderte im Zeichen der Begegnung von Kreuz und Hakenkreuz, jeder gläubige Christ müsse auch ein überzeugter Nationalsozialist sein.

Dieses Denken, das christliche Doktrin mit dem Nationalsozialismus versöhnen wollte, führte nicht nur innerchristlich zu der Behauptung, Jesus müsse von „arischem Blut" gewesen sein, sondern auch zu der Forderung, alle „jüdischen" Elemente seien aus Liturgie und Praxis zu entfernen. Das hatte zum Beispiel zur Folge, daß sogar die kirchenmusikalischen Werke des Komponisten Felix Mendelssohn Bartholdy nicht mehr gespielt werden durften. Mendelssohn verkörperte „jüdische Dekadenz" und wurde deshalb geächtet.

Nicht viel anders als Ethelbert Stauffer argumentierte sein Kollege, der Tübinger Neutestamentler Gerhard Kittel. Dieser, einer der Wortführer der „Deutschen Christen", hat wie so viele andere namhafte Theologen in den Jahren nach 1933

---

12 *Adolf Hitler,* Mein Kampf (München 1926) 70.
13 Zitiert nach *Robert Wistrich,* Der antisemitische Wahn (Ismaning b. München 1987) 252.

sowohl die Segregationspolitik der Nazis gerechtfertigt als sich auch voll hinter die NS-Judenpolitik gestellt – und zwar ausgehend von der Überzeugung, das Christentum sei seinem Wesen nach antijüdisch, folglich also ein jeder aufrechte Christenmensch verpflichtet, die NS-Judenpolitik in Wort, Schrift und Tat zu unterstützen und „dem Kampf gegen das Judentum eine christliche Sinndeutung zu geben"[14].

Äußerungen, Stellungnahmen und Kanzelpredigten von Theologen wie Stauffer oder Kittel haben nicht nur ein aufgeheiztes judenfeindliches Klima geschaffen, sondern auch Hitler und den Nazis bewußtseinsmäßig in weiten Teilen der Bevölkerung den Weg zur Lösung der sogenannten „Judenfrage" geebnet[15]. Die Menschen schwiegen, als in der Nacht vom 9. auf den 10. November 1938 die Synagogen in Deutschland brannten. Und sie schwiegen auch, als vor aller Augen die Deportationen einsetzten. Was hätten sie auch sagen sollen? Bis auf wenige Ausnahmen hatten sich ihre Kirchenoberen mit den Nazis arrangiert. Im Zeichen der Begegnung von Kreuz und Hakenkreuz war alles möglich, schien alles erlaubt zu sein.

Viele begrüßten es und jubelten, als Feuer an die jüdischen Gotteshäuser gelegt wurde. Der thüringische Landesbischof Martin Sasse zum Beispiel verschickte am 23. November 1938 eine Zusammenstellung von Antisemitica aus Luthers Schrift „Von den Juden und ihren Lügen" mit der Überschrift: „Martin Luther und die Juden: Weg mit ihnen!" Im Vorwort zu dieser Zitatensammlung frohlockte dieser herausragende Vertreter des deutschen Protestantismus: „Am 10. November 1938, *an Luthers Geburtstag* [kursive Hervorhebung durch den Verfasser], brennen in Deutschland die Synagogen."[16]

Bemerkenswert an dieser Formulierung ist neben der offen geäußerten Zustimmung zu den Vorgängen der fast beiläufig anklingende Sachverhalt, daß der Tag der Synagogenbrände mit dem Gedenken an Luthers Geburtstag am 10. November 1483 zusammenfallen würde. Von den Historikern ist dieser Zusammenhang bisher nicht gesehen worden. Er wirft ein Licht auf das Denken hoher Kirchenführer, die den Antisemitismus nicht nur gutgeheißen, sondern auch aktiv unterstützt haben.

Der Jude wurde für die Nationalsozialisten nach 1933 zum Feind schlechthin. Hitler und seine Anhänger hatten das Bild vom „Schädling" verinnerlicht, der den „Volkskörper" „zersetzt" und „vergiftet". In den Juden sahen sie eine parasitäre Rasse, die nur auf Kosten der „Wirte" und nur von der Ausbeutung anderer Völker und Rassen leben kann.

---

[14] *Gerhard Kittel*, Die Judenfrage (Stuttgart 1933) 8.
[15] Vgl. Zwischen Kreuz und Hakenkreuz. Der Protestantismus und der Mord an den Juden, in: *Julius H. Schoeps*, Leiden an Deutschland. Vom antisemitischen Wahn und der Last der Erinnerung (München 1990) 55 ff.
[16] Martin Luther über die Juden: Weg mit ihnen!, hrsg. von *Landesbischof Martin Sasse* (Freiburg 1938) 2: „In dieser Stunde muß die Stimme des Mannes gehört werden, der als der deutsche Prophet im 16. Jahrhundert aus Unkenntnis einst als Freund der Juden begann, der, getrieben von seinem Gewissen, getrieben von den Erfahrungen und der Wirklichkeit, der größte Antisemit seiner Zeit geworden ist, der Warner seines Volkes wider die Juden."

Joseph Goebbels, Formulierungen Richard Wagners aufnehmend, hat bekanntlich 1937 auf dem Nürnberger Parteitag die verschiedenartigen, ineinander übergehenden Bilder und Vorstellungen vom Juden in folgenden Worte zusammengefaßt: „Sehet, das ist der Feind der Welt, der Vernichter der Kulturen, der Parasit unter den Völkern, der Sohn des Chaos, die Inkarnation des Bösen, der plastische Dämon des Verfalles der Menschheit."[17]

Mit Sicherheit haben die aus dem Arsenal der Biologie stammenden Sprachbilder und Vorstellungen[18] mit dazu beigetragen, die letzten moralischen Hemmungen, den inneren Widerstand gegen Unrecht und Verbrechen bei Millionen von Menschen zu schwächen. Vermutlich hat sogar das Bild vom Juden[19] in nicht geringem Maße die Methoden der Durchführung des organisierten Judenmordes mitbestimmt.

So wie man im Mittelalter in ihnen den Antichrist und Satan erschlug und auf dem Scheiterhaufen verbrannte, so war die Methode des Vergasens in den Mordlagern Hitlers die logische Konsequenz, nachdem sich die Vorstellung von den Juden als Parasiten endgültig durchgesetzt hatte. Waren die Juden tatsächlich Schmarotzer, Bazillen und Ungeziefer, so war es nicht nur geboten, sie auszurotten, es lag auch nahe, bei dieser Ausrottung das Mittel anzuwenden, mit dem man Bazillen und Ungeziefer vertilgt – nämlich Giftgas[20].

Wenn wir akzeptieren, daß der Nationalsozialismus tatsächlich so etwas wie eine echte Glaubensbewegung war, dann gilt auch für den Vorgang des organisierten Judenmordes, daß dieser nur verstehbar ist, wenn er heilsgeschichtlich beziehungsweise heilstheologisch gedeutet wird. Die Juden waren das Blutopfer, das man zum Zweck der Selbstreinigung brachte.

Bei Houston Stewart Chamberlain oder seinem Epigonen Alfred Rosenberg kann man nachlesen, was damit gemeint war. Die Herstellung der „Reinheit des Blutes" sollte dem deutschen Volk die „Erlösung" bringen, eine Art Vergeistigung, das ewige Leben. Arthur Dinters bekanntlich Chamberlain gewidmeter Erfolgsroman „Die Sünde wider das Blut" war eine jener Schriften, die mit dazu beigetragen haben, antisemitische Überzeugungen dieser Art zu verbreiten und die bürgerlichen Schichten für eine Politik der Ausgrenzung der Juden empfänglich zu machen.

Zweifellos gibt es mancherlei strukturelle Ähnlichkeiten zwischen der NS-Ideologie und der christlichen Apokalyptik. In letzterer steht der Wiederkehr des

---

[17] Die Formulierung „der plastische Dämon des Verfalles der Menschheit" findet sich bei *Richard Wagner*, Erkenne Dich selbst, in: Bayreuther Blätter (1881) 33 f.
[18] Vgl. *Alex Bein*, Die Judenfrage. Zur Biographie eines Weltproblems (Stuttgart) Bd. 1, 353 ff. und Bd. 2, 321 ff.
[19] Die Ausstellung „Die Macht der Bilder. Antijüdische Mythen und Vorurteile" des Jüdischen Museums der Stadt Wien [27. April bis 31. Juli 1995] war bemüht, die Wirkungsgeschichte bestimmter antijüdischer Bildvorstellungen deutlich zu machen, die dem organisierten Judenmord zugrunde liegen. Vgl. dazu insbesondere auch den Essay-Band Antisemitismus. Vorurteile und Mythen, hrsg. von *Julius H. Schoeps* und *Joachim Schlör* (München, Zürich 1995).
[20] Vgl. *Bein*, Die Judenfrage, Bd. 1 (Stuttgart 1980) 370.

Messias der Antichrist entgegen – und der Antichrist ist bei den Nazis der Jude, den es der eigenen Heilsgewißheit wegen zu vernichten gilt[21]. Ist dieser nicht mehr vorhanden, ist er geopfert, oder, um in der Terminologie des Völkischen zu bleiben, vernichtet, dann steht der eigenen Erlösung nichts mehr entgegen. Die Vernichtung des Juden ist gewissermaßen die Vorbedingung für die Erlösung des arischen Menschen, des Deutschen also[22].

Es ist aufschlußreich, daß die Termini „Vernichtung" und „Erlösung" in den Büchern von Daniel J. Goldhagen und Saul Friedländer eine sehr viel zentralere Rolle spielen, als es beide sich eingestehen. Goldhagen operiert in seinem umstrittenen Buch mit dem Begriff „Vernichtungsantisemitismus", während Saul Friedländer ein ganzes Kapitel seines jüngst erschienenen Buches über „Das Dritte Reich und die Juden" „Erlösungsantisemitismus"[23] überschrieben hat.

Der Leser, der sich die Bücher dieser beiden Autoren vornimmt und deren Überlegungen nachzuvollziehen versucht, fragt sich bei der Lektüre, ob Goldhagen und Friedländer in ihren Ansichten letztlich nicht sogar übereinstimmen, zumindest aber in ihren Analysen zu sehr ähnlichen Schlußfolgerungen kommen. Beide sind nämlich davon überzeugt, der Antisemitismus sei der beherrschende Aspekt einer Weltanschauung, die nichts anderes im Sinn gehabt hätte, als sich der Juden zu entledigen. So gesehen, unterscheiden sich Goldhagens „Vernichtungsantisemitismus" und Friedländers „Erlösungsantisemitismus" kaum, sie sind nur die jeweils andere Seite derselben Münze.

Es stimmt nachdenklich, daß fast alle einschlägigen Elemente des christlichen Erlösungsdenkens im Nationalsozialismus nachweisbar sind. Die bekanntesten Belege sind dafür die gängigen NS-Schlagworte wie „Sieg Heil", „Heil Hitler" oder „Ein Volk, ein Reich, ein Führer". Das Denken Hitlers war von der obsessiven Vorstellung geprägt, der Jude sei der Gegner, der Feind also, dessen man sich erwehren müsse. Die Vernichtung des Juden war, so gesehen, nicht nur die Vorbedingung, sondern Aufgabe, gewissermaßen eine nationale Pflicht. Die Deutschen, so meinte Hitler, hätten sich dieser Aufgabe ohne wenn und aber zu verschreiben.

---

[21] Der Antichrist ist ein Motiv, das in Variationen die gesamte europäische Religions- und Geistesgeschichte durchzieht. Als realer oder symbolischer Repräsentant des Bösen ist der Antichrist schon früh keineswegs nur der Gegenstand gelehrter Auseinandersetzung von Theologen und Philosophen, sondern er wird Gegenstand der Volksreligion, von Mythologisierung, Figur der Literatur, des Theaters und nicht zuletzt der Politik: Als Inkarnation des Bösen wird der Antichrist ein Mittel und eine Waffe der politischen Rhetorik, mit deren Hilfe sich religiöse und politische Feinde belegen, definieren, klassifizieren und in letzter Konsequenz vernichten lassen. Vgl. Themenheft „Der Antichrist" (ZRGG, 2/1995), in dem die Antichrist-Vorstellungen vom Mittelalter bis zur Gegenwart erörtert werden.
[22] Vgl. hierzu *Christina von Braun*, Und der Feind ist Fleisch geworden. Der rassistische Antisemitismus, in: Der ewige Judenhaß. Christlicher Antijudaismus. Deutschnationale Judenfeindlichkeit. Rassistischer Antisemitismus, hrsg. von *Christina von Braun* und *Ludger Heid* (Stuttgart, Bonn 1990) 147 ff.
[23] *Saul Friedländer*, Das Dritte Reich und die Juden. Die Jahre der Verfolgung 1933–1939 (München 1998) 87 ff.

Hitler hat nie einen Zweifel daran gelassen, daß er gegen die Juden und das Judentum einen „völkischen" Krieg führe. Neben allen macht- und raumpolitischen Zielen, die seiner Politik zugrunde lagen, ging es ihm aber um ein ganz bestimmtes Ziel, nämlich um den Sieg der „arischen" Rasse und, damit zusammenhängend, um die Vernichtung des europäischen Judentums.

Adolf Hitlers Denken war ganz auf diesen Krieg ausgerichtet, auf die Vernichtung des Gegners[24], auf die große Endschlacht, an deren Ende die Befreiung Deutschlands und die Erlösung der Welt stehen würde. Vor den Oberbefehlshabern der Wehrmacht bekannte Hitler am 23. November 1939: „Man wird mir vorwerfen: Kampf und wieder Kampf. Ich sehe im Kampf das Schicksal aller Wesen. Niemand kann dem Kampf entgehen, falls er nicht unterliegen will ..."[25].

Hitler wollte diesen Kampf. Er führte ihn – und verlor. Deutschland und Europa wurden nicht befreit und schon gar nicht erlöst, statt dessen aber in eine Katastrophe gesteuert, an deren Folgen wir heute noch laborieren.

[24] Der Gedanke der „Vernichtung" läßt sich in zahlreichen Reden Hitlers nachweisen. Als Beispiel mag seine berüchtigte Rede vom 30. Januar 1939 gelten, in der Hitler ankündigte, was er mit den Juden zu tun gedenke: „Wenn es dem internationalen Finanzjudentum in und außerhalb Europas gelingen sollte, die Völker noch einmal in einen Weltkrieg zu stürzen, dann wird das Ergebnis nicht die Bolschewisierung der Erde und damit der Sieg des Judentums sein, sondern die Vernichtung der jüdischen Rasse in Europa" (*Raul Hilberg*, Die Vernichtung der europäischen Juden. Die Gesamtgeschichte des Holocaust [Berlin 1982] 278).
[25] *Domarus*, 1422.

Doris L. Bergen

Die Deutschen Christen 1934–1939

I. Einführung: Die Deutschen Christen – Herkunft und Ideologie[1]

Die Glaubensbewegung „Deutsche Christen" wurde 1932 gegründet und bestand in verschiedenen Formen bis zur Niederlage des deutschen Nationalsozialismus 1945. Die „Deutschen Christen", wie ihre Anhänger genannt wurden, verfolgten aktiv eine Synthese von Christentum und Nationalsozialismus[2]. Überall im Dritten Reich propagierten ca. 600 000 vorwiegend evangelische Laienchristen und Kleriker innerhalb der Bewegung eine Volkskirche, die auf Blut und Rasse beruhte[3]. Sie drängten auf den Ausschluß sogenannter Nicht-Arier von der Kanzel und aus den Gemeinden und begannen eine Offensive gegen die jüdischen Wurzeln des Christentums. Sie wollten das Alte Testament abschaffen, versuchten, Jesus in einen arischen Krieger zu verwandeln und die Kirchenmusik von der „Sprache Kanaans" zu säubern[4]. Die meisten Deutschen Christen, wie ihre Riva-

---

[1] Mein Dank gilt Eva Meilaender für die Übersetzung dieses Vortrages und Peter Meilaender für seine Hilfe.

[2] Vgl. *Kurt Meier*, Die Deutschen Christen (Göttingen 1964); im folgenden zitiert: *Meier*, Deutsche Christen; *John S. Conway*, The Nazi Persecution of the Churches, 1933–45 (New York 1968); *Rainer Lächele*, Ein Volk, ein Reich, ein Glaube: Die „Deutschen Christen" in Württemberg 1926–1960 (Quellen und Forschungen zur Württembergischen Kirchengeschichte 12, Stuttgart 1994); *Doris L. Bergen*, Twisted Cross: The German Christian Movement in the Third Reich (Chapel Hill 1996); im folgenden zitiert: *Bergen*, Twisted Cross.

[3] Befürworter wie Gegner halten 600 000 für eine realistische Schätzung der Mitgliederzahl der Bewegung Mitte der dreißiger Jahre, möglicherweise ihre schwächste Zeit. Vgl. deutschchristlicher Rundbrief, An alle Mitarbeiter der DC!, Dresden, 9. Juli 1934, Landeskirchliches Archiv Bielefeld (LKA Bielefeld) 5,1/290,2. Für eine Einschätzung der Bekennenden Kirche vgl. Evangelische Kirche im Kampf unserer Tage. D. Dibelius beendete seine Vortragsreihe über die Germanisierung der Kirche, in: Reichsbote (28. Okt. 1934), Ausschnitt im Bundesarchiv Berlin-Lichterfelde (BA Berlin) Reichlandbund 1862, 31. Für Bestätigungen von staatlichen Behörden vgl. Reichskanzlei, Vermerk, Betrifft: Fragen der evangelischen Kirche, 26. Okt. 1934, 2, Bundesarchiv Koblenz (BA Koblenz) R 43II/163/Mikrofiche 2, 54.

[4] Zu den Versuchen, ein explizit antijüdisches Christentum zu schaffen, vgl. *Susannah Heschel*, Nazifying Christian Theology: Walter Grundmann and the Institute for the Study and Eradication of Jewish Influence on German Church Life, in: Church History 63 (1994) 587–605.

len in der Bekennenden Kirche, blieben in der offiziellen evangelischen Kirche. Der größte Teil der 42 Millionen deutschen Protestanten nahm zum Kirchenkampf nicht Stellung[5].

Eine Reihe von Bildern und Eindrücken von den Deutschen Christen stammt aus dem Jahre 1933, besonders aus den stürmischen Monaten nach der nationalsozialistischen Machtergreifung im Januar. Kirchen mit übergroßen Fahnen, die Kreuz und Hakenkreuz vereinen; der ehemalige Marinepfarrer und Reichsbischof in spe, Ludwig Müller, der in der Presse als Adolf Hitlers Freund und Vertrauensmann für evangelische Angelegenheiten gepriesen wird; Massentrauungen von Männern in Uniform der NSDAP, SA oder SS mit treuen deutschen Frauen – diese und andere Szenen erscheinen als Fotografien in zahlreichen Büchern, um die frühe Rolle der Deutschen Christen in Hitlers Deutschland zu illustrieren[6]. Einige der dramatischsten Bilder aus dieser Zeit der deutsch-christlichen Euphorie rühren von einem Ereignis her, welches sowohl Höhepunkt als auch Ende des Aufschwunges bedeutete: die Sportpalastversammlung am 13. November 1933 in Berlin. Zu diesem Anlaß präsentierte der Hauptredner Reinhold Krause, ein Gymnasiallehrer, Parteimitglied der NSDAP und Gauleiter der Berliner Deutschen Christen, ein schockierendes Bild dessen, was zumindest einige Anhänger der Bewegung für ihre Religion hielten. Vor einem Publikum von 20000 attackierte Krause die Fundamente des Christentums als unakzeptable Zeichen jüdischen Einflusses. Das Alte Testament, der Apostel Paulus, das Kreuzsymbol – Krause degradierte alle diese Aspekte der christlichen Tradition zu lächerlichen, nichtssagenden Überbleibseln des Judentums, unannehmbar für jeden Nationalsozialisten[7].

Krauses Rede zog außerordentliche Aufmerksamkeit auf sich. Neben den Tausenden, die die Rede hörten, lasen Millionen Deutsche detaillierte Zeitungsberichte darüber. Eine Flut von Protestbriefen an Hitler, Reichsbischof Müller und andere Persönlichkeiten war die Antwort. Der Sportpalastskandal löste eine Rücktrittswelle innerhalb der deutsch-christlichen Mitglieder aus, insbesondere unter Theologen, obwohl zeitgenössische Berichte keine Einigung hinsichtlich der Anzahl derjeniger, die die Bewegung deswegen verließen, gefunden haben[8]. Das erwähnte Ereignis verursachte auch eine Umbildung der Führungsspitze der

[5] Die überwältigende Neutralität des deutschen Kirchenvolkes ist vielerorts behandelt worden, z.B. in *Kurt Meier*, Volkskirche 1918–1945. Ekklesiologie und Zeitgeschichte (Theologische Existenz heute 213, München 1982) 61.
[6] Fotografien dieser Szenen z.B. in *Bergen*, Twisted Cross 46, 76, 131.
[7] Reinhold Krause, Rede des Gauobmannes der Glaubensbewegung „Deutsche Christen" in Groß-Berlin, 13. Nov. 1933, LKA Bielefeld 5,1/289,2.
[8] Ein Lagebericht behauptet, daß allein in Württemberg 250 Pfarrer die Bewegung verließen: Lagebericht Mai/Juni 1934 in: Captured German Documents, National Archives Microfilm Publication, series T-175 – Akten des Reichsführers SS und Chef der deutschen Polizei (T-175), Rolle 415, Bild 2940753 (T175/415/2940753). Die Allgemeine Evangelisch-Lutherische Kirchenzeitung (AELKZ) behauptet, daß 800 Pfarrer aus Württemberg ihre Mitgliedschaft kündigten. Vgl. Kirchliche Nachrichten – Deutschland, AELKZ (24. Nov. 1933) 1108.

Bewegung[9]. Die NSDAP und staatliche Behörden hatten inzwischen Schritte unternommen, um sich von jeglicher entstandener politischen Verpflichtung zu distanzieren. Schon einen Monat zuvor, am 13. Oktober 1933, hatte Hitlers Stellvertreter Rudolf Hess die Neutralität der Nationalsozialisten in kirchlichen Angelegenheiten verkündet[10]. Der Sportpalastskandal hatte zur Folge, daß sich die Deutschen Christen nie wieder der öffentlichen Unterstützung des Staates und der Partei, welche sie bewunderten, erfreuen konnten. Ende 1933 herrschten bei den Deutschen Christen chaotische Zustände.

In der Kirchenkampfforschung nimmt das Interesse an den Deutschen Christen nach der Sportpalastversammlung rapide ab. Fragmentierung, Verwirrung und interne Machtkämpfe sind bekannterweise schwer nachzuvollziehen und zu analysieren. Außerdem hinterlassen sie wenig bleibende visuelle oder verbale Eindrücke. Und dennoch, die Zeit von 1934 bis 1939 – die Periode, um die es hier in unserem Sammelband geht – war genauso entscheidend für die Glaubensbewegung wie die kurzlebige Phase ihres enthusiastischen Aufschwunges. Den Nachkriegserinnerungen eines ehemaligen Deutschen Christen zufolge war die Mitte der dreißiger Jahre, eine Zeit der Absplitterung und Neugruppierung, sogar die schlimmste Periode des Kirchenkampfes[11]. In großem Maße sollten viele Ziele der Deutschen Christen, die eine Vereinigung von sogenannten arischen Deutschen in einer kirchlichen Version einer Nation und die Vertreibung der Juden und jeglichen jüdischen Erbes aus der Volksgemeinschaft verlangten, während der Kriegsjahre Wirklichkeit werden, wenn auch in Prozessen, die oft genug wenig mit den eigenen Bemühungen zu tun hatten. In der schon erwähnten Zwischenzeit von 1934 bis 1939 waren jedoch solche Vorstellungen von Anhängern der Bewegung schon kodifiziert, konserviert und adaptiert worden, und zwar von oben in Form von Veröffentlichungen und Reden, von unten durch Aktionen von Lokalenthusiasten.

Was können wir von einer Studie der Deutschen Christen von 1934 bis 1939 über ein Deutschland „zwischen ‚nationaler Revolution' und militärischer Aggression" lernen? Das ist das Thema meines Aufsatzes. Ich werde mich auf das innere Kräftespiel der Bewegung, nämlich die Beziehungen zwischen der Führungsspitze und den gewöhnlichen Mitgliedern, und nicht auf die Interaktion mit

---

[9] Krause verlor seine Stelle, als Reichsbischof Ludwig Müller seine Mitgliedschaft kündigte und öffentlich die Unantastbarkeit von Heiliger Schrift und Beichtgesprächen garantierte. Vgl. SS und SD Berichte: Lagebericht Mai/Juni 1934, T-175/415/2940752–3; Sonderbericht: Die Lage in der protestantischen Kirche und in den verschiedenen Sekten und deren staatsfeindliche Auswirkung, Feb./März 1935, T-175/409/2932647; Gegnerbekämpfung, 25. Juni 1942, T-175/285/2780127.
[10] Zu Hess' Aussagen und Hintergrund vgl. *Klaus Scholder*, The Churches and the Third Reich, Bd. 1 (Philadelphia 1987) 572; im folgenden zitiert: *Scholder*, The Churches and the Third Reich.
[11] Vgl. Friedrich Kessel an Heinrich Stüven, 6. Nov. 1953, Osterode/Harz, 1–2, Sammlung der Kirchengeschichtlichen Arbeitsgemeinschaft, Kommunalarchiv Minden (KAG Minden), Akte „Freie Volkskirche 2".

anderen Gruppen konzentrieren[12]. Damit hoffe ich, eine neue Perspektive zu gewinnen, die sowohl meine eigene, frühere Forschung als auch die Beiträge der hier
vertretenen Diskussionsteilnehmer eher ergänzt als wiederholt. Drei wohl etwas
paradoxe Tatsachen über die deutsch-christliche Bewegung liefern mir einen organisatorischen Rahmen. Erstens hatten Geistliche fast alle öffentliche Führungspositionen inne, obwohl die Mitglieder der Bewegung überwiegend Laien waren.
Trotzdem waren die Deutschen Christen im großen und ganzen vehement anti-
theologisch eingestellt. Zweitens wurde die Bewegung von Männern geleitet, die
Männlichkeit predigten, auch wenn der Beteiligung von Frauen auf Lokalebene
eine hohe Bedeutung zukam. Drittens mußten die Führer der Deutschen Christen, die auf seiten der Nationalsozialisten standen, feststellen, daß sie immer
mehr an den Rand gedrängt wurden, obwohl sie die Hitler-Regierung begeistert
unterstützten. Nur auf Lokalebene erfreuten sie sich enger und gegenseitiger
Verbindungen mit Partei und staatlichen Behörden. Bevor jede dieser drei Dicho-
tomien angesprochen wird, werde ich einen kurzen Überblick über die Bewegung
innerhalb des Zeitraumes von 1934 bis 1939 geben. Den Abschluß meines Beitrages bilden analytische Reflexionen.

II. Überblick: Fragmentierung und Neuorganisation
von 1934 bis 1939

Die Jahre 1934 und 1935 waren für die Deutschen Christen chaotisch. Böswillige
persönliche Rivalitätskämpfe, Meinungsverschiedenheiten über Taktiken und
Trägheit lähmten die Zentrale in Berlin. Die Sportpalastaffäre ließ Männer wie
Joachim Hossenfelder, den dreiunddreißigjährigen Pfarrer und Reichsleiter,
anfällig werden für Angriffe von anderen ehrgeizigen Geistlichen[13]. Ende 1933 war
Christian Kinder, ein Parteimitglied, Kriegsveteran und Anwalt aus Schleswig-
Holstein, sein Hauptrivale. Kinder kultivierte ein eher gemäßigtes Image und
spielte Hossenfelders Rücksichtslosigkeit hoch. Diese Rivalität verdrängte Hossenfelder, und Kinder übernahm die Leitung der deutsch-christlichen Bewegung[14].
    Sowohl Reinhold Krause als auch Hossenfelder gründeten neue, eigene
deutsch-christliche Kreise, die zur damals wachsenden Zahl von Splittergruppen
im ganzen Reich gehörten. Viele trugen merkwürdigerweise bekannte Namen,

[12] Für ein weiteres Beispiel zum Gebrauch von Ortsstudien in der Erforschung des Kirchenkampfes vgl. *Kyle Jantzen*, Politics of the Pulpit: Pastoral Appointments and Parish Contro-
versies in the German Church Struggle, Referat bei der American Catholic Historical Association Conference, Indianapolis, März 1998.
[13] Zu Hossenfelder vgl. Parteidokumente im Berlin Document Center, jetzt Bundesarchiv
Berlin-Zehlendorf (BA Berlin-Zehlendorf), Materialien zu Hossenfelder. Er trat 1929 in die
Partei, Mitgliedsnummer 124881, ein.
[14] Zu Kinders eigener Darstellung der Auseinandersetzung mit Hossenfelder und seiner
Rolle als deutsch-christlicher Führer vgl. seine Memoiren, Neue Beiträge zur Geschichte der
evangelischen Kirche in Schleswig-Holstein und im Reich 1924–1945 (Flensburg ²1966).

zum Beispiel „Reichsbewegung Deutsche Christen", „Deutsche Christen – Nationalkirchliche Einung", „Kirchenbewegung Deutsche Christen"[15]. Mangels eines landesweiten Sprachrohrs verlagerten sich die Initiativen auf die Regionalebenen. Deutsch-christliche Pfarrer predigten weiterhin landesweit von der Kanzel. Deutsch-christliche Gemeinderepräsentanten, Synodale, regionale Bischöfe, die 1933 gewählt oder ernannt worden waren, blieben im Amt und fuhren fort, ihr Anliegen zu verbreiten. In der Tat weist die frenetische Gründung von Nebenorganisationen während dieser Zeit auf eine äußerst bemerkenswerte Energie hin, die von den Deutschen Christen aufgebracht wurde.

Im Juli 1935 schuf Hitler das Reichskirchenministerium unter der Leitung von Hanns Kerrl. Dieser Versuch der NS-Behörden, ihre Kontrolle über kirchliche Angelegenheiten zu verstärken, signalisierte, wenn auch ohne Absicht, den Beginn einer neuen Phase für die deutsch-christliche Bewegung und zwar die Phase der Neugruppierung[16]. Anfangs waren Kerrl und die Bemühungen seines Ministeriums den Deutschen Christen wohlgesonnen, die die neuen Verhältnisse nutzten, um ihren Aktionsradius auszuweiten. Besonders 1936 und 1937 trafen sich Untergruppen der Bewegung; die Gründung des Bundes der Deutschen Christen 1936 machte den Anfang[17]. Diese Bemühungen zur Konsolidierung geschahen oft unter der Führung Deutscher Christen Thüringer Richtung, der sogenannten „Nationalkirchlichen Einung"[18]. Obwohl diese Gruppe damals als die radikalste Gruppe unter den Deutschen Christen galt, verlieh ihre offene Bereitschaft, sich protestantischer Orthodoxie zu widersetzen, ihre Betonung der Basis und ihr Einsatz für das Streben nach Einheit zwischen evangelischen Christen und Katholiken ihrer Untergruppe einen Zusammenhalt, von dem viele andere nur träumen konnten[19].

Bei dem Versuch, einen Waffenstillstand im Kirchenkampf zu bewerkstelligen, gründete Kerrls Ministerium Kirchenausschüsse, die von Unparteiischen geleitet wurden, aber Repräsentanten aus den verschiedenen Lagern miteinbezogen. 1937 setzte Hitler erneut Kirchenwahlen an. Diese beiden Entwicklungen verstärkten

---

[15] *Friedrich Wieneke* bietet einen einfühlsamen Überblick einiger der Schwierigkeiten, mit denen die deutsch-christliche Bewegung von Ende 1933 an konfrontiert wurde, in: Zehn Jahre Deutsche Christen (Berlin 1942) 11–14, KAG Minden Akte „V Fiebig"; im folgenden zitiert: *Wieneke*, Zehn Jahre deutsche Christen.
[16] Zu Kerrl und seiner Ernennung vgl. *Kurt Meier*, Der Evangelische Kirchenkampf, Bd. 2 (Göttingen 1984) 66–78; *Leonore Siegele-Wenschkewitz*, Nationalsozialismus und Kirche – Religionspolitik von Partei und Staat bis 1935 (Düsseldorf 1974). Interessante Eindrücke befinden sich in dem maschinenschriftlich vorliegenden Bericht [von Wilhelm Niemöller?], Sitzung mit Herrn Reichsminister Kerrl, 29. Okt. 1935, Münster, LKA Bielefeld 5,1/358,1. Zur Beschreibung des Reichsministeriums für kirchliche Angelegenheiten und seiner Funktionen aus der Perspektive eines Insiders vgl. *Werner Haugg*, Das Reichsministerium für die kirchlichen Angelegenheiten (Schriften zum Staatsaufbau, Neue Folge der Schriften der Hochschule für Politik, Berlin 1940).
[17] Vgl. *Wieneke*, Zehn Jahre Deutsche Christen 15; *Meier*, Deutsche Christen 147–151.
[18] Vgl. Kessel an Stüven, 6. Nov. 1954, 2, KAG Minden „Freie Volkskirche 2".
[19] Zu Siegfried Leffler und Julius Leutheuser in Thüringen vgl. *Scholder*, Churches and the Third Reich, Bd. 1, besonders 194–195.

die Legitimität der Deutschen Christen, da nun ihre Bewegung als eine etablierte
Interessengemeinschaft anerkannt wurde. Obwohl die Kirchenwahlen von 1937
niemals stattfanden, spornte die Aussicht darauf die Deutschen Christen an, ihre
Kräfte zu konsolidieren. Hitlers Kriegsvorbereitungen und die damit verbundenen außenpolitischen Ereignisse lösten weitere Neugruppierungen aus. Im April
1939 sicherten sich Repräsentanten aller deutsch-christlichen Gruppierungen und
einige, die den Deutschen Christen nicht angehörten, in der Godesberger Erklärung gegenseitige Kooperation zu. Die Godesberger Erklärung, eine Antwort auf
den Erzbischof von Canterbury, der die nationalsozialistischen Aggressionen gegenüber der Tschechoslowakei angeprangert hatte, kritisierte ökumenische Bestrebungen und einen „Weltprotestantismus" und präsentierte das Christentum
als religiös unversöhnlich mit dem Judentum[20]. Sie gab auch die Gründung eines
neuen Institutes bekannt: Das Institut zur Erforschung und Beseitigung des jüdischen Einflusses im deutschen kirchlichen Leben, eine Organisation, in welcher
Mitglieder der Deutschen Christen Führungsrollen innehatten[21]. Als Deutschland im September 1939 in Polen einmarschierte, hatten fast alle deutsch-christlichen Splittergruppen neue Beziehungen miteinander geknüpft. Auch die Kontakte zu den angeblich neutralen Gliedern innerhalb des deutschen Protestantismus hatten sich verbessert.

III. Kleriker und Anti-Kleriker

Der Antiklerikalismus hatte innerhalb der deutsch-christlichen Bewegung eine
Schlüsselposition inne. Eine Analyse der Beweggründe führt zu zahlreichen Ein-
sichten, sowohl über die Bewegung selbst als auch über die nationalsozialistische
Gesellschaftsstruktur.

Das Wesen der deutsch-christlichen Mitgliedschaft erhellt zumindest einen Teil
der Gründe für die Feindseligkeit der Bewegung gegenüber Theologie und Theologen. Die Veröffentlichungen der Deutschen Christen geben leicht den Anschein, daß nur Pfarrer Mitglieder waren, doch fast das genaue Gegenteil trifft zu.
Höchstens 1% – ungefähr 5000 bis 6000 – der geschätzten 600 000 Mitglieder waren Geistliche. Die Mitgliedschaft verteilte sich auf die verschiedensten gesellschaftlichen Gruppierungen: Angehörige der Mittelschicht wie Lehrer, Zahnärzte
und Beamte[22], des Kleinbürgertums wie Bauern und Inhaber(innen) von Klein-

---

[20] Zur Godesberger Erklärung vgl. *Meier,* Deutsche Christen 267–278; *Armin Boyens,* Kirchenkampf und Ökumene, 1933–1939: Darstellung und Dokumentation (München 1969)
256–257.
[21] Vgl. Streitschrift, Eine heilige, allgemeine, christliche Kirche, Material der Bekennenden
Kirche, welches Dokumente enthält, die die Godesberger Erklärung betreffen [1939] 2–3,
LKA Bielefeld 5,1/293. Vgl. auch Walther Fiebig an Karl Wentz, 7. März 1946, Münster, 2,
KAG Minden Akte „V Fiebig"; und Wilhelm Niemöller an Leffler, 28. Mai 1958, Bielefeld,
LKA Bielefeld 5,1/297.
[22] Viele Berichte von Polizeibeamten oder Beobachtern der Bekennenden Kirche über Zu-

betrieben[23], sowie ungelernte Arbeitskräfte wie Hausfrauen, Bahnarbeiter u.a. Sie nahmen oft ihren akademisch gebildeten Pfarrern das Privileg der Bildung und ihre intellektuelle Überheblichkeit übel. Die Bewegung der Deutschen Christen ermöglichte es, solche Gefühle auszudrücken, welche im Dritten Reich an sich nicht ungewöhnlich waren.

Eine zweite, spezifischere Erklärung für den deutsch-christlichen Antiklerikalismus steht direkt in Verbindung mit der Ideologie der Bewegung. Deutsche Christen marschierten unter dem Banner der Volkskirche. Sie sehnten sich nach einer „Exklusivkirche", die ihre Tür denen versperrte, die im Dritten Reich nicht als echte Deutsche galten. Gleichzeitig sollte ihre Kirche aber auch eine „Inklusivkirche" sein, indem sie allen auserwählten Deutschen eine spirituelle Heimat sein wollte. Um ihren Traum zu wahren, sagten die Deutschen Christen potentiellen Hindernissen der spirituellen Einheit den Kampf an und ernannten sich zum Anwalt eines undogmatischen Christentums. Der Kern ihrer Vision von Kirche war nicht die Bestätigung gewisser Glaubensgrundsätze, sondern sie bestanden darauf, daß ein Beharren auf einzelnen Glaubensanschauungen keine Rolle bei der Entscheidung über eine Mitgliedschaft in der Glaubensgemeinschaft spielte. Antiintellektualismus und Widerstand gegenüber jeglicher Dogmatik lösten einen starken Antiklerikalismus innerhalb der deutsch-christlichen Bewegung aus. Doch wenn nun wahrer Glauben nichts mit der Mitgliedschaft in der Volkskirche zu tun hatte, welchen Zweck konnten da theologische Reflektionen erfüllen? Den Deutschen Christen zufolge dienten sie nur der Spaltung des Volkes.

Ein dritter Grund für einen deutsch-christlichen Antiklerikalismus wurde vor allen Dingen während der Zeit von 1934 bis 1939 offensichtlich, d.h. von der Zeit des Sportpalastskandals bis zum Kriegsausbruch: Theologen und Theologie waren ein bequemer Sündenbock. Die Deutschen Christen konnten ihnen nicht nur die Schuld für das Versagen der Bewegung, nämlich das Innerste der Menschen zu erreichen, sondern auch für die Unfähigkeit des Nationalsozialismus, volle und einstimmige Unterstützung im In- und Ausland zu erreichen, zuschieben. Seltsamerweise waren es oft die deutsch-christlichen Pfarrer selbst, die die Geistlichen am böswilligsten kritisierten. Je mehr diese Attacken jedoch allgemein üblich wurden, desto eher mußten sich die Kleriker innerhalb der Bewegung verteidigen,

---

sammenkünfte der Deutschen Christen beschreiben die soziale Zusammensetzung der Gruppe. Eine Beurteilung eines Treffens 1938 in Fürth ist dafür typisch. Der Berichterstatter beschreibt die ca. 100 Anwesenden als „durchwegs im Alter von 50–55 Jahren, Männer und Frauen je zur Hälfte. Jüngere bis 40 fast überhaupt nicht vertreten. Dem Berufsstande nach dürften es mittlere und kleinere Beamte und Geschäftsleute gewesen sein, die sich gegenseitig kannten. Fast durchwegs Parteigenossen. Die Versammelten machten den Eindruck eines bürgerlichen Klubs, der sich auch so nebenbei mit Religiösem befaßte." Dr. Siegfried Braungart, Katechet, an das Evangelisch-Lutherische Dekanat Fürth, Nürnberg, 27.11.38, Landeskirchliches Archiv Nürnberg (LKAN) KD Nbg. 118, 1.

[23] Eine Ausgabe vom Evangelium im Dritten Reich, Groß-Berliner Beilage Nr. 3 (20. Jan. 1935) 23–24 enthielt sogar eine Liste von Betrieben, die Deutsche Christen in bestimmten Gemeinden besaßen, mit der Ermahnung: „Deutsche Christen, kauft bei euren Inserenten", LKA Bielefeld 5,1/290,1.

wobei sie sich gezwungen sahen, sich zu distanzieren, um das Ansehen ihrer Anhänger nicht zu verlieren. Ein Deutscher Christ verlieh dieser Position auf einer
Versammlung im März 1937 in Bad Münster explizit Ausdruck: „Ich muß es
wirklich einmal offen aussprechen – Ich schäme mich vor einem deutschen Hitler-
jungen, wenn ich ihm sagen muß, daß ich Pastor bin! […] Ich darf ihn aber beru-
higen, daß mir nichts ferner liegt, als ein ‚frommer Christ‘ zu sein, oder einen solchen zu markieren!"[24]

Als Folge des Sportpalastdebakels zeigten Deutsche Christen im ganzen Reich
auf ihre Pfarrer als die Verantwortlichen für den Verlust der parteilichen und
staatlichen Unterstützung der Bewegung. Am 2. Januar 1934 drängten 55 Deutsche Christen aus ganz Pommern Reichsbischof Müller in einem Brief dazu, sich
vor opportunistischen „Dünnmännern" zu hüten, die die Bewegung seit ihrem
Erfolg 1933 überflutet hätten, und sich stattdessen an die „alten Kämpfer" zu
wenden, von denen die meisten Laien waren, „die die Glaubensbewegung […] aus
der Taufe gehoben" hatten[25]. Die erste Forderung des Briefes verdeutlicht diese
Position: „Die Führerstellen der Glaubensbewegung dürfen nur von Laien besetzt
sein." Diese Führer sollten wiederum „die alten Ziele der Glaubensbewegung"
anwenden, wozu auch die sofortige Anwendung des Arierparagraphen für Geistliche und Kirchenbeamte gehörte, d.h. „die Verweigerung kirchlicher Trauungen
von rassischen Mischehen" und „Säuberung aller Konsistorien und Superinten-
denturen von allen Reaktionären und Feinden einer Volks- und Glaubensgemeinschaft und Besetzung dieser Stellen durch Kämpfer unserer Bewegung"[26].

Die Nebeneinanderstellung der Forderung, der Macht der Kleriker Einhalt zu
gebieten, und den Rufen nach sogenannten Rassensäuberungsaktionen war kein
Zufall. Rhetorisch stellten die Deutschen Christen wiederholt einen Zusammenhang zwischen Theologie bzw. Theologen und Judentum bzw. Juden her, angeblich
die Quelle für Entzweiung, trockener Gelehrsamkeit und Verweichlichung, welche
die deutsche Gesellschaft nach Ansicht der Nationalsozialisten vergifteten. Das ver-
ächtliche Etikett „Pharisäer" faßte das Bild eines judaistischen Klerikers zusammen[27]. Was muß man von einem DC-Pfarrer erwarten? So lautete ein Zeitungs-
artikel der deutsch-christlichen Presse vom Januar 1935. Die Antwort spiegelte das
bekannte Vorurteil wider und erweiterte es: „Die Predigt eines DC-Pfarrers muß
mit Dach, Hof, Gasse, Kirchturm, muß mit Steinen und lebendigem Menschtum zu
tun haben – und nicht mit Judentum, Griechentum, Römertum, Sitten und
Gebräuchen, das gehört ins Studierzimmer und nirgends woanders hin."[28]

---

[24] DC-Versammlung in Bad Münster am Stain am 11. 3. 1937, ungezeichneter maschinen-
schriftlicher Bericht, 2, LKA Bielefeld 5,1/292,2.
[25] Glaubensbewegung Deutsche Christen, Landesleitung Pommern, an Ludwig Müller,
2. Jan. 1934, Stettin, 1–2, Evangelisches Zentralarchiv Berlin (EZA Berlin) 1/A4/249.
[26] Ebd.
[27] Vgl. z. B. *Siegfried Leffler*, An die Mitglieder der Deutschen Pfarrergemeinde, Weimar,
18. Juli 1935, 2, LKAN KKU 6/IV (DC-NSEP 1935).
[28] Was man von einem DC-Pfarrer erwarten muß, in: Evangelium im Dritten Reich, Groß-
Berliner Beilage Nr. 3 (20. Jan. 1935) 18, LKA Bielefeld 5,1/290,1.

Auf einer Mitgliederversammlung der Deutschen Christen, Ortsgruppe Augsburg, im Stockhausbräukeller am 4. Mai 1935 brandmarkte der frühere Stadtvikar in Nürnberg Preiß, Pfarrer, die zu Bischof Meiser hielten, als „gottes- und kirchenfremde Menschen". Sein zentrales Bild basierte auf dem doppelt negativen Bild des entfremdeten, „verjudeten" Klerus: „Ich habe bei einer Beerdigung eines Juden einen Pfarrer sprechen hören; immer wieder sagte er: [...] und dieser starb als ein wahrer, frommer Israelit!" („Schaut die Judenknechte"). „Wenn der Jude wenigstens als Christ gestorben wäre, dann sagten wir nichts. Aber, Deutsche Christen, ein deutscher Pfarrer begräbt einen Juden in deutscher Erde und weiß nichts besseres als: Dieser starb als ein wahrer Israelit! (Lautes Gelächter im Saal)." „DC, sind das deutsche Pfarrer? der Teufel ist ihr Lehrmeister!"[29]

Auf keinen Fall waren die Deutschen Christen die einzigen, die Antiklerikalismus und Antisemitismus verbanden. Gegner in der Bekennenden Kirche waren nicht zu stolz, ähnliche Techniken anzuwenden. Eine Darstellung in den Kirchlichen Nachrichten aus Süddeutschland 1934 brandmarkte zum Beispiel den deutsch-christlichen Pfarrer Wolf Meyer als „Synagogenmeyer" und behauptete, daß er „nachweislich aktiv bei Syn.einweihung mitgewirkt, sowie einen vom Rabbiner verschmähten jüd. Handelsmann beerdigt" habe[30]. Solche Äußerungen spiegeln den antisemitischen Antiklerikalismus wider, welcher nationalsozialistische Kundgebungen beherrschte. In einer Rede im Jahre 1936 lehnte sich der stellvertretende Gauleiter Holz in Bayern an die Sprache des Johannesevangeliums an und setzte es in abgewandelter Form den Kirchen vor: „Der Vater der Juden ist der Teufel", verkündete er, „Die Pfaffen legen die Bibel falsch aus. [...] Die behaupten, daß die Juden das auserwählte Volk seien, sind nicht Gottesdiener, sondern Teufelsdiener."[31] Ein Lied der SA von 1937 verbreitete diese Ansichten: „Was hat einer deutschen Mutter Sohn mit Papst und Pfaffen zu schaffen? Die Zeit verging, der Pfaffe blieb, dem Volke die Seele zu rauben, und ob er's roemisch, ob lutherisch trieb, er lehrte den jüdischen Glauben."[32]

Die Deutschen Christen verbanden den Antiklerikalismus auch mit anderen Feindseligkeiten, u. a. Antikommunismus, Mißtrauen gegen die Reformierten, besonders gegen Karl Barth, und mit einer Feindschaft gegen die Bekennende Kirche. Diese Gruppen wurden der Überintellektualisierung und der Polarisierung des deutschen Volks durch „Theologengezänk" bezichtigt. Zur gleichen Zeit

---

[29] Nicht unterzeichneter Bericht, Mitgliederversammlung der Deutschen Christen, Ortsgruppe Augsburg im Stockhausbräukeller, den 4. Mai 1935, 8 Uhr, LKAN KKU 6/IV (DC-NSEP 1935) 1–2: „Vorbemerkung: Es handelt sich um ein gekürztes Stenogramm. Anwesend waren etwa 200 Personen."

[30] Abschrift, Fritz Arndt und Stadtvikar Heinz Arndt, München, 25.9.34, Beilage zu Polizeidirektion Nürnberg-Fürth, 27. Sept. 1934, an Reichsstatthalter in Bayern General Ritter von Epp, München, Bayerisches Hauptstaatsarchiv München (BHStA München) 634.

[31] Bericht über die Rede des stellvertretenden Gauleiters Holz in Hersbruck am 27. 10. 1936, Abschrift als Beilage zu Reichsstatthalter in Bayern an Reichs- u. Preuß. Minister für die kirchlichen Angelegenheiten, 20. Nov. 1936, 1, BHStA München, RSth 636/5.

[32] Undatiertes Rundschreiben der Bekennenden Kirche, Wir tun der Kirche nichts zu Leide [Okt. 1937] 2, LKA Bielefeld 5,1/559.

lähmten die Deutschen Christen jedoch ihre eigene Bewegung, indem sie eine Ko-operation zwischen Geistlichen und Laien verhinderten. Noch verhängnisvoller war das Ausmaß ihres eigenen destruktiven Nihilismus. Deutsch-christliche Theologen waren nur die redegewandteste Fraktion in dem antidogmatischen, an-titheologischen Kreuzzug gegen das wahre Wesen der Kirche.

IV. Männliche Männer und unsichtbare Frauen

Ein zweites paradoxes Beziehungsverhältnis innerhalb der deutsch-christlichen Bewegung dreht sich um Männer und Frauen. Einerseits dominierten die Männer in der Gruppe und nahmen die Führungspositionen für sich in Anspruch. Schließ-lich waren in den dreißiger und vierziger Jahren deutsche Geistliche *per definitio-nem* Männer. Dazu kam noch, daß die Deutschen Christen nach einer „männli-chen" Kirche riefen, einer Kirche, die männliche Qualitäten wie Stärke, Soldaten-tum und Härte bewahrte und propagierte. Andererseits leisteten die Frauen der Bewegung, ungeachtet der Tatsache, daß sie in Quellen kaum in Erscheinung tre-ten, einen erheblichen Beitrag. In der Organisation, die ein männliches Image zur Schau trug, wurde ihr Engagement verachtet. Das Überleben und der Erfolg der Bewegung hing jedoch von den Frauen und ihren Bemühungen ab. Aber obwohl Frauen die Bewegung stärkten, indem sie ihr Legitimität und Dynamik, ganz zu schweigen von Mitgliedern, verliehen, untergruben sie die männliche Mission der Bewegung von innen. Den Frauen wurde die Schuld an der Anfälligkeit der Bewe-gung für weibliche Schwäche gegeben. Außerdem wurden sie beschuldigt, Wider-stand gegenüber Versuchen zu leisten, gewisse Praktiken des Christentums zu verändern. Die Spannungen, die für die Beziehungen zwischen den Geschlechtern in der deutsch-christlichen Bewegung charakteristisch waren, heben interne Widersprüche in der Bewegung selbst hervor und spiegeln Bedingungen in die sie umgebende Gesellschaft wider.

Von 1934 bis 1939 erreichte keine einzige deutsch-christliche Frau durch ihr Engagement in der Bewegung landesweite Bedeutung. Guida Diehl, Vorsitzende der konservativen nationalistischen Neulandbewegung, kam dem am nächsten, aber bereits vor Ende 1933 sah sie sich von Reichsbischof Müller und seinem Kreis vor den Kopf gestoßen und von Parteigrößen in Frauenangelegenheiten zurück-gewiesen[33]. Einige andere Frauen, Eleanor Liebe-Harkort, Cläre Quambusch und Ida Hermann, wurden als Rednerinnen und Publizistinnen für die eigene Sache auf Regionalebene meist anerkannt. Es sei hier angemerkt, daß mir erst durch Ar-chivdokumente bewußt wurde, daß Frauen Mitglied in der deutsch-christlichen Bewegung werden konnten.

Aktivitäten von Frauen beschränkten sich auf die Lokalebene, wo sie jedoch auf verschiedene Weise engagiert waren. Sie nahmen an den Kirchenwahlen teil,

---

[33] Vgl. Parteikanzleikorrespondenz zu Diehl, BA Berlin-Zehlendorf.

waren Mitglied in Räten und Ausschüssen, besuchten Veranstaltungen und unterzeichneten Bittgesuche, sangen und sprachen manchmal in Gottesdiensten, sammelten Mitgliedsbeiträge ein, organisierten besondere Veranstaltungen und servierten Kaffee und Kuchen. Vor allem stellten sie aber den größten Teil der engagierten Öffentlichkeit, die den Kirchenkampf erlebte und bekämpfte. Bericht um Bericht, ob von Polizeibeamten, Beobachtern der Bekennenden Kirche oder den Deutschen Christen selbst, erwähnt das Übergewicht von Frauen unter den treuen Anhängern der Bewegung. „Eine Frage an die Männer!", so forderte ein deutsch-christliches Gemeindeblatt von 1936 im Ruhrgebiet heraus, „Wo sind sie? Wo waren sie bei unserm letzten DC-Abend?"[34] Ein Bericht aus Quellen der Bekennenden Kirche von 1938 beschreibt eine Zusammenkunft von Deutschen Christen in Berlin mit den Worten: „[...] der Saal faßt etwa 600 Personen, anwesend waren 86 Personen, meist ältere, darunter 10 oder 11 Männer."[35]

Durch die Frauen wurde die Bewegung legitimiert, und das in einer Gesellschaft, wo Angehörige beiderlei Geschlechts Tugend und Frömmigkeit für weibliche Eigenschaften hielten. „Die Frau ist an und für sich eher zum Glauben geneigt als der Mann", schreibt Eleanor Liebe-Harkort 1935, „glaubenslose Frauen erscheinen uns geradezu als ein Bild der Unnatur."[36] Sentimentale deutsch-christliche Koryphäen behaupteten, daß ihre eigene, angeblich tiefe Gläubigkeit von frommen Müttern herrührte, die „Bauerntöchter" und Vorbild für antiintellektuelle Frömmigkeit waren. Dennoch war in einer Bewegung und einer Gesellschaft, die Männlichkeit pries, Frauenarbeit anfällig für das, wovon führende Deutsche Christen glaubten, es verriete den wesentlichen zerstörerischen Feminismus der Kirche. In einem Vortrag von 1937 erwähnt Fritz Engelke dies ausdrücklich: „Die Kirche, dieser weichliche, weibische, wacklige Kram will doch bloß Mann und Kind und Staat und Volk verweichlichen, unsere Kirchenlieder sind Schlaflieder, unsere Predigten weiblich, meckernd, jammernd und klagend. Die Jugend, die die Kirche scharf ablehnt und am Sonntagvormittag Sport treibt, ist ein Zeichen der aufwachenden Volksgesundheit, für das wir Gott danken müssen."[37]

Sowohl für die Deutschen Christen als auch für ihre Rivalen in der Bekennenden Kirche dienten die Aktivitäten der Frauen dazu, den Erfolg und die Niederlagen ihrer Bemühungen zu illustrieren. 1934 berichtete ein Pfarrer aus Goldbeck: „[...] so ist mir zu Ohren gekommen, dass in Bublitz ,bekenntnistreue' Waschfrauen nicht mehr in deutschchristlichen Haushaltungen aushelfen wollen."[38] Der deutsch-christlichen Meinung nach bewahrten die Frauen den Glauben, ja sie be-

---

[34] „Aus dem Gemeindeblatt der DC für Wetten-Ruhr", 26. 1. 1936, LKA Bielefeld 5,1/294,1.
[35] Undatierter Bericht, Nachrichten – Hossenfelder spricht im Gemeindehaus der Immanuelgemeinde zu Berlin, 5. 3. 1938, 2–3, LKA Bielefeld 5,1/296.
[36] *Eleanor Liebe-Harkort* (Hagen-Haspe), Frau und Kirche (Schriftenreihe des Frauendienstes der Deutschen Evangelischen Kirche 1, Potsdam 1935) 2, LKA Bielefeld 5,1/291,2.
[37] Undatierter Bericht über Engelkes Vortrag in Neckarsulm, 31.1.[1937] 4, LKA Bielefeld 5,1/292,1.
[38] Pfarrer Ideler an Reichsbischof Müller, Goldbeck bei Bublitz, 10. Nov. 1934, EZA Berlin 1/A4/9.

standen darauf, doch sie ließen sich zu leicht durch raffinierte Sprüche verführen und wechselten ins gegnerische Lager. Frauen waren treue und notwendige Anhängerinnen, doch erweckte ihre Aktivität leicht einen Eindruck von Widerspenstigkeit und war ein Symptom dafür, daß man die Kontrolle verloren hatte. In einer Rede des deutsch-christlichen Stadtvikars von Nürnberg aus dem Jahre 1935 werden folgende Möglichkeiten deutlich gemacht:

„In Nürnberg hatte ich in den Bibelstunden 400 Besucher. Da lernte ich die Menschen kennen, die heute ‚Hosianna‘ und morgen ‚ans Kreuz‘ rufen. Ich erhielt mal 43 Blumensträuße, Gedichte, Kuchen. […] Wie ich sagte, daß ich DC sei, riefen viele pfui, pfui, pfui! Einmal, als ich auf der Kanzel war, inszenierten Frauen einen Boykott. Die Frauen hatten die inneren Plätze der Bänke besetzt, und als ich auf die Kanzel stieg, drängten sie nach außen, so daß sie die, die nicht zur Bekenntnisfront gehörten, herausschoben, und riefen pfui und häßliche Namen. ‚Dieser Heide dort oben!‘ Da stellte es sich heraus, daß die Frauen von dem eigenen Kollegen aufgehetzt waren. Da kann man das Dichterwort anwenden ‚Da werden Weiber zu Hyänen.‘ Sie haben mich sogar dreimal angespuckt beim Hinausgehen. Und ich habe nur ihr Bestes gewollt und habe Adolf Hitler gehorcht.“[39]

Wenn man bedenkt, wie Sprecher die Bewegung der Frauen sowohl als einfältig als auch als das religiöse Gewissen des Volkes darstellen, kommt man nicht umhin zu merken, daß ein Element der Abscheu oder bestenfalls Herablassung die Einstellung der Deutschen Christen für ihre eigene Sache erfüllte. Man könnte erwarten, daß die bestellten Hüter der Moral und Spiritualität die verehrtesten Mitglieder der Gesellschaft seien. Statt dessen überläßt die männliche Bewegung die Bewahrung der christlichen Werte einer Gruppe, die mit Herablassung oder Verachtung behandelt wurde, nämlich den Frauen.

V. Über der Partei, außerhalb der Partei oder in der Partei?

Die Beziehungen zwischen der deutsch-christlichen Bewegung und Stellen von Staat und Partei sind voller Ironie und Paradoxa. Anfang 1933 sonnten sich die Deutschen Christen in der Macht, die die nationalsozialistische Unterstützung mit sich brachte, und sie genossen das Ansehen, das mit den Verbindungen zu Partei und Regierung einherging. Ende des Jahres waren sie jedoch in Ungnade gefallen. Eine inkompetente und indiskrete Führung, der Sportpalastskandal und die negative Presse im Ausland überzeugten hochrangige Nationalsozialisten, daß die Deutschen Christen ineffektive Unruhestifter waren, die nur auf Spaltung aus waren, im Ausland Unwillen hervorriefen und im Inland die Volksgemeinschaft störten. Deutsche Führer, wie Reichsbischof Müller und Joachim Hossenfelder, fanden sich vor verschlossenen Türen, als sie an alte Verbindungen mit der nationalsozialistischen Elite anknüpfen wollten[40], und nicht ein einziger Deutscher Christ

---

[39] Bericht, Mitgliederversammlung der Deutschen Christen, Gemeindegruppe Augsburg, im Stockhausbräukeller, den 4. Mai 1935 abends 8 Uhr, 1, LKAN KKU 6/IV.
[40] Zu Müller vgl. Aufzeichnung des Reichsministers des Auswärtigen, Freiherrn von Neurath, über seine Unterredung mit dem Herrn Reichsbischof, Berlin, 20. Sept. 1934, BA Ko-

schaffte es, durch seine Prominenz innerhalb der Bewegung eine bedeutende Position innerhalb der nationalsozialistischen Hierarchie zu erhalten.

Auf Lokalebene sah alles schon ganz anders aus. Dort behielten die deutsch-christlichen Aktivisten oft enge Beziehungen zu Funktionären in Reich und Partei. In vielen Fällen waren sogar die, die in der deutsch-christlichen Sache am aktivsten waren, auch Parteifunktionäre auf Lokalebene. Sie nutzten ihre Verbindungen zu Partei, Reich und auch der Polizei aus, um ihre kirchenpolitische Tagesordnung zu verfolgen[41]. Gleichzeitig hatten einige ihrer Gegner von der Bekennenden Kirche ihre eigenen Beziehungen, entweder als Mitglieder in der NSDAP oder der SA oder als Verwandte oder Bekannte einflußreicher Personen. Die Grenze zwischen Reichspolitik und Kirchenpolitik war somit auf Lokalebene häufig verschwommen. Ferner dienten sowohl Freundschaften und Loyalität zur eigenen Familie als auch Marotten einzelner dazu, die Sache zu verkomplizieren und Grundannahmen über Widerstand und Kollaboration durcheinanderzubringen[42].

blenz, R 43 II/162, Mikrofiche 6, 274–275. Zu Hossenfelder vgl. Max Gelen an Reichsminister Kerrl, Kottbus, 5. Nov. 1935, 1–2, BA Potsdam DC-I (1933–35), 00328–00329. In der Zwischenzeit reichte die nationalsozialistische Feindseligkeit hinsichtlich der Kirchenpolitik bis zum Reichsminister für die Kirchlichen Angelegenheiten, Hanns Kerrl. Im Januar 1939 bat Kerrl Hitler um eine Audienz, um seinen neuen Plan für die Kirchen zu erklären. Kerrl an Hitler, Berlin, 26. 1. 1939, BA Koblenz R 43II/150, Mikrofiche 4, 156–157. Hitler empfing Kerrl nicht, welcher trotzdem seine Pläne seinen Untergebenen in einer Rede erläuterte. Diesem Bericht zufolge habe er „der Minister […] daher mit den kirchlichen Gruppen, mit denen er sich früher habe beschäftigen müssen, nichts mehr zu schaffen. Die deutschen Christen seien ebenso wie die Bekenntnisfront, auf die Durchsetzung ihrer gruppenmäßigen Ziele bedacht. […] es müßten daher alle Maßnahmen des Hauses unterbleiben, die in die Kirchen hineinwirkten, insbesondere dürfen die deutschen Christen nicht unterstützt werden". Bericht, gez. Hanstein, an Herrn Ministerialdirigenten Dr. Stahn und Herrn Ministerialrat Dr. Ruppel zur Kenntnisnahme, Berlin, 25. Juli 1939, 3, BA Koblenz R 79/25, 4.

[41] Tatsächlich bestanden die Rivalen der Deutschen Christen im Kirchenkampf wiederholt darauf, daß nur die Verbindungen zur nationalsozialistischen Macht die Bewegung am Leben erhielt. Im Juli 1938 lieferte Bischof Meiser in Bayern dazu ein Beispiel aus Aschbach/Oberfranken: „Die Sache der DC wäre wohl längst erledigt wenn nicht ein Mann der Quertreiber wäre: der Lehrer und zwar in Eigenschaft als stellv. Stützpunktleiter und SA Führer. Er hält auch Religionsunterricht und Christenlehre für die DC Kinder. Er mischt sich ständig in Dinge, die ihn gar nichts angehen. […] Durch seine Parteinahme für die DC hat sich der Lehrer alle Sympathien in der Gemeinde restlos verscherzt." Evang.-Luth. Landeskirchenrat, gez. Meiser, an das Bayerische Staatsministerium für Unterricht und Kultus in München, München, 29. Juli 1938, 2, BHStA München MK 39346.

[42] Zum Beispiel bemerkte ein deutsch-christlicher Pfarrer, der sich selbst als „Nationalsozialist und zugleich S.A. Mann" bezeichnete, zu einem Freund aus der Bekennenden Kirche: „Der ganze Streit, der in der Kirchengemeinde Elsoff entstanden ist, ist nichts weiter als ein Streit der Familien Marburger (Hirte) und Braun (Georg Ludwig), trotzdem daß […] beide noch ziemlich nah miteinander verwandt sind". Beide waren auch stark in die Partei verwickelt: „Der Sohn des Kirchmeisters Georg ist als Obersturmführer Führer des Sturmbann II/201, sein Bruder Ludwig ist Sturmführer, während sein Schwager Marburger Junges Zellenwart ist. Georg Ludwig Braun ist so ziemlich aus allen seinen Ämtern herausgedrängt worden, während allerdings Robert Braun Führer der hiesigen S.A. Reserve ist. […]" Er be-

In der Zeit von 1934 bis 1939 ermahnten Funktionäre der NSDAP Untergebene, sich aus kirchlichen Angelegenheiten herauszuhalten. Im Januar 1934 erinnerte der Gau-Geschäftsführer für Westfalen-Nord „alle Gauinspekteure und Kreisleiter" an die „Anordnung vom 13. 10. 1933", in welcher der Stellvertreter des Führers verbietet, „kirchliche Angelegenheiten in die Partei hineinzutragen". Trotzdem geschah es, „daß in einzelnen Ortsgruppen religiöse Probleme bzw. Angelegenheiten in Sprechabende und Mitgliedversammlungen der Partei oder ihrer Unterorganisationen hineingetragen werden; es würden daneben auch Lieder aus Kirchengesangbüchern gesungen und dergleichen mehr"[43]. Vier Jahre später predigte Martin Bormann immer noch, daß „die Partei alles zu vermeiden hat, was den Vorwurf der einseitigen Parteiergreifung für eine der konfessionellen Gruppen begründen könnte". Er verbat allen Parteigenossen und Angehörigen den „Besuch von konfessionellen Veranstaltungen innerhalb und ausserhalb der Kirche und von Versammlungen der übrigen Weltanschauungsgemeinschaften in Uniform"[44].

Reichs- und Parteibehörden waren sich bewußt, daß solche Maßnahmen besonders für die deutsch-christliche Bewegung einen schweren Schlag bedeuteten, da ihre Mitglieder besondere Bande mit dem Nationalsozialismus geltend machten. Eine Aussage der Sicherheitspolizei 1938 in Berlin räumt ein, „daß die Anhänger der Nationalkirchlichen Bewegung zum Teil Parteigenossen oder zumindest in ihrer politischen Haltung nationalsozialistisch eingestellt sind". „Würde man der Nationalkirchlichen Bewegung (DC) aber die Führung des Hakenkreuzes neben dem Christenkreuz gestatten, so würde es bei den Gegnern dieser Gemeinschaft den Anschein erwecken, daß hinter den Deutschen Christen Partei und Staat stünden."[45] Es müssen vor allen Dingen die Deutschen Christen gewesen sein, an die Bormann im Januar 1939 dachte, als er verbat, daß „Unterführer der Bewegung (das sind: Politische Leiter, Führer und Unterführer der Gliederungen, Walter und Warte der angeschlossenen Verbände)" irgendein „kirchliches Amt oder Ehrenamt" oder irgendein „Amt oder Ehrenamt irgendeiner sonstigen religiösen Gemeinschaft Organisation oder Gruppe" besetzen. Verstöße dagegen und gegen andere Verordnungen würden „in Zukunft mit disziplinarischen Maßnahmen geahndet werden" und zögen „erforderlichenfalls den Ausschluß aus der NSDAP und aus der Gliederung nach sich", schwor er[46].

---

hauptete, daß hinter allem „der Lehrer Schultheis [...] und der Jude Kamp" stecken. Pfarrer Hellweg an Bruder Brandes, Elsoff i. Westf., 7. Feb. 1935, LKA Bielefeld 5,1/555,2.

[43] Abschrift, NSDAP Gauleitung Westfalen-Nord Münster, Gau-Geschäftsführer, 16. 1. 1934, KAG Minden, Akte mit ungeordneten Materialien.

[44] NSDAP, Der Stellvertreter des Führers, Stabsleiter, gez. Bormann, 11.11.37, Rundschreiben Nr. 151/37 (Nicht zur Veröffentlichung!), BHStA München RSth 621/1.

[45] Der Chef der Sicherheitspolizei, gez. Best, An den Herrn Reichsminister und Chef der Reichskanzlei, Berlin, 23. März 1938, BA Koblenz R 43/II/150, Mikrofiche 3, 98–99. Bests Meinung findet Widerhall in Geheime Staatspolizei, Staatspolizeistelle Schwerin, an Meckl. Staatsministerium Abteilung Inneres in Schwerin, 14. März 1938, 3, BA Berlin-Lichterfelde DG III (1937–1939) 00338.

[46] NSDAP Der Stellvertreter des Führers, gez. Bormann, Rundschreiben Nr. 23/39, München, 23. Jan. 1939, 1, BA Koblenz R 43II/155, Mikrofiche 1, 9.

Gerade die Häufigkeit, mit der solche Verordnungen über die Jahre erschienen, gibt einen Hinweis auf die Regelmäßigkeit, mit der dagegen verstoßen wurde. Auf regionalen Mitgliederversammlungen erschienen die Sprecher weiterhin in SA-Uniform und stellten ihre Parteireferenzen zur Schau. Im April 1934 meldeten z. B. angewiderte Spione von Alfred Rosenbergs Büro eine deutsch-christliche Veranstaltung in Marburg. Der Ortsgruppenleiter Wolf eröffnete die Versammlung in SA-Uniform. Der Hauptredner, Pfarrer Jakubski aus Berlin, trug die Uniform eines SA-Rottenführers. „Der Hauptreferent hatte einen offensichtlichen semitischen Einschlag (Jakubski – Jakobssohn)", so lautete der Bericht. Über die 200 Zuschauer hieß es: „Das Publikum bot ein erschreckendes Bild eines verrassten Volkes. Fast alles Rundköpfe, Dickbäuche, Hängekinns, Matronen, Diakonissen, degenerierte junge Männer, Fanatiker."[47]

Obwohl die Kooperation auf höchster Ebene schon 1934 zusammengebrochen war, konnten deutsch-christliche Agitatoren vor Ort oft damit rechnen, daß Parteifunktionäre und die Polizei sie in ihren Anschuldigungen gegen die Bekennende Kirche unterstützen würden. Normalerweise waren solche Anschuldigungen ideologisch gefärbt wie die Worte zweier westfälischer Presbyter, welche Ende 1934 ihren Pfarrer beschuldigten, über die Nationalsozialisten folgendes gesagt zu haben: „Die Führer wollen Jesus Christus vom Thron stoßen und sich an seine Stelle setzen."[48] Als der Pfarrer sich zu verteidigen versuchte, indem er auf seine eigenen Referenzen als ein Anhänger Hitlers hinwies, entgegnete einer der Presbyter: „Es ist mir gar nicht eingefallen, die Deutschen Christen mit den Nationalsozialisten zu identifizieren. In Wirklichkeit war es doch so, daß jeder Deutsche Christ auch Nat.Soz. war. Und jeder Nat.Soz., der Deutscher Christ war, fühlte sich mitgetroffen, wenn gegen die letzteren vorgegangen und geschimpft wurde, wie es der Pfarrer tat."[49] Im Oktober 1935 denunzierten Deutsche Christen des Gemeindekirchenrates in Berlin-Tempelhof ihren Pfarrer dafür, daß er für die „um ihres Glaubens willen Verfolgten" gebetet habe. Der Vorfall zog, mit den Worten des betroffenen Pfarrers, folgendes nach sich: „Haussuchung durch die Kriminalpolizei. Verhaftung von meiner Frau und mir, Verbringung in Untersuchungshaft im Polizeipräsidium auf Anzeige. [...] Die Anzeige ist von dem Kirchenältesten und Ortsgruppenleiter der D.C. in Berlin-Tempelhof, Dreckmeyer, unterschrieben." Dem Pfarrer nach waren „Denunziationen und Spitzeltum" an der Tagesordnung. Er führte auch einen Krawall bei der Einsammlung

[47] Bericht, Mitgliederversammlung (Gäste willkommen) der Deutschen Christen, Ortsgruppe Marburg am 12.4.34, Der Reichsbauernführer, Stabsamt Berlin, an Alfred Rosenberg, 30. Ostermond [April] 1934, BA Koblenz NS 8/257, 4; 6. Für ein Beispiel zu Pfarrern sowohl von der deutsch-christlichen Bewegung als auch der Bekennenden Kirche, die sich über Uniformen bei kirchenpolitischen Veranstaltungen beschwerten, vgl. Hilfsprediger F. Schmitz an den Führer und Reichskanzler des deutschen Volkes, Oberhausen-Alstaden, 30. Nov. 1934, BA Koblenz R 43 II/171, Mikrofiche 2, 52–53.
[48] Ev. Konsistorium der Kirchenprovinz Westfalen, gez. Jung, an Herrn Kreisoberinspektor i.R. Kleine in Neheim, Münster i.W., 1. Nov. 1934, LKA Bielefeld 4,55/B/17,3.
[49] Fr. Kleine an Herrn Superintendenten Clarenbach, Borgeln, Neheim, 5. Jan. 1935, 5, LKA Bielefeld 4/55,B/17,3.

der Kollekte in der Sakristei der Kirche zu Neu-Tempelhof am 18. August 1935 auf „einen Angehörigen der N.S.D.A.P., welcher nicht zur Tempelhofer Gemeinde" gehörte, zurück[50].

Sogar nach wiederholten Befehlen von Partei- und Reichsbehörden kündigte die deutsch-christliche Gruppe in Zerzabelshof im Januar 1935 ihre Gründungsveranstaltung mit Hilfe von nationalsozialistischen Behörden an. Laut Kirchenbeobachtern wurden „Rundschreiben [...] in die Häuser getragen, teilweise durch die Blockwarte der NSDAP. Außerdem Schreibmaschinenanschläge an den Anschlagtafeln der Partei oder in Zeitungskästen." Anwesend waren etwa 90 Leute, „gut die Hälfte waren Männer besseren Standes, anscheinend Beamte. [...] Sehr stark vertreten gewesen sei unter den Frauen die Frauenschaft"[51]. Im Juni 1935 organisierten Deutsche Christen die feierliche Grundsteinlegung des Kirchengemeindehauses der Hoffnungskirche in Dresden-Löbtau. Um die 400 Menschen waren anwesend. Trotz der Vorschrift, nationalsozialistische Symbole nicht in Verbindung mit kirchlichen Veranstaltungen zur Schau zu stellen, waren „alle Vereine Löbtaus [...] mit ihren Fahnen vertreten, und die Angehörigen der politischen Korporationen zum größten Teil in Uniformen erschienen"[52].

Für die Mitglieder der deutsch-christlichen Bewegung gab es keinen Konflikt zwischen dem christlichen Glauben und ihrer Loyalität zum Nationalsozialismus. Ein Flugblatt eines deutsch-christlichen Pfarrers aus dem Jahr 1938 wirft die Frage auf: „Ist das Christentum ein Hindernis für die Einheit und den Aufbau unseres deutschen Volkes???" Ein Nein ist die Antwort:

„*Wenn* (!) es sich wirklich im christlichen Glaubensleben um eine *solche* Entscheidung handelte: entweder ‚für das deutsche Volk leben oder: an Christus glauben', dann wären in der Tat *wir*, die wir bewußt noch am Christentum festhalten, ‚Volksverräter' und diejenigen, die aus Liebe zu ihrem Volk das Christentum ablehnen, die besten Deutschen! ... *Aber um solch eine Entscheidung geht es ja doch überhaupt nicht.* Wer Christentum und Nationalsozialismus, wer den Glauben an Christus und die Liebe zum deutschen Volk in dieser Weise gegeneinander ausspielt und sie überhaupt als Gegensätze zueinander sieht, der zerrt das Christen-

---

[50] Pfarrer Seeberger an Präses der Bekenntnisgemeinde Berlin-Brandenburg, Berlin-Tempelhof, 4. 10. 1935, 1–3, EZA Berlin 50/10/I, 2108–21010. Für ein weiteres Beispiel eines DC und NSDAP-Aktivisten, der einen Pfarrer der Bekennenden Kirche bei den Behörden denunzierte, vgl. Pfarrer Pinn an Gauleiter der NSDAP in Schleswig-Holstein, Kiel, Flemhude, Sept. 1934, 2–8, 17, EZA Berlin 50/226, 226129–226134, 226142a. Zusätzliche Beschwerden über Deutsche Christen, die wenig mit der Kirche zu tun hatten, aber enge Verbindungen mit den nationalsozialistischen Behörden pflegten, kamen 1935 aus Helbra. Beobachter der Bekennenden Kirche merkten Folgendes an: „Der DC-Gemeindekirchenrat – in dem ein Mann die Hauptrolle spielt, der bis 1932 Katholik war, dann Dissident wurde und im Juli 1933 in die evangelische Kirche eintrat, um sofort zum Kirchenältesten gewählt zu werden". Aus dem Reich in: Bekennende Kirche Berlin-Brandenburg, Rundbrief Nr. 5, 1. März 1935, 6, LKA Bielefeld 5,1/664,1.
[51] Undatierter Bericht über die Gründungsversammlung der Ortsgruppe Zerzabelshof der „Deutschen Christen" am 4. Jan. 1935, Gasthof Andres Mettingstr., LKAN LKR II 246, Bd. II.
[52] Ausschnitt aus dem Sächsischen Kurier, Nr. 147 (27. Juni 1935), Feierliche Grundsteinlegung des Kirchengemeindehaus der Hoffnungskirche Dresden-Löbtau, LKA Bielefeld 5,1/291,2.

tum und den christlichen Glauben in das Politische hinein und macht sie zu einer politischen Größe und Angelegenheit. Und das ist allemal und immer *falsch!*"[53]

Deutsch-christliche Aktivisten weigerten sich schlicht und ergreifend, ein „Nein" als Antwort von der NSDAP und der Regierung zu akzeptieren. Im Februar 1939 berichteten Deutsche Christen in Thüringen von der Eröffnung einer neuen Kirche in Gera-Pforten. Entgegen allen Vorschriften war der Kirchturm mit einem „Hakenkreuz, das vom Turm der Kirche weithin ins Land" grüßte, geschmückt[54].

VI. Überregionale Führungskräfte/Regionale Mitglieder: „Ganz normale Deutsche" und „ganz normale Christen"?

Was trägt eine Studie der Deutschen Christen zwischen „nationaler Revolution" und „militärischer Aggression" zum Verständnis des Kirchenkampfes und des Dritten Reiches bei? Man kann daraus vier allgemeine Schlüsse ziehen. In erster Linie offenbart eine Zeitanalyse eine komplexe Symbiose zwischen der Führungsspitze der Bewegung und ihren Einzelmitgliedern. Nach 1933 erhielten Deutsche Christen, angeschlagen und diskreditiert wie sie waren, Machtpositionen sowohl in Reichs- und Landeskirchenregierungen als auch in theologischen Fakultäten zurück. Deutsche Christen gewannen auch neuen Auftrieb auf der Lokalebene. Die Beziehungen zwischen den theologisch ausgebildeten Führungskräften der Bewegung und ihren meist weniger gebildeten, oft äußerst antiklerikalen Mitgliedern waren oft recht gespannt. Dennoch waren beide Gruppen aufeinander angewiesen. Bei näherer Betrachtung scheinen viele regionale Initiativen von oben inszeniert worden zu sein, doch gleichzeitig wären deutsch-christliche Führer wie Ludwig Müller, Joachim Hossenfelder und Siegfried Leffler nichts als im Grunde machtlose Aufschneider gewesen, wenn nicht lokale Obstruktionspolitiker und Schläger gewillt gewesen wären, Anhänger der Bekennenden Kirche zu schikanieren oder Widerständler innerhalb der Kirche zu denunzieren. Hier zeigt sich ein Muster von ineinandergreifenden Interessen von oben und unten, welches wiederum auf den Nationalsozialismus als Ganzes angewendet werden kann.

Ferner legt eine Betrachtung der Jahre 1934 bis 1939 den nihilistischen Kern der deutsch-christlichen Bewegung frei und ermöglicht eine Erklärung für den gescheiterten Versuch, die meisten evangelischen Gläubigen für sich zu gewinnen. Sowohl die Führung als auch die Mitglieder der Deutschen Christen warben für eine reinrassige Volkskirche, welche konfessionelle Unterschiede und Grundsatzfragen meiden würde, um alle sogenannten Arier miteinzubeziehen. Diese Ideologie erzeugte jedoch selbstzerstörerische Konflikte. Die Kirche, deren Aufgabe

---

[53] *Pfarrer F. Esch,* „Ist das Christentum ein Hindernis für die Einheit und den Aufbau unseres deutschen Volkes???", Altenbögge, Jan. 1938, 2, LKA Bielefeld 5,1/294,1.
[54] Aus unserer deutsch-christlichen Arbeit, in: Die Nationalkirche, Ausgabe Hessen-Nassau, Nr. 6 (Worms, 5. Feb. 1939) 65, LKA Bielefeld 5,1/293.

es war, es dem Volk recht zu machen, verwandelte sich schnell in eine Kirche ohne
Heilige Schrift, Dogma oder Vorschriften. Von einer solchen Kirche ohne Prinzipien war es nur ein kleiner Schritt zu überhaupt keiner Kirche mehr. Die grundlegende Feindseligkeit der Bewegung gerade gegenüber der Kirche, für die sie warb,
in Verbindung mit einem destruktiven, anarchistischen deutsch-christlichen Verhalten auf der Lokalebene, entfremdete sogar Gemeindemitglieder, die davon
überzeugt waren, daß das Christentum und der Nationalsozialismus nebeneinander existieren konnten und mußten.

Ein Blick auf die Deutschen Christen in den Jahren von 1934 bis 1939 verkom-
pliziert auch ein Verständnis für die Beziehungen zwischen der Kirchenleitung
und den nationalsozialistischen Autoritäten auf Partei- und Reichsebene. Es überrascht vielleicht, daß die Beziehungen zu nationalsozialistischen Funktionären
immer enger wurden, je weiter man von den Machtzentren entfernt war. Auf
Reichsebene fanden sich begeisterte Nationalsozialisten innerhalb der Deutschen
Christen von den „wahren Gläubigen" in Partei und Reich gemieden. Jedoch in
den Städten und auf den Dörfern waren die Beziehungen bei weitem enger. Begeisterte Nationalsozialisten besetzten oft mehrere Positionen sowohl in deutsch-
christlichen als auch in lokalen Ortsgruppen. Diesen Tatsachen zufolge wäre eine
Überprüfung dessen, was allgemein über die nationalsozialistische Einstellung gegenüber den Kirchen und dem Christentum angenommen wird, angebracht.

Zuletzt stellt die Beschäftigung mit den Deutschen Christen von 1934 bis 1939
einige Thesen von Daniel Jonah Goldhagen in Frage. Goldhagens Ansicht, daß
ganz normale Deutsche eine Rolle in den Greueltaten des Holocausts gespielt
haben, hat in der letzten Zeit eine gewaltige Kontroverse auf beiden Seiten des
Atlantiks ausgelöst[55]. Goldhagens Konzept eines weitverbreiteten, auf Auslese
bedachten, deutschen Antisemitismus ist im wesentlichen eine Interpretation des
Dritten Reiches, die das Unterste zuoberst kehrt. Seiner Meinung nach war die
NS-Herrschaft eher ein Symptom als der Grund für einen Haß, der in der deutschen Kultur tief verwurzelt sei[56]. Aber zumindest unter den Deutschen Christen
waren Initiativen von unten weder so monolithisch noch so stark, wie Goldhagens Argumentation suggerieren will. Im Gegenteil, ohne Organisation von
oben bewerkstelligten Deutsche Christen auf der Lokalebene nicht viel. Zudem
nahmen sowohl kleinliche Fehden, die die Honoratioren und Familien vor Ort
umgaben, als auch allgemeinere Grundsatzfragen hinsichtlich Rasse und Antisemitismus die Aktivisten in Anspruch.

---

[55] *Daniel Jonah Goldhagen*, Hitler's Willing Executioners: Ordinary Germans and the Holocaust (New York 1996); im folgenden zitiert: *Goldhagen*, Hitler's Willing Executioners.
[56] Mit den Worten Goldhagens: „My explanation – which is new to the scholarly literature
on the perpetrators – is that the perpetrators, ‚ordinary Germans', were animated by antisemitism, by a particular *type* of antisemitism that led them to conclude that the Jews *ought
to die*. The perpetrators' beliefs, their particular brand of antisemitism, though obviously not
the sole source, was, I maintain, a most significant and indispensable source of the perpetrators' actions and must be at the center of any explanation of them." *Goldhagen*, Hitler's Willing Executioners 14.

In der Tat deuten Aktivitäten der Deutschen Christen auf der Lokalebene darauf hin, daß der Antisemitismus, obwohl sicherlich weit verbreitet, in weit geringerem Maße autark war als Daniel Goldhagen behauptet. Die Deutschen Christen benutzten die Sprache des Antisemitismus oft für ihre eigenen Zwecke: Sie beschuldigten Pfarrer, die sie aus der Gemeinschaft ausschließen wollten, einer projüdischen Einstellung oder einer „nichtarischen" Ehefrau. Die Deutschen Christen benutzten solche Beschuldigungen auch gegen ihre neu-heidnischen Gegner und hofften, damit Partei- und Reichsbehörden zu ermuntern, Aktionen solcher antichristlicher Gruppen wie die Deutsche Glaubensbewegung einzuschränken[57]. Solche Anschuldigungen stießen fast immer auf vehemente Dementi. Aber sie dienten dazu, die Aufmerksamkeit der Partei- und Reichsbehörden zu wecken, die sich sonst nur ungern mit kirchlichen Affären beschäftigt hätten. Auf diese Weise benutzten Lokalaktivisten den Raum, der durch einen offiziell sanktionierten Haß entstanden war, eher für ihre eigenen Ziele, welche manchmal nur wenig mit Juden oder Judaismus direkt zu tun hatten, als daß öffentlicher Antisemitismus spontan aus Lokalinitiativen sich entwickelte.

Damit soll nicht behauptet werden, daß viele „ganz normale" Christen und vor allen Dingen viele ganz normale Deutsche Christen nicht auch von einem Haß gegen Juden und das Judentum erfüllt waren. Solche Einstellungen waren jedoch in ein komplexes Netz von Motivationen, Vorurteilen und Loyalitäten eingebettet, die ohne den beträchtlichen Einfluß von oben sich kaum dahingehend entwickelt hätten, die mörderischen Taten im Dritten Reich zu akzeptieren und sogar willkommen zu heißen. In der Zeit von 1934 bis 1939 nahmen sowohl Führer als auch Anhänger aktiv an der Gestaltung der deutsch-christlichen Bewegung teil und damit in der Tat auch an der Gestaltung des Dritten Reiches als Ganzem.

---

[57] Im April 1936 waren solche Verleumdungen so alltäglich geworden, daß Mitglieder der neu-heidnischen Deutschen Glaubensbewegung an das Reichskirchenministerium schrieben, um sich zu beschweren, daß sie „immer wieder mit Juden und Gottlosen verglichen" würden. Als Beispiel nannten sie den deutsch-christlichen Pfarrer Larisch, der „in seiner Predigt in der Papitzer-Kirche [...] dabei die Deutschgläubigen mit *Juden* und *Gottlosen*" verglich. Deutsche Glaubensbewegung, gez. Wilhelm Heßberg, an das Reichskirchenministerium, Betr.: Verhalten des Pfarrers Larisch, Schkeuditz/Sa., Tübingen, 9. April 1936, BA Berlin-Lichterfelde DG II (1936–37), 00053–00054.

Thomas Fandel

Die Stellung von evangelischen und katholischen Pfarrern zum Nationalsozialismus am Beispiel der Pfalz

„Die katholische und evangelische Entwicklung unterscheiden sich ereignisgeschichtlich und motivisch so stark voneinander, daß es erhebliche Risiken mit sich bringt, sie miteinander zu vergleichen und dabei unter der Hand die Entwicklung der einen Kirche zum Maßstab für die Entwicklung der anderen zu machen."[1] Soweit Kurt Nowak über die Zeit des NS-Regimes in seiner 1995 erschienenen konfessionsübergreifenden „Geschichte des Christentums in Deutschland". Trotz dieser „Risiken" hat Nowak selbst das Wagnis einer interkonfessionellen Geschichtsschreibung unternommen und darauf hingewiesen, daß „die Pflege konfessioneller Monokulturen, die den Blick für die Widersprüche, die Wechselspiele und die Identitäten zwischen den beiden großen Konfessionen verstellt, in der (Kirchen-)Geschichtsschreibung der Vergangenheit angehört"[2]. Wenn im folgenden ein Vergleich des Verhaltens evangelischer und katholischer Pfarrer in der Pfalz im „Dritten Reich" geboten wird[3], soll die zuerst genannte Mahnung Nowaks den Ausführungen ausdrücklich vorangestellt werden. Zwar ist es auch meines Erachtens unerläßlich, beide Konfessionen gemeinsam zu behandeln, um neue Maßstäbe für die nach wie vor umstrittene Bewertung des Verhältnisses der Kirchen zum Nationalsozialismus zu erhalten und um den Blick auf die gegenseitige Beeinflussung der Konfessionen richten zu können. Diese Vorgehensweise darf aber nicht

---

[1] *Kurt Nowak*, Geschichte des Christentums in Deutschland. Religion, Politik und Gesellschaft vom Ende der Aufklärung bis zur Mitte des 20. Jahrhunderts (München 1995) 248; vgl. auch *Victor Conzemius*, Katholische und evangelische Kirchenkampfgeschichtsschreibung im Vergleich: Phasen, Schwerpunkte, Defizite, in: *ders.* (Hrsg.), Die Zeit nach 1945 als Thema kirchlicher Zeitgeschichte. Referate der internationalen Tagung in Hüningen/Bern (Schweiz) 1985 (Göttingen 1988) 35–57, 51.

[2] *Nowak*, Geschichte 10f.

[3] Vgl. *Thomas Fandel*, Konfession und Nationalsozialismus. Evangelische und katholische Pfarrer in der Pfalz 1930–1939 (VKZG, Reihe B, 76, Paderborn u.a. 1997); dort auch weitere Ausführungen zum Verhältnis von Pfarrern und NSDAP in der Pfalz mit Belegen und Literaturhinweisen. Zur Geschichte der Pfalz in der NS-Zeit vgl. *Gerhard Nestler, Hannes Ziegler* (Hrsg.), Die Pfalz unterm Hakenkreuz. Eine deutsche Provinz während der nationalsozialistischen Terrorherrschaft (Landau 1993).

dazu führen, die unterschiedlichen politischen, theologischen und strukturellen
Voraussetzungen auszublenden oder gar alte konfessionelle Grabenkämpfe erneut
auszufechten, wie dies etwa in der Arbeit von Georg May mit dem programmati-
schen Titel „Kirchenkampf oder Katholikenverfolgung?" der Fall ist[4].

Wenn im folgenden von den beiden Kirchen in der Pfalz die Rede ist, dann sind
damit das bayerische Bistum Speyer sowie die seit 1818 konsensunierte „Vereinigte Protestantisch-Evangelisch-Christliche Kirche der Pfalz (Pfälzische Landeskirche)"- so die offizielle Bezeichnung – gemeint. Die Grenzen der beiden Kirchen waren identisch. Die Region zeichnete sich durch eine starke konfessionelle
Mischung der Bevölkerung aus. 1933 waren 55,75 % der Pfälzer Protestanten,
42,05 % Katholiken, 0,66 % Juden; 1,54 % gehörten anderen religiösen Gemeinschaften an oder waren konfessionslos[5].

Bis 1920 entsprachen sich in der Pfalz staatliche und kirchliche Grenzen[6].
Staatsrechtlich gehörte das Gebiet zu Bayern, eine Tatsache, die das politische Bewußtsein der beiden Kirchen auf ganz unterschiedliche Weise prägte, wie noch
auszuführen sein wird. Durch den Versailler Vertrag wurden Gebiete im Westen
der Pfalz – die sogenannte Saarpfalz – zusammen mit einem Teil des preußischen
Regierungsbezirks Trier zu dem dem Völkerbund unterstehenden Saargebiet zusammengefaßt. Im kirchlichen Bereich blieb im Hinblick auf das Saargebiet trotz
entgegengesetzter französischer Bemühungen alles beim alten. 1935 sollten die
Saarländer über den weiteren völkerrechtlichen Status der Region in einer Volksabstimmung entscheiden – ein Ereignis, das für das Verhältnis der pfälzischen Kirchen zum Nationalsozialismus von erheblicher Bedeutung sein sollte.

Die Phase des „Dritten Reiches", die im Rahmen dieses Kolloquiums im Blick-
punkt steht, war für die Pfarrer der beiden großen christlichen Konfessionen in
der Pfalz ein Zeitabschnitt, in dem die Illusionen gründlich zerstört wurden, die
man sich teilweise über den Charakter der NS-Herrschaft in Deutschland und
insbesondere über die Rolle der Kirchen gemacht hatte. Dies gilt insbesondere für
die nicht wenigen evangelischen Theologen, die politische, zum Teil aber auch kirchenpolitische und religiöse Erwartungen mit dem Wirken der NSDAP verbunden hatten. Aber auch für den katholischen Klerus zeigte sich, daß das Entgegenkommen, zu dem sich insbesondere die Bistumsleitung in Speyer bereitgefunden
hatte, nicht den gewünschten Widerhall fand. Mit dem erfolgreichen Ausgang der
Abstimmung im Saargebiet 1935 endete für die pfälzische Gauleitung die Notwendigkeit, aus taktischen Gründen auf kirchliche Interessen besondere Rücksicht nehmen zu müssen.

---

[4] *Georg May*, Kirchenkampf oder Katholikenverfolgung? Ein Beitrag zu dem gegenseitigen
Verhältnis von Nationalsozialismus und christlichen Bekenntnissen (Stein am Rhein 1991).
Trotz der geäußerten Kritik müssen die von May angeschnittenen Fragen durchaus ernst genommen werden.
[5] Statistisches Jahrbuch für Bayern, Bd. 20 (1934) 9.
[6] Vgl. *Helmut Prantl* (Bearb.), Die kirchliche Lage in Bayern nach den Regierungspräsiden-
tenberichten 1933–1943, Bd.V: Regierungsbezirk Pfalz 1933–1940 (VKZG, Reihe A, 24,
Mainz 1978) XLI.

Um die Stellung der pfälzischen Pfarrer zur NSDAP in dem Zeitraum zwischen Herbst 1934 und Herbst 1939 verstehen zu können, sind zunächst einige Bemerkungen über die letzten Jahre der Weimarer Republik sowie die Anfangsphase der nationalsozialistischen Herrschaft nötig.

Die politischen Entwicklungen Ende der zwanziger/Anfang der dreißiger Jahre verschärften die heftigen konfessionellen Gegensätze, die das Leben besonders in den Dörfern der Pfalz prägten. Die immer stärkere Hinwendung vor allem des protestantischen Bevölkerungsteils zur NSDAP bei gleichzeitiger Verurteilung dieser Partei durch die katholische Geistlichkeit ließ die konfessionelle Trennung noch deutlicher hervortreten[7]. Katholische Geistliche lehnten die NSDAP nicht nur aus weltanschaulichen Gründen ab, sondern verstanden sie auch als Bedrohung der durch Zentrum bzw. Bayerische Volkspartei gesicherten gesellschaftlichen Position der Katholiken. Die katholischen Parteien wurden nicht nur von der Kanzel aus unterstützt. Vielfach griffen Geistliche als Funktionäre von Zentrum bzw. Bayerischer Volkspartei direkt in das tagespolitische Geschehen ein. Dabei verschärften nicht wenige Pfarrer auf der lokalen Ebene die differenzierten Anweisungen der Bischöfe, die – gemäß den Kriterien, die auch auf Anhänger von Sozialismus und Liberalismus angewandt worden waren – zwischen NSDAP-Agitatoren und bloßen Mitläufern unterschieden.

Während die katholischen Pfarrer in der Regel vorbehaltlos für die katholischen Parteien eintraten und die Mehrzahl der kirchennahen Katholiken dieser Vorgabe folgte[8], hielten die protestantischen Pfarrer in ihrer überwiegenden Mehrheit Zurückhaltung in parteipolitischen Fragen von Amts wegen für angemessen[9]. Allerdings blieb der Öffentlichkeit nicht verborgen, daß der pfälzische Protestantismus – und mit ihm auch die Pfarrerschaft – immer stärker zur NSDAP tendierte. Gerade im ländlichen Bereich wurde die NSDAP – wie Wolfram Pyta herausgearbeitet hat – immer mehr als protestantische Milieupartei wahrgenommen[10]. Für die Pfarrer waren nicht nur die innen- und außenpoliti-

---

[7] Zur Bedeutung des konfessionellen Faktors für die Wahlerfolge der NSDAP vgl. *Jürgen W. Falter*, Hitlers Wähler (München 1991), besonders 169–193. Für die Pfalz vgl. u.a. *Karl-Heinz-Rothenberger*, Die nationalsozialistische Machtübernahme in der Südpfalz (Januar – November 1933), in: Zeitschrift für die Geschichte des Oberrheins 132 (1984) 305–342, 311 f. mit einem Vergleich der Reichstagswahlergebnisse (September 1930) von 16 katholischen (10,5 % NSDAP) und 12 benachbarten protestantischen Gemeinden (63,8 % NSDAP) mit jeweils mehr als 90 % Angehörigen der vorherrschenden Konfession im Bezirk Bergzabern sowie von 10 katholischen (14,4 % NSDAP) und 6 protestantischen Gemeinden (51,8 % NSDAP) im Bezirk Landau.

[8] Daß hinter dieser Entscheidung im allgemeinen kein bewußtes Eintreten für die Weimarer Republik stand, wurde von der Forschung vielfach herausgearbeitet. Vgl. etwa *Cornelia Rauh-Kühne*, Katholisches Milieu und Kleinstadtgesellschaft. Ettlingen 1918–1939 (Geschichte der Stadt Ettlingen 5, Sigmaringen 1991) 422.

[9] Dies belegte u.a. eine entsprechende Unterschriftenaktion des Pfälzischen Pfarrervereins 1931. Vgl. *Richard Bergmann* (Hrsg.), Documenta. Unsere Pfälzische Landeskirche innerhalb der Deutschen Evangelischen Kirche in den Jahren 1930–1944. Berichte und Dokumente, Bd. 1 (Speyer 1960) 60 f.

[10] Vgl. *Wolfram Pyta*, Dorfgemeinschaft und Parteipolitik 1919–1933. Die Verschränkung

schen Motive von Bedeutung, die das protestantische Bauern- und Bürgertum nach ihrer Abwendung von den in der Pfalz traditionell starken liberalen Parteien in der NSDAP eine neue politische Heimat finden ließen[11]. Hinzu kam die Hoffnung, daß mit Hilfe der NSDAP die Macht des in Bayern – und damit in der Pfalz – besonders einflußreichen politischen Katholizismus gebrochen werden könnte[12]. Eine große Rolle spielte auch die Erwartung, daß das vermeintlich kirchenfreundliche Auftreten der „nationalen Bewegung" die Gelegenheit bieten könnte, kirchendistanzierte Teile der Bevölkerung wieder an die Kirche heranführen zu können und somit dem Ziel „Volkskirche" näher zu kommen[13].

Entsprechend der verschiedenartigen Ausgangssituation unterschieden sich die Reaktionen katholischer und protestantischer Pfarrer in der Pfalz auf die politische Umwälzung des Jahres 1933 erheblich. Die geschlossene Teilnahme nationalsozialistischer Gliederungen an den Gottesdiensten, der deutliche Rückgang der Kirchenaustritte[14], die Wiedereintritte zahlreicher aus der Kirche Ausgetretener[15] sowie das Verbot kirchenfeindlicher Organisationen schienen die großen Hoffnungen zu bestätigen, die viele Pfarrer der Pfälzischen Landeskirche gehegt hatten. Zwar hinterfragten einige Theologen schon 1933 kritisch die Motivation der vermeintlich aufgebrochenen Kirchlichkeit, doch konnte an dem öffentlichen Prestigegewinn, den die evangelische Kirche zumindest in den ersten Monaten der NS-Herrschaft verbuchen konnte, kein Zweifel bestehen. Daß die neue politische Führung in die Wahlen zur Landessynode und den Presbyterien eingriff, die 1933 turnusgemäß in der Pfälzischen Landeskirche anstanden, sorgte zwar für erhebliche Irritationen[16]. An der allgemeinen nationalen Euphorie in den Gemeinden konnte dies jedoch nur wenig ändern, zumal in vielen Orten angesichts des Bekenntnisses auch kirchengebundener Protestanten zur NSDAP die Veränderungen in den kirchlichen Gremien eher gering blieben. Lediglich für die in der Pfalz ohnehin sehr wenigen religiös-sozialistischen Pfarrer sowie einige Theologen, die sich als NSDAP-Gegner exponiert hatten, stellte die Machtübernahme der Nationalsozialisten eine Bedrohung ihrer Position in den Gemeinden dar. Ansonsten

von Milieu und Parteien in den protestantischen Landgebieten Deutschlands in der Weimarer Republik (Beiträge zur Geschichte des Parlamentarismus und der politischen Parteien 106, Düsseldorf 1996) 18, 472 u.a.

[11] *Karl Georg Faber*, Überlegungen zu einer Geschichte der Pfälzischen Landeskirche unter dem Nationalsozialismus, in: Blätter für Pfälzische Kirchengeschichte und Religiöse Volkskunde 41 (1974) 29–58, 33f.

[12] Vgl. *Fandel*, 103–112.

[13] Vgl. *Pyta*, 391–393.

[14] Austritte (ohne konfessionsunmündige Kinder) im Bereich der Pfälzischen Landeskirche: 1930–1228, 1931–1103, 1932–1302, 1933–550, 1934–192, 1935–355, 1936–501, 1937–2116, 1938–2130, 1939–1817, 1940–600 (Zentralarchiv der Evangelischen Kirche der Pfalz Speyer – im folgenden zitiert: ZASP – Abt. 1 Findbuch 2, 570; zur Interpretation vgl. *Fandel*, 324–332).

[15] Wiedereintritte (ohne konfessionsunmündige Kinder) im Bereich der Pfälzischen Landeskirche: 1930–43, 1931–89, 1932–76, 1933–328, 1934–201, 1935–240, 1936–154, 1937–142, 1938–66, 1939–41, 1940–40 (ZASP Abt. 1 Findbuch 2, 570).

[16] Vgl. *Fandel*, 206–212.

herrschte die Überzeugung vor, daß die evangelische Kirche die NSDAP nur in ihrem Sinne zu beeinflussen brauche, um antichristliche Strömungen innerhalb der Partei zum Verschwinden zu bringen.

Da die Führung der Pfälzischen Landeskirche, die Mehrzahl der Pfarrer und die pfälzische Gauleitung – unbeschadet der heftigen kirchenpolitischen Auseinandersetzungen auf Reichsebene – auf eine harmonische Zusammenarbeit von Protestantismus und Nationalsozialismus setzten, blieben Konflikte zwischen protestantischen Pfarrern und NSDAP in der Pfalz zunächst Ausnahmefälle. Der „Alte Kämpfer" Ludwig Diehl symbolisierte als Landesbischof ab 1934 die weitgehend reibungslose Einbindung der Pfälzer Protestanten in das „Dritte Reich"[17]. Auch in der Pfarrerschaft fanden sich viele Parteimitglieder; für insgesamt 107 der rund 490 Theologen, die sich zwischen 1933 und 1940 im Dienst der Landeskirche befanden, läßt sich eine Parteimitgliedschaft nachweisen[18]. Das bedeutet, daß etwa jeder fünfte evangelische Pfarrer in der Pfalz NSDAP-Mitglied war, wobei besonders die hohe Zahl junger Parteigenossen auffällt[19].

Das entscheidende Problem des Jahres 1933 war für die protestantischen Pfarrer – im Gegensatz zum katholischen Klerus – nicht die Bestimmung des Verhältnisses zu den neuen politischen Machthabern. Im Vordergrund stand vielmehr die Ablösung der beiden zuvor in der Pfalz dominierenden kirchenpolitischen Richtungen – des liberalen Protestantenvereins und der konservativen Positiven Vereinigung – durch die Deutschen Christen[20]. Da diese von vielen Pfarrern mehr als Einigungsbewegung innerhalb der Deutschen Evangelischen Kirche denn als nationalsozialistische Kirchenpartei wahrgenommen wurde[21], schloß sich etwas mehr als die Hälfte aller pfälzischen Theologen der neuen Gruppierung an[22]. Der Konformitätsdruck auf Pfarrer, die sich den neuen politischen und kirchenpolitischen Entwicklungen verschlossen, wurde nicht zuletzt innerkirchlich ausgeübt. Es war bezeichnend, daß der spätere Vorsitzende der Pfälzischen Pfarrbruderschaft, Pfarrer Hans Stempel, sein Amt als Leiter des Predigerseminars in Landau aufgrund des Handelns seiner innerkirchlichen deutsch-christlichen Gegner verlor und nicht durch das Veto von NSDAP-Parteifunktionären. Ganz im Gegen-

---

[17] Zur Biographie Diehls vgl. *Hans L. Reichrath*, Ludwig Diehl 1894–1982. Kreuz und Hakenkreuz im Leben eines Pfälzer Pfarrers und Landesbischofs (Speyer 1995).

[18] Angabe nach Auswertung von Gestapo-Akten (Landesarchiv Speyer H91), kirchlichen Entnazifizierungsakten (besonders ZASP Abt. 160 unverz. Bestand Karton 16 Mappe 108. Namentliche Auflistung von 295 Geistlichen) sowie Auskünften des Berlin Document Center.

[19] Von den 107 Parteigenossen unter den pfälzischen Theologen waren beim Parteibeitritt 15 zwischen 17 und 20 Jahren alt, weitere 43 zwischen 21 und 30. Zur Analyse der NSDAP-Mitglieder in der Pfarrerschaft vgl. *Fandel*, 506–573.

[20] Vgl. *Faber*, 43–45 sowie *Fandel*, 212–227.

[21] Vgl. *Fandel*, 217–220, 225.

[22] Bis zum November 1933 verzeichnete Diehl als Landesleiter der Deutschen Christen in der Pfalz 177 Mitglieder. Vgl. ZASP Abt. 160,2 Mappe IV und Abt. 160 Nr. 65–67. DC-Rundschreiben Diehls vom 31. Oktober 1933 (Mitgliederliste), 13. November 1933 und 20. November 1933 (Ergänzungen). Zu diesem Zeitpunkt gab es rund 310 Theologen im Dienst der Pfälzischen Landeskirche.

teil: Mit dem Landauer NSDAP-Kreisleiter Kleemann fand Stempel sogar einen politischen Fürsprecher[23].

In auffälligem Kontrast zur protestantischen Hochstimmung stand das Befinden der katholischen Geistlichen nach der Ablösung der BVP-Regierung in Bayern im März 1933. Trotz der Angebote zur Zusammenarbeit, die in der Regierungserklärung Hitlers sowie der darauf erfolgenden Stellungnahme der deutschen Bischöfe von beiden Seiten abgegeben wurden, sah die Situation auf der Gemeindeebene ganz anders aus. Angesichts der unmißverständlichen Ablehnung der NSDAP durch viele Ortsgeistliche vor 1933, die zu erbitterten persönlichen Feindschaften geführt hatte, bestand in nicht wenigen Gemeinden eine hochexplosive Stimmung. Vor allem viele ältere Geistliche machten keinen Hehl daraus, daß sie nicht daran dachten, an ihrem Standpunkt etwas zu ändern. Widerwillig wurde die neue Obrigkeit zwar akzeptiert, an der Ablehnung der NSDAP als solcher aber kein Zweifel gelassen.

Jedoch war dies nur ein Teilaspekt der Entwicklung. Auf der anderen Seite kamen nun die in der Wissenschaft so vieldiskutierten Affinitäten zwischen Nationalsozialismus und Katholizismus[24] zum Tragen, die es der katholischen Bevölkerung und auch Pfarrern erleichterten, sich mit dem neuen Regime zu arrangieren. Die Bereitschaft der katholischen Kirche, sich einer Mitarbeit unter den neuen Bedingungen nicht zu verschließen, signalisierte in aller Deutlichkeit die Teilnahme vieler Geistlicher an den Feiern zum 1. Mai 1933. In Speyer nahm Bischof Sebastian persönlich mit seinem Generalvikar an dem Aufmarsch teil. Sebastian setzte damit ein Zeichen, das zwar nicht als generelle Zustimmung zum Nationalsozialismus gewertet werden durfte, aber NSDAP-kritischen Katholiken unmißverständlich klarmachte, daß nach den kirchenfreundlichen Äußerungen führender Nationalsozialisten eine Zusammenarbeit nicht an den Katholiken scheitern sollte. Pfarrer, die sich solchen öffentlichen Bekundungen des guten Willens der katholischen Kirche entzogen, gerieten in einen Rechtfertigungszwang gegenüber den Forderungen lokaler NSDAP-Politiker, die auf das Vorbild des Bischofs und anderer Priester verwiesen[25].

Hoffnungen im katholischen Klerus, durch ein Mitwirken an gesamtgesellschaftlichen Aufgaben das Vertrauen der NSDAP gewinnen zu können, wurden jedoch schnell hinfällig. Durch die Auseinandersetzung um die konfessionellen Volksschulen, die in der Pfalz unmittelbar nach der politischen Umwälzung in Bayern einsetzten, gerieten nicht nur Geistliche, die als entschiedene Gegner der

[23] Vgl. *Faber*, 41 f.
[24] Vgl. u. a. *Ernst-Wolfgang Böckenförde*, Der deutsche Katholizismus im Jahre 1933. Kirche und demokratisches Ethos. Mit einem historiographischen Rückblick von *Karl-Egon Lönne* (Schriften zu Staat, Gesellschaft, Kirche 1, Freiburg, Basel, Wien 1988) sowie *Klaus Breuning*, Die Vision des Reiches. Deutscher Katholizismus zwischen Demokratie und Diktatur (1929–1934) (München 1969).
[25] Vgl. Archiv des Bistums Speyer NA 28/10 Karton 1, Funk. Bericht Funks vom 10. Mai 1946. Nach Darstellung Funks wurde ihm seine Nichtteilnahme an der Feier des 1. Mai 1933 als Lokalkaplan von Edigheim deshalb besonders verübelt, weil alle anderen Geistlichen Ludwigshafens an dem Umzug teilgenommen hatten.

NSDAP galten, sondern der gesamte Klerus in Bedrängnis. Im Juni 1933 kam es zum Ausbruch der angestauten Aggressionen. In der ganzen Pfalz wurden katholische Geistliche in Schutzhaft genommen, mißhandelt oder zur Flucht aus ihren Pfarreien gezwungen[26].

Um die Entlassung der Pfarrer aus der Haft zu erreichen, fand sich Bischof Sebastian zu einem Abkommen mit der Gauleitung bereit, in dem den Geistlichen jegliche Kritik an der Regierung Hitler und deren Maßnahmen untersagt wurde[27]. In den folgenden Jahren achtete der Bischof strikt darauf, daß sich sein Klerus jeglicher politischer Äußerung enthielt[28]. Geistliche, denen es darum ging, den Unrechtscharakter des Regimes öffentlich zu machen, waren auf sich allein gestellt. Dem Pfarrer der Gemeinde Rheingönheim bei Ludwigshafen, der aus prinzipiellen Erwägungen nationalsozialistischem Druck auf keinen Fall nachgeben wollte und die Versetzung in eine andere Pfarrei jahrelang verweigerte, nahm der Bischof 1937/38 sogar auf dem Wege eines kanonischen Prozesses seine Pfarrstelle[29]. Für Sebastian hatte die Gewährleistung einer geregelten Seelsorge unbedingten Vorrang, Konfrontationen mit den nationalsozialistischen Machthabern waren zu vermeiden, wenn nicht Kernbereiche kirchlichen Selbstverständnisses angegriffen wurden. Diese „Entpolitisierung des Klerus" entsprach im übrigen nicht nur den aktuellen politischen Erfordernissen, sondern paßte auch in das Konzept einer „zunehmend gemeindeorientierten und liturgiezentrierten Seelsorge", die für die katholische Kirche in der ersten Hälfte des zwanzigsten Jahrhunderts besonders charakteristisch war[30].

Nach dem Abschluß des Reichskonkordats, das den Geistlichen ebenfalls jegliche parteipolitische Betätigung untersagte, trat eine gewisse Beruhigung des Verhältnisses zwischen katholischer Kirche und NSDAP in der Pfalz ein. Diese war in erster Linie auf die bevorstehende Abstimmung im Saargebiet zurückzuführen. Gauleiter Bürckel unterband rigoros antikirchliche Bestrebungen und vertagte die Frage der Gemeinschaftsschule bis auf weiteres.

Es war aber nicht nur das Entgegenkommen der pfälzischen NS-Führung, das Bischof Sebastian sowie viele Pfarrer bewog, sich für eine Rückkehr des Saargebietes ins Deutsche Reich einzusetzen. Für die überwiegende Mehrheit der saar-

---

[26] Zu regionalen Unterschieden, die nicht zuletzt auf die jeweiligen konfessionellen Bedingungen zurückzuführen waren, vgl. *Fandel*, 190–203.

[27] Vgl. *Helmut Prantl*, Zur Geschichte der katholischen Kirche in der Pfalz unter nationalsozialistischer Herrschaft, in: Blätter für Pfälzische Kirchengeschichte und Religiöse Volkskunde 42 (1975) 79–117, 87–89.

[28] So machte die Kirchenbehörde im Juni 1934 einem Pfarrer in der Südpfalz „sub oboedientia canonica" zur Auflage, „die Behandlung politischer Verhältnisse bis auf weiteres gänzlich zu unterlassen". Zitiert nach *Helmut Prantl*, Geschichte, 95 A. 124.

[29] Zu den genauen Hintergründen vgl. *Fandel*, 417–429.

[30] Vgl. Priester unter Hitlers Terror. Eine biographische und statistische Erhebung, bearb. von *Ulrich von Hehl* u. a. (VKZG, Reihe A, 37, Paderborn u. a. ³1996) Bd. 1, 108. Auch Bischof Sebastian waren allzu exponierte parteipolitische Aktivitäten seiner Seelsorger bereits in der Weimarer Republik ein Dorn im Auge gewesen (vgl. Unterlagen in den Personalakten Dr. Rößler sowie Bisson im Archiv des Bistums Speyer).

ländischen Katholiken war alles andere als die Option für Deutschland undenk-
bar, wäre als nationaler Verrat empfunden worden. Um so bemerkenswerter – und
bezeichnend für das Verhältnis von katholischen Geistlichen und NS-Regime – ist
es, daß dennoch eine nicht unerhebliche Zahl von Pfarrern[31] unter den gegebenen
Bedingungen gegen den Anschluß der Region an Deutschland eingestellt war, da
sie nicht in das „Dritte Reich" eingegliedert werden wollten. Für sechs Geistliche
aus den Pfarreien des Saargebietes, die zur Diözese Speyer gehörten, war der Ausgang der Abstimmung sogar Anlaß, sich ins Exil zu begeben[32]. Daß nicht ihre
Haltung, sondern die der Bischöfe Sebastian und Bornewasser, die politische
Zurückhaltung, zugleich aber eine klare nationale Haltung der Priester gefordert
hatten, der Stimmung der katholischen Bevölkerung entsprach, zeigte das Abstimmungsergebnis: Die mehrheitlich katholischen Saarländer entschieden sich
mit einer überwältigenden Mehrheit von 90,73 Prozent der Stimmen für eine
Rückkehr in das Deutsche Reich[33].

Im Gegensatz zur katholischen Kirche bereitete es der Pfälzischen Landeskirche keine Schwierigkeiten, daß die Rückkehr des Saargebietes in das Deutsche
Reich die Eingliederung in ein nationalsozialistisches Deutschland bedeutete.
Landesbischof Diehl konnte in einer Predigt zum 1. März 1935 befriedigt die „gerade Haltung" der protestantischen Gemeinden rühmen, die „mit ihren Pfarrern
sich für die baldige Rückkehr zum Reiche Adolf Hitlers" eingesetzt hatten[34].
Auch in den Jahresberichten der Pfarrer klang Stolz an, daß die nationale Zuverlässigkeit der Protestanten nicht – wie beim katholischen Bevölkerungsteil – in
Zweifel gezogen worden war[35].

Nach der Abstimmung mußten jedoch auch die evangelischen Pfarrer erkennen, daß die vermeintliche Wertschätzung ihrer Kirche lediglich auf zeitweilige
politische Notwendigkeiten zurückzuführen gewesen war. Im Jahresbericht der
Gemeinde Hassel bei St. Ingbert für das Jahr 1935 hieß es beispielsweise: „Während man in der Zeit des Abstimmungskampfes die Kirche bei jedem Anlaß
brauchte, nimmt man heute keine Rücksicht mehr auf sie. Am Erntedankfest 1934
ordneten die Führer der Deutschen Front (die jetzigen Führer der Ortsgruppe der

[31] Mindestens ein Drittel der Geistlichen, die in den 35 zur Diözese Speyer zählenden Pfar-
reien im Saargebiet tätig waren, verhielt sich so, daß sie von den Vertretern der Deutschen
Front scharf angegriffen wurden (vgl. *Fandel*, 246–258).
[32] Vgl. Archiv des Bistums Speyer. Personalakten Ecker, Engesser, Franz, Mühl, Pfeiffer,
Weber; vgl. auch *Kurt Schöndorf*, „Für Christus und Deutschland – Gegen Hitler und die
Neuheiden". Zum Widerstand katholischer Geistlicher gegen Hitler in der Saarpfalz vor der
Saarabstimmung 1935, in: Saarpfalz 1994/2, 25–34; *Gerhard Paul, Klaus-Michael Mallmann*,
Milieus und Widerstand. Eine Verhaltensgeschichte der Gesellschaft im Nationalsozialismus
(Widerstand und Verweigerung im Saarland 1935–1945, 3, Bonn 1995) 80.
[33] Abdruck der Wahlergebnisse bei *Markus Gestier*, Die christlichen Parteien an der Saar und
ihr Verhältnis zum deutschen Nationalstaat in den Abstimmungskämpfen 1935 und 1955
(Saarbrücker Hochschulschriften 15, St. Ingbert 1991) Anlage 42, 82f.
[34] ZASP Abt. 44/St. Ingbert Nr. 17b. Jahresbericht Pfarrer Kaisers für St. Ingbert 1935.
[35] Vgl. z.B. ZASP Abt. 8 Nr. 73. Jahresbericht Pfarrer Foells für Homburg 1934.

NSDAP) geschlossenen Kirchgang an, am Erntedankfest 1935 exerzierte während
des Gottesdienstes die SA auf dem hiesigen Sportplatz."[36]

Wahrnehmungen wie diese bestimmten in der Folgezeit zunehmend das Verhältnis von evangelischen Pfarrern und NSDAP innerhalb des gesamten Gebietes
der Pfälzischen Landeskirche. Die Pfarrer mußten registrieren, daß die Gleichschaltung der Landeskirche von der NSDAP nicht mit der erhofften Wertschätzung honoriert wurde. Hatte etwa die Landessynode im März 1934 beschlossen,
die Zugehörigkeit zu SA, SS oder einer anderen NS-Organisation zur Voraussetzung zur Zulassung zum theologischen Examen zu machen[37], so wurde diese
Auflage schnell hinfällig, weil Theologen in der Partei und deren Gliederungen
nicht mehr erwünscht waren. Wenn viele evangelische Theologen in der Pfalz
trotz dieser offenen Brüskierung weiterhin von einer grundlegenden Vereinbar-
keit von Nationalsozialismus und Christentum ausgingen, hing dies nicht zuletzt
mit der kirchenpolitischen Linie der pfälzischen Gauleitung zusammen. Neuheidnische Bestrebungen einzelner Nationalsozialisten in pfälzischen Städten und
Dörfern fanden die ausdrückliche Mißbilligung der Gauleitung[38]. Ebenso wurden
in Einzelfällen von lokalen Parteifunktionären erzwungene Kirchenaustritte
rückgängig gemacht[39]. Die Gauleitung konnte kein Interesse daran haben, vom
Nationalsozialismus überzeugte Protestanten gegen sich aufzubringen oder durch
offen ausgetragene kirchenpolitische Streitigkeiten Unruhe in die Bevölkerung
hineintragen zu lassen. Zudem waren führende pfälzische Nationalsozialisten wie
der stellvertretende Gauleiter Leyser[40] oder der Regierungsdirektor im Reichs-
kommissariat für das Saarland, Barth, den Bürckel aus dem Dienst der Landeskirche übernommen hatte, gläubige Protestanten.

Erst durch den zunehmenden Einfluß der Gestapo ab 1937 und verstärkte Kirchenaustritte von Parteifunktionären auch in der Pfalz wurde den evangelischen
Pfarrern endgültig klar, daß nicht die Linie der pfälzischen Gauleitung maßgeblich für die kirchenpolitische und weltanschauliche Entwicklung in Deutschland
war. Verfolgungsmaßnahmen[41], die sich bisher vor allem auf katholische Geist-

---

[36] ZASP Abt. 8 Nr. 71. Jahresbericht Pfarrer Oberlingers für Hassel 1935, ähnlich der Jahresbericht für 1936.
[37] Verhandlungen der Landessynode der Vereinigten Protestantisch-Evangelisch-Christli-
chen Kirche der Pfalz in den Jahren 1930–1944 (Grünstadt 1959) 408f., 415f., 421, 426f.,
434f.
[38] Vgl. die Belege bei *Prantl*, Kirchliche Lage, Register „Glaubensbewegung, Deutsche",
z.B. 76.
[39] Vgl. *Bergmann*, Bd. 3, 77–82.
[40] Zu Leyser vgl. *Dieter Wolfanger*, Ernst Ludwig Leyser. Stellvertretender Gauleiter der
NSDAP in der Saarpfalz. Eine biographische Skizze, in: Jahrbuch für westdeutsche Landes-
geschichte 14 (1988) 209–217.
[41] Vgl. *Fandel*, 399–465; Priester unter Hitlers Terror Bd. 2, 1363–1420; *Karl Heinz Debus*,
Verfolgung und Widerstand in der Pfalz. Ethnische Minderheiten und Religionsgemeinschaften unter nationalsozialistischem Terror. Eine topo-prosopographische Studie, in:
Palatia Historica. Festschrift für Ludwig Anton Doll zum 75. Geburtstag, hrsg. von *Pirmin
Spieß* (Quellen und Abhandlungen zur mittelrheinischen Kirchengeschichte 75, Mainz 1994)
627–723.

liche bezogen hatten und diese auch weiterhin viel stärker betrafen, wurden nun auch für evangelische Pfarrer nicht mehr nur in Einzelfällen zu einem Thema. Dies galt selbst für Pfarrer, die wie der Kaiserslauterer Pfarrer Hans Schmidt in den Gestapo-Akten als anerkannte „Vorkämpfer der nationalen Erhebung"[42] eingestuft wurden. Verbitterung machte sich gerade bei jenen protestantischen Pfarrern breit, die nach wie vor überzeugte Nationalsozialisten waren. Der Oppauer Pfarrer Stöppler etwa, der in seinen Jahresberichten die nationalsozialistische Regierung teilweise euphorisch gelobt hatte[43], schrieb 1938 in einem Brief an Landesbischof Diehl: „Unsere Gemeinde, unsere Protestanten, die rechtschaffene Nationalsozialisten gewesen sind, die fühlen sich verraten und belogen, die fühlen sich in ihrem Glauben aufs schlimmste enttäuscht!"[44] Stöppler zählte zu jenen Parteigenossen im Talar, die angesichts des wachsenden Einflusses kirchenfeindlicher Tendenzen in Partei und Gesellschaft dafür eintraten, daß die evangelische Kirche durch besondere nationalsozialistische Prinzipientreue ihre Loyalität unter Beweis stellen müsse. Andere Pfarrer – darunter auch Parteigenossen – zogen ganz andere Konsequenzen. Vor allem jüngere Theologen gingen unter dem Einfluß der Barmer Theologie sowie der faktischen Entwicklung der Partei auf Distanz zur NSDAP, zumindest im Hinblick auf deren Kirchenpolitik.

Daß es sich nur in Einzelfällen um eine grundlegende Umstellung der bisherigen politischen Linie der evangelischen Pfarrer handelte, verdeutlicht ein Blick auf die Vertreter der Bekennenden Kirche in der pfälzischen Pfarrerschaft. Im September 1934 – nach der Eingliederung der Pfälzischen Landeskirche in die Deutsche Evangelische Kirche – fanden sich Pfarrer verschiedener kirchenpolitischer Richtungen zusammen, um sich zur Pfälzischen Pfarrbruderschaft[45] zusammenzuschließen. Die Pfarrbruderschaft, die im August 1938 rund 29 Prozent der Pfarrerschaft in ihren Reihen vereinigte[46], war – ebenso wie die Bekennende Kirche in anderen Landeskirchen[47] – keineswegs eine wie auch immer geartete politische Opposition gegen das NS-Regime. Ziel war vielmehr ein koordiniertes Auftreten gegen das deutsch-christliche Kirchenregiment von Landesbischof Diehl. Bereits

---

[42] Landesarchiv Speyer H91/1356. Schreiben der Kriminalpolizei Kaiserslautern an die Gestapo Neustadt vom 18. März 1938.

[43] ZASP Abt. 8 Nr. 191.

[44] Zitiert nach *Bergmann*, Bd. 3, 83. Zu Stöppler sowie Oppau, wo bereits in der Weimarer Republik starke antikirchliche Aktivitäten zu verzeichnen waren, vgl. *Fandel*, 79 f., 547–553.

[45] Zur Pfälzischen Pfarrbruderschaft vgl. *Fandel*, 265–293.

[46] Vgl. die Mitgliederliste aus dem Privatnachlaß von Pfarrer Wilhelmy bei *Walter Becker*, Entschlossenes Bekenntnis im III. Reich innerhalb der Pfälzischen Landeskirche, dargestellt am Beispiel des Pfarrers Heinz Wilhelmy, Wissenschaftliche Zulassungsarbeit zur 1. Theologischen Prüfung bei der Evangelischen Kirche der Pfalz (Protestantische Landeskirche) (Heidelberg 1986) (Exemplar der ungedruckten Arbeit im ZASP) Anhang 51 sowie eine Mitgliederliste aus dem Nachlaß Pfarrer Wiens (ZASP Abt. 150 Nr. 40a).

[47] Vgl. z.B. *Karl-Ludwig Sommer*, Bekenntnisgemeinschaft und bekennende Gemeinden in Oldenburg in den Jahren der nationalsozialistischen Herrschaft. Evangelische Kirchlichkeit und nationalsozialistischer Alltag in einer ländlichen Region (Veröffentlichungen der historischen Kommission für Niedersachsen und Bremen 39: Niedersachsen 1933–1945, 5, Hannover 1993).

unmittelbar nach der Gründung der Pfarrbruderschaft kam es zu einer Verständigung aller Kräfte innerhalb der Landeskirche, wonach im Hinblick auf die Saarabstimmung keine kirchenpolitischen Auseinandersetzungen in die Gemeinden getragen werden sollten. Bis zum Auftreten der nationalkirchlichen Bewegung in der Pfalz 1937 informierten die meisten protestantischen Pfarrer ihre Gemeinden weder eingehend über den Streit innerhalb der Deutschen Evangelischen Kirche noch über die sich neu bildenden Fronten in der Pfalz.

Wie wenig es der Pfälzischen Pfarrbruderschaft um eine oppositionelle Haltung zu Staat und Partei ging, zeigt auch die Bereitschaft, 1936 in die deutsch-christlich dominierte Kirchenregierung einzutreten. Im gleichen Jahr lieferte die überwältigende Mehrheit der Pfarrbrüder einen vom Landeskirchenrat geforderten Nachweis der „arischen" Abstammung der Pfarrer und ihrer Ehefrauen. Nur zehn, zumeist jüngere Mitglieder der Pfarrbruderschaft verweigerten diesen Nachweis, den sie innerhalb der Kirche – nicht innerhalb des staatlichen Rahmens – ablehnten[48]. Auch in der Frage des Treueides auf Hitler im Jahr 1938 gab es in der Pfalz nur ganz wenige Verweigerer, die sich schon zuvor von der Pfarrbruderschaft wegen deren Kompromißbereitschaft gelöst hatten.

Die Regierung der Pfalz erkannte die Loyalität der Pfälzischen Landeskirche ausdrücklich an und wies in ihrem Monatsbericht vom 7. September 1937 auf die Problematik zentral angeordneter Überwachungsmaßnahmen hin, die für die Pfalz als kontrapunktiv angesehen wurden: „Die Notwendigkeit einer Überwachung der katholischen Predigten wird auch für die Zukunft anerkannt werden müssen; indes ist die Überwachung der Erklärungen evangelischer Geistlicher, die im Regierungsbezirk Pfalz in der Mehrzahl dem Nationalsozialismus positiv gegenüberstehen, vielfach geeignet, bisher loyale Geistliche in einen Zustand der Renitenz zu versetzen. Da die Pfalz von dem Kirchenkampf innerhalb der evangelischen Kirche bisher noch ziemlich verschont geblieben ist, treffen die von zentraler Stelle angeordneten Überwachungsmaßnahmen vielfach nicht auf die pfälzischen Verhältnisse zu, wie ja auch die Ergebnislosigkeit der meisten Überwachungen bestätigt. Es dürfte an der Zeit sein, in der Überwachung der evangelischen Gottesdienste eine Milderung eintreten zu lassen und diese nur auf bekannte Hetzer zu beschränken."[49]

Ein Blick auf das Jahr 1937, in dem der Bericht verfaßt wurde, dokumentiert trotz der zunehmenden Aktivitäten der Gestapo noch einmal, wie sehr die Zeit des „Dritten Reiches" für die evangelischen Pfarrer in der Pfalz von innerkirchlichen Auseinandersetzungen bestimmt wurde. Durch das Auftreten der nationalkirchlichen Bewegung sahen sich Deutsche Christen, die Pfälzische Pfarrbruderschaft und die liberale Vereinigung „Freunde der Union" veranlaßt, sich gemeinsam in Sondergottesdiensten zu ihrem angestammten Glauben zu bekennen[50].

---

[48] An dem Recht des Staates zur Forderung des Ariernachweises ließen auch fast alle der Verweigerer keinen Zweifel (vgl. die Unterlagen im ZASP Abt. 160,3 Bd. 1 Nr. 3).
[49] *Prantl*, Kirchliche Lage 204.
[50] Zur nationalkirchlichen Bewegung in der Pfalz vgl. *Fandel*, 333–398.

Zwar warb im Bereich der Pfälzischen Landeskirche nur etwa ein Dutzend Theologen für die konfessionelle Vereinigung der Deutschen unter völkischen Vorzeichen, doch kam es in den betroffenen Orten – vor allem in Städten wie Speyer, Ludwigshafen, Frankenthal und Neustadt – zu regelrechten Spaltungen der Gemeinden. Obwohl gerade von Nationalkirchlern mit politischen Verdächtigungen gearbeitet wurde, handelte es sich nicht um eine politische, sondern um eine kirchenpolitische Angelegenheit. Die Nationalkirchler erhielten – von Ausnahmen auf lokaler Ebene abgesehen – keineswegs die Unterstützung der NSDAP[51]. Mit dem Speyerer Pfarrer Emil Lind betätigte sich ein Theologe führend für die Nationalkirche, der als NSDAP-Gegner galt und sich 1933 als erster und zunächst auch einziger pfälzischer Pfarrer dem Pfarrernotbund angeschlossen hatte. Lind erhoffte sich mittels der nationalkirchlichen Bewegung nicht die Durchsetzung politischer Maxime, sondern die Umsetzung seiner liberalen Theologie in einer Personalgemeinde[52].

Auch wenn sich in allen kirchenpolitischen Gruppierungen Parteigenossen engagierten, muß – im Gegensatz zu Untersuchungen aus anderen Landeskirchen[53] – betont werden, daß sich bei den Pfarrern der Pfälzischen Landeskirche durchaus eine Beziehung zwischen NSDAP-Parteimitgliedschaft und kirchenpolitischem Bekenntnis feststellen läßt. Die Deutschen Christen und vor allem die nationalkirchliche Bewegung hatten – prozentual gesehen – wesentlich mehr Parteimitglieder aufzuweisen als die Anhänger der Bekennenden Kirche[54].

Während sich die evangelischen Pfarrer 1937 vor allem mit ihren nationalkirchlichen Kollegen auseinanderzusetzen hatten, war dieses Jahr für die katholischen Pfarrer vor allem durch erneute Auseinandersetzungen um die konfessionellen Schulen geprägt. So sehr Bischof Sebastian in politischen Fragen auf Zurückhaltung seines Klerus drang, so sehr war er gleichzeitig darauf bedacht, daß die Priester in Fragen, in denen er Belange der Kirche unmittelbar berührt sah, ohne Rücksicht auf persönliche Risiken den Standpunkt der Kirche vertraten. Abgesehen von wenigen Ausnahmen konnte sich Sebastian auf seinen Klerus verlassen, der ohnehin zu einem nicht geringen Teil dem diplomatisch-taktierenden Kurs des Bischofs mit großen Vorbehalten gegenüberstand. Ende 1936/Anfang 1937 wurde die katholische Bevölkerung auf den zu erwartenden Angriff auf das konfessionelle Volksschulsystem vor allem durch Predigten vorbereitet. Zusätzliche Brisanz erhielt die Schulfrage durch eine lokale Auseinandersetzung um den Rang

[51] Vgl. *Fandel*, 386f., 374.
[52] Zu Lind vgl. *Fandel*, 346–368.
[53] *Clemens Vollnhals*, Die Hypothek des Nationalprotestantismus. Entnazifizierung und Strafverfolgung von NS-Verbrechen nach 1945, in: Geschichte und Gesellschaft 18 (1992) 51–69, 57 sowie *Rainer Lächele*, Ein Volk, ein Reich, ein Glaube. Die „Deutschen Christen" in Württemberg 1925–1960 (Quellen und Forschungen zur Württembergischen Kirchengeschichte 12, Stuttgart 1994) 229.
[54] Vgl. *Fandel*, 342f., 521–523. Von den 13 ermittelten nationalkirchlichen Theologen waren sechs NSDAP-Mitglied. Dagegen fanden sich unter den gut 100 Mitgliedern der Pfälzischen Pfarrbruderschaft lediglich 16 Parteigenossen; von diesen wurden drei aus der NSDAP ausgeschlossen, sechs traten aus.

von Hitlerbildern und Kreuzen, den sogenannten Frankenholzer Schulkreuz-streit[55]. Der Schulstreik in der saarpfälzischen Gemeinde war zwar – worauf Gerhard Paul hingewiesen hat – kein „Akt katholischen Widerstandes"[56], der eine Aufkündigung politischer Loyalitäten anzeigte, dennoch trafen seine Auswirkungen Gauleiter Bürckel an einem äußerst empfindlichen Punkt. Bischof Sebastian machte den Vorfall in der ganzen Diözese publik und ließ keinen Zweifel daran bestehen, daß Frankenholz eben kein Einzelfall, sondern vielmehr symptomatisch für die Gesamtentwicklung im Deutschen Reich war, die darauf hinauslief, die christlichen Kirchen durch eine neue „deutsche Kirche" zu ersetzen[57].

Zwar gelang dem Gauleiter mit der erfolgreichen Durchführung der Abstimmung über die Einführung der Gemeinschaftsschule am 20. März 1937 ein auch propagandistisch zu verwertender Sieg über die katholische Kirche[58]. Das Abstimmungsergebnis zeigte trotz allen Drucks und aller Manipulationen, daß die Bereitschaft der meisten Katholiken, sich Forderungen der NSDAP zu widersetzen, dort an ihre Grenze stieß, wo konkrete Nachteile – vor allem wirtschaftlicher Art – drohten. Die klaren Worte des Bischofs ließen jedoch die von Bürckel „gepflegte Fiktion des ‚Religionsfriedens'"[59] in seinem Gau endgültig in sich zusammenbrechen. Hinzu kam, daß die bischöfliche Kritik durch die Verlesung der Enzyklika „Mit brennender Sorge" am Tag nach der Schulabstimmung aus katholischer Sicht mit höchster Autorität bestätigt wurde. Der Gauleiter, der selbst aus einer fest im katholischen Milieu verankerten Familie stammte, legte es nun darauf an, Sebastian, der ihm in der Frage des Saargebietes von so großem Nutzen gewesen war, öffentlich zu diskreditieren und mit ihm die katholische Kirche als überholte und national unzuverlässige Institution darzustellen[60].

Die Auseinandersetzungen um die Schulen, die aufgrund der liberalen Tradition der Landeskirche im protestantischen Bereich kein Pendant fanden, lassen die Eigenart des Verhältnisses von katholischen Pfarrern und NSDAP klar hervortreten. Es ging nicht um eine politische Opposition gegen das NS-Regime, sondern um „weltanschauliche Immunisierung und kirchlich institutionelle Selbstbehauptung"[61]. Die Auseinandersetzung wurde gerade in der Schulfrage mit besonderer Heftigkeit geführt, weil beide Seiten eine Erziehung nachfolgender Generationen in ihrem Sinne gewährleisten wollten. Auch in der Jugendarbeit verteidigte die katholische Kirche zäh ihre Eigenständigkeit, während die evangelische Kirche in

---

[55] Vgl. *Paul, Mallmann*, 129–134 sowie *Fandel*, 299–306.

[56] *Klaus-Michael Mallmann, Gerhard Paul*, Resistenz oder loyale Widerwilligkeit? Anmerkungen zu einem umstrittenen Begriff, in: Zeitschrift für Geschichtswissenschaft 41 (1993) 129.

[57] Vgl. den Hirtenbrief Sebastians, unterzeichnet am 28. Februar 1937, verlesen am 7. März 1937, unter Bezugnahme auf Rosenberg; Abdruck bei *Jakob Bisson*, Sieben Speyerer Bischöfe und ihre Zeit. 1870 bis 1950. Beiträge zur heimatlichen Kirchengeschichte (Speyer 1956) 348–351, Zitat 348.

[58] Zu der Abstimmung vgl. *Fandel*, 306–318.

[59] *Prantl*, Geschichte 112.

[60] Vgl. *Prantl*, Geschichte 112f.

[61] Priester unter Hitlers Terror Bd. 1, 115.

die Eingliederung ihrer Jugend in die HJ einwilligte und sich in der Folgezeit
äußerst schwertat, Jugendliche in einem genuin kirchlichen Rahmen zusammen-
zuführen[62]. In ländlichen Gemeinden gelang es katholischen Pfarrern sogar teilweise, den nationalsozialistischen Jugendorganisationen das Wasser abzugraben
und Kinder und Jugendliche für entsprechende katholische Organisationen zu gewinnen[63]. Nicht nur im Hinblick auf den Nachwuchs hatten die katholischen
Pfarrer, die traditionell im katholischen Milieu nicht nur in rein kirchlichen
Fragen die Meinungsführerschaft besaßen, wesentlich größere Möglichkeiten, die
Bevölkerung in ihrem Sinne zu beeinflussen, als ihre evangelischen Kollegen.
Zwar bezog sich die Abgrenzung zur NSDAP in erster Linie auf kirchliche Eigen-
interessen[64], doch bewirkte das Beharren auf einer eigenständigen Tradition – die
Teilabschottung von gesamtgesellschaftlichen Entwicklungen im „Dritten Reich"
– eine Immunisierung gegenüber dem nationalsozialistischen Totalitätsanspruch.

Die intendierte völlige weltanschauliche Durchdringung der Gesamtgesell-
schaft mußte im Hinblick auf die kirchennahen Katholiken scheitern, die – ange-
leitet von ihren Geistlichen – nicht bereit waren, die neue nationalsozialistische
Weltsicht mit ihrer Verabsolutierung des „deutschen" Menschen zu akzeptieren.
Insofern erscheint der von Broszat eingeführte Begriff der Resistenz[65] – trotz aller
daran geäußerter und zum Teil auch berechtigter Kritik[66] – geeignet, die spezifische Eigenart des Verhaltens katholischer Kleriker und der sie stützenden katholischen Kerngemeinden zu beschreiben, wenn zugleich eine klare Abgrenzung zu
einem Widerstands-Begriff vorgenommen wird, der Handlungen beschreibt, die
auf einen Umsturz des NS-Regimes abzielten, und die Gemengelage von Teil-
ablehnung und Teilzustimmung nicht übersehen wird. Mit Cornelia Rauh-Kühne
muß zudem ausdrücklich vor einer Überbewertung der „Resistenz" im katholischen Kirchenvolk vor allem in Fragen gewarnt werden, die sich nicht unmittelbar
auf Kirche und Religion bezogen[67].

„Widerstand", der eine Aufkündigung der politischen Loyalität beinhaltete,
wurde auch nicht von jenen katholischen Geistlichen geleistet, die gegenüber den
Machthabern eine kämpferischere Linie für richtig hielten, als sie von Bischof
Sebastian bevorzugt wurde. In dieser Hinsicht gab es durchaus Parallelen zwischen katholischen Geistlichen und jenen evangelischen Pfarrern, die den eindeutig pro-nationalsozialistischen Kurs ihrer Kirchenleitung nicht teilten und ihre
Gemeinden entschlossen auf die Verteidigung ihres Glaubens vorbereiteten. Auch
fehlte selbst bei diesen Pfarrern – bis auf ganz wenige Ausnahmen – konfessions-
übergreifend die Bereitschaft, sich über die eigenen Grenzen hinaus für Verfolgte

---

[62] Vgl. *Fandel*, 323 f.
[63] Vgl. Monatsbericht der Regierung der Pfalz vom 8. Juni 1935 (*Prantl*, Kirchliche Lage 74).
[64] *Paul, Mallmann*, 116–135, 533 f.
[65] *Martin Broszat*, Resistenz und Widerstand. Eine Zwischenbilanz des Forschungsprojekts,
in: Bayern in der NS-Zeit, Bd. 4, hrsg. von *Martin Broszat* u. a. (München, Wien 1981)
691–709.
[66] Vgl. u. a. *Paul, Mallmann*, 99–116.
[67] *Cornelia Rauh-Kühne*, 389 A. 346

einzusetzen. Die Segmentierung der deutschen Gesellschaft in weitgehend geschlossene Milieus bedingte eine Blickverengung auf die jeweils eigenen Interessen. So blieb auch die unmißverständliche Stellungnahme des evangelischen Pfarrers von Mutterstadt gegen die Vorfälle in der Reichspogromnacht 1938 eine Ausnahme[68]. Die von Ian Kershaw getroffenen Feststellungen über die Haltung von bayerischen Pfarrern beider Konfessionen zur nationalsozialistischen Judenverfolgung treffen auch für die Pfalz zu[69]. Die meisten Pfarrer schwiegen und sahen keinen Anlaß, sich in einer Frage zu exponieren, die ihnen angesichts der Bedrohung kirchlicher Belange und der Gefährdung der eigenen Person von nachgeordneter Bedeutung erschien. Eine gewichtige Rolle spielten darüber hinaus Vorbehalte gegenüber den Juden, die sowohl aus traditionellem christlichen Antijudaismus als auch aus „sittlich-soziokultureller Judenfeindschaft"[70] gespeist wurden.

Trotz der konfessionellen Gemeinsamkeiten sind auch in dieser Frage Unterschiede zwischen evangelischen und katholischen Pfarrern in der Pfalz festzustellen. Rassenfanatiker im Sinne der NS-Ideologie gab es zwar selbst unter den evangelischen Pfarrern, die NSDAP-Mitglied waren, nur wenige. Allerdings war es nicht zuletzt auf ihr Wirken zurückführen, daß es innerhalb der Pfälzischen Landeskirche zu Diskussionen kam, die im katholischen Bereich keine Parallele fanden. So stellte 1939 der nationalkirchliche Pfarrer Willmann in einer Sitzung der Kirchenregierung den Antrag, daß Juden nicht Mitglieder der Landeskirche sein könnten. Der Antrag wurde zwar abgelehnt, jedoch erklärte Oberkirchenrat Stichter, um die Kirchenregierung vor politischen Verdächtigungen durch die Nationalkirchler zu schützen, „es dürfe nach diesem Abstimmungsergebnis nicht die Ansicht entstehen oder verbreitet werden, als ob diejenigen Mitglieder, die nicht für den Antrag gestimmt haben, wünschten, daß Juden Mitglieder der Pfälzischen Landeskirche werden sollen"[71]. Auch an der Basis zeigte die NS-Ideologie Auswirkungen: In Speyer zogen 1936 drei jüdische Taufbewerber ihr Gesuch wieder zurück, nachdem Gemeindemitglieder mit ihrem Kirchenaustritt gedroht hatten[72].

Das Verhältnis zu den Juden war für die pfälzischen Pfarrer beider Konfessionen im „Dritten Reich" eher ein Randproblem. Im Vordergrund stand jeweils die Wahrung der eigenen Interessen, die von evangelischer und katholischer Seite

[68] Nachdem am 10. November 1938 die Synagoge in Mutterstadt (Bezirk Ludwigshafen) in Brand gesteckt worden war, hatte Pfarrer Bähr im Religionsunterricht gesagt: „Was hier gemacht wird, ist nicht recht – Juden sind auch Menschen und mit Menschen muß man immer menschlich umgehen." Bähr wurde daraufhin festgenommen, jedoch auf Intervention von Landesbischof Diehl zwei Tage später wieder freigelassen. Vgl. *Bergmann*, Bd. 3, 45.

[69] Vgl. *Ian Kershaw*, Popular Opinion and Political Dissent in the Third Reich: Bavaria 1933–1945 (Oxford 1983) 246–257.

[70] *Heinz Eduard Tödt*, Das Novemberverbrechen 1938 und der deutsche Protestantismus. Ideologische und theologische Voraussetzungen für die Hinnahme des Pogroms, in: Kirchliche Zeitgeschichte 2 (1989) 14–37, Zitat 31.

[71] Zitiert nach *Reichrath*, 56.

[72] *Eberhard Röhm, Jörg Thierfelder*, Juden, Deutsche, Christen 1933–1945, Bd. 2/I (Stuttgart 1992) 74–77.

unterschiedlich definiert wurden. Auf Grund der politischen Nähe vieler protestantischer Pfarrer in der Pfalz zum Nationalsozialismus, aber auch auf Grund eines anderen Verständnisses von der Rolle der Kirche in der Gesellschaft ergab sich
ein wesentlich geringeres Konfliktpotential zwischen protestantischen Pfarrern
und Nationalsozialisten, als es zwischen katholischen Pfarrern und Nationalsozialisten bestand. Die katholische Form des Christentums machte generell die
Anpassung an staatliche Vorgaben schwerer als die evangelische – unabhängig
davon, um welche Staatsform es sich handelte. Die Konfliktfelder waren zum Teil
in der Weimarer Republik und im „Dritten Reich" dieselben – genannt sei nur die
Frage der Konfessionsschulen[73]. In einem totalitären Staat mußten die katholischen Einwände gegen Modernisierungs- und Säkularisierungstendenzen[74] jedoch auf besonders heftige Gegenreaktionen stoßen, da dieser das katholische
Beharren auf einer eigenständigen Tradition auf keinen Fall hinnehmen wollte
und mit Gewalt bekämpfte.

Die katholischen Pfarrer sahen sich durch ihren Bischof und das Reichskonkordat zur politischen Zurückhaltung verpflichtet, zur Loyalität gegenüber der
Staatsführung, die allerdings keineswegs aktiv unterstützt, sondern nur mit großen Vorbehalten erduldet wurde. Eine größere Öffnung gegenüber dem Nationalsozialismus, die über die nach christlicher Tradition gebotene Gehorsamspflicht
der weltlichen Obrigkeit gegenüber hinausgehen sollte, befürworteten in der
Pfalz nur sehr wenige[75] katholische Pfarrer. Die von den Zeitgenossen als
„braune" Pfarrer bezeichneten Geistlichen wurden nicht nur vom nationalsozialistischen Überwachungsapparat als Ausnahme von der Regel wahrgenommen[76].
Daß sie in der Tat Außenseiter innerhalb des Klerus waren, belegt eine Analyse ihrer Persönlichkeiten. Vor allem der Zölibat erwies sich für einige dieser Pfarrer als
kritischer Punkt ihres Selbstverständnisses als katholische Priester[77]. Die daraus

[73] Vgl. *Franz Sonnenberger*, Der neue „Kulturkampf". Die Gemeinschaftsschule und ihre historischen Voraussetzungen, in: Bayern in der NS-Zeit, Bd. 3, hrsg. von *Martin Broszat* u.a.
(München, Wien 1981) 235–327.
[74] Dazu vor allem *Thomas Breuer*, Verordneter Wandel? Der Widerstreit zwischen nationalsozialistischem Herrschaftsanspruch und traditionaler Lebenswelt im Erzbistum Bamberg
(VKZG, Reihe B, 60, Mainz 1992).
[75] Bei rund 520 Geistlichen, die zwischen 1933 und 1939 in der Diözese Speyer wirkten,
konnte der Verfasser 38 Geistliche ermitteln, bei denen sich irgendwelche Hinweise in dieser
Richtung ergaben, wobei nach Aktenlage aber nur etwa die Hälfte der Fälle in dem genannten Zusammenhang wirklich interessant sind. Bei 346 ausgewerteten Personalakten aus dem
Archiv des Bistums Speyer ergaben sich 26 Fälle, von denen 16 als substantiell zu betrachten
sind. – Vgl. auch Priester unter Hitlers Terror, Bd. 1, 101 f.
[76] Beurteilungen katholischer Priester finden sich u.a. im Landesarchiv Speyer H33/998/
1000 (Frankenthal), H34/1630 (Germersheim), H37/1873 (Kirchheimbolanden), H38/1349
(Kusel), H38/1398 (Homburg/St. Ingbert), H42/755 (Pirmasens) sowie H91 (Personalakten
der Gestapo).
[77] In den 346 herangezogenen Personalakten aus dem Archiv des Bistums Speyer fand sich
nur bei 22 Geistlichen Material, in dem es in den Jahren zwischen 1933 und 1945 um einen
für katholische Priester als ungebührlich empfundenen Umgang mit Frauen ging. Dagegen
belegen dies die Akten in 7 der 16 „NS"-Fälle.

resultierenden Konflikte mit Kollegen und der Bistumsleitung konnten – das gleiche galt für Auseinandersetzungen bei durch Alkoholmißbrauch bedingten Auffälligkeiten – zu einer Annäherung an die NSDAP führen, die weniger weltanschaulich bedingt war, sondern eher darauf abzielte, Druck gegen die Kirchenbehörde auszuüben oder beim Verlust des Pfarramtes eine Beschäftigungsmöglichkeit in einer staatlichen Behörde zu erhalten[78]. Lediglich zwei Geistliche der Diözese Speyer wurden Mitglied der NSDAP; beide schieden aus dem kirchlichen Dienst aus[79].

War eine öffentliche Unterstützung des Nationalsozialismus durch katholische Kleriker die Ausnahme, so waren die Signale, die von der Spitze der Pfälzischen Landeskirche und von vielen ihrer Pfarrer kamen, andere. Hier gab es eine aktive, zeitweise sogar vorbehaltlose Unterstützung der nationalsozialistischen Regierung. Die in die NSDAP gesetzten Hoffnungen drängten lange Zeit die weltanschaulichen Bedenken in den Hintergrund, die manche Vertreter der NSDAP hervorgerufen hatten, die aber nicht als repräsentativ angesehen worden waren. Zu einem partiellen Meinungsumschwung kam es erst durch die in der Pfalz mit einiger Verzögerung einsetzenden Auswirkungen der auf Reichsebene heftig geführten kirchenpolitischen Auseinandersetzungen, die nicht zuletzt durch die Einflußnahme der NSDAP auf die Kirche entstanden waren, sowie durch zunehmende neuheidnische Tendenzen in Teilen der Partei bzw. deren Gliederungen. Die Gefährdung der christlichen Glaubenssubstanz durch die weltanschauliche Entwicklung rückte in den Vordergrund, wodurch auch die politische Unterstützung der NSDAP durch viele protestantische Pfarrer in der Pfalz zumindest fragwürdig wurde. Die Gestapo-Akten im Landesarchiv Speyer lassen erkennen, daß der nationalsozialistische Überwachungsapparat zunehmend weniger bereit war, frühere Verdienste um die NSDAP, die einzelnen Pfarrern oder der Landeskirche insgesamt zugeschrieben wurden, zu berücksichtigen[80]. Allerdings wurde diese Entwicklung hin zu einer deutlich schärferen Gangart gegenüber der protestantischen Pfarrerschaft durch den Kriegsbeginn und die Kriegsteilnahme gerade vieler junger Theologen unterbrochen, während sich dies für den katholischen Klerus, der in der Pfalz 1940 erstmals von einer KZ-Einweisung betroffen wurde[81], nicht generalisierend sagen läßt.

Zusammenfassend kann man feststellen, daß sich in der Zeit zwischen der Saarabstimmung und dem Kriegsbeginn – trotz aller weiterhin feststellbarer konfessioneller Unterschiede – zumindest tendenziell eine Annäherung des Verhältnisses der Pfarrer der beiden großen Kirchen in der Pfalz zum Nationalsozialismus vollzog. Dies gilt sowohl für die Behandlung der Pfarrer durch Staat und Partei als auch für die Wahrnehmung des Nationalsozialismus durch die Pfarrer. Auch evangelische Pfarrer nahmen zunehmend nicht mehr die Übereinstimmung mit

---

[78] Vgl. z.B. Akten im Landesarchiv Speyer H91/1270.
[79] *Prantl*, Geschichte 108 A. 201.
[80] Vgl. z.B. Akten im Landesarchiv Speyer H91/4352.
[81] Zu Pfarrer Friedrich Seitz vgl. die Akten im Landesarchiv Speyer H91/6103.

der Politik der NSDAP in vielen Bereichen als das entscheidende Moment wahr. Vielmehr trat nun die weltanschauliche Auseinandersetzung mit dem National-sozialismus in den Vordergrund, dessen Bestrebungen gegen den Einfluß des Christentums in der Gesellschaft nur noch schwerlich als Ausfluß der antikirch-lichen Haltung einzelner Parteifunktionäre interpretiert werden konnten.

Zu einer Zusammenarbeit von Pfarrern beider Konfessionen führte diese Erkenntnis jedoch nicht, auch wenn es vereinzelt zu Absprachen der beiden Kir-chenleitungen in Speyer kam. Die Gräben zwischen den Konfessionen waren zu tief, die Konzentration auf die jeweiligen Eigeninteressen zu stark. Ein besseres Verhältnis der Konfessionen entwickelte sich erst nach 1945 – nicht zuletzt auf-grund der Erfahrungen der NS-Zeit[82].

---

[82] Allerdings müßte noch näher untersucht werden, inwieweit ein besseres Verhältnis der Konfessionen, wie es etwa durch den Verzicht auf eine Wiederbelebung des Zentrums und die Gründung der CDU zum Ausdruck kam, tatsächlich als charakteristisch für die unmit-telbare Nachkriegszeit anzusehen ist.

Heide-Marie Lauterer

„Ja, das haben wir miterlebt, aber wir konnten dagegen ja nichts machen"

Diakonische Werke und Verbände in der Konsolidierungsphase des NS-Gewaltregimes am Beispiel des Kaiserswerther Verbandes

Der 1916 gegründete „Kaiserswerther Verband deutscher Diakonissenmutter-häuser", auf den ich mich im folgenden im wesentlichen beziehen werde[1], war 1933 der größte evangelische Schwesternverband im Bereich der Inneren Mission. Ihm gehörten ca. 28 000 Diakonissen und 3700 diakonische Hilfskräfte in 69 über das ganze Reich verteilten Mutterhäusern an. Die Diakonissen arbeiteten im Erziehungswesen, in der geschlossenen und offenen Fürsorgearbeit, in Anstalten für körperlich und geistig Behinderte sowie im Pflegebereich als Gemeinde- und Krankenschwestern. Gemäß der Verbandssatzung, den sog. Grundordnungen, geschah das diakonische Handeln im Auftrag Jesu Christi. Im Vergleich zum humanitär begründeten Dienst des Deutschen Roten Kreuzes und dem politischen Dienst der NS-Schwesternschaft war der Diakonissendienst als religiös motivierte Liebestätigkeit an „Armen und Kranken" definiert[2]. Der Kaiserswerther Verband war dem 1848 gegründeten Centralausschuß für die Innere Mission angeschlossen.

Die einzelnen Mutterhäuser waren nach dem patriarchalischen Familienmodell organisiert. Den Hausvorstand bildeten der ordinierte Pastor als Vorsteher und neben ihm – gemäß dem biblischen Grundsatz: Der Mann ist des Weibes Haupt – die Oberin als Vorsteherin. Die Oberin war selbst Diakonisse, unverheiratet und Teil der Schwesterngemeinschaft. Als Mitglied des Hausvorstandes war sie gleichzeitig „Hausmutter" und nächste Vorgesetzte der Schwestern. Die Diakonissen nahmen in diesem Gefüge die Stellung von Töchtern ein. Als Schwestern lebten

---

[1] Vgl. *Heide-Marie Lauterer*, Liebestätigkeit für die Volksgemeinschaft. Der Kaiserswerther Verband Deutscher Diakonissenmutterhäuser in den ersten Jahren des NS-Regimes (Göttingen 1994). Hier finden sich auch weiterführende Literatur und Quellenangaben, auf die ich im folgenden weitgehend verzichten werde. Im folgenden zitiert: *Lauterer*, Liebestätigkeit.

[2] „Der Armen- und Krankenfreund", so lautet der Titel einer Zeitschrift, die Theodor Flied-ner, der Begründer der Kaiserswerther Mutterhausdiakonie, seit 1849 herausgab.

sie zusammen in der religiös begründeten Lebens- und Dienstgemeinschaft des
Mutterhauses. Sie waren dem Hausvorstand gegenüber zum Gehorsam verpflichtet und gelobten Ehelosigkeit. Darüber hinaus unterlagen sie dem „Sendungsprinzip", d. h. der Hausvorstand – der Vorsteher in Absprache mit der Oberin –
bestimmte über die Art der Ausbildung, über ihren Arbeitseinsatz, über den Ort
ihrer Arbeitsstelle, über Arbeitszeit und Freizeit. Der Vorsteher schloß für die
einzelnen Diakonissen Arbeitsverträge mit ihren verschiedenen Arbeitsstationen
ab, zog ihr Gehalt ein und teilte ihnen ein Taschengeld zu. Diese Regelung galt
auch für die Oberin, nicht jedoch für den Vorsteher, der als verheirateter evangelischer Pastor mit seinem Gehalt seine Familie ernährte.

Für die Kommunen und Gemeinden garantierte die Organisationsform der
Kaiserswerther Mutterhausdiakonie Effektivität und Kontinuität einer professio-
nalisierten Liebestätigkeit. Die Kaiserswerther Schwesterntracht wurde zum Markenzeichen qualifizierter Krankenpflege. Der Kaiserswerther Verband Deutscher
Diakonissenmutterhäuser gehörte zu den Spitzenverbänden der freien Wohlfahrtspflege.

Ich habe in meiner 1994 erschienenen Dissertation[3] ausführlich dargelegt, wie
sich dieser christliche Verband unter dem Gleichschaltungsdruck von Reichsinnenministerium und NSDAP im Jahre 1933 verhielt. Ich habe die Frage zu
beantworten versucht, wie es zu beurteilen sei, daß der Verbandsvorstand in den
Jahren 1933–1938 vor allem versuchte, den Verband als Institution von nationalsozialistischer Einflußnahme frei zu halten und gleichzeitig den Bestand seiner
Werke zu wahren. Das Ergebnis war ein doppeltes: Weil sich der Kaiserswerther
Verbandsvorstand einerseits so hartnäckig für seine Bestandssicherung einsetzte
und nicht nur Sachwerte, sondern auch die religiös begründete, traditionelle
Arbeitsweise der Mutterhausdiakonie zu erhalten suchte, wurde er kein gleich-
geschalteter oder gar nationalsozialistischer Schwesternverband. Andererseits
habe ich in kritischer Auseinandersetzung mit den diakoniegeschichtlichen Arbeiten Jochen-Christoph Kaisers[4] und Kurt Nowaks gezeigt, daß dieses Bemühen
deshalb keineswegs als „Resistenz" zu charakterisieren ist. Mit Martin Broszat
wird Resistenz verstanden als „aktives Gegenhandeln von Einzelnen oder Gruppen, ziviler Ungehorsam oder auch bloß als innere Bewahrung der dem Nationalsozialismus widerstrebenden Grundsätze"[5]. Daß das „Resistenzpotential" der
Diakonie eher einer Wunschvorstellung entsprach und dem von Kaiser geltend
gemachten „zähe[n], unerbittliche[n] Kampf gegen die Euthanasie"[6], so er denn
stattfand, kein sichtbarer Erfolg beschieden war, zeigt die Opferstatistik. Aus den

[3] Vgl. *Lauterer*, Liebestätigkeit 49–83.
[4] *Jochen-Christoph Kaiser*, Sozialer Protestantismus im 20. Jahrhundert. Beiträge zur Geschichte der Inneren Mission 1914–1945 (München 1989), im folgenden zitiert: *Kaiser*, Protestantismus; *Kurt Nowak*, Euthanasie und Sterilisierung im Dritten Reich (Göttingen 1984).
[5] *Martin Broszat*, Resistenz und Widerstand. Eine Zwischenbilanz des Forschungsprojektes
Widerstand und Verfolgung in Bayern 1933–1945, in: Bayern in der NS-Zeit, Bd. IV, hrsg.
von *Martin Broszat, Elke Fröhlich, Anton Grossmann* (München 1981) 691–709.
[6] *Kaiser*, Protestantismus.

Anstalten des Kaiserswerther Verbandes, d.h. ohne die Opfer in den Anstalten anderer Verbände der Inneren Mission hinzuzuzählen, wurden in den Jahren 1940/41 im Rahmen der „T 4" Aktion eine hohe Zahl an Patienten und Patientinnen in staatliche Anstalten verlegt und dort ermordet. Meine Untersuchungen haben eine Zahl von 1741 Menschen ergeben, die den Tötungsaktionen zum Opfer fielen[7]. Es ist jedoch davon auszugehen, daß diese Zahl nur die Spitze des Eisbergs benennt, da der Verband über weitere, von mir nicht untersuchte Häuser verfügte, die geistig und körperlich behinderte Menschen pflegten.

Während ich in meiner Dissertation vor allem das Verhalten, das organisatorische Handeln sowie die politische und kirchenpolitische Ideologie des Verbandsvorstandes, der sich bis auf eine Ausnahme aus Männern zusammensetzte, untersucht habe, so möchte ich heute danach fragen, wie die Diakonissenschaft, d.h. die weibliche Verbandsbasis, zu dem neuen Regime stand. Mich interessiert, ob und wie sich die gewaltsame politische Umstrukturierung der Gesellschaft, die Gleichschaltung der Verbände, die Ausschaltung der Parteien, das Gewaltpotential, verstärkt durch die Aufhebung der Menschenrechte, durch Antisemitismus und Rassismus, auf die Einstellung und das Verhalten in der Schwesterngemeinschaft auswirkte.

Um diese Fragen zu beantworten, habe ich bereits in den Jahren 1985/86 zwölf Mutterhäuser in der Bundesrepublik und der damaligen DDR besucht und dort ca. 50 sog. „Feierabendschwestern" in Gruppen- und Einzelgesprächen nach ihren Erinnerungen an das Dritte Reich befragt. Einige dieser Diakonissen im Ruhestand wurden durch meinen Besuch zum ersten Mal zu Aussagen über dieses Thema angeregt. Andere hatten bereits in ihrer Gemeinschaft über diese Zeit nachgedacht, keine von ihnen hatte jedoch vor meinem Besuch mit Personen, die außerhalb des Mutterhauses standen, über die NS-Zeit gesprochen. Alle Schwestern hatten die Zeit von 1933 bis 1938 als junge Frauen im aktiven Dienst als Gemeinde-, Kranken- oder Kindergartenschwester, als Lehrerin oder Erzieherin in Behindertenanstalten erlebt. Da die Interviews nur rudimentär in meine Dissertation eingegangen sind, will ich sie im folgenden ausführlicher zu Wort kommen lassen[8]. Zunächst möchte ich vier Geschichten wiedergeben, die sich mit den Jahren 1933 bis zum Kriegsbeginn beschäftigen.

1. Bei vielen Schwestern überwog in der Zeit von 1933 bis 1938/39 die Begeisterung für die sogenannte „nationale Erhebung". So erzählte etwa Schwester Elise aus dem Mutterhaus Frankenstein in Schlesien: „Ich war damals noch jung, ich

---

[7] *Lauterer*, Liebestätigkeit 141–148.
[8] Zur Problematik von mündlichen Interviews als Quellen der Geschichtsforschung vgl. *Daniel Bertaux, Isabelle Bertaux-Wiame*, Autobiographische Erinnerung und kollektives Gedächtnis, in: Lebenserfahrung und kollektives Gedächtnis. Die Praxis der „Oral History", hrsg. von *Lutz Niethammer* (Frankfurt 1980) 108–122; *Jürgen Straub*, Zur narrativen Konstruktion von Vergangenheit. Erzähltheoretische Überlegungen und eine exemplarische Analyse eines Gruppengesprächs über die NS-Zeit, in: Bios 9 (1996) 30–58; *Robin Collmenn, Geron Henft*, Autobiographisches Gedächtnis und aktuelle Lebensperspektive im Alter. Eine empirische Studie biographisch rekonstruierter Kriegserfahrungen, in: Bios 9 (1996) 59–73.

hab mich in den ersten Jahren begeistert. Ich hab auch mal den Führer gesehen, in
Neiße. Ich muß sagen, der Mann hatte eine dämonische Anziehungskraft. Das
können Sie sich nicht denken. Wir standen ganz vorne, und er fuhr an uns vorbei.
Jede von uns hatte den Eindruck: Er hat mich angeguckt. Ja, der hatte einen Blick
– dämonisch – anders kann ich das gar nicht sagen. Ich meine, ich habe als Kind
einmal Kaisers Söhne gesehen, in Liegnitz. Die waren da in der Grenadierkaserne,
und da mußten wir von der Schule aus hin. Das war etwas ganz anderes. Die sah
man, als wenn man einen großen Bruder sieht, so als hätte man ihnen um den Hals
fallen wollen – das war etwas vollkommen anderes."[9]
    2. Eine Diakonisse aus Kassel berichtete über eine Begegnung mit Hitler ähn-
lich: „Ich hab ja auch Adolf Hitler erlebt. Das kann ich sagen, ich hab ihn ja gesehen. Ja, persönlich. Ja, er war einmal hier in Kassel, er fuhr durch die Königstraße
und stand im Wagen. Und da haben wir alle Spalier gestanden. Das muß aber
schon 1935/36 gewesen sein. Wissen Sie, als er kam, lag ja Deutschland sehr danie-
der. Die ganzen Arbeitslosen wurden ja plötzlich alle beschäftigt – und wir haben
uns alle mitgefreut. Ich war damals schon im Mutterhaus. Ich bin 1933 eingetreten
– mit dem Adolf bin ich angekommen – draußen hab' ich nichts erlebt. Und es
wurden ja auch die ganzen Autobahnen gebaut als Arbeitsbeschaffung. Erst ging
ja alles gut voran, und wir haben uns gefreut. Und dann, 1937, das weiß ich noch
wie heute, war ja dann in Bückeburg das große Erntedankfest, wo er dann kam
mit der ganzen Mannschaft, und da durften auch wir Seminaristinnen hin. Viele
Schwestern in meiner Gruppe waren neidisch, daß ich da mitkonnte, das gehörte
nämlich zu meiner Ausbildung, das war eine Studienfahrt. Um 6 Uhr früh haben
wir gerade noch einen Platz an der Absperrlinie bekommen. Da standen schon die
ganzen Ehrenformationen. Also das war ein Erleben, ich weiß das noch wie heut.
Und die Schwestern haben gesagt: ‚Du mußt dann für uns alle Heil rufen!'"[10]
    3. Eine Diakonisse erinnerte sich an ihre Anfangszeit im Mutterhaus: „Ich bin
dann als Schwesternschülerin aufgenommen worden, das war im Oktober 1932.
Im Februar 1933, als der Reichstag in Brand stand, da war mein erster Ausflug.
Nur da bekam ich frei. Wir vier Ausgehschwestern waren völlig unerfahren. Man
war begeistert von den vielen Anhängern, alles sollte anders werden. Die vielen
Arbeitslosen, die Brüder, die Verwandten, die sich dieser Sache angenommen hatten. Am 1. Mai 1933 – das ist einem unvergeßlich – die Welle von Menschen, die
den Marktplatz überflutete. Und dann ging das so weiter, bis man dann als Schwester aufgenommen wurde, und dann ging alles ganz gut. Dann ging es auch nicht
mehr lange, da kam ich nach Treysa ins Haus Hephata. Da wurde man als junge
Schwester noch nicht so viel gewahr."[11]

---

[9] Gespräch Heide-Marie Lauterer mit Schwester Elise Kunick, Mutterhaus Frankenstein,
Schlesien, heute Wertheim (13. 2. 1985).
[10] Gespräch Heide-Marie Lauterer mit Schwester Margarete Baum, Mutterhaus Kassel
(15. 2. 1986) 2 f.
[11] Gespräch Heide-Marie Lauterer mit Schwester Katharina Happel, Mutterhaus Kassel (2. 5.
1986) 10.

4. Eine andere Diakonisse war 1933 Gemeindeschwester in einer ländlichen Gemeindestation. Sie erzählte: „Ja, die Machtergreifung habe ich erlebt in Münchhausen bei Marburg. Es war eine sehr kirchliche Gemeinde, sehr stolze Bauern, die Kinder gingen alle noch in Tracht. Zuerst sah das so aus, als wäre das 'ne ganz gute Sache. Die Münchhäuser waren auch ganz davon angetan, denn die Nationalsozialisten, die zeigten sich kirchlich. Sie feierten das Erntedankfest immer sehr groß in der Kirche. Und es bildete sich auch eine NS-Frauenschaft, der ich mich aber nicht anschloß, weil ich von Anfang an gegen einiges Bedenken hatte. Obwohl es mir auch imponiert hat, wenn ich so sah, wie nach der Arbeitslosenzeit die Männer so schön geschlossen und in straffer Zucht die Diakonissenstraße herauf marschierten. Das habe ich vom Mutterhaus aus gesehen, das hat mich richtig beeindruckt."[12]

Obwohl diese Geschichten selbstverständlich keinen repräsentativen Überblick über die Einstellungen *der* Kaiserswerther Mutterhausdiakonie zum NS-Regime in der Anfangsphase geben, sind diese Zeugnisse in vieler Hinsicht bemerkenswert. Sie stammen von Frauen unterbürgerlicher, kleinbäuerlicher, kleinbürgerlicher Schichten, in wenigen Fällen auch von Töchtern aus Beamtenfamilien des gehobenen Dienstes, sowie vereinzelt von Frauen aus Pastorenfamilien. Es sind Zeugnisse, die über die Erinnerungen an die Selbstwahrnehmung und die Einstellung junger protestantischer Frauen in den ersten Jahren des NS-Regimes Aufschluß geben; sie sind in die Forschungsliteratur der Diakoniegeschichte bisher noch kaum eingegangen.

Von wenigen Ausnahmen abgesehen – Diakonissen, die von Anfang an eine NS-kritische Haltung zeigten und meistens aus dem Bildungsbürgertum stammten – begeisterte sich die Mehrheit aus den kleinbürgerlichen und kleinbäuerlichen Schichten für das Hitlerregime. Die Frauen erinnerten sich plastisch an die Faszination, die von dem Mann Hitler ausging. Sie konstruierten einen Gegensatz zu ihrer Wahrnehmung der Söhne des deutschen Kaisers. Für diese hatten sie geschwärmt, doch seien sie ihnen wie Brüder vorgekommen.

Im Kaiserreich hatte das Familienmodell der Mutterhausdiakonie seine Entsprechung in einem familialen Politikverständnis der Diakonissen gefunden[13]. Im Dritten Reich wandelte sich dieses Verständnis entsprechend der NS-Propaganda zu einem personalisierten Politikverständnis, das auf einen charismatischen Führer zielte[14]. Dieser bewährte sich sogar noch in der Rückschau: Die Schwestern bewunderten in ihrer Erinnerung immer noch die unmittelbar sichtbaren innenpolitischen Erfolge von damals – die vermeintliche Beseitigung der Arbeitslosigkeit und die Wiederherstellung der öffentlichen Ordnung. Und sie riefen sich noch einmal die Faszination vor Augen, die von den Massen ausging, die die NSDAP mobilisiert hatte.

---

[12] Gespräch Heide-Marie Lauterer mit Schwester Aenne Linke, Mutterhaus Kassel (2. 5. 1986) 2.
[13] Vgl. *Lauterer*, Liebestätigkeit 25.
[14] Vgl. *Ian Kershaw*, Hitlers Macht. Das Profil der NS-Herrschaft (München 1992) 31 ff.

Trotz allem blieben bei den Diakonissen Vorbehalte, die manche junge Schwester davon abhielten, sich freiwillig einer NS-Parteiorganisation anzuschließen.
Diese Vorbehalte hielten jedoch Druck gegenüber nicht stand. Kam er von seiten
der Partei, so fügten sie sich, wie das Beispiel der oben zitierten Schwester Aenne
aus dem Mutterhaus Kassel zeigt. Als Leiterin eines evangelischen Kindergartens,
der nicht im Mutterhaus, sondern in den Räumen der politischen Gemeinde be-
herbergt war, wurde sie vom Ortsgruppenleiter und Bürgermeister ihres Dorfes
dazu aufgefordert, der NS-Frauenschaft beizutreten. Dieser Aufforderung kam
sie nach. Sie berichtete: „Ich übernahm in Heringen den Kindergarten. Da war der
Bürgermeister Ortsgruppenleiter. Und das Haus, in dem der Kindergarten und
auch die Schwesternstation war, gehörte der politischen Gemeinde. Nur die Arbeit, die darin geschah, das war kirchliche Arbeit. Und der Bürgermeister in der
Person des Ortsgruppenleiters hat mich dann immer mal bestellt. Zunächst hat er
mich gefragt, warum ich nicht in der Frauenschaft sei und daß das doch sehr wün-
schenswert wäre. Und das hat mich dazu veranlaßt, der Frauenschaft beizutreten." Schwester Aennes Einstellung zur NS-Ideologie blieb distanziert, aber sie
behielt ihre Kritik für sich oder nahm sie im nachhinein zurück. „Ich erinnere
mich daran, daß bei einer Feier eine Frau ein Gedicht aufgesagt hat. Das war eine
Frau der Frauenschaft, und da schloß jeder Vers mit dem Satz: ‚Ich habe dem
Führer in die Augen geschaut.' Sehen Sie – na ja … Und im Kindergarten habe ich
es dann auch zu spüren bekommen. Ich hatte außerdem Kindergottesdienst zu
halten, und im Kindergottesdienst wurde ich bespitzelt. Und wurde nach einem
Kindergottesdienst dann auch zum Bürgermeister bestellt. Da hatte ich eine
Bemerkung gemacht. Es war wirklich sehr dumm, ich muß es selber sagen. Ich
hatte nämlich beim Gleichnis vom barmherzigen Samariter einen Vergleich
gezogen. Ich hatte gesagt – alle gehen vorbei an diesem unter die Räuber gefallenen SS-Mann oder Ortsgruppenleiter – aber der, der ihm geholfen hat, das war ein
Jude. Ja, ein Jude, habe ich gesagt. Das war sehr riskant – ich weiß das jetzt hinter-
her."[15]
Solche Erfahrungen änderten nichts daran, daß aus den Erzählungen dieser und
anderer Diakonissen über die Anfangszeit des NS-Regimes Zufriedenheit und
Einverständnis mit der politischen Lage spricht; die Schwestern blickten voller
Optimismus in die Zukunft. Sie fühlten sich als Teil des deutschen Volkes, mit
dem es nun wieder aufwärts ging. Doch stellte sich die Situation in Deutschland
etwa für den jüdischen Bevölkerungsteil bereits während der Machtübernahme
völlig anders dar. Dies zeigt schlaglichtartig ein Tagebucheintrag Viktor Klempe-
rers vom März 1933. Er schrieb: „Inzwischen im Innern kein Blutvergießen, aber
Bedrückung, Bedrückung, Bedrückung. Niemand atmet mehr frei, kein freies
Wort, weder gedruckt, noch gesprochen. Nichts mehr von mir erscheint."[16]

---

[15] Gespräch Heide-Marie Lauterer mit Schwester Aenne Linke, Mutterhaus Kassel (2. 5.
1986) 2.
[16] *Viktor Klemperer*, Ich will Zeugnis ablegen bis zum letzten, Bd. 1 (Berlin 1995)
(27. März 1933) 15.

Wie ich in meiner Dissertation[17] dargelegt habe, herrschte 1933 auch bei den beiden Vorsitzenden des Kaiserswerther Verbandes, Hans Lauerer und Siegfried Graf von Lüttichau, Einverständnis mit der politischen Wende. Die Männer zeigten sich vor allem empfänglich für das nationale, militärstrotzende und kirchliche Pathos, wie es erstmalig am „Tag von Potsdam" in Szene gesetzt wurde. Wie die beiden Vorsitzenden, so glaubte die Mehrheit der Mutterhausvorsteher, in dieser Inszenierung die Auferstehung des Kaiserreiches zu erkennen. Dabei ignorierten sie die ebenfalls zur Schau gestellte NS-Ideologie, wie sie im neuen Staatsemblem, dem Hakenkreuz, zum Ausdruck kam, das am 21. März 1933 in der Krolloper den Raum beherrschte. Göring hatte dessen Sinngehalt in seiner Eröffnungsrede im Reichstag, kurz vor der Annahme des Ermächtigungsgesetzes, interpretiert. Es sei das „uralte Zeichen unserer Vorväter, und doch ewig verjüngend, ewig neu, das Sonnenzeichen, als Zeichen des Aufstieges, als Zeichen der Reinheit, als Zeichen der Ehre"[18]. In der Kaiserswerther Mutterhausdiakonie fragte man kaum nach den politischen und pseudoreligiösen Inhalten dieses Symbols, sondern begnügte sich damit, daß Hitler in seiner Regierungserklärung Verbeugungen gegenüber der christlichen Religion gemacht hatte, die freilich vorwiegend als Zugeständnisse an die katholische Zentrumspartei gedacht waren.

Auf meine Frage, ob sie sich in der Zeit vor 1933 für Politik interessiert hätten, antworteten die meisten Diakonissen mit einem klaren „Nein". Als Grund dafür nannten sie rückblickend chronischen Zeitmangel. Es mag sein, daß einige Schwestern damit in der Rückschau ihr generelles Desinteresse an Politik rechtfertigen wollten. Doch muß man hinzufügen, daß nur sehr wenige Mutterhausvorstände in der Weimarer Republik darauf geachtet hatten, daß den Diakonissen im Berufsalltag Zeit für politische Bildung eingeräumt wurde. So verstanden die Oberinnen des Verbandes, die oft aus bürgerlichen Familien oder aus dem Adel stammten, mehrheitlich ihr Amt als unpolitisch. So plädierte Oberin Anna von Ehrenstein 1931 für den Austritt des Kaiserswerther Verbandes aus der Vereinigung der Evangelischen Frauenverbände mit folgender Begründung: „Die Probleme auf politischem, rechtlichem, medizinischem und sozialem Gebiet, die dort verhandelt werden, liegen abseits vom Dienst der Mutterhäuser und der Schwestern."[19]

Andererseits zeigen die Geschichten der einstmals jungen Probeschwestern jedoch, wie eng diese Frauen in der Rückschau auf 1933 ihre individuelle Biographie mit politischen Ereignissen koppelten. So geht der Bericht über die Feier des Ersten Mai 1933 in der dritten Erzählung direkt zur Ausbildung der jungen Schwester über. Diese verlief ebenso gut wie das politische Leben außerhalb des Mutterhauses. Ich zitiere noch einmal: „Man war begeistert von den vielen Anhängern, alles sollte anders werden. Die vielen Arbeitslosen. Die Brüder, die Verwandten, die sich dieser Sache angenommen hatten. Am 1. Mai 1933, das ist einem unver-

---

[17] *Lauterer*, Liebestätigkeit 38–48, 70–73.
[18] Verhandlungen des Reichstags, Stenographische Berichte, Nr. 457, 1. Sitzung (21. 3. 1933) 17.
[19] Vgl. *Lauterer*, Liebestätigkeit 40, Anm. 98.

gesslich – die Welle von Menschen, die den Marktplatz überflutete. Und dann ging das so weiter, bis man dann als Schwester aufgenommen wurde, und dann ging alles ganz gut."[20]

Die positive Beurteilung der innenpolitischen Lage beschränkte sich dabei nicht nur auf die Zeit unmittelbar nach der Machtergreifung, sondern erstreckte sich auf die folgenden fünf Jahre. Glaubt man den Erzählungen, so schien der Arbeitsalltag in der Zeit von 1933 bis 1938 im Mutterhaus und auf den Gemeindestationen ohne Störungen verlaufen zu sein. Für diese Annahme spricht, daß die Erinnerungen der Schwestern an die ersten fünf Jahre des NS-Regimes, abgesehen von den spektakulären Aufmärschen, wenige konkrete Ankerpunkte fanden.

So vermitteln die Interviews mit den Schwestern an der Verbandsbasis denselben Eindruck, der sich bereits aus der Untersuchung des Verhaltens des Verbandsvorstandes ergeben hat – daß sich die Mutterhausdiakonie in der Zeit von 1933 bis 1938 unter der Maßgabe der Bestandssicherung und der Bewahrung ihrer traditionellen Arbeitsstrukturen im Bereich der Wohlfahrtspflege ohne größere Konflikte in das NS-Regime einfügte. Das Außerkraftsetzen der Grundrechte, die Verfolgung und Mißhandlung politischer Gegner, die ersten antijüdischen Gesetze, das Gesetz zur Verhütung erbkranken Nachwuchses mit seinen unmittelbaren Konsequenzen für die konfessionellen Krankenhäuser, die nun auch Zwangssterilisierungen durchführen mußten, die Errichtung der Konzentrationslager, all das kommt in den Interviews nicht oder nur vereinzelt und am Rande vor. Es wurde entweder nicht wahrgenommen, oder verdrängt, oder aber als notwendige Kehrseite der wirtschaftlichen und sozialen Stabilisierung hingenommen.

Dies zeigt schlaglichtartig die Erinnerung einer Schwester aus Königsberg an einen arbeitslosen Mann in ihrer Gemeinde. Sie berichtete: „Sie nannten sie damals Faulenzer. Die wurden dann abgeholt und kamen dann in eines dieser Lager. Wir wußten nicht, wohin sie kamen – und das waren ja Arbeitslager; dabei – es gab ja gar nicht genug Arbeit für alle. Als der Mann zurückkam, erzählte der mir dann einiges. Die hatten ja Schweigepflicht, aber mir hat er doch einiges erzählt. Wenn ein Mann ein Paket bekam, mußte er es sich bei der Verwaltung abholen und es auf allen Vieren kriechend mit den Zähnen tragen. Sie wurden geschlagen und hatten schlechte Verpflegung."[21]

Ich will im folgenden an drei Beispielen zeigen, welche Aspekte ihres Arbeitsalltags die Schwestern in ihren Geschichten rückblickend hervorhoben.

1. Eine Diakonisse aus dem Mutterhaus Kassel war Leiterin eines mutterhauseigenen Kindergartens. Sie berichtete: „Ich habe meinen Kindergarten nach 1933 geführt wie bisher. Da hat uns niemand reingesprochen. Im Kindergarten, da hatten wir nichts zu erfüllen auf nationalsozialistischer Ebene. Wir haben den Kindergarten geführt wie immer. Wir haben unseren Morgenkreis gemacht, haben ein

[20] Gespräch Heide-Marie Lauterer mit Schwester Katharina Happel, Mutterhaus Kassel (2. 5. 1986) 10.
[21] Gespräch Heide-Marie Lauterer mit Schwester Berta Zimmer, Diakonissenmutterhaus Königsberg, heute Altenberg bei Wetzlar (28. 9. 1986).

Lied gesungen. Haben mit den Kindern gebetet vor dem Essen und nach dem Essen und haben jede Woche eine biblische Geschichte erzählt. Und sonst haben wir natürlich auch die Kinder zu echten deutschen Kindern erzogen. Ja, wir haben marschiert und dann haben wir gesungen: ‚Links, rechts, links rechts, Säbel an der Seite, schultert das Gewehr, mit welcher Freude ziehen wir daher.‘ So kleine Kinderlieder. Heute würde man sagen, das war militaristisch. Aber – das war ja noch so richtig Erziehung, so wie die Schule. Und diese Lieder – damit hatte man die Kinder ja auch in Zucht, die machten das gerne. Aber nicht, daß uns jetzt jemand gesagt hätte, so müßt Ihr das machen. Es war *unser* Kindergarten."[22]

2. Im Kindergärtnerinnenseminar dieses Mutterhauses, das neben Diakonissen auch junge protestantische Frauen von außerhalb ausbildete, wurde Hitlers „Mein Kampf" gelesen und Rassenkunde unterrichtet. Darüber hinaus wurde als Prüfungsvoraussetzung von allen Schülerinnen, die Diakonissen eingeschlossen, der Arierausweis verlangt.

Daß diese Regelung offenbar ausgeführt wurde und die Diakonissen noch im nachhinein einen möglichen inneren Widerstand zu überwinden suchten, indem sie versuchten, dieser Regelung etwas Positives abzugewinnen, zeigt die Aussage einer Kasseler Diakonisse: „Nun ja, man mußte sich ausweisen, daß man ein deutscher Mensch war, arische Abstammung bis zum Urgroßvater. Ja, und das war auch wiederum interessant, so eine kleine Ahnenforschung."[23] Zum Thema Ariernachweis berichtete eine andere Diakonisse, deren Vater Beamter war und deshalb seine Abstammung offenlegen mußte, daß ihr Vater gleich mehrere Durchschläge des Nachweises für alle Kinder habe anfertigen lassen. Die Diakonisse kommentierte: „Ja, das war ja gut für die Kinder. Ja, das mußte man ja haben. Sonst konnte man ja kein Staatsexamen machen. Ja, und überhaupt, das mußte gemacht werden."[24]

3. Das Frankfurter Diakonissenmutterhaus beteiligte sich im Mai 1934 an der Rhein-Mainischen „Braunen Messe". Die Diakonissen arbeiteten an der Sonderausstellung der NS-Frauenschaft: „Die deutsche Frau beim Aufbau des Dritten Reiches" mit. Sie gaben einen Überblick über Organisation, Tagesablauf und Arbeitsgebiete der Diakonissen sowie über die Ausbildung in der Mutterhausdiakonie. Als anschauliches Beispiel bauten sie einen ländlichen Kindergarten auf. Dabei achteten die Diakonissen darauf, das „Einzigartige" ihrer Arbeit zu zeigen, das im Mutterhaus Frankfurt etwa in einer Paramentikwerkstatt bestand. Die Diakonissen waren der Ansicht, die Ausstellung der NS-Frauenschaft „sei etwas für das Volk gewesen, die NSV habe da etwas für die Volksbildung" getan. In diesem Bereich arbeitete das Mutterhaus auch außerhalb der Ausstellung mit der

---

[22] Gespräch Heide-Marie Lauterer mit Schwester Margarete Baum, Mutterhaus Kassel (15. 2. 1986) 5 f.

[23] Gespräch Heide-Marie Lauterer mit Schwester Margarete Baum, Mutterhaus Kassel (15. 2. 1986) 5 f.; Gespräch Heide-Marie Lauterer mit Schwester Katharina Happel, Mutterhaus Kassel (5. 2. 1986) 22.

[24] Gespräch Heide-Marie Lauterer mit Schwester Katharina Happel, Mutterhaus Kassel (5. 2. 1986) 22.

NSV zusammen. So stellte das Frankfurter Diakonissenhaus beispielsweise seine Lehrküche für Kochgruppen der NSV zur Verfügung[25].

Aus diesen Erzählungen gehen drei Bedingungen hervor, die den Schwestern die Kooperation mit den Institutionen und Behörden des NS-Regimes in der hier interessierenden Zeit ermöglichten.

1. Die traditionelle, religiöse Form sowie die Inhalte des Diakonissendienstes blieben gewahrt. Im Kindergarten beispielsweise wurde gebetet, gesungen und biblische Geschichten erzählt; die Räume wurden durch religiöse Symbole geschmückt – selbst auf der Braunen Messe stellten die Diakonissen u.a. sakrale Textilien aus, die sie in ihrer Paramentikwerkstatt herstellten – und der Tagesablauf sowie das Jahr wurde auch nach 1933 von religiösen Ritualen strukturiert.

2. Einzelne Elemente nationalsozialistischer Pädagogik, wie die frühkindliche militaristische Erziehung, waren durchaus mit der Praxis in den evangelischen Kindergärten vereinbar. Darüber hinaus entsprach die Betonung der Volksgemeinschaft, ausgedrückt in der Devise: Gemeinnutz geht vor Eigennutz, dem vormodern-religiösen Gemeinschaftsdenken der Diakonissen.

3. Die Diakonissen leisteten behördlichen Anordnungen, wie der Auflage des Ariernachweises als Voraussetzung für die Abschlußprüfung der evangelischen Kindergärtnerinnen, unwidersprochen und mit einem gewissen Verständnis Folge. Die Mutterhausleitungen, die Konflikte mit der Obrigkeit vermeiden wollten, sorgten ihrerseits für die Einhaltung dieser Anordnungen. Im Mutterhaus Kaiserswerth führte dies dazu, daß zwei Diakonissen, die auf einem amtlichen Meldebogen gewissenhaft über ihre jüdische Herkunft Auskunft gegeben hatten, nach Theresienstadt und Auschwitz verschleppt wurden. Nur eine von ihnen kehrte zurück[26].

Eine solche zumeist unreflektierte Bereitschaft, im Bereich der Wohlfahrtspflege mitzuarbeiten, die gleichwohl Raum für mentale Vorbehalte bot, fand sich vor allem bei den Schwestern an der Verbandsbasis sowie bei der Mehrheit der Mutterhausleitungen. Auf der Ebene der übergeordneten Organisation evangelischer Schwesternverbände, der „Diakoniegemeinschaft" dagegen war die Begeisterung im Untersuchungszeitraum bewußt und ungeteilt. Ich habe in meiner Dissertation ausführlich über die institutionelle Einbindung dieser 1933 gegründeten Dachorganisation in das System nationalsozialistischer Wohlfahrts- und Gesundheitsorganisationen sowie über die politische Mentalität ihrer Führerin, Auguste Mohrmann, geschrieben[27]. Mohrmann war in Personalunion „Verbandsoberin" des Kaiserswerther Verbandes nach dessen Umstrukturierung im Frühjahr 1933. Als einziges weibliches Mitglied des dreiköpfigen „Führerrates" war sie im Mai 1933 in die NSDAP eingetreten[28]. An dieser Stelle möchte ich zeigen,

---

[25] Vgl. *Lauterer*, Liebestätigkeit 191.

[26] Vgl. *Ruth Felgentreff*, „Ist verpflichtet, den Judenstern zu tragen". Eine Dokumentation über Johanne und Erna Aufricht. Kaiserswerth, Theresienstadt, Auschwitz (Kaiserswerth 1973).

[27] Vgl. *Lauterer*, Liebestätigkeit 77–82.

[28] Mitgliedsnummer 3077449. Berlin, Document Center. Akte Auguste Mohrmann.

daß spezifische Elemente des Selbstverständnisses dieses evangelischen Schwesternverbandes mit der nationalsozialistischen Volkstumsideologie übereinstimmten.

In einem Rundbrief der Diakoniegemeinschaft im Jahr 1935 bestimmte die „Führerin", Auguste Mohrmann, die Rolle und Aufgabe der konfessionellen Schwestern im Dritten Reich. In direkter Anrede legte sie die Schwestern darauf fest, „Glied einer großen Kette zu sein, Teil einer Gemeinschaft, die aus dem gleichen Boden ihre Kräfte nimmt. Du dienst mit vielen Tausenden dem gleichen Herrn, Jesus Christus."[29] Sie fuhr fort: „Schwestern der Diakonie sind immer und überall Dienerinnen in und an ihrem Volk. Schwestern der Diakonie stehen neben den Schwestern der anderen Verbände im gleichen Kampf um die Gesund- und Reinerhaltung der Glieder des deutschen Volkes. Sie kämpfen inmitten einer großen Schar deutscher Frauen um neue Wertung von Tugenden, die im deutschen Volk weithin an Geltung verloren hatten: Opfer, Ehre, Treue, Gehorsam. Sie können und wollen nicht gleichgültig zuschauen in dieser Zeit der Entscheidungen, wo deutsches Volk in Kampf und Not neu geformt wird. Schwestern der Diakonie versuchen an ihrem bescheidenen Teil in Gehorsam, Hingabe und Treue das gigantische Aufbauwerk des Führers im Deutschen Volke zu unterstützen."[30]

An diesem Text sind drei Aspekte bemerkenswert. Obwohl Diakonissen angesprochen werden, entsprechen die Zuschreibungen nicht den weiblichen Eigenschaften der Geschlechterrollenstereotypen, wie sie im Familienmodell der Mutterhausdiakonie seit dem 19. Jahrhundert für Männer und Frauen festgelegt waren und praktiziert wurden. Danach verstanden sich und wurden die Diakonissen verstanden als mütterlich, friedliebend, schützend und warmherzig, dabei den Männern, Vätern und Mutterhausvorstehern untergeordnet. Aus dieser Zuschreibung abgeleitet war der Arbeitsbereich der Diakonissen. Sie waren für den inneren, häuslichen, pflegenden, erzieherischen Bereich zuständig[31].

Im Rundschreiben der Diakoniegemeinschaft zählen Frauen wie Männer als Volksglieder, als Teil des Ganzen, der Volksgemeinschaft. Explizit wird darauf hingewiesen, daß es für die deutschen Frauen und Diakonissen jetzt um eine „neue Wertung von Tugenden" geht. Nämlich darum, „Opfer, Ehre, Treue und Gehorsam" neu zu verstehen. Verlangt wurde damit nichts anderes, als daß sich die Frauen diese Werte, die zum Arsenal des männlichen, militärischen Ehrenkodexes gehörten, zu eigen machen sollten.

---

[29] Auguste Mohrmann, Rundschreiben der Diakoniegemeinschaft 1935, Archiv des Kaiserswerther Verbandes. Akte Diakoniegemeinschaft; im folgenden zitiert: Rundschreiben.

[30] Ebd.

[31] Die Oberinnen waren für die Kommunikation unter den Schwestern zuständig. Im Verantwortungsbereich der Vorsteher lag dagegen die Verbindung zur Außenwelt sowie die Verbindung zum Überirdischen. Sie hielten Gottesdienst und informierten die Diakonissen über die Welt; sie schlossen Arbeits- und Kaufverträge ab, sie regelten die Finanzen des Mutterhauses. Den Zuschreibungen der männlichen Geschlechterrolle zufolge waren sie rational veranlagt, zuweilen auch hart und kämpferisch und den Frauen übergeordnet.

Dies zeigt sich in der Rhetorik, die seit 1933 die dienenden und pflegenden Tätigkeiten von Frauen in Termini von Kampf faßt. Vor der „Volksgemeinschaft", dem „Gigantischen Aufbauwerk des Führers", glichen sich die Geschlechterrollen aneinander an und gingen in militärisch-soldatischen Tugenden auf, die für beide Geschlechter Gültigkeit erlangten[32].

Diese Veränderung der Sprache korrespondierte mit der zunehmenden Militarisierung der Gesellschaft, die innerhalb des Kaiserswerther Verbandes schon im März 1933 zur Kenntnis genommen worden war. Eine Anfrage an den Verbandsvorstand hatte gezeigt, daß einzelne Mutterhausvorstände zu dieser Zeit mit der Aufstellung eines neuen Heeres rechneten und die Verwendung von Diakonissen als Krankenschwestern darin sicherstellen wollten[33].

Die Radikalität, mit der nicht nur in dem zitierten, sondern auch in anderen Texten Diakonissen als Kämpferinnen für die Volksgemeinschaft angesprochen werden, ist nicht nur deshalb bemerkenswert, weil sie dem Mutterbild scheinbar diametral gegenüber stand. Sie sucht sogar in der nationalsozialistischen Ideologie der Zeit nach 1933 ihresgleichen, da das offizielle Frauenbild, wie es Gertrud Scholtz-Klink[34] seit ihrer Einsetzung als Führerin der Reichsfrauenschaft im Februar 1934 verkörperte und propagierte, stärker auf die Aufgaben und Eigenschaften deutscher Mütter sowie auf den Aufbau der Mütterarbeit abhob[35].

Beim näheren Hinsehen erweisen sich die beiden Stränge jedoch als miteinander vereinbar. So etwa schrieb Lydia Gottschewski[36], die von Februar bis Juni 1933 den BDM sowie bis September die Reichsfrauenschaft geleitet hatte, im Jahr 1935: „Neben das Bild des Kämpfers tritt, noch schattenhaft in den Umrissen, aber erfüllt von treibenden Kräften, von Möglichkeiten künftiger Gestaltung, das Bild der Mutter. Und erst, wenn beide Bilder groß und leuchtend über unserem Volke stehen, jedes sicher in seinem Gefüge, stark und ruhig in sich selbst, aber eines das andere beschenkend mit seinen besten Kräften, ist unser Volk in seiner gültigen, wesenhaften Ordnung."[37] Aus diesem Zitat geht hervor, daß die Frauen an der „Volkwerdung" komplementär beteiligt sein sollten.

Wie sich NS-Führerinnen diese Teilhabe von Frauen vorstellten, wird bei Guida Diehl deutlich[38]. Sie galt 1932 als Aspirantin auf das Amt der Reichsfrauen-

---

[32] Rundschreiben.

[33] Vgl. *Lauterer*, Liebestätigkeit 80, 116.

[34] Vgl. NS-Frauenbuch. Herausgegeben im Auftrag der obersten Leitung der NSDAP-Frauenschaft (München 1934) 15 ff.

[35] *Gertrud Scholtz-Klink*, Deutsches Muttertum. Muttertag 1942, in: NS-Frauenwarte 18 (1941/42) 272, zitiert nach *Leonie Wagner*, Nationalsozialistische Frauenansichten, Vorstellungen von Weiblichkeit und Politik führender Frauen im Nationalsozialismus (Frankfurt 1996) 85. Im folgenden zitiert: *Wagner*, Nationalsozialistische Frauenansichten. Scholtz-Klink schrieb 1942: „Mit jedem Kinde, dem eine Mutter das Leben schenkt, trägt sie zur Zukunft der Nation bei und wächst damit über sich selbst hinaus."

[36] Zu ihrer Biographie vgl. *Wagner*, Nationalsozialistische Frauenansichten 190–196.

[37] *Lydia Gottschewski*, Von der Formkraft der Bilder, in: Deutsche Frauenkultur 6 (1935), zit. nach *Wagner*, Nationalsozialistische Frauenansichten 84.

[38] Zu ihrer Biographie vgl. *Wagner*, Nationalsozialistische Frauenansichten 188 ff.

führung und versuchte nach 1933, ihre Vorstellungen in einer Frauenabteilung der „Deutschen Christen" unterzubringen. Für Diehl war jedes Todesopfer eines deutschen Mannes mit dem „Lebensopfer" einer deutschen Frau verbunden. An solche Vorstellungen knüpfte Auguste Mohrmann 1933 an. Die Führerin der Diakoniegemeinschaft ging aber noch einen Schritt weiter, indem sie auch die Mütter als eines Todesopfers für würdig erachtete. Der bisher sinnlos erscheinende Tod der Söhne im Ersten Weltkrieg wurde angesichts des Dritten Reiches rückblickend zum „Heldentod" und das erneute Gebären und Erziehen von Knaben konnte verstanden werden als „heiliger Dienst", d. h. als Dienst an der Volksgemeinschaft und als Kriegsdienst. „Deutsche Mütter", so rief Auguste Mohrmann aus, „die Ihr dem Vaterlande Söhne schenkt und erzieht, Gott segne Euch und Euren heiligen Dienst."[39]

Als die NSDAP im März 1934 damit begann, eine eigene Schwesternorganisation aufzubauen, war es diese ideologische Nähe auf der Ebene der Sekundärtugenden, d. h. des Dienstes, die zwischen den Ideen führender Frauen der Mutterhausdiakonie und den Führerinnen der NS-Frauenschaft bestand, die es der NSDAP erlaubten, in entscheidenden Punkten auf das Kaiserswerther Mutterhausmodell als Vorbild zurückzugreifen.

So übernahm die NSV für die neue politisch-soziale Berufsorganisation für Frauen den aus dem kirchlich-religiösen Bereich stammenden und pietistisch geprägten Begriff „Schwesternschaft". Die Frauen entschlossen sich, in diese Schwesternschaft „einzutreten" und wurden in sie „aufgenommen"[40]. Die NS-Schwestern erhielten wie die Kaiserswerther Diakonissen eine Tracht, die sich nur in der Farbe braun vom dunkelblauen Kaiserswerther Markenzeichen unterschied. Sonn- und feiertags sollte ein dunkelbraunes Wollkleid und ein gleichfarbener Mantel getragen werden. Wie in Kaiserswerth gehörte eine weiße Haube dazu, die sonntags mit einem braunen Haubentuch getragen wurde[41]. Die Tracht stellte nicht nur eine einfache und zweckmäßige Arbeitskleidung dar, sondern sie war ein „Ehrenkleid". Selbst die Bezahlung richtete sich nach dem Vorbild der Mutterhäuser. Die NS-Schwestern erhielten freien Lebensunterhalt, freie Tracht sowie ein nach Dienstjahren gestaffeltes monatliches Taschengeld. Wie ihre kirchlichen Schwestern waren sie der Steuerpflicht enthoben. Mit dem Eintritt in die NS-Schwesternschaft war der Beitritt zu einer Altersversicherung verbunden, die die Schwesternschaft übernahm[42]. Die Analogien gingen noch weiter, denn für die NS-Schwesternschaft wurde ein sogenanntes „Mutterhaus" eingerichtet. Es war dem Rudolf-Hess-Krankenhaus in Dresden angegliedert und diente der weltanschaulichen und beruflichen Schulung[43].

---

[39] Christliche Kinderpflege 41 (1933) 193.
[40] NSDAP. Schwesternschaft der NSV. Anordnung Nr. 1. 28. 3. 1934. BA Koblenz. NS 37/1040, im folgenden zitiert: Anordnung Nr. 1
[41] Anordnung Nr. 1, 4.
[42] Anordnung Nr. 1, 2.
[43] NSDAP. NS-Schwesternschaft. Anordnung Nr. V 2/34. (8. 6. 1934) 1.

Wie in Kaiserswerth unterlagen die NS-Schwestern dem „Sendungsprinzip".
Dies geht aus der im Jahre 1935 eingeführten Eidesformel hervor. Sie enthielt die
Verpflichtung, „an jedem Platz, an den ich gestellt werde, meine Berufsaufgaben
als nationalsozialistische Schwester treu und gewissenhaft im Dienst der Volksgemeinschaft zu erfüllen". Die Formel, die mit dem Treueschwur auf Adolf Hitler
begann, endete mit den Worten: „So wahr mir Gott helfe"[44]. Die Schwesternschaft der NSV erhielt den offiziellen Auftrag, „zur Schaffung der wahren Volksgemeinschaft" beizutragen – eine Aufgabe, der sich auch die Diakonissen verpflichtet fühlten[45].

Während die Diakonissen jedoch auch im Dritten Reich ihren Dienst christlich begründeten, verlangte die NSV von ihren Schwestern, daß sie ihre Aufgaben auf dem Gebiet der Krankenpflege im Sinne der NSDAP ausführten[46].
Damit war ihr Dienst ausdrücklich politisch legitimiert und für politische
Belange instrumentalisiert. So wurde als Eintrittsvoraussetzung bei der NS-
Schwesternschaft politisch-ideologisch korrektes Verhalten verlangt. Es konnten
nur solche Frauen aufgenommen werden, die sich bereits vor dem 30. Januar
1933 nationalsozialistisch betätigt hatten, oder solche Frauen, deren Familien bereits vor dieser Zeit nationalsozialistisch aktiv waren[47]. In die Kaiserswerther
Schwesternschaften durften nur Frauen protestantischen Glaubens eintreten,
und die Mutterhausvorsteher verlangten ein pfarramtliches Führungszeugnis
von den Novizen. Der entscheidende Unterschied zwischen dem Dienst an der
Volksgemeinschaft, wie ihn die Kaiserswerther Diakonissen verstanden, und
dem Dienst an der Volksgemeinschaft im Sinne der NSV lag in der nationalsozialistischen Rassenideologie begründet. Nur rassisch wertvolle, erbgesunde und
arische Menschen sollten überhaupt in den Genuß der Leistungen der NS-
Volkswohlfahrt gelangen.

Solche Kriterien standen freilich dem Dienstverständnis der Kaiserswerther
Diakonie diametral entgegen: Die Kaiserswerther Diakonissen verstanden ihren
Dienst als Nachfolge Christi, der allen notleidenden Menschen zugute kommen
sollte. „Wir haben alle gepflegt", so antwortete mir eine Krankenschwester, „wer
immer da krank war, ob das Jude oder Heide oder Katholik war oder Protestant,
das war ganz egal."[48] Aber sie vergaß hinzuzufügen, wie lange es ihr gelungen war,
diesem Auftrag treu zu bleiben.

Wenn die NSDAP gerade die traditionellen *Formen* der Mutterhausdiakonie
partiell übernahm, um deren Erhaltung die „Führer des Kaiserswerther Ver-

---

[44] NSDAP. NS-Schwesternschaft. Anordnung Nr. 7 (11.11. 1935) BA Koblenz NS 37/1040.
[45] Dienstanweisung für die NS-Gemeindeschwestern, in: *Herwart Vorländer*, NSV. Darstellung und Dokumentation einer nationalsozialistischen Organisation (Boppard 1988) 310,
Dokument Nr. 119, im folgenden zitiert: NSV.
[46] Ebd. 310.
[47] Ebd. 2.
[48] Gespräch Heide-Marie Lauterer mit Schwester Katharina Happel, Mutterhaus Kassel
(2. 5. 1986).

bandes" so sehr rangen[49], so zeigt sich daran einerseits, wie eng diese aus dem 19. Jahrhundert stammenden Formen sogar in der NS-Öffentlichkeit mit der Vorstellung qualitätsvoller Krankenpflege und sozialer Fürsorge verbunden waren. Andererseits konnte die NSV gerade in der Konsolidierungsphase des Dritten Reiches die weitverbreitete Arbeit der Mutterhausdiakonie auf dem Gebiet der Krankenpflege nicht ersetzen oder gar auf sie verzichten.

Daß die NSV dennoch nach eigenen Prägungen des Schwesterndienstes suchte, zeigt ein Werbeslogan, der moderne junge Frauen für den Schwesternberuf interessieren sollte. Es war vor allem die Ehe- bzw. Kinderlosigkeit, die nicht in das nationalsozialistische Frauenbild paßte. In dem Werbespot, an den sich der Präsident des Centralausschusses für Innere Mission, Pastor Konstantin Frick, nach 1945 erinnerte, hieß es: „Schwester Erika pflegt, schwimmt, reitet, spielt Tennis und schenkt dem Führer ein Kind."[50] An diesem Slogan fällt auf, daß gerade der politisch-weltanschauliche Auftrag, der in den Dienstanweisungen der NS-Schwesternschaft an erster Stelle stand, fehlte. Darüber hinaus sprach dieses Bild eher die Lebensweise einer privilegierten (Ehe-)Frau in einer utopischen Freizeitgesellschaft an, ja es kam sogar in die Nähe der von den Nationalsozialisten so sehr geschmähten „Luxusweibchen"; dem Selbstverständnis einer modernen berufstätigen Frau oder gar einer verantwortungsbewußten Krankenschwester entsprach der Slogan jedenfalls nicht. In anderen Werbetexten wurde auf den Unterschied zwischen den konfessionellen Schwestern und den jugendlichen NS-Schwestern ausdrücklich hingewiesen. So hieß es im Berliner Tageblatt vom 26. März 1933: „Es ist wohl kein größerer Gegensatz zu denken als zwischen der krankenpflegerischen Schwester, der Nonne oder Diakonisse im faltenreichen Habit oder dem sportgestählten Mädel von 1937, das den Beruf der NS-Schwester wählt."[51]

Betrachtet man die Entwicklung der NS-Schwesternschaft in den Jahren 1934–1940, so war ihr schon rein numerisch keine große Wirkung beschieden.

Einer offiziellen Statistik der NSV zufolge zählte die NS-Schwesternschaft im Jahre ihrer Gründung 1001 Schwestern. Im Jahre 1936 hatte sich die Zahl mehr als verdreifacht und war auf 3866 Schwestern angestiegen. Im Jahr 1938 war diese Zahl bereits wieder weit unter 3000 auf 2531 Schwestern gesunken. Selbst in den folgenden Jahren, als die NSV verstärkt begann, konfessionelle Schwestern aus ihren Gemeindestationen und Kindergärten zu verdrängen und mit eigenen Kräften zu besetzen, stieg die Zahl der NS-Schwestern nur langsam an und erreichte erst 1940 die Zahl 3524. Verglichen mit den evangelischen Schwesternschaften, die in der von Auguste Mohrmann geführten Diakoniegemeinschaft organisiert waren und 1933 über 50 000 Schwestern zählten, war dies ein klägliches Häuflein.

---

[49] Vgl. *Lauterer*, Liebestätigkeit 49–59.
[50] Zit. nach *Liselotte Katscher*, Krankenpflege und Drittes Reich. Der Weg der Schwesternschaft des Evangelischen Diakonievereins 1933–1939 (Stuttgart 1990) 138, im folgenden zitiert als *Katscher*, Krankenpflege.
[51] *Katscher*, Krankenpflege 138.

Gerade die von der NSV umworbenen jungen „sportgestählten" Mädel ließen
sich schwerlich von dem Berufsbild der NS-Schwester, das zwischen zwei Polen,
dem (konfessionellen) Dienstverständnis, verkörpert im Mutterbild, und der Vorstellung einer modernen Berufstätigkeit, hin- und herschwankte, anziehen. Wenn
sich die Diakonissen der Mutterhausdiakonie vor allem aus den protestantischen,
unterbürgerlichen Schichten rekrutiert und im Mutterhaus eine solide Ausbildung
sowie eine lebenslange Berufsperspektive erhalten hatten, die ihnen an anderen
Orten nicht geboten werden konnte, so wandte sich die NS-Werbung an eine
Generation, der bereits breitere Bildungs- und Ausbildungswege sowie Möglichkeiten der Erwerbstätigkeit offenstanden. Dazu kam, daß die Aufstiegsmöglich-
keiten innerhalb der NS-Schwesternschaft gering waren. Daß aber auch hier die
„Idee des Dienens und der Pflicht" verbunden mit der bereits erwähnten politischen Dimension als Voraussetzung des Schwesternberufes angesehen wurde[52],
konnte die Attraktivität des neuen nationalsozialistischen Frauenberufes offensichtlich nicht erhöhen.

Seit 1938/39 versuchte die NSV verstärkt, die konfessionellen Kindergärten im
Sinne ihrer Ideologie zu beeinflussen. So wurden Stoffpläne für alle Kindergärtnerinnen verbindlich, die im Fach Gesundheitsführung detaillierte Angaben über die
Erziehung zur Erb- und Rassenpflege machten. Eine Kasseler Diakonisse, die bis
zu diesem Zeitpunkt keine Kritik am Dritten Reich geübt hatte, erinnerte sich an
ihre Reaktion, als sie von diesen Maßnahmen hörte: „Und da hab' ich gesagt: Nun
ist es aus, jetzt ist der Hitler mein Freund nicht mehr." Der eigentliche Grund für
diesen Bruch lag darin, daß den Diakonissen gleichzeitig die religiöse Erziehung
der Kinder untersagt wurde: „Wir sollten die Kinder zu deutschen Kindern erziehen, durften auch nicht mehr beten, von Gott etwas sagen. Und da war es ja für
uns alle klar, daß wir das nicht können. Wir haben ja die Kinder betreut, um sie
hinzuführen zu Jesus Christus. Da wir das ja nun nicht mehr konnten, mußten wir
aus dem Kindergarten raus."[53]

Auf einem anderen Gebiet, das noch deutlicher den christlichen Auftrag
verletzte, kam es innerhalb der Mutterhausdiakonie nicht zu solchen eindeutigen
Reaktionen. So berichteten die Feierabendschwestern, wie sie die sog. „Kristallnacht" erlebten. Schwester Aenne aus Kassel erinnerte sich an folgende Begeben-
heit: „Ja, dann habe ich da noch die Kristallnacht erlebt. Es war nur eine jüdische
Familie da, eine sehr nette. Ein Kind war im Kindergarten. Das wurde dann geholt
und die Familie verschwand ganz. Ja dann – dann wurde es immer mehr so."[54]
Schwester Berta Zimmer aus dem Diakonissenmutterhaus Königsberg erzählte:

[52] So etwa Hauptamtsleiter Erich Hilgenfeldt in einem Vortrag an der Universität Berlin am
18. 2. 1939: „Ich fordere von der Schwester bedingungslosen Einsatz des Dienens und der
Pflicht." Zit. n. *Katscher*, Krankenpflege 139.
[53] Gespräch Heide-Marie Lauterer mit Schwester Katharina Happel, Mutterhaus Kassel
(2. 5. 1986) 4.
[54] Gespräch Heide-Marie Lauterer mit Schwester Aenne Linke, Mutterhaus Kassel (2. 5.
1985) 2.

„Ja, die Reichskristallnacht, die gab es. Ich bin nach Königsberg gegangen, da gab es ja eine Synagoge und dicht daneben ein Waisenhaus; das haben sie in Brand gesteckt, und die Kinder standen alle nur in Hemdchen auf der Straße. Es war ja schon November. Die Geschäfte – die Fenster eingeschlagen und alles ausgeraubt. Ja, ja, das haben wir miterlebt, aber wir konnten dagegen ja nichts machen. Später haben ja viele bereut, daß sie da nicht auch ein bißchen geholfen haben, aber es war ja immer eine Hilfe, die mit dem Tod enden konnte, oder mit Gefängnis oder KZ, deshalb hat es niemand gewagt."[55]

In den drei Geschichten schleicht sich in das erinnernde Reden eine Distanzierung ein. Die erste Geschichte schloß mit einer Protesthandlung, aus der der Dissens mit den Maßnahmen des NS-Regimes hervorgeht. Hatte die Duldung religiöser Erziehung und Rituale bis 1938/39 noch die Zusammenarbeit von Mutterhausdiakonie und NSV ermöglicht, so war mit deren zunehmender Unterdrückung eine Grenze erreicht, die viele Mutterhausvorstände und Diakonissen nicht überschreiten wollten. In der zweiten Geschichte liegt die Distanzierung in der positiven Charakterisierung der jüdischen Familie, doch die Schwester enthält sich eines Kommentars. In der dritten Geschichte distanziert sich die Erzählerin in dem Augenblick von dem Geschehen, als Schutzbefohlene der Mutterhausdiakonie, Kinder und Waisen, auf offener Straße mißhandelt und totgeschlagen wurden. Bei klarem Unrechtsbewußtsein rechtfertigt sie rückblickend ihr tatenloses Dabeistehen mit dem Eingeständnis ihrer und der anderen Ohnmacht zu handeln. Aber es fällt auf, daß auch diese Schwester nicht nur in ihrer Erinnerung in einer Zuschauerrolle verharrte, sondern sich als Erzählerin ebensowenig aktiv zum Inhalt ihrer Geschichte verhalten konnte. „Später", so sagte sie, „haben ja viele bereut, daß sie da nicht auch ein bißchen geholfen haben, aber es war ja immer eine Hilfe, die mit dem Tod enden konnte." Sie selbst gehörte nicht einmal zu denen, die nachträglich Reue zeigten.

Anderen gelang es besser. So bekannte sich der Rat der EKD bereits im Oktober 1945 „im Namen der ganzen Kirche" zur Schuld der Kirche im Dritten Reich. Der Rechtfertigung der Zuschauerrolle, dem Mangel an Zivilcourage, der Unfähigkeit, Schuld zu übernehmen, trat er in der Stuttgarter Schulderklärung entgegen: „Aber wir klagen uns an, daß wir nicht mutiger bekannt, nicht treuer gebetet, nicht fröhlicher geglaubt und nicht brennender geliebt haben."[56] In derselben Erklärung wurde davon gesprochen, daß die Bekennende Kirche „lange Jahre hindurch im Namen Jesu Christi gegen den Geist gekämpft [habe], der im nationalsozialistischen Gewaltregiment seinen furchtbaren Ausdruck gefunden hat". Nach Martin Greschats Auffassung zog der Zeitgenosse Martin Niemöller diese

---

[55] Gespräch Heide-Marie Lauterer mit Schwester Berta Zimmer, Diakonissenmutterhaus Königsberg, heute Altenberg bei Wetzlar (28. 9. 1986).
[56] Die Stuttgarter Erklärung. Der endgültige Text, in: Die Schuld der Kirche. Dokumente und Reflexionen zur Stuttgarter Schulderklärung vom 18./19. Oktober 1945, hrsg. v. *Martin Greschat* (München 1982) 102.

Behauptung bereits 1945 implizit in Zweifel, wenn er gegenüber Vertretern der Ökumene der Auffassung entgegentrat, das „Schuldbekenntnis sei nicht so ganz ernst gemeint"[57].

Mit meinem Beitrag habe ich mich bemüht zu erhellen, wie dieser „Kampf" in der Diakonie, d. h. an einer wichtigen Nahtstelle zwischen NS-Gesellschaft und Kirche sowie in einem Bereich und in einem Zeitraum, der bisher von der Forschung weitgehend vernachlässigt wurde, ausgesehen haben könnte.

[57] Ebd. 98.

Klaus-Michael Mallmann

Die unübersichtliche Konfrontation

Geheime Staatspolizei, Sicherheitsdienst und christliche Kirchen 1934–1939/40[*]

Im Geheimen Staatspolizeiamt in Berlin (Gestapa), in dem seit April 1934 die Aktivitäten der Politischen Polizei faktisch reichsweit koordiniert wurden, entstand im Herbst desselben Jahres jene Dienststelle II 1 B, die bis Kriegsbeginn das Vorgehen gegen die Kirchen lenken sollte. Sie bestand zunächst aus zwei Dezernaten: II 1 B 1 war für konfessionelle Verbände, evangelische und katholische Kirche sowie die Sekten zuständig, II 1 B 2 für Juden, Freimaurer, Emigranten und Ausbürgerungen[1]. Leiter von II 1 B sowie der für die gesamte innenpolitische Gegnerverfolgung verantwortlichen Unterabteilung II 1 war damals Reinhard Flesch, Polizist seit 1920 und Kopf jener Gruppe Münchener Kriminalbeamter, die Heydrich 1934 ins Gestapa mitbrachte.

Als Flesch im Dezember 1935 zur Bayerischen Politischen Polizei zurückkehrte, um sie nach preußischem Vorbild umzustrukturieren[2], schlug die Stunde jener frischgebackenen Juristen, die als Assessoren oder Regierungsräte und im SS-Rang eines Hauptsturm- bzw. Sturmbannführers fortan das Gesicht des Gestapa prägen sollten[3]. Nachfolger von Flesch als Dienststellenleiter II 1 B wurde zunächst Dr. Karl Haselbacher, später Leiter der Stapo-Stellen Kiel und Düsseldorf, 1940 tödlich verunglückt[4]. Haselbacher wurde 1937 von Kurt Lischka abge-

[*] Mein Dank gilt dem Kulturwissenschaftlichen Institut im Wissenschaftszentrum Nordrhein-Westfalen, wo dieser Aufsatz entstand.
1 Geschäftsverteilungsplan Gestapa v. 25. 10. 1934, Bundesarchiv Berlin (=BAB), R 58/840; zentral zu den Anfängen der Gestapo *Shlomo Aronson*, Reinhard Heydrich und die Frühgeschichte von Gestapo und SD (Stuttgart 1971); *Christoph Graf*, Politische Polizei zwischen Demokratie und Diktatur. Die Entwicklung der Preußischen Politischen Polizei vom Staatsschutzorgan der Weimarer Republik zum Geheimen Staatspolizeiamt des Dritten Reiches (Berlin 1983).
2 Erlaß Gestapa v. 2. 12. 1935, BAB, R 58/241; BAB, SSO-Akte Reinhard Flesch; vgl. *Andreas Seeger*, „Gestapo-Müller". Die Karriere eines Schreibtischtäters (Berlin 1996) 36ff.
3 Zu diesem Typus *Gerhard Paul*, Ganz normale Akademiker. Eine Fallstudie zur regionalen staatspolizeilichen Funktionselite, in: *ders., Klaus-Michael Mallmann* (Hrsg.), Die Gestapo. Mythos und Realität (Darmstadt 1995) 236–254.
4 Erlaß Gestapa v. 20. 3. 1936, BAB, R 58/239; Verzeichnisse der Stapo-Stellen, ebd. 727.

löst, der Ende 1939 die Leitung der Stapo-Stelle Köln übernahm, 1940 nach Paris wechselte und in der Folgezeit als stellvertretender Befehlshaber der Sicherheitspolizei und des SD (BdS) die Deportation der Juden in Frankreich mitverantwortete[5]. Als Referatsleiter II B, wie die Dienststelle ab 1938 hieß, folgte ihm Georg Roth nach, der 1943 zum Leiter der Stapo-Stelle Dortmund avancierte und dort in der Karwoche 1945 ein Massaker an 240 Häftlingen befahl[6].

Von ähnlichem Kaliber waren auch die Dezernatsleiter: Fritz Hartmann, seit 1934 Chef von II 1 B 1, leitete später die Stapo-Stellen Koblenz und Trier und exekutierte als Führer des Einsatzkommandos Luxemburg den Holocaust der dortigen Juden[7]. Dr. Eberhard Schöngarth, der ihn 1936 ablöste, wurde 1941 gar BdS im Generalgouvernement und gehörte zu den Teilnehmern der Wannsee-Konferenz[8]. Rudolf Korndörfer, 1938 Leiter des nunmehr für den Katholizismus zuständigen Sachgebiets II B 1, führte ab 1943 das Einsatzkommando 5 in Zagreb[9]. Bernhard Baatz, 1939 Chef der beiden Kirchen-Sachgebiete II B 1 und II B 2, leitete im Reichssicherheitshauptamt (RSHA) später die Referate für Polen, die besetzten Westgebiete und den Einsatz ausländischer Arbeiter in Deutschland; ab Herbst 1943 fungierte er als Kommandeur der Sicherheitspolizei und des SD in Reval, ab 1944 in Reichenberg[10]. Es waren veritable Manager des Massenmords, die auf der ersten Sprosse ihrer Karriereleiter das Vorgehen gegen die Kirchen konzeptionell entwarfen und in der Praxis überwachten.

Gleichwohl wäre es falsch, den Blick lediglich auf die Staatsinstitution Gestapo zu richten. Denn auch der gleichfalls von Heydrich geleitete Sicherheitsdienst des Reichsführers SS (SD), eine reine Parteiinstitution, die in der Kirchenkampfliteratur leider allzu oft mit der Gestapo verwechselt oder in einen Topf geworfen wird[11], agierte von Anfang an auf diesem Feld, ohne indes unmittelbar exekutive Befugnisse zu besitzen[12]. In seinem Funktionserlaß präzisierte Heydrich 1937 die

[5] BAB, SSO-Akte Kurt Lischka; Zentrale Stelle der Landesjustizverwaltungen Ludwigsburg (=ZSL), SA 568.
[6] Geschäftsverteilungsplan RSHA v. 1. 2. 1940, BAB, R 58/840; Personalliste RSHA, BAB, R 58/3529; Dienststellenverzeichnis der Sicherheitspolizei und des SD Stand 1. 11. 1944, ZSL, Dok. Slg. Verschiedenes 301 yy; ZSL, SA 28.
[7] Erlaß Chef der Sicherheitspolizei und des SD (= CdS) v. 15. 1. 1940, BAB, R 58/16; ZSL, 124 AR-Z 2/67.
[8] Vgl. *Kurt Pätzold, Erika Schwarz*, Tagesordnung: Judenmord. Die Wannsee-Konferenz am 20. Januar 1942 (Berlin ³1992) 238 ff.
[9] Geschäftsverteilungsplan Gestapa v. 1. 1. 1938, BAB, R 58/840; ZSL, 503 AR 702/67.
[10] Geschäftsverteilungspläne Gestapa v. 1. 7. 1939 u. RSHA v. 1. 2. 1940, BAB, R 58/840; Erlaß CdS v. 25. 7. 1940, ebd. 240; ZSL, 415 AR 1310/63/E 4.
[11] So *John S. Steward*, Sieg des Glaubens. Authentische Gestapoberichte über den kirchlichen Widerstand in Deutschland (Zürich 1946) 22; *John Conway*, Die nationalsozialistische Kirchenpolitik 1933–1945. Ihre Ziele, Widersprüche und Fehlschläge (München 1969) 187 ff.; *Rudolf Morsey* (Hrsg.), Zwei Gestapo-Berichte zur Geschichte des Kirchenkampfes in den Jahren 1938 und 1939, in: Wichmann-Jahrbuch 17/18 (1963/64) 5.
[12] Vgl. *George C. Browder*, Die Anfänge des SD. Dokumente aus der Organisationsgeschichte des Sicherheitsdienstes des Reichsführers SS, in: VfZ 27 (1979) 299–324; ders., Foundations of the Nazi Police State. The Formation of Sipo and SD (Lexington 1989).

Kompetenzen des SD: „Alle allgemeinen und grundsätzlichen Fragen (in denen staatspolizeiliche Vollzugsmaßnahmen nicht in Betracht kommen)" waren demnach vom SD zu bearbeiten, sofern sie „Kirchen, Sekten, sonstige religiöse und weltanschauliche Zusammenschlüsse" betrafen; „alle Einzelfälle (in denen staatspolizeiliche Vollzugsmaßnahmen in Betracht kommen)" blieben hingegen dort Sache der Gestapo[13]. Das exekutive Monopol wurde damit nicht angetastet. In der Praxis bedeutete dies jedoch, daß so eine Art Federführung an den SD delegiert wurde, ohne daß damit allerdings ein direktes Weisungsrecht gegenüber der Gestapo verbunden war.

In der SD-Zentrale – 1935 zum Sicherheitshauptamt der SS aufgewertet – etablierte sich eine der Gestapo durchaus parallele Struktur: Seit Anfang 1936 existierte dort die Zentralabteilung II 1 („Weltanschauliche Auswertung"), die zunächst von Dr. Hermann Behrends, seit 1937 von Prof. Dr. Franz Alfred Six geleitet wurde; ihr untergliedert war die Abteilung II 113 für „Konfessionell-politische Strömungen"[14]. Dieses genuine SD-Kirchenreferat war in der Münchener Anfangszeit 1933/34 von Dr. Dr. Wilhelm Patin aufgebaut worden, einem ehemaligen katholischen Priester und Vetter Himmlers[15]. Sein Nachfolger nach der Übersiedelung nach Berlin wurde Albert Hartl, gleichfalls ein früherer katholischer Priester[16]. Während also Juristen das Vorgehen der Gestapo gegen die Kirchen koordinierten, war dies im SD eine Domäne einstiger Geistlicher – ein Faktum, das deren Analysen intern erhebliche Glaubwürdigkeit verschafft haben dürfte.

Doch trotz aller institutionellen Systematik blieb das konkrete Vorgehen inkonsistent und häufig widersprüchlich. Eine Momentaufnahme vom Mai/Juni 1934 mag dies verdeutlichen: Während dieser Zeit ließ die Bayerische Politische Polizei eine Nummer des gauamtlichen „Stürmer" „wegen eines Angriffs gegen das christliche Abendmahl" beschlagnahmen, einigte sich der katholische Episkopat im Reichsinnenministerium über die Ausführungsbestimmungen zum Konkordat und erhielt von Hitler die Zusage, die „neuheidnische Propaganda" zu unterbinden, was Erzbischof Gröber sogar dazu bewegte, dem ‚Führer' seinen Dank „für sein Eintreten für die Kirche" auszusprechen. Fast zeitgleich dazu aber bezeichnete Patin in einem SD-Bericht die Katholische Aktion als unversöhnlichen Gegner des Regimes, wurde deren Führer Dr. Erich Klausener auf die Todesliste gesetzt und am 30. Juni bei der Niederschlagung des angeblichen „Röhm-Putsches" ermordet, beschlagnahmte die Gestapo das Büro der von Vizekanzler Papen gegründeten „Arbeitsgemeinschaft katholischer Deutscher"[17]. Es war eine verwirrende Band-

[13] Gemeinsame Anordnung für den SD und die Gestapo v. 1. 7. 1937, BAB, R 58/239.

[14] Vgl. *Lutz Hachmeister*, Der Gegnerforscher. Die Karriere des SS-Führers Franz Alfred Six (München 1998) 163 ff.; *George C. Browder*, Hitler's Enforcers. The Gestapo and the SS Security Service in the Nazi Revolution (New York, Oxford 1996) 252 ff.

[15] Vgl. *Aronson*, Heydrich (wie Anm. 1) 143 f.

[16] Vgl. *Georg Denzler*, Widerstand oder Anpassung. Katholische Kirche und Drittes Reich (München, Zürich 1984) 103 f.; ZSL, 415 AR 1310/63/E5.

[17] *Klaus Scholder*, Die Kirchen und das Dritte Reich, Bd. 2: Das Jahr der Ernüchterung 1934 (Berlin 1985) 235–254.

breite, die vom Ausstrecken von Friedensfühlern bis zum staatlich sanktionierten Mord reichte. Und bei dieser oszillierenden Uneindeutigkeit blieb es im wesentlichen auch während des gesamten hier zu behandelnden Zeitraums.

Die Gründe für derlei Divergenz waren vielfältig, systemimmanent und strukturell bedingt, also unvermeidbar und tendenziell stets aktualisierbar. Zunächst einmal waren die Kirchen prinzipiell obrigkeitsbejahende Institutionen mit Massenrückhalt und Besitzstandsgarantien, deren Legalität in toto nicht angegriffen werden konnte, deren oppositionelle Relevanz wiederum durchaus strittig war. Selbst gemessen am NS-Ideal der rassereinen, arischen Volksgemeinschaft waren sie weder ein staatsfeindlicher noch ein rassischer Fremdkörper, höchstens ein unerwünschter Einflußfaktor, ein potentieller Störenfried, der durch die Konservierung anderer Werte, Horizonte und Vergemeinschaftungen die gewünschte Entwicklung hemmen konnte. Zudem kam auch eine Politische Polizei an dem grundlegenden Faktum, daß das Kirchenvolk zugleich die übergroße Mehrheit des deutschen Staatsvolkes bildete, nicht vorbei. Selbst der SD, der sich als Träger einer radikalen Langzeitperspektive begriff, mußte in seinen Anweisungen auf kirchenpolitischem Gebiet für 1937/38 einräumen, daß „alle Maßnahmen, die der weltanschaulichen Entwicklung des deutschen Volkes zu weit vorauseilen, zu einem plötzlichen, nur dem Gegner nützenden Kulturkampf führen müssen"[18]. Im besonderen galt dies für konfessionelle Hochburgen, wo die NSDAP nur einen instabilen Rückhalt besaß: „Es kann keinem Zweifel unterliegen, daß bei einem offen ausbrechenden Konflikt zwischen Kirche und Staat die überwiegende Mehrzahl der Bevölkerung sich auf die Seite der Kirche stellen wird", konstatierte etwa die Stapo-Stelle Münster 1935[19]. Taktische Rücksichtnahmen auf Mehrheitsstimmungen waren darum gerade an solchen Sollbruchstellen immer wieder an der Tagesordnung.

Obwohl unter den überzeugten Nationalsozialisten auf allen Ebenen zweifellos starke antikirchliche und antichristliche Emotionen existierten[20], waren Zielsetzungen und Vorgehensweisen stets heftig umstritten, dachte selbst Hitler während des Spanischen Bürgerkrieges über einen Friedensschluß mit den Kirchen unter antikommunistischem Vorzeichen nach, führten außenpolitische Prioritäten – wie die Saar-Abstimmung 1935, die Olympiade 1936, die Expansion ab 1938 – immer wieder zum Abstoppen bestimmter Maßnahmen[21]. Dieses Chaos

---

[18] *Heinz Boberach* (Bearb.), Berichte des SD und der Gestapo über Kirchen und Kirchenvolk in Deutschland 1934–1944 (Mainz 1971) 909.

[19] Lagebericht für August 1935, Geheimes Staatsarchiv Berlin-Dahlem, Rep. 90 P, Nr. 83, H.7; fast identisch Lagebericht Stapo-Stelle Aachen für Mai 1935, abgedruckt bei *Bernhard Vollmer*, Volksopposition im Polizeistaat. Gestapo- und Regierungsberichte 1934–1936 (Stuttgart 1957) 223.

[20] Eindrucksvoll am lokalen Beispiel *Gerhard Hetzer*, Kulturkampf in Augsburg 1933–1945. Konflikte zwischen Staat, Einheitspartei und christlichen Kirchen, dargestellt am Beispiel einer deutschen Stadt (Augsburg 1982).

[21] Aufschlußreich dazu *Klaus Scholder*, Die Evangelische Kirche in der Sicht der nationalsozialistischen Führung bis zum Kriegsausbruch, in: VfZ 16 (1968) 15–35; *Hans Günter Hockerts*, Die Goebbels-Tagebücher 1932–1941. Eine neue Hauptquelle zur Erforschung der

der Konzepte und Rücksichtnahmen schlug auf die Gestapo ungebremst durch und vergrößerte sich noch dadurch, daß etliche Ministerien, das Amt Rosenberg und natürlich die Parteikanzlei Kompetenzen geltend machten und im Einzelfall durchaus widersprüchliche Weichenstellungen vornahmen. Während Kirchenminister Kerrl etwa im April 1936 das Gestapa um die Aufhebung aller Aufenthalts- und Redeverbote für Geistliche beider Konfessionen ersuchte[22], arbeitete das Goebbels-Ministerium bereits an der Begleitpropaganda zu den im Mai beginnenden Sittlichkeitsprozessen gegen katholische Geistliche und Ordensangehörige.

Die Vorstellung, daß allein die Gestapo „Art und Intensität des Kirchenkampfes bestimmte"[23], ist darum irreführend. In diesem Kompetenzendschungel konnte sie keineswegs so selbstherrlich vorgehen wie etwa bei der Bekämpfung des Kommunismus. Sie war auf dem Kirchensektor nie alleinige Herrin des Verfahrens, ihre Selbständigkeit eingeschränkt wie kaum irgendwo sonst. In der Praxis hatte sie viele Herren, die sich in der Regel keineswegs einig waren. Andererseits aber beinhalteten Divergenzen dieser Art auch einen eigenen Gestaltungsspielraum, der längst nicht nur zur Durchsetzung der radikalsten Lösung genutzt wurde. Als der im allgemeinen moderate Kerrl, der seit Ende 1935 das Weisungsrecht in Kirchenfragen gegenüber dem Gestapa beanspruchte, im November 1938 ins Lager der Hardliner abschwenkte und von Heydrich „einen vernichtenden Schlag" gegen die Bekenntnisfront verlangte, verweigerte dieser glatt den Gehorsam. „Wegen der Bedeutung der Sache [könne er] ohne Führer-Vortrag die Verantwortung für eine solche Maßnahme nicht übernehmen", lautete die Antwort aus der Prinz-Albrecht-Straße[24]. Wer die Tauben und wer die Falken waren, stand längst nicht immer fest.

Was für das Gestapa galt, traf ebenso für die einzelnen Stapo-Stellen zu. Denn auch die Gauleiter und Reichsstatthalter hatten in ihrem Hoheitsbereich wenig Interesse an Märtyrern, für die öffentlich gebetet werden durfte. Josef Bürckel etwa, der Reichskommissar für das Saarland und Gauleiter der Saarpfalz, griff jenes Angebot der Bischöfe auf, in dem diese „sich bereit erklärt[en], Geistliche, welche ein staats- oder regierungsfeindliches Verhalten an den Tag legen, zu disziplinieren"[25] und veranstaltete zur Schadensbegrenzung bis in den Krieg hinein entsprechende Konsultationen mit den Ordinariaten in Trier und Speyer[26]. Daß die zuständige Stapo-Stelle Saarbrücken dabei eher gegen ihren Willen zur Mitwirkung verdonnert wurde, läßt sich aus ihren Berichten ablesen: „Es wird in der

nationalsozialistischen Kirchenpolitik, in: Internationale katholische Zeitschrift 13 (1984) 539–566.

[22] Reichs- und Preußischer Minister für die kirchlichen Angelegenheiten an Gestapa v. 9. 4. 1936, BAB, R 58/266.

[23] *Morsey*, Berichte (wie Anm. 11) 4.

[24] *Scholder*, Evangelische Kirche (wie Anm. 21) 28, 32.

[25] Erlaß Bayerische Politische Polizei v. 10. 3. 1934, BAB, R 58/264.

[26] *Gerhard Paul, Klaus-Michael Mallmann*, Milieus und Widerstand. Eine Verhaltensgeschichte der Gesellschaft im Nationalsozialismus (Bonn 1995) 97. Vgl. dazu den Beitrag von *Thomas Fandel*, Die Stellung von evangelischen und katholischen Pfarrern zum Nationalsozialismus am Beispiel der Pfalz im vorliegenden Band.

nationalsozialistischen Bevölkerung nicht verstanden, daß in vielen Fällen, in denen jeder Hilfsarbeiter längst in ein Konzentrationslager gewandert wäre, jene [katholischen Geistlichen, d. Verf.] mit Handschuhen angefaßt werden", murrte sie etwa 1935[27]. Aber auch Goebbels, ein – wie wir aus seinen Tagebüchern wissen – ausgemachter Kirchenfeind, scheute als Gauleiter der Reichshauptstadt nicht davor zurück, die Berliner Stapo-Stelle zurückzupfeifen, falls er bestimmte Maßnahmen für kontraproduktiv hielt[28]. Selbst Falken konnten sich also zeitweise in Tauben verwandeln und als politische Hoheitsträger der Gestapo ihres Bereichs wenigstens partiell einen Kurs aufzwingen, den diese eigentlich ablehnte.

Glich die Kirchenpolitik damit einem vielstimmigen, häufig genug dissonanten Konzert, so kam zudem noch die Tücke des Objekts hinzu, die Schwierigkeit, die polizeiliche Eingreifschwelle einigermaßen exakt bestimmen zu können. „Im evangelischen Kirchenstreit hat jegliche Einmischung staatlicher Stellen – von den allgemeinen polizeilichen Erfordernissen abgesehen – unter allen Umständen zu unterbleiben", brachte etwa Frick die herrschende Ambivalenz auf eine geradezu typische Formel[29]. Auch Göring, der am 16. Juli 1935 einräumte, daß „vielfach Unsicherheit darüber besteht, wie diesen Treibereien begegnet werden soll", erwies sich nicht als klüger. Genau dort, wo er die Grenzen des Erlaubten zu ziehen versuchte, demonstrierte er deren Unklarheit: Was etwa war konkret „ein die Volksgemeinschaft störender Einfluß"? Wann erwies sich „der Einfluß Geistlicher im Religionsunterricht als staatsfeindlich"[30]?

Während eine derartige Politik für die Betroffenen erhebliche Rechtsunsicherheit schuf, beließ sie der Gestapo große Spielräume, Varianzen und Definitionsbreiten, konfrontierte sie aber auch mit stets neuen Rätseln: Wo endete beispielsweise die zugesagte Gewissensfreiheit in Glaubensfragen? Inwieweit war die theologische Auseinandersetzung mit dem propagierten „positiven Christentum" erlaubt? Durfte das christliche Gebot der Nächstenliebe gegen den verordneten Antisemitismus ins Feld geführt werden? Gehörte Rosenbergs „Mythus" zu den kritikunwürdigen Grundsätzen des Nationalsozialismus oder war er bloße Privatäußerung? Und wie stand es etwa mit Debatten über die jüdische Abstammung Jesu Christi? Mit den Instrumentarien der Kommunistenverfolgung ließen sich Fragen dieser Art nicht lösen.

Gleichzeitig war die Gestapo nie eine Ansammlung eingeschworener Atheisten. Wenigstens in den Anfangsjahren waren ihre Angehörigen nahezu alle noch Mitglieder einer christlichen Kirche und selbst höhere Ränge fielen damals noch durch religiöse Affinitäten auf. Der Düsseldorfer Stapo-Chef Franz Sommer etwa hatte vor 1933 dem Zentrum angehört[31]. Franz Josef Huber, später langjähriger

---

[27] Lagebericht Stapo-Stelle Saarbrücken für September 1935, BAB, R 58/534.
[28] *Friedrich Zipfel*, Kirchenkampf in Deutschland 1933–1945. Religionsverfolgung und Selbstbehauptung der Kirchen in der nationalsozialistischen Zeit (Berlin 1965) 234.
[29] Erlaß Reichsminister des Innern v. 1. 11. 1934, BAB, R 43 II/163.
[30] Abgedruckt bei *Georg Denzler, Volker Fabricius*, Die Kirchen im Dritten Reich. Christen und Nazis Hand in Hand?, Bd. 2 (Frankfurt a. M. 1984) 95–99, Zitate 95, 97.
[31] BAB, SSO-Akte Franz Sommer.

Chef der Stapo-Stelle Wien, wurde noch 1937 von der NSDAP „ultramontane Gesinnung" nachgesagt[32]. Richard Skiba wiederum, 1934 Chef der Stapo-Stelle Osnabrück und bis 1933 Zentrumsmitglied, wurde 1937 wegen zu starker konfessioneller Bindungen aus der SS gedrängt[33]. An der Basis der zumeist altgedienten Beamtenschaft – so läßt sich mutmaßen – dürfte das Ausmaß der Kirchenbindung noch erheblich höher gewesen sein. Heydrich sprach 1941 sogar davon, daß durch „Verrat" Gestapa-Erlasse „in die Hände kirchlicher Kreise gelangten"[34]. Der Freiburger Gestapo-Beamte Eugen Selber beispielsweise, Parteigenosse, aber auch gläubiger Katholik, gab etwa Warnungen vor Bespitzelung an die dortige Geistlichkeit weiter[35]. Wenigstens in Einzelfällen existierten interne Loyalitätskonflikte dieser Art[36].

All diese Faktoren begrenzten den Zugriff der Gestapo vor Kriegsbeginn, ließen keinen „Vernichtungskampf" zu, wie in der Literatur behauptet wird[37]. In der Summe aller Einzelschritte zielte ihr Vorgehen bis 1939 auf jene „Entkonfessionalisierung des öffentlichen Lebens", die Frick 1935 als Zielvorgabe verkündete[38]. Dominant verfolgte man dabei eine Praxis ständiger Nadelstiche auf dem Verordnungsweg, die sich allmählich zur Einschnürungspolitik bündelte. Obwohl das kirchliche Leben so mit der Zeit ganz auf seinen Binnenraum beschränkt wurde, wagte man hingegen den Bestand der Kirchen nicht anzutasten. Der Alltag dieses Konflikts bestand aus einem zermürbenden Kleinkrieg mit plötzlichen Erlassen, kirchlichen Protesten und beruhigenden Erklärungen, ohne daß immer erkennbar war, worauf die Entwicklung hinauslief. Es ging um die Frage der erlaubten Kirchenfahnen und Kollekten, um das Kreuz in den Schulen und die Definition althergebrachter Wallfahrten und endete mit dem weitgehenden Verbot des konfessionellen Vereinswesens, der Einschränkung der Presse und der Einführung der Gemeinschaftsschule[39]. Dabei wurde das jeweilige Vorgehen durch das Gestapa

[32] Franz Josef Huber, ebd.

[33] *Gerd Steinwascher* (Bearb.), Gestapo Osnabrück meldet … Polizei- und Regierungsberichte aus dem Regierungsbezirk Osnabrück aus den Jahren 1933 bis 1936 (Osnabrück 1995) 18, 20.

[34] Erlaß RSHA v. 24. 10. 1941, BAB, R 58/266.

[35] *Heiko Haumann, Hans Schadek* (Hrsg.), Geschichte der Stadt Freiburg im Breisgau, Bd. 3 (Stuttgart 1992) 344.

[36] Vgl. für Saarbrücken *Klaus-Michael Mallmann, Gerhard Paul*, Herrschaft und Alltag. Ein Industrierevier im Dritten Reich (Bonn 1991) 205; für Hannover und Leipzig *Hans-Dieter Schmid*, Gestapo Leipzig. Politische Abteilung des Polizeipräsidiums und Staatspolizeistelle Leipzig 1933–1945 (Beucha 1997) 29ff.

[37] *Denzler*, Widerstand (wie Anm. 16) 45.

[38] *Conway*, Kirchenpolitik (wie Anm. 11) 133.

[39] Zusammenfassend für den katholischen Bereich *Heinz Hürten*, Deutsche Katholiken 1918–1945 (Paderborn u. a. 1992) 272ff.; lokal höchst instruktiv *Norbert Fasse*, Katholiken und NS-Herrschaft im Münsterland. Das Amt Velen-Ramsdorf 1918–1945 (Bielefeld 1996) 445ff.; für den protestantischen Bereich *Herwart Vorländer*, Kirchenkampf in Elberfeld 1933–1945. Ein kritischer Beitrag zur Erforschung des Kirchenkampfes in Deutschland (Göttingen 1968); *Karl-Ludwig Sommer*, Bekenntnisgemeinschaft und bekennende Gemeinden in Oldenburg in den Jahren der nationalsozialistischen Herrschaft. Evangelische Kirchlichkeit und nationalsozialistischer Alltag in einer ländlichen Region (Hannover 1993);

extrem reglementiert, eine standardisierte Berichterstattung eingefordert und eine Zentralisierung aller wichtigen Entscheidungen – wie etwa die über Schutzhaft gegen Geistliche – durchgesetzt. Vor allem aber strebte man eine Operationalisierung der diffusen Normen durch eine Konkretisierung der Eingreifschwelle an, um den Interpretationsspielraum vor Ort einzuengen, eine Einheitlichkeit des Einschreitens zu bewirken und dieses Feld so überhaupt erst polizeilich handhabbar zu machen. In der staatspolizeilichen Praxis bedeutete dies die andauernde Erfindung und Überwachung von Reglementierungen und Restriktionen für alle möglichen Konfliktflächen[40].

Trotz dieser Normierungsversuche von ‚oben' zeichnete sich das konkrete Vorgehen durch erhebliche regionale Varianzen aus, die insbesondere Resultat einer starken personalen Variablen waren, also den recht unterschiedlichen Prioritätenkatalogen und Sichtweisen der einzelnen Stapo-Stellenleiter entsprangen. Für Karl Berckmüller in Karlsruhe etwa, einen „alten Kämpfer" der NSDAP, war der katholische Klerus „weit gefährlicher" als eine „Neuorganisation der KPD"[41]; er inszenierte darum einen Feldzug gegen die badische Geistlichkeit einschließlich Erzbischof Gröber, obwohl dieser – ebenso wie die Mehrheit des Freiburger Domkapitels – damals noch förderndes Mitglied der SS war[42]. Dr. Benno Martin hingegen, Nürnberger Polizeipräsident und Chef der dortigen Stapo-Stelle, übernahm geradezu eine Beschützerrolle gegenüber der lokal starken Bekenntnisfront und verbot selbst öffentliche Versammlungen der Deutschen Christen, obwohl an deren Spitze der stellvertretende Gauleiter stand[43]. Selbst ein Hardliner wie Franz Walter Stahlecker, der spätere Chef der Einsatzgruppe A und BdS Ostland, setzte als Leiter der württembergischen Gestapo auf ein Einlenken im Konflikt mit Bischof Wurm[44].

Gabriele Lautenschläger, Der Kirchenkampf in Thüringen, in: *Detlev Heiden, Gunther Mai* (Hrsg.), Nationalsozialismus in Thüringen (Weimar u. a. 1995) 463–486; als sektorale Fallstudien *Barbara Schellenberger*, Katholische Jugend und Drittes Reich. Eine Geschichte des Katholischen Jungmännerverbandes 1933–1939 unter besonderer Berücksichtigung der Rheinprovinz (Mainz 1975); *Wilhelm Damberg*, Der Kampf um die Schulen in Westfalen 1933–1945 (Mainz 1986).

[40] Vgl. BAB, R 58/266 und 1074; *Carsten Nicolaisen* (Bearb.), Dokumente zur Kirchenpolitik des Dritten Reiches, Bd. 2: 1934/35 (München 1975); *Hans Müller*, Katholische Kirche und Nationalsozialismus. Dokumente 1930–1935 (München 1963) 235 ff.; exemplarisch zum regionalen Vorgehen *Mallmann, Paul*, Herrschaft (wie Anm. 36) 252 ff.; *Gerhard Paul*, Staatlicher Terror und gesellschaftliche Verrohung. Die Gestapo in Schleswig-Holstein (Hamburg 1996) 171 ff.

[41] *Jörg Schadt* (Bearb.), Verfolgung und Widerstand unter dem Nationalsozialismus in Baden. Die Lageberichte der Gestapo und des Generalstaatsanwalts Karlsruhe 1933–1940 (Stuttgart u. a. 1976) 87.

[42] Vgl. *Bruno Schwalbach*, Erzbischof Conrad Gröber und die nationalsozialistische Diktatur. Eine Studie zum Episkopat des Metropoliten der Oberrheinischen Kirchenprovinz während des Dritten Reiches (Karlsruhe 1985) 90 ff.; *Denzler*, Widerstand (wie Anm. 16) 98.

[43] *Utho Grieser*, Himmlers Mann in Nürnberg. Der Fall Benno Martin: Eine Studie zur Struktur des Dritten Reiches in der „Stadt der Reichsparteitage" (Nürnberg 1974) 122 f.

[44] *Thomas Schnabel*, Württemberg zwischen Weimar und Bonn 1928–1945/46 (Stuttgart 1986) 413.

Während sich die Intensität des Zugriffs somit beträchtlich unterschied, konnten die verhängten Sanktionen hingegen zentral weitaus genauer gelenkt werden. Prozesse vor dem Volksgerichtshof blieben die absolute Ausnahme, wurden lediglich in Fällen wie jenem von Kaplan Joseph Rossaint angestrengt, dem Volksfrontaktivitäten mit Kommunisten nachgewiesen werden konnten[45]. Auch Einweisungen in ein Konzentrationslager erfolgten in der Vorkriegszeit nur in einem – im Vergleich mit der Repression der KPD – sehr bescheidenen Umfang. Erst ab Mitte 1938 ist – wenigstens hinsichtlich der katholischen Geistlichen – eine deutliche Zunahme zu beobachten, die bis 1942 anhielt und danach stark zurückging[46]. Pastor Paul Schneider etwa wurde 1937 von der Stapo-Stelle Koblenz nach Buchenwald „verschubt", weil er trotz seiner Ausweisung aus der Rheinprovinz in seine Gemeinde Dickenschied zurückgekehrt war[47], Friedrich Weißler, der Bürochef der Vorläufigen Kirchenleitung der Bekenntnisfront, weil er 1936 für die Auslandsveröffentlichung einer vertraulichen Denkschrift an Hitler verantwortlich gemacht wurde; daß er getaufter Jude war, mag dazu und zu seiner frühen Ermordung beigetragen haben[48]. In aller Regel aber beließ man es bei der Androhung: Die 715 Bekenntnis-Pfarrer etwa, die im März 1935 festgenommen wurden, weil sie eine verbotene Kanzelabkündigung verlesen hatten, waren nach wenigen Tagen wieder frei[49].

Das Ausspielen der vorhandenen Machtmittel blieb punktuell und exemplarisch, erfolgte nie generell und flächendeckend und geschah gerade in problematischen Fällen in Absprache mit der jeweiligen politischen Spitze: Hitler persönlich sorgte etwa für Niemöllers Einweisung nach Sachsenhausen[50], verhinderte jedoch Graf Galens Verhaftung nach dessen Anti-Euthanasie-Predigt[51]. Die Ausweisung des Rottenburger Bischofs Sproll aus dessen Diözese – die einzige dieser Art in Deutschland – beruhte auf einem Machtwort von Gauleiter Murr[52]. Die offene Kapitulation im Oldenburger Kreuzkampf 1936 war eine Entscheidung des Gauleiters Röver, der einen Zusammenbruch seines NS-Rückhaltes fürchtete[53]. Aber

[45] Hauptstaatsarchiv Düsseldorf (=HStAD), RW 58/39630 und 42388; vgl. ebd. 2202, 4900, 48899.

[46] *Ulrich von Hehl* (Bearb.), Priester unter Hitlers Terror. Eine biographische und statistische Erhebung (Mainz 1984) L.

[47] *Heinrich Vogel* (Hrsg.), Der Prediger von Buchenwald. Das Martyrium Paul Schneiders (Berlin 1964).

[48] *Werner Oehme*, Märtyrer der evangelischen Christenheit 1933–1945. Neunundzwanzig Lebensbilder (Berlin 1980) 36–42.

[49] *Wilhelm Niemöller*, Der Pfarrernotbund. Geschichte einer kämpfenden Bruderschaft (Hamburg 1973) 98 f.

[50] *James Bentley*, Martin Niemöller. Eine Biographie (München 1985) 173.

[51] Vgl. *Conway*, Kirchenpolitik (wie Anm. 11) 294 ff.

[52] *Paul Kopf, Max Miller* (Hrsg.), Die Vertreibung von Bischof Johannes Baptista Sproll von Rottenburg 1938–1945. Dokumente zur Geschichte des kirchlichen Widerstands (Mainz 1971) 191.

[53] Stapo-Stelle Oldenburg an Gestapa v. 26. 11. 1936, abgedruckt bei *Joachim Kuropka*, Für Wahrheit, Recht und Freiheit – gegen den Nationalsozialismus (Vechta 1983) 92 f.; vgl. *Jeremy Noakes*, The Oldenburg Cruzifix Struggle of November 1936. A Case Study of

auch die Inschutzhaftnahme der „Rädelsführer" beim Goldenstedter Schulstreik 1938 ging auf Röver zurück, der diesmal entschied, „daß nach langer Geduldsprobe endlich mal scharf zugegriffen werden muß"[54].

Diese Politik der Eindämmung wurde ergänzt durch spezielle Diffamierungskampagnen, die einen Keil zwischen Geistlichkeit und Kirchenvolk treiben sollten. Das Muster wurde durch die Devisenprozesse 1935 geschaffen, die auf Ermittlungen der Zollfahndung basierten[55]: Man verallgemeinerte individuelle Delikte, um die gesamte Institution propagandistisch stigmatisieren zu können. Erst die zweite Prozeßwelle – Strafverfahren wegen Sittlichkeitsvergehen gegen katholische Laienbrüder, Welt- und Ordensgeistliche 1936/37 – ging auf die Gestapo zurück. Allerdings waren hier nicht die Kirchenreferate federführend, sondern ein Sonderkommando der für Homosexualität zuständigen Dienststelle II 1 H 3 im Gestapa[56]. Aber auch die Bayerische Politische Polizei schnüffelte im klerikalen Privatleben und untersuchte 1937 etwa, welche katholischen Geistlichen Alimente zahlten[57]. Weitere Prozesse ließen sich mit diesem Material zwar nicht bestreiten, allemal aber ergaben solche Recherchen Ansatzpunkte zur Erpressung und Rekrutierung als V-Mann, z.B. bei dem Münchener Weihbischof Dr. Anton Scharnagl, der sich für die Geheimhaltung einer Liebesaffäre bei der Gestapo verdingte[58].

Gleichwohl griffe man zu kurz, wenn man annehmen würde, daß sich die Aktivitäten in diesem Kleinkrieg erschöpft hätten. Denn parallel dazu – und durchaus als komplementär zu sehen – läßt sich auch eine ideologisierte Kontrafaktur des Geschehens beobachten. Gerade um die unübersichtliche Konfrontation überschaubar und eindeutig zu machen, um ein Gegengewicht zu jenen Hunderten von Verordnungen mit ihren Einzelfallentscheidungen zu schaffen, um in all dem administrativen Klein-Klein Perspektiven aufzuzeigen, die über den Tag hinausreichten, um gewissermaßen den Wald sichtbar zu machen, der der Gestapo vor lauter Bäumen verloren zu gehen drohte, wurden auch die Kirchen zunehmend Gegenstand globaler Dämonisierung, wurden sie in umfassende Feindbildsynthesen

Opposition in the Third Reich, in: *Peter D. Stachura* (Hrsg.), The Shaping of the Nazi State (London, New York 1978) 210–233.

[54] Röver an Chef der Reichskanzlei v. 6. 7. 1938, BAB, R 43 II/157; vgl. *Walter Schultze*, Kreuzkampf und Schulkampf in der Gemeinde Goldenstedt, in: *Joachim Kuropka* (Hrsg.), Zur Sache – Das Kreuz! Untersuchungen zur Geschichte des Konflikts um Kreuz und Lutherbild in den Schulen Oldenburgs, zur Wirkungsgeschichte eines Massenprotests und zum Problem nationalsozialistischer Herrschaft in einer agrarisch-katholischen Region (Vechta 1987) 129–136.

[55] *Petra Madeleine Rapp*, Die Devisenprozesse gegen katholische Ordensangehörige und Geistliche im Dritten Reich. Eine Untersuchung zum Konflikt deutscher Orden und Klöster in wirtschaftlicher Notlage, totalitärer Machtausübung des nationalsozialistischen Regimes und im Kirchenkampf 1935/36 (Diss. Bonn 1981) 42 ff.

[56] *Hans Günter Hockerts*, Die Sittlichkeitsprozesse gegen katholische Ordensangehörige und Priester 1936/1937. Eine Studie zur nationalsozialistischen Herrschaftstechnik und zum Kirchenkampf (Mainz 1971) 7 ff.

[57] Rundbrief Ordinariat Erzbistum München und Freising v. 1. 10. 1937, BAB, NS 19/1688.
[58] *Denzler*, Widerstand (wie Anm. 16) 101.

einbezogen und so potentiell als Ganzes kriminalisiert. Zentrale Bedeutung kommt in diesem Zusammenhang Heydrichs programmatischem Aufsatz „Wandlungen unseres Kampfes" zu, der 1935 im „Schwarzen Korps" erschien[59] und später als Schulungsmaterial für die SS-Führeranwärter aus der Gestapo diente[60].

„Die treibenden Kräfte des Gegners bleiben ewig gleich: Weltjudentum, Weltfreimaurertum und ein zum großen Teil politisches Priesterbeamtentum", schrieb er dort und behauptete, daß sie sich einig seien „in ihrer Zielsetzung der Vernichtung unseres Volkes mit seinen blutlichen, geistigen und bodengebundenen Kräften". Daß Heydrich so die Majorität der Geistlichen beider Kirchen in unveränderbare Staats- und Volksfeinde verwandelte, trug ihm zwar wütende Proteste evangelischer Pastoren ein, die als „alte Kämpfer" der NSDAP die Welt nicht mehr verstanden[61], klärte jedoch die Fronten. Auch Lischka stieß in dieses Horn: „Für die Beurteilung des politischen Katholizismus ist nicht jeder Fall als Einzelfall, sondern als Symptom zu bewerten", befand er 1937 vor der Führerschule der Sicherheitspolizei und folgerte daraus: „Seine Anhänger sind mit ihrer Einstellung dem nationalsozialistischen Staat gegenüber als Staatsfeinde anzusprechen."[62] Und auch Dr. Alfred Schweder, SS-Mitglied seit 1930 und 1939 stellvertretender Leiter des Sachgebiets „Politischer Katholizismus" im Gestapa, billigte der Gestapo zu, „Frontbildungen zu verhindern, die ... die Gefahr in sich bergen, die Geschlossenheit der Volksgemeinschaft zu sprengen" und befand: „Sie greift also ein gegen alles ‚Staatsgefährliche‘, nicht nur gegen den bewußten Staatsfeind im engeren Sinne."[63]

Vorstellungen dieser Art bereiteten einem neuen Selbstverständnis den Boden. Indem die Meisterdenker des Polizeistaats die Gestapo zur Hüterin der Volksgemeinschaft aufwerteten und ihr die Aufgabe umfassender Prävention zusprachen, verschoben sich Frontstellungen und Methoden der Politischen Polizei. Sie erhielt so nicht nur die Definitionsmacht für alles, was *sie* als staats- und volksfeindlich erachten wollte, auch ihre Gegnerperspektive veränderte sich. Generalisierende Projektionen, kollektive Verdachtsmomente, Zuschreibungen aufgrund von Herkunftsmerkmalen traten damit in den Vordergrund. Diese Mobilisierung von Phantasmen wiederum förderte die Abstraktion von Einzelfällen, favorisierte die Sichtweise, alle Anzeigen auf der Folie globaler Feindbildszenarien zu betrachten, zu bewerten und zu behandeln.

Über Eindringtiefe und Verbreitung derartiger Interpretamente lassen sich nur schwer Aussagen machen. Ohne daß sie bereits unmittelbar handlungsleitend ge-

---

[59] Erschienen H. 9–13/Mai 1935; danach als Separatdruck im parteieigenen Eher-Verlag (München, Berlin 1935); ähnlich *ders.*, Die Bekämpfung der Staatsfeinde, in: Deutsches Recht 6 (1936) 121–123; vgl. *William L. Combs*, The Voice of the SS. A History of the SS Journal „Das Schwarze Korps" (New York u. a. 1986) 177 ff.
[60] BAB, R 58/844.
[61] Vgl. BAB, NS 19/1201 u. 1040.
[62] Vortrag „Der politische Katholizismus" v. 24. 5. 1937, BAB, R 58/779.
[63] *Alfred Schweder*, Politische Polizei. Wesen und Begriff der politischen Polizei im Metternichschen System, in der Weimarer Republik und im nationalsozialistischen Staate (Berlin 1937) 172.

wesen wären, wurden sie gleichwohl thematisiert in Vorträgen und Schulungen. Vor allem in den Köpfen jener Gestapo-Angehörigen, die der SS beitraten, dürften sie – siehe die Beispiele Lischka und Schweder – bereits fest verankert gewesen sein. Da es sich dabei überdies in hohem Maße um die Inhaber leitender Positionen handelte, spricht viel dafür, daß Vorstellungen dieser Art so bereits vor Kriegsbeginn atmosphärische Dominanz gewannen. Obwohl eine führende Beteiligung in der Kirche erst 1941 für die gesamte Polizei verboten wurde[64] und der Zwang zum Kirchenaustritt offiziell stets verpönt war[65], errichtete gerade der von ‚oben‘ erwartete und von ‚unten‘ häufig gewünschte Beitritt zur SS zunehmende Barrieren gegenüber Kirche und Religion.

Wer diesen Schritt tat, der erfuhr in den Arbeitsgemeinschaften für SS-Führeranwärter, daß sich das Judentum der politischen Kirchen bediene[66], daß ein Christ nicht Nationalsozialist sein könne[67], daß der Krieg die „Entbehrlichkeit und Wertlosigkeit" der Kirchen zeige[68]. Spätestens ab 1941 hatten die Dienststellenleiter bei SS-Bewerbern ihres Bereichs über deren Verhältnis zur Kirche zu berichten[69]. 1942 verkündete Himmler ein freilich nie offiziell bekanntgegebenes „Grundgesetz" der SS, wonach kirchlich gebundene Polizeioffiziere nicht SS-fähig seien[70]. All diese atmosphärisch wirksamen, konkret jedoch schwer faßlichen und erst allmählich installierten Hürden beförderten einen Distanzierungsprozeß, der in eine beträchtliche Entkonfessionalisierung mündete. 81% des Führerkorps von Gestapo, Kripo und SD erklärten sich als „gottgläubig"; 1937 erreichten die Kirchenaustritte ihren ersten Höhepunkt, 1941 erfolgte ein erneuter Anstieg[71].

Aber auch die Zusammenarbeit mit dem SD, die 1937 in Form wöchentlicher Konferenzen auf der Referentenebene institutionalisiert wurde[72], unterstützte die angestrebte Revolutionierung der Wahrnehmung. Gerade weil der SD keine exekutiven Vollmachten besaß, konnte er sich – ohne jeweils die Grenzen der politischen Machbarkeit austesten zu müssen – Maximalismus leisten und das Selbstverständnis eines Gralshüters der Weltanschauung entwickeln. Seine periodischen Berichte über die Kirchen waren globale Bedrohungsszenarien, die paranoid konstruierte Koalitionen finsterer Feindmächte aufdeckten und durch eine Systematisierung und Kategorisierung des Gegners Verschwörungstheorien verwissenschaftlichten[73]. Die klare Ordnung der Welt, die derlei Projektion versprach, die

---

[64] Erlaß Reichsführer SS v. 18. 10. 1941, BAB, R 58/261.
[65] Vgl. BAB, NS 19/1809 u. 2242.
[66] RSHA-Amt I Grundriß Nr. 9 (Undat.), BAB, R 58/844.
[67] Merkblatt „Christentum und Kirche als weltanschaulicher Gegner" des Inspekteurs der Sicherheitspolizei und des SD Hamburg v. 1. 6. 1942, ebd. 230.
[68] RSHA-Amt I Grundriß Nr. 18 (Undat.), ebd. 844.
[69] Erlaß RSHA-Amt I v. 10. 4. 1941, ebd. 262.
[70] Himmler an Daluege v. 2. 3. 1943, BAB, NS 19/3641; vgl. *Josef Ackermann*, Heinrich Himmler als Ideologe (Göttingen u. a. 1970) 77 ff.
[71] *Jens Banach*, Heydrichs Elite. Das Führerkorps der Sicherheitspolizei und des SD 1936– 1945 (Paderborn u. a. 1998) 141 ff. vgl. *Browder*, Enforcers (wie Anm. 14) 166.
[72] Erlaß Sicherheitshauptamt (=SDHA) II 1 v. 16. 6. 1937, BAB, R 58/996.
[73] Vgl. *Boberach*, Berichte (wie Anm. 18) 3–349 sowie jetzt BAB, R 58/3545 und 3024; regio-

Perspektive etwa, das Christentum schlicht als jüdisch gesteuerte Weltanschauung anzusehen[74] und sich nicht länger mit juristisch definierten, eingegrenzten Straftatbeständen herumquälen zu müssen, dürfte indes viele Gestapo-Beamte nicht unbeeindruckt gelassen haben.

Doch der SD besaß nicht nur diese ideologische Schrittmacherrolle, ihm kam auf dem Kirchensektor auch eine große praktische Bedeutung zu, die er sonst in diesem Maß nirgendwo in der Gegnerbekämpfung erringen konnte. Abgesehen davon, daß auch vom SD Anzeigen einliefen[75], ließ sich nur mit dessen Hilfe eine halbwegs flächendeckende Predigtüberwachung installieren, mit der die Gestapo selbst personell völlig überfordert gewesen wäre[76]. Vor allem aber bei der Infiltration[77] der Kirchen und des Kirchenvolkes war der SD unverzichtbar. Während die Gestapo vor Kriegsbeginn in diesem Feld nur wenige, eher zufällig angeworbene V-Leute besaß[78], versuchte der SD seit 1937 systematisch, dort ein entsprechendes Netz aufzubauen[79]. Dennoch sollte man dessen Effizienz nicht überschätzen: Die päpstliche Enzyklika „Mit brennender Sorge" geriet erst am späten Samstagabend vor ihrer Verlesung am Palmsonntag 1937 in Heydrichs Hand[80]. Vertrauliche Berichte über die Fuldaer Bischofskonferenzen gelangten zwar ab 1938 regelmäßig ins Sicherheitshauptamt[81], doch noch 1942 klagte man darüber, daß der Nachrichtendienst nicht bis in die Generalvikariate reiche[82].

nal *Peter Brommer* (Bearb.), Die Partei hört mit. Lageberichte und andere Meldungen des Sicherheitsdienstes der SS aus dem Großraum Koblenz 1937–1941 (Koblenz 1988).
[74] Bericht SDHA II 112 v. 28. 8. 1936, BAB, R 58/991.
[75] Als Beispiel *Franz Kloidt*, Gestapo-Akten III/4-F3/41g: Martyrer-Akten Wilhelm Frede (Krefeld 1966).
[76] Exemplarisch Rundschreiben Stapo-Stelle Weimar v. 19. 9. 1939, BAB, R 58/266; vgl. *Boberach*, Berichte (wie Anm. 18) 903, 927; für Aachen *Klaus Fettweis*, Zwischen Herr und Herrlichkeit. Zur Mentalitätsfrage im Dritten Reich an Beispielen aus der Rheinprovinz (Aachen 1989) 178 ff.
[77] Generell dazu *Klaus-Michael Mallmann*, Social Penetration and Police Action: Collaboration Structures in the Repertory of Gestapo Activities, in: International Review of Social History 42 (1997) 25–43.
[78] Etwa HStAD, RW 58/1245, 28576, 43537; RW 35/12.
[79] Verfügung SD-Oberabschnitt Südwest v. 29. 6. 1937, abgedruckt bei *Boberach*, Berichte (wie Anm. 18) 902–905; vgl. für Aachen HStAD, RW 35/8 u. 9; für Koblenz BAB, Slg. Schumacher 463; für Münster *Joachim Kuropka* (Bearb.), Meldungen aus Münster 1924–1944. Geheime und vertrauliche Berichte von Polizei, Gestapo, NSDAP und ihren Gliederungen, staatlicher Verwaltung, Gerichtsbarkeit und Wehrmacht über die politische und gesellschaftliche Situation in Münster (Münster 1992) 452, 523 f., 617 ff.; für die Pfalz *Thomas Fandel*, Konfession und Nationalsozialismus. Evangelische und katholische Pfarrer in der Pfalz 1930–1939 (Paderborn u. a. 1997) 500 ff.
[80] *Ludwig Volk*, Die Enzyklika „Mit brennender Sorge", in: Stimmen der Zeit 183 (1969) 174–194.
[81] CdS an Chef der Reichskanzlei v. 17. 10. 1938, BAB, R 43 II/177; *Steward*, Sieg (wie Anm. 11) 99–103; *John S. Conway*, Pope Pius XII and the German Church. An unpublished Gestapo Report, in: Canadian Journal of History 1 (1966) 72–83.
[82] Arbeitstagung Inspekteursbereich Düsseldorf v. 4. 5. 1942, abgedruckt in: Der Prozeß gegen die Hauptkriegsverbrecher vor dem Internationalen Militärgerichtshof Nürnberg 14. November 1945 bis 1. Oktober 1946 (=IMG), Bd. 28 (Nürnberg 1948) 490 f.

Die unübersichtliche Konfrontation mit Kirche und Religion war somit von gegenläufigen Tendenzen geprägt: Der weltanschaulichen Radikalität der SS entsprach in der staatspolizeilichen Praxis lediglich ein improvisierter Kleinkrieg, der von taktischen Rücksichten geprägt und gebremst wurde. Dieser signifikante Widerspruch barg zwar ständige Zielkonflikte in sich, sorgte jedoch insbesondere in konfessionellen Hochburgen für relative Ruhe. Denn gerade auf dem weitgehenden Verzicht einer offensiven Durchsetzung des totalen Herrschaftsanspruchs, auf der mangelnden Einlösung der radikalen Rhetorik basierte in tendenziellen Krisengebieten dieser Art die Funktionsfähigkeit des Regimes[83]. Die SS und die antireligiösen Ausfälle in ihrem „Schwarzen Korps" erschienen so als ungeliebte Begleiterscheinungen der an sich begrüßten nationalen Revolution, nicht als deren Quintessenz.

Gleichzeitig aber trug diese Kluft stets auch die Tendenz zu ihrer Aufhebung in sich, folgte das vom SD verkörperte Moment der weltanschaulichen Radikalität der Logik des Igels in der Fabel vom Wettlauf mit dem Hasen, indem es behauptete, die Lösung der selbstproduzierten Probleme bereits zu wissen. Die sich als Sisyphosarbeit erweisende Praxis der Gestapo-Kirchenreferate wiederum verschaffte Versprechungen dieser Art wenigstens apparatintern argumentativen Rückenwind, legitimierte und verstärkte den Wunsch, die Samthandschuhe endlich auszuziehen und nachhaltig ‚aufzuräumen'. Das Verhältnis von Gestapo und SD erzeugte damit vor dem Krieg vor allem Reibungsbrisanz, verdeutlichte die jeweils eigenen Defizite: die fehlende exekutive Umsetzung beim SD, die unzureichende Durchschlagskraft bei der Gestapo. Beide Einsichten aber beschleunigten radikalere Lösungen.

Die Gründung des RSHA im September 1939 leitete die entscheidende Flurbereinigung auf diesem Sektor ein. Rein institutionell betrachtet bedeutete sie eine Niederlage des SD, ideologisch hingegen dessen Sieg. Six, der vergebens ein „Führungsreferat aller Kirchenfragen" reklamierte[84], war der große Verlierer bei dem monatelangen Gerangel um Personal und Kompetenzen in der neuen Superbehörde, die Gestapo, Kripo und SD vereinte. Seine bisherige Zentralabteilung II 1 – zunächst als Amt II („Gegnerforschung") ins RSHA übernommen[85] – verlor angesichts der anstehenden Vernichtungs- und Säuberungsaufgaben zunehmend an Bedeutung und ressortierte ab Herbst 1940 als Amt VII („Weltanschauliche Forschung und Auswertung"), reduziert auf einen schmal besetzten Archiv-, Presse- und Auskunftsdienst[86]. Die für die Praxis des Krieges relevanten Gegner-

---

[83] So für das Münsterland dezidiert *Thomas Schulte-Umberg*, „Gegen den politischen Klerus". Zur Sanktionierung der Wortführer des katholischen Milieus im Bistum Münster am Beispiel der Heimtückeverfahren, in: *Rudolf Schlögl, Hans-Ulrich Thamer* (Hrsg.), Zwischen Loyalität und Resistenz. Soziale Konflikte und politische Repression während der NS-Herrschaft in Westfalen (Münster 1996) 122.

[84] *Hachmeister*, Gegnerforscher (wie Anm. 14) 371.

[85] Geschäftsverteilungsplan RSHA v. 1. 2. 1940, BAB, R 58/840; Telephonverzeichnis Amt II, ebd. 927.

[86] Vgl. *Jürgen Matthäus*, „Weltanschauliche Forschung und Auswertung". Aus den Akten

spezialisten des SD aber brachten ihre Kompetenz nunmehr unmittelbar in die
Exekutive ein und wechselten in Ränge der Gestapo, ins neue Amt IV also, das
nunmehr „Gegner-Erforschung und Bekämpfung" betrieb. Eichmann war dafür
das prominenteste Beispiel. Aber auch Hartl – mittlerweile Surmbannführer –
ging diesen Weg und übernahm Ende 1940 die Leitung der neuen Gruppe IV B,
die die Sachgebiete Katholizismus, Protestantismus, Sekten, Freimaurer, Juden-
und Räumungsangelegenheiten bearbeitete; Stellvertreter wurde der bisherige
Gestapa-Kirchenreferent Roth[87]. Im Mai 1941 wurde diese Fusion auch auf der
unteren Ebene vollzogen, als die Kirchenreferenten der einzelnen SD-Abschnitte
samt ihren V-Leuten zu den jeweiligen Stapo-Stellen überwechselten[88].

Sieht man ab von den im Amt III des RSHA zusammengestellten „Meldungen
aus dem Reich", die punktuell und sporadisch auch über die Stimmungslagen im
Kirchenvolk berichteten[89], dann entfiel seitdem die eigenständige Gegnerarbeit
des SD auf diesem Feld; die Deutungsperspektive des SD hingegen wurde durch
die erwähnte Flurbereinigung vollends in der Gestapo verankert. Die Frage, ob
man seine Aufgabe in der Ahndung einzelner Verstöße gegen die geltende Rechtslage sah oder aber im Kampf gegen eine weltweite Verschwörung, war damit
endgültig geklärt. Feindbildprojektion und Exekutive waren jetzt institutionell
identisch. Das Prinzip, nicht mehr vom Einzelfall, sondern von ideologischen
Postulaten und politischen Endzielen auszugehen, gehörte seitdem auch auf dem
Kirchensektor zu den Axiomen staatspolizeilicher Praxis. Ein Radikalisierungs-
schub im Windschatten des Krieges war damit programmiert[90], obwohl die Kir-
chenglocken beider Konfessionen die deutschen Siege bejubelten.

Symptomatisch dafür war bereits Heydrichs Verfügung Ende August 1939, die
Arbeit „auf kirchenpolitischem Gebiet" unverändert fortzusetzen, während die
Aktivität auf anderen Feldern wegen Personalmangels gänzlich eingestellt oder
aber – selbst auf dem der Judenangelegenheiten – eingeschränkt wurde[91]. Himmlers Weisung nach dem Überfall auf die Sowjetunion, „daß sämtliche hetzerischen
Pfaffen … auf längere Zeit einem Konzentrationslager zugeführt werden sollen",
brach endgültig alle Dämme[92]. Ende September 1941 fand im RSHA eine Arbeitstagung aller Kirchenreferenten der Stapo-Stellen statt, auf der Roth als „Fernziel"

des Amtes VII im Reichssicherheitshauptamt, in: Jahrbuch für Antisemitismusforschung 5
(1996) 287–330.
[87] Geschäftsverteilungsplan RSHA v. 1. 3. 1941, BAB, R 58/840; vgl. *Hachmeister*, Gegnerforscher (wie Anm. 14) 207 ff., 232.
[88] Erlaß RSHA v. 12. 5. 1941, abgedruckt in IMG, Bd. 28 (Nürnberg 1948) 439–441.
[89] Vgl. *Heinz Boberach* (Hrsg.), Meldungen aus dem Reich. Die geheimen Lageberichte des
Sicherheitsdienstes der SS 1938–1945, 17 Bde. (Herrsching 1984); *Donald D. Wall*, The Reports of the Sicherheitsdienst on the Church and Religious Affairs in Germany, 1939–1944,
in: Church History 40 (1971) 437–456.
[90] Vgl. *Michael Wildt*, Das Reichssicherheitshauptamt. Radikalisierung und Selbstradikali-
sierung einer Institution, in: Mittelweg 36, 7 (1998) H.1, 33–40.
[91] Erlaß CdS v. 31. 8. 1939, BAB, R 58/243; vgl. CdS an Chef der Reichskanzlei v. 20. 10.
1939, BAB, R 43 II/169.
[92] Erlaß CdS v. 27. 8. 1941, BAB, R 58/1027.

die Devise ausgab: „Zerschlagung der konfessionellen Kirchen durch Vorlage des gesamten nachrichtenmäßig zu sammelnden Materials zur gegebenen Zeit mit dem Ziele, der Kirche die hochverräterische Betätigung während des deutschen Lebenskampfes vorzuhalten."[93] Dieselbe Stimmung herrschte auch an der Basis. Alfred Schimmel, der Leiter der Abteilung II der Stapo-Stelle München, gab damals kund: „Spätestens im Jahre 1942 werden die SJ in Lager nach dem Osten geschafft."[94] Und Friedrich Hegenscheidt, der Chef der Stapo-Stelle Hohensalza, dekretierte 1942 hinsichtlich der Geistlichen: „Eine planmäßige weitere Reduzierung dieses Personenkreises wird diesseits bereits vorbereitet."[95]

Beide signalisierten Befreiung, ja Erleichterung über die Chance, endlich ‚ganze Arbeit‘ machen zu können. Ihre Äußerungen deuten aber auch darauf hin, daß sich damals – wenigstens in der Spitze der Gestapo – der Gedanke einer ‚Endlösung‘ der Kirchenfrage breitmachte[96], während Hitler seit 1939 immer wieder den Burgfrieden verkünden ließ, um die ‚Volksgemeinschaft‘ im Krieg nicht zu gefährden[97]. Erstmals verselbständigte sich die SS auf diesem Feld, traten offizielle Linie und polizeiliche Intention völlig auseinander. Das Ergebnis dieser Entwicklungsdynamik nach einem ‚Endsieg‘ muß ungewiß bleiben, die Weichenstellungen des RSHA sind jedoch evident.

---

[93] IMG, Bd. 28 (Nürnberg 1948) 453; vgl. Erlaß RSHA v. 24. 10. 1941, BAB, R 58/266; *Guenter Lewy*, Die katholische Kirche und das Dritte Reich (München 1965) 280, liefert eine völlige Fehlinterpretation, wenn er schreibt: „Man kam überein, daß alle durchgreifenden Maßnahmen gegen die Kirchen unterbleiben müßten." Auch *Conway*, Kirchenpolitik (wie Anm. 11) 301, greift daneben, wenn er behauptet, daß nach Heydrichs Tod der Apparat der „Kirchenspezialisten" und sein Netz der V-Leute „zusammenbrach" und „aufgelöst" wurde; das genaue Gegenteil ist richtig: beide blieben bis 1945 höchst aktiv; vgl. BAB, R 58/1114; für Aachen, Köln, Koblenz, Trier und Saarbrücken ebd. 1134; HStAD, RW 34/3 und 33; RW 35/2,8,9; Landesarchiv Saarbrücken, Best. Stapo-Stelle Saarbrücken 5, 27, 40.
[94] *Johann Neuhäusler*, Kreuz und Hakenkreuz. Der Kampf des Nationalsozialismus gegen die katholische Kirche und der kirchliche Widerstand, Teil 2 (München ²1946) 276.
[95] Erlaß Stapo-Stelle Hohensalza v. 21. 9. 1942, ZSL, Dok. Slg. Verschiedenes 301 AAz.
[96] Vgl. *Zipfel*, Kirchenkampf (wie Anm. 28) 253 ff.; *Heinz Hürten*, „Endlösung" für den Katholizismus? Das nationalsozialistische Regime und seine Zukunftspläne gegenüber der Kirche, in: Stimmen der Zeit 203 (1985) 534–546.
[97] Rundschreiben Leiter der Partei-Kanzlei v. 26. 4. 1943, BAB, NS 6/344; vgl. *Zipfel*, Kirchenkampf (wie Anm. 28) 508 f.; *Conway*, Kirchenpolitik (wie Anm. 11) 247 f., 292, 297 f., 375.

Michael Wolffsohn

Re-Judaisierung der deutschen Juden 1933–1939?
Eine neue Methode:
Vornamen als vordemoskopischer Indikator?

Tendenzen der Forschung

Erst der Antisemitismus macht aus Juden wieder Juden. Zumindest macht er aus assimilierten Juden wieder Juden. So könnte man vereinfachend, doch nicht verfälschend, den fast schon klassischen, auf jeden Fall berühmten Essay Jean Paul Sartres, seine „Überlegungen zur Judenfrage", zusammenfassen[1].

Übertragen auf Deutschland in den Jahren 1933 bis 1939 vermuten wir deshalb eine Re-Judaisierung der deutschen Juden als Folge der nationalsozialistischen Judenpolitik. Der brutale, sofort nach dem Machtantritt beginnende Terror gegen die Juden, so unsere Hypothese, habe zumindest eine verstärkte Hin- oder Rückwendung der weitgehend assimilierten deutschen Juden zu Jüdischem bewirkt. Auch die bisher veröffentlichten historischen Studien über Deutschlands Juden in der NS-Zeit legen diese Hypothese nahe[2]. Am Rande vermerkt sei, daß von einer deutschjüdischen „Renaissance" auch schon für die Zeit der Weimarer Republik gesprochen wurde[3]. Wenigstens der Jerusalemer Historiker Moshe Zimmermann hebt sich vom allgemeinen Trend ab. Er nennt jene vermeintliche Rejudaisierung der deutschen Juden im Dritten Reich eine „positive Illusion"[4]; Illusion also, und nicht Wirklichkeit.

[1] *Jean Paul Sartre*, Überlegungen zur Judenfrage (Neudruck, Reinbek bei Hamburg 1994, Erstausgabe, Paris 1954).
[2] Vgl. die neueren und präzisen Informationen mit weiterführenden Literaturhinweisen besonders bei *Moshe Zimmermann*, Die deutschen Juden 1914–1945 (München 1997) bes. 67 ff. Auch *Avraham Barkai*, Jüdisches Leben unter der Verfolgung, in: Deutsch-jüdische Geschichte in der Neuzeit, Band IV, Aufbruch und Zerstörung 1918–1945, hrsg. von *A. Barkai* u. a. (München 1997) 234 ff. und *Paul Mendes-Flohr*, Jüdisches Kulturleben unter dem Nationalsozialismus, in: a.a.O., 272 ff. Ebenfalls *Volker Dahm*, Kulturelles und geistiges Leben, in: Die Juden in Deutschland 1933–1945. Leben unter nationalsozialistischer Herrschaft, hrsg. von *Wolfgang Benz* (München ²1988) 75 ff. Erstaunlich wenig hierzu bei *Saul Friedländer*, Das Dritte Reich und die Juden. Die Jahre der Verfolgung 1933–1939 (München 1998).
[3] Vgl. *Michael Brenner*, The Renaissance of Jewish Culture in Weimar Germany (New Haven 1996).
[4] *Zimmermann*, 67.

Von wenigen Ausnahmen abgesehen, gilt also, weil mehrfach scheinbar eindeutig bestätigt, die These von der Rejudaisierung fast schon axiomatisch, ihre Rich-
tigkeit und Gültigkeit wird vorausgesetzt. Wir stellen sie zumindest in Frage.
Weshalb? Weil ihre empirische Grundlage außerordentlich schmal, wenn nicht gar
zweifelhaft ist.

Über deutsche Juden jener Jahre wurde bislang geforscht, nicht jedoch über
„*die* deutschen Juden" während dieser Zeit. Wichtige, erschütternde Zeugnisse hat man gesammelt und analysiert, viele Einzelschicksale, eines schlimmer
als das andere, aber man verharrte auf der *Mikroebene*. Untersuchungen auf der
Makroebene gibt es nicht. Wirklich repräsentative Daten über die Identität, die
jüdische Identität, „der deutschen Juden" der Jahre 1933 bis 1939 liegen nicht
vor.

An Aussagen über die jüdische Identität fehlt es nicht, es mangelt eher an
der empirischen Basis jener Feststellungen. Diese Lücke wollen wir – versuchs-
weise – schließen, wenigstens verkleinern. Unser Indikator: Die Auswahl von
Vornamen.

Vornamen als Indikator: eine neue Forschungsmethode

Vornamen, so unsere allgemeine *methodische Prämisse*, sind ein Signal, eine Art
Kultur- oder Mentalitäts- und Identitätscode. Sie sind Signale der Vornamensge-
ber aus ihrer geistigen Innenwelt an die Außenwelt. Nach außen gezeigt werden
dabei politische Einstellungen ebenso wie religiöse oder kulturelle Eigenständigkeit und politische Manipulierbarkeit, Anpassung an die Umwelt oder Distanz zu
ihr. Vornamen dokumentieren daher zumindest teilweise die *Identität* der Vor-
namensgeber[5]. Vornamen, so sagen wir weiter, sind ein demoskopischer Indikator
in vor- oder nichtdemoskopischer Zeit.

Jedes Elternpaar steht in seiner Zeit, keines bewegt sich vollkommen unabhängig und frei von Werten, Strömungen, Tendenzen und Bezügen auf die Um- und
Mitwelt.

Gab es, so wäre für die deutschen Juden der NS-Zeit zu untersuchen, immer
noch so viele jüdische „Siegfrieds" oder andere nichtjüdische Vornamen wie vor
1933? Ab wann und wie heftig wandten sich Deutschlands Juden von „Siegfried"
ab und, sagen wir, „David" zu? Welche Namen erschienen neben, mit und gegen
die „Siegfrieds" oder „Davids"? Lassen sich bestimmte Gruppen bilden: Einflüsse
von außen, etwa aus anderen Ländern, Kulturen und Religionen? Erkennen wir
politische Signale?

Haben Vornamen, so fragen wir, einen im weitesten Sinne demoskopieähnli-
chen Aussagewert? Liefern sie politische und soziale Meinungsbilder, die jenen

[5] Vgl. dazu *Aaron Demsky*, Introduction, in: *Demsky* u. a. (Hrsg.), These are the Names. Studies in Jewish Onomastics (Ramat Gan 1997) 9 f.

aus den Umfragen moderner Zeit gewonnenen gleichen? Fiele die Antwort positiv aus, so erschlösse sich eine neue geschichts- und sozialwissenschaftliche Methode. Im Zeitalter der Meinungsforschung eröffnete sie zusätzliche, ergänzende Ergebnisse und Einsichten; vor allem aber für „vordemoskopische" Zeiten, für solche Zeiten also, aus denen keine demoskopischen Daten in Form von Umfragen vorliegen, böte sie die Möglichkeit, „öffentliche Meinung" wenigstens in Ansätzen wirklich zu erforschen.

„Öffentliche Meinung" in vordemoskopischer Zeit

Über die „öffentliche Meinung" oder die „Stimmungslage der Bevölkerung" in vor- oder nichtdemoskopischer Zeit findet man immer wieder die erstaunlichsten Feststellungen. Manche sind sogar wahrscheinlich richtig, doch empirisch abgesichert sind sie selten.

Als „öffentliche Meinung" werden den Lesern meistens die veröffentlichten Meinungen, ein Artikel, noch besser: recht viele, aus den jeweiligen Perioden präsentiert; auch Briefe, Flugblätter, Transparente von Demonstrationen, Petitionen und Proteste, Propaganda oder Parteiprogramme, Wahlaufrufe, Briefe und sogar Korrespondenzen, Nachlässe, Bücher, Erinnerungen, auch Geheimdienstberichte und so weiter und so weiter. Auch die veröffentlichte Meinung wird einem als „öffentliche Meinung" suggeriert. Das Als-Ob wird zum Ersatz des Wirklichen, weil das Wirkliche bislang nicht genauer ermittelt werden konnte.

Damit werden andere Studien wahrhaftig nicht in Grund und Boden verdammt – „das sei ferne!", weil es auch unmöglich ist. Erstaunlich bleibt trotzdem die immer wieder feststellbare methodische Unschärfe bei der Darstellung der vermeintlich öffentlichen Meinung.

Selbst in den besten Handbüchern und Gesamtdarstellungen stößt man auf dieses erstaunliche Defizit. Es vermindert nicht die Qualität jener Arbeiten insgesamt, es relativiert allein die Aussagen über die *politischen Einstellungen* und die *Mentalitäten* der Menschen zum oder im sozialen Wandel[6].

Meine methodische Prämisse und inhaltliche Hypothese im engeren Sinne lautet: Vornamen sind ein Indikator für oder gegen die Rejudaisierung der deutschen Juden in den Jahren 1933 bis 1939.

---

6 Ausführlichere methodische Erörterungen sowie deren Anwendung auf „die" nichtjüdischen Deutschen in den Jahren 1785 bis 1990 finden Interessierte in *Michael Wolffsohn, Thomas Brechenmacher*, Die Deutschen und ihre Vornamen. 200 Jahre Politik und öffentliche Meinung (München 1999).

Andere Indikatoren

Auswanderung in das „Land der Juden"?

Es gäbe auch andere Indikatoren für die Rejudaisierung, zum Beispiel die Auswanderung nach Palästina. Ungefähr die Hälfte aller deutschen Juden wandte sich, im wörtlichen Sinne, zwischen 1933 und 1939 von Deutschland ab. Diese circa 250 000 Juden wanderten aus. Wandten sie sich dem geistig-geistlich-geographischen Zentrum der jüdischen Geschichte, also Palästina, zu? Nein. Nur ein Bruchteil der deutschjüdischen Flüchtlinge, circa 36 000, gingen ins „Land der Väter"[7].

Doch selbst die geographische Wahl des Auswanderungsziels sagt nichts Handfestes über eine tatsächliche oder vermeintliche Rejudaisierung der deutschen Juden aus. Wirklich messen können wir mit diesem Indikator nicht und nichts. Die niedrige Zahl der deutschjüdischen Einwanderer nach Palästina ist auch durch die Politik der britischen Mandatsmacht seit 1924 zu erklären. Erhebliche Einwanderungsbeschränkungen für Juden waren seitdem von London verfügt worden. Nahostpolitische Überlegungen waren dabei entscheidend, nicht deutschland- oder judenpolitische oder gar humanitäre. Nicht einmal die verschärfte Judennot der Jahre 1938/39, nach dem Anschluß Österreichs und der Eroberung Prags, änderte die Haltung der Briten. Das am 17. Mai 1939 veröffentlichte Weißbuch der britischen Regierung dokumentiert diese Aussage auf beklemmende Art und Weise.

Der Zionismus, die jüdische Nationalbewegung, die seit 1897 Juden nach Palästina bringen wollte, bekam durch die nationalsozialistischen Judenverfolgungen einen innerjüdischen Rechtfertigungsschub, doch eine Mehrheitsbewegung wurde der Zionismus damals auch bei den deutschen Juden nicht.

Die Auswanderung sowie die jeweiligen Einwanderungsziele der deutschen Juden sind demnach keine brauchbaren Indikatoren einer Rejudaisierung der deutschen Juden ab 1933.

Jüdische Kulturaktivitäten

Was können wir in diesem Zusammenhang über den „Jüdischen Kulturbund" sagen? Gewiß, es war Kultur „von Juden, mit Juden und für Juden"[8] – in Ermangelung außerjüdischer Betätigungsmöglichkeiten. „Kultur von, mit und für Juden" ist freilich nicht automatisch jüdische Kultur. Im Kulturbund war sie eher äußerlich jüdisch. Jüdisch durch die Akteure und Organisatoren, auch die Zuschauer, weniger jedoch inhaltlich jüdisch[9].

---

[7] Genaue Daten in: *Michael Wolffsohn*, Politik in Israel (Opladen 1983) Teil II; *ders.*, Israel: Geschichte, Politik, Gesellschaft, Wirtschaft (Opladen [5]1996) 270 ff.
[8] *Eike Geisel, Henryk M. Broder*, Premiere und Pogrom. Der Jüdische Kulturbund 1933-1941 (Berlin 1992) 242.
[9] Vgl. dazu ausführlich mit Belegen *Geisel, Broder*, passim.

Und die jüdischen Lehrhäuser? Ja, deutsche Juden suchten sie nach 1933 häufiger als davor auf, doch nur die besonders aktiven und motivierten Juden zog es dorthin. Als Indikator der Rejudaisierung „der" deutschen Juden ist die Zahl der Lehrhausschüler unbrauchbar.

Nochmals: Aussagen und Überlieferungen von Einzelpersonen sind gewiß aufschlußreich. Sie beantworten aber nicht unsere Frage. Wir schauen nicht auf die individuelle Mikro-, sondern auf die gesamtgemeinschaftliche Makroebene. Umfragen gab es in jener Zeit nicht. Wir suchen daher nach anderen „Meßgrößen".

Taufen

Die Taufe von Juden kann unmöglich ein Indikator für Rejudaisierung sein. Zur Taufe bereite deutsche Juden waren gewiß die winzige Minderheit der deutschjüdischen Minderheit. Sie wagten und wollten die totale Abkehr vom Judentum. Diese Kleinstgruppe sagt über „die deutschen Juden" gewiß nichts aus.

Umgekehrt können wir jedoch erwarten, daß ein Rückgang der Zahl getaufter Juden eine verstärkte Rückbesinnung der Juden auf Jüdisches signalisiere. Genau diese Rückbesinnung fand nach 1933 nicht statt.

Peter Honigmann hat die Häufigkeit der taufbereiten Minderheit unter Berlins Juden von 1870 bis 1940 untersucht[10]. Dieser relativ weite Rückblick vor 1933 ist, wie bei anderen Indikatoren, methodisch notwendig, um kurzfristige bzw. zyklische Faktoren und Zufallsdaten auszuschließen.

Durch den „Taufindikator" erfahren wir: In Krisenzeiten (Revolution 1918/19) sowie ab 1933 nahm die Dejudaisierung deutscher Juden nicht nur zu, sie nahm dramatisch zu. Zu ähnlichen Ergebnissen kam Peter Honigmann auch in den jüdischen Gemeinden Wiens und Budapests, Prags und Breslaus. Diese so aufschlußreichen Makrodaten Honigmanns wurden von der Forschung bislang sträflich vernachlässigt.

Gemeindeaustritte

Ebenfalls nicht repräsentativ für „die deutschen Juden" kann die Zahl der Gemeindeaustritte sein. Wieder wird dabei nur die Minderheit einer Minderheit untersucht. Dennoch erlaubt der Austrittsindikator, wie bei den Taufen, Rückschlüsse auf die Rejudaisierung.

Auch dieser Indikator mißt nicht Einstellungen, wohl aber, und das ist mindestens so wichtig, weil verbindlicher, konkrete Entscheidungen und Handlungen der Betroffenen. Wieder hat Peter Honigmann, ebenfalls vornehmlich für Berlin, aufschlußreiche Daten ermittelt[11].

---

[10] *Peter Honigmann*, Jewish Conversions – A Measure of Assimilation? A Discussion of the Berlin Secession Statistics of 1770–1941, in: Leo Baeck Institute Year Book XXXIV (London 1989) 3–39.
[11] *Peter Honigmann*, Die Austritte aus der Jüdischen Gemeinde Berlin 1873–1941. Statistische Auswertung und historische Interpretation (Frankfurt a. M. usw. 1988).

Wieder ist das Ergebnis eindeutig: Die NS-Zeit war eine Periode der De- und nicht der Rejudaisierung der deutschen Juden[12].

Überraschen kann uns das nicht. Tauf- und austrittswillige Juden wogen sich in der Illusion, durch diesen Schnitt und Schritt der terroristischen NS-Judenpolitik entkommen zu können. Sie übersahen dabei den rassistischen Kern der NS-Ideologie. Ein, wie die Nazis sagten, „Rassejude" konnte damals seinem jüdischen Schicksal weder durch die Taufe noch durch den Gemeindeaustritt entkommen. Juden, die sich ab 1933 taufen ließen oder die Gemeinde verließen, wurden gänzlich wurzellos und machten ihren Tod auf tragische Weise würdelos.

Vornamen als Judaisierungs-Indikator

Unser Forschungsvorhaben wertet, nach Geburtsjahren geordnet, die Vornamen *fast aller* rund 250 000 am 17. Mai 1939 in Deutschland lebenden Juden aus. An jenem Tag fand bekanntlich die letzte Volkszählung im Deutschen Reich statt[13]. Als Juden galten damals freilich nicht nur diejenigen, die sich als Juden bekannten. Und wer Jude war, bestimmte auch nicht das jüdische Religionsgesetz, sondern die rassistische Ideologie und Gesetzgebung der Nationalsozialisten.

Nicht die Hauptbögen der Volkszählung vom Mai 1939 sind überliefert, sondern, so das Bundesarchiv in Berlin-Lichterfelde, nur die als „Rasseerhebungsbögen" bezeichneten Ergänzungskarten. Diese dokumentieren jedoch nicht die Konfession, zu der sich die jeweils Erfaßten bekannten. Lediglich nach der Zahl der jüdischen Großeltern wurde gefragt. So bildet die Überlieferungslage ein Hindernis für die wirklich exakte Erfassung der im Mai 1939 noch in Deutschland lebenden Juden.

Die sogenannten „Rasseerhebungsbögen" vom Mai 1939 erschweren die Auswahl, denn zwischen Geltungs- und Bekenntnisjuden möchte der unvoreingenommene Wissenschaftler selbstverständlich unterscheiden. Bei unserer Auswertung entschieden wir uns dafür, diejenigen Personen aus den „Rasseerhebungsbögen" als „Juden" zu betrachten, die drei oder vier jüdische Großelternteile hatten. Diese Menschen traf die jüdische Situation oder Religion im „Dritten Reich" direkt. Und diese direkte Betroffenheit bestimmte schließlich das Schicksal jener Menschen.

Wir konzentrieren uns besonders auf die Großstädte München, Hamburg und Leipzig, denn jenes deutsche Judentum war weitgehend urban. Demnächst erhalten wir die Daten für Berlin, Köln, München und Dresden. Sie werden ebenfalls ausgewertet. Als städtisch-ländliches Gegenstück werten wir die jüdische Gemeinschaft Schwaben-Allgäu aus.

---

[12] *Honigmann*, Austritte 151.
[13] Volkszählung vom 17. Mai 1939, „Rasseerhebungsbögen", Ergänzungskarten, Bundesarchiv, Berlin-Lichterfelde.

Diese Daten erlauben eine rückblickende Analyse bis ungefähr ins letzte Drittel des 19. Jahrhunderts. Allein die Analyse eines so langen Zeitraums ermöglicht die Unterscheidung von ereignisbedingten oder zyklischen Schwankungen und strukturellen Veränderungen. Erst auf diese Weise kann die Entwicklung der Jahre 1933 bis 1939 eingeordnet und relativ frei von Zufallsfaktoren interpretiert werden.

Unvorhergesehene zeitliche Verzögerungen bei der Zusammenstellung der Daten durch das Bundesarchiv in Berlin haben dazu geführt, daß wir hier nur einige Vor- und Zwischenergebnisse präsentieren können. Weil ein so umfassendes Projekt umfangreicher Vorarbeiten bedarf, können wir diese Lücken durch anderes Datenmaterial verkleinern, wenngleich – noch – nicht schließen. Wir haben sie auch deshalb be- und gelassen, weil wir in unserem Projekt zunächst und vor allem die Vornamen der nichtjüdischen Deutschen in der Zeit von 1785 bis 1990 ausgewertet haben[14].

Am intensivsten wurden bislang die Daten über die Münchener Juden ausgewertet.

München 1812–1875

Wieder erlaubt nur die Langzeitanalyse zutreffende Aussagen. Deshalb gehen wir weit ins 19. Jahrhundert zurück. Wir stützen uns auf die Daten über *alle* (2255 Personen) zwischen 1812 und 1875 in München geborenen Juden, das „Jüdische Standesregister". Es ist im Bayerischen Hauptstaatsarchiv zugänglich[15].

Daten für die anschließende Epoche bis einschließlich 1992 erhielten wir von der Israelitischen Kultusgemeinde Münchens. Hier sind, wieder nach Geburtsjahren geordnet, *alle* (3246 Personen) der im Jahre 1992 in München lebenden Juden berücksichtigt.

Im Jahre 1812 lebten in München 380 Juden, 1852 waren es 1252 und 1871 2903[16]. Und dies sind die Zahlen der Juden für ganz Bayern[17]:

1852	1871	1890	1910	1925	1933
55700	50700	53900	55100	49100	41900

Diese Zahlen verkünden eine eindeutige Botschaft, die unsere Vornamensanalyse vertiefend bestätigen wird: Die bayerischen Juden entfernten sich im 20. Jahrhundert vom Judentum und der jüdischen Gemeinschaft. Trotz natürlicher Bevölkerungszunahme (Geburten) und Wanderungsgewinnen (Migration von sogenann-

---

[14] *Michael Wolffsohn, Thomas Brechenmacher*, Die Deutschen und ihre Vornamen. 200 Jahre Politik und öffentliche Meinung (München 1999).

[15] Bayerisches Hauptstaatsarchiv, München, Jüdisches Standesregister, Nr. 1–5.

[16] Vgl. *Hendrikje Kilian*, Die Anfänge der Emanzipation am Beispiel der Münchner jüdischen Gemeinde, in: *Treml* (Hrsg.), 267–275.

[17] Zahlen aus *Michael Wolffsohn, Uwe Puschner*, Geschichte der Juden in Deutschand. Quellen und Kontroversen (München 1992) 205.

ten „Ostjuden") lebten 1910 in Bayern (ebenso wie in ganz Deutschland) deutlich mehr registrierte Juden als 1925 oder gar 1933.

Zum Vergleich die gesamtdeutsche Perspektive. Zeitlich verschoben ergibt sich das gleiche Bild: Es gab 1933 weniger Juden in Deutschland als im Jahre 1910. 1910 wurden 535200 Juden gemeldet, 1925 eine zuwanderungsbedingte Zunahme auf 564379, doch 1933 nur noch 499700[18].

Wie ist dieser Rückgang der deutschjüdischen Bevölkerung zu erklären? Seit dem ausgehenden 19. Jahrhundert verließen immer mehr deutsche Juden ihre jüdische Herkunftsgemeinschaft, weil sie immer weniger mit Juden und Judentum verband. Sie blieben in Deutschland und wurden Deutsche, aber sie wandten sich vom Judentum ab – und wurden nicht mehr als Juden registriert. Erst die Ahnen-„Forschung" der Nationalsozialisten machte aus einstigen Juden erneut Juden, äußerlich und schicksalhaft, doch nicht innerlich und geistig oder gar geistlich.

Der Anstieg der in München (und Deutschland) lebenden Juden in der Zeit von 1871 bis 1910 widerspricht dieser These keineswegs. Er wurde allein durch die besonders massive Einwanderung der sogenannten Ostjuden möglich, also der Juden, die seit März 1881 den Pogromen des zaristischen Rußlands entfliehen wollten. Den assimilatorischen Trend der deutschjüdischen Gemeinschaft haben die „Ostjuden" unterbrochen, nicht jedoch gebrochen. Der Rückgang der jüdischen Einwohner Bayerns zwischen 1910 und 1925 sowie 1925 und 1933 bestätigt diese Aussage.

Die Flucht der deutschen Juden (Münchens) aus ihrem Judentum ist im 19. Jahrhundert offensichtlich, wenn man betrachtet, wie viele jüdische Eltern ihren Kindern nichtjüdische Vornamen gaben.

Kategorie „jüdisch"

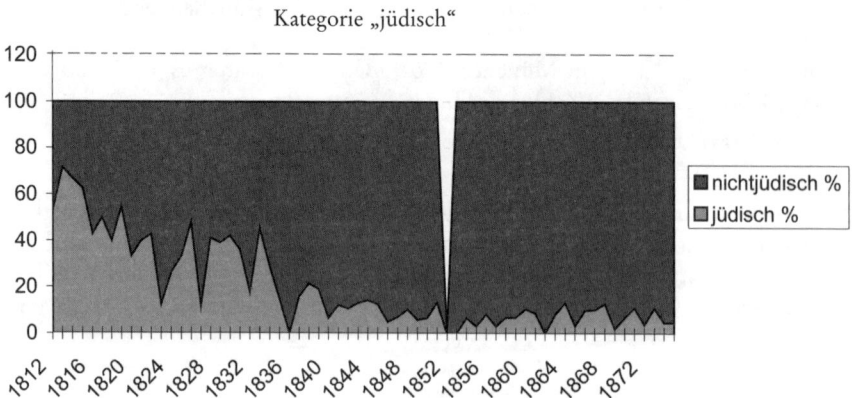

---

[18] Aus *Avraham Barkai*, Bevölkerungsrückgang und wirtschaftliche Stagnation, in: Deutsch-Jüdische Geschichte in der Neuzeit, Band IV, Aufbruch und Zerstörung 1918–1945, (München 1997) 38.

Kategorie „hyperassimiliert/deutsch"

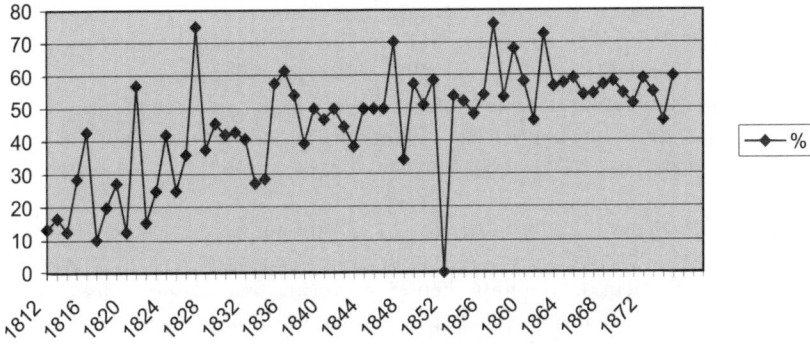

Kategorie „germanisch"

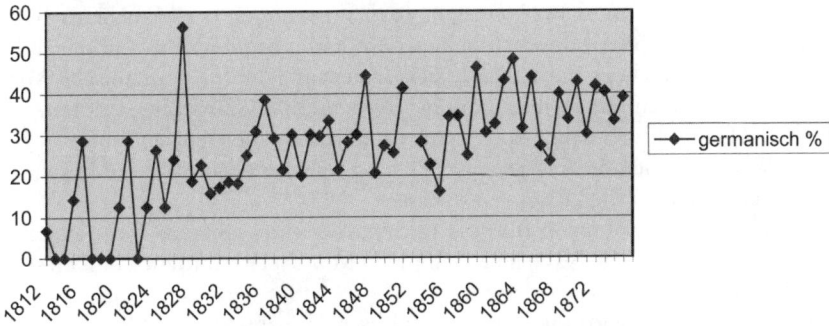

Siegfried

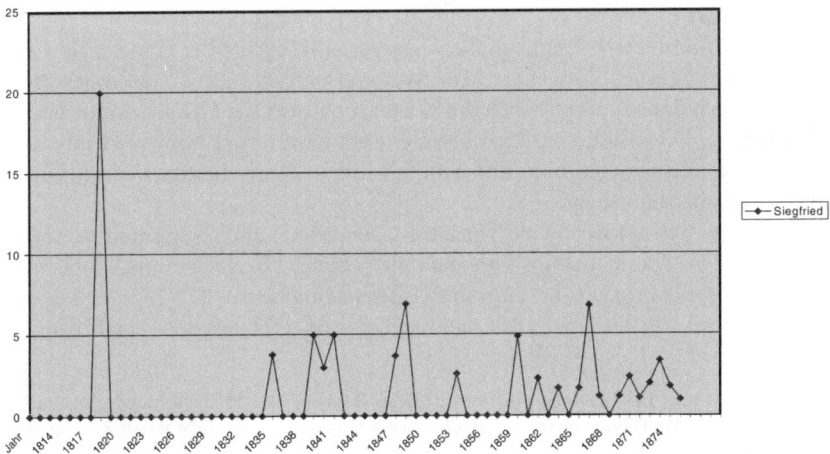

Weite Teile der deutschjüdischen Geschichtsschreibung müssen für jene Epoche aufgrund dieser Daten umgeschrieben werden. Viel früher und heftiger als bisher vermutet begann die Eindeutschung bzw. Entjudaisierung der deutschen Juden. Wir erwähnen dies nur kurz, um uns hier vornehmlich der eventuellen Rejudaisierung der deutschen Juden ab 1933 widmen zu können[19].

Schichtenübergreifend, manche würden lieber sagen: „klassenübergreifend", und atemberaubend schnell verlief die Flucht der Münchener Juden aus der jüdischen Namenshaut. Trotzdem ist ein Blick auf die jeweiligen Schichten aufschlußreich.

Die Anfälligkeit des bildungsbürgerlichen Geistes auf den jeweiligen Zeitgeist haben wir bei den christlichen Deutschen in München bereits – wenig erstaunt – festgestellt. Noch mehr als die jüdischen Handwerker und Kleinhändler („Alter Mittelstand") oder die jüdischen „Kapitalisten" jagten die jüdischen Bildungsbürger dem allgemeindeutschen Zeitgeist nach; wie von Furien gepeitscht.

Die Juden gaben sich nicht nur deutsch, sie deutschtümelten sogar. Prüfen wir nach, wann und wieviele es versuchten.

In München begann es 1827, ein Jahr nach Einweihung der Münchener Synagoge, der sogar König Ludwig I. beigewohnt hatte. Rund 55 Prozent der jüdischen Eltern Münchens entschieden sich in jenem Jahr für germanische Vornamen. Diese Juden hatten ihre jüdische Authentizität vollständig verloren, die Flucht ins Deutschtum, nein, ins Germanentum, also in die Deutschtümelei angetreten. Weder urteilen noch verurteilen, aber schildern wollen wir diese Entwicklung. Hier haben wir die Daten.

Im gesamten Zeitraum von 1823 bis 1875 wurden nie niedrigere Werte als zehn Prozent für germanische Namen bei den Juden Münchens ermittelt. Ein sehr, sehr hoher Anteil.

Noch eindeutiger wird die Flucht der jüdisch-münchnerischen „Semiten" ins Germanentum durch folgende Tatsache: Zwischen 1840 und 1875 wurde nur einmal, nämlich 1855, die Marke von zwanzig Prozent germanischer Vornamen unterschritten.

Im Jahr des deutsch-französischen Krieges, 1870, gaben sich mehr als vierzig Prozent der jüdischen Jungeltern Münchens germanisch. „Nur" 30 Prozent waren es 1871, doch dann bewegten sich die Werte, auch nach der Gründerkrise, bei vierzig Prozent. Diese jüdische Bevölkerung identifizierte sich weit über ihre Eliten hinaus mit allem Deutschen, mit dem scheinbar Deutschesten schlechthin: mit dem Germanentum sogar.

Daß unter den germanischen Vornamen „Siegfried" und „Siegmund" besonders beliebt waren, überrascht uns nun auch nicht mehr. Für „Siegmund" entschieden sich 1824 zwölf Prozent der jüdischen Eltern Münchens, 1827/28 waren es sechs Prozent, 1836 wieder acht, 1844 rund sieben und 1860 wieder acht Prozent. So

---

[19] Vgl. Daten und Erklärungen zur notwendigen Revision der Historiographie in der MA-Arbeit meiner Mitarbeiterin *Andrea Brill*, Vornamensauswahl der Münchener Juden 1812-1875 (München 1998).

beliebt wie 1818 war „Siegfried" bei den Juden nie wieder. Doch da waren es zwanzig Prozent; 1848 und 1866 immerhin deutlich mehr als sechs Prozent. In den Jahren der Reichsgründung von 1869 bis 1875 fand man ein bis zwei Prozent Siegfrieds; auch nicht gerade wenig, wenn man bedenkt, daß die Namensvielfalt in jenen Jahren ständig zunahm.

Ausländische Vornamen, das heißt englische, französische, italienische und spanische, zogen im 19. Jahrhundert nur zyklisch die jüdischen Eltern an. Von einem strukturellen Interesse kann keine Rede sein. Nein, denn es zog die deutschen Juden zu Deutschem und nach Deutschland, in jeder Hinsicht. „Mit den Hinterbeinchen klebten sie noch am Judentum des Vaters und mit den Vorderbeinchen fanden sie noch keinen neuen Boden. Die Verzweiflung darüber war ihre Inspiration."[20] So sprach Franz Kafka über die assimilierten deutschen Juden. Es war auch als Selbstdiagnose gemeint. Wer könnte es besser und zutreffender ausdrücken als er?

München 1893–1992

Das Kafka-Zitat führt uns ins 20. Jahrhundert, zunächst ins erste Viertel. Für diese aus 3246 Personen bestehende Datei gilt: Je früher das Geburtsjahr, desto kleiner die absoluten Zahlen der Geburten im jeweiligen Jahr. Wir erinnern daran, daß sich in diesem Abschnitt die Erhebungsmethode von der vorangegangenen unterscheidet. Dort hatten wir *alle* Geburten der Münchener Juden eines Jahres, hier, über die Jahre verteilt, alle 1992 in München lebenden Juden. Aussagen für die Zeit vor 1910 wären auf der Basis dieser Zahlen wenig sinnvoll. Für 1893 wurden zum Beispiel nur zwei Personen erfaßt. Kein Wunder, denn wer von den 1893 geborenen Münchener Juden lebte noch im Jahre 1992? Die wenigsten, zwei eben. 1911 schon ein anderes Bild: 42 der 1992 lebenden Juden wurden in jenem Jahr geboren. Auf recht solidem Fundament ruhen die Ergebnisse seit den 20er Jahren. Eine Fußangel darf nicht übersehen werden. Etwa achtzig Prozent der 1992 in München lebenden Juden stammen aus Osteuropa, vor allem aus Polen. Ihre namengebenden Eltern waren also gar keine Deutschen. Erst die Geburten der Nachkriegsjahre erlauben Aussagen über deutsche bzw. in Deutschland lebende Juden. Auf den methodischen Mangel wurde bereits hingewiesen. Er wird durch die Auswertung der Volkszählung vom 17. Mai 1939 noch behoben.

Jedoch: In Polen tobten sich bereits seit Anfang der 20er Jahre Antisemiten aus (Grabsky-Gesetze). Mörderisch wurde dieser Antisemitismus seit dem Überfall Deutschlands auf Polen, also seit 1939.

Unser methodischer Nachteil bringt einen unerwarteten Vorteil: Über den deutschen Rahmen hinaus können wir unsere Hypothese von der Rejudaisierung der Juden durch antisemitische Verfolgungen erweiternd überprüfen, zumal die deutsche Entwicklung in der „Epoche des Faschismus" die Juden in Deutschlands Nachbarländern nicht nur indirekt traf und betraf.

---

[20] Brief Franz Kafkas an Max Brod, zitiert in: *Zygmunt Bauman*, Moderne und Ambivalenz. Das Ende der Eindeutigkeit (Hamburg 1992) 113.

Jüdische Gemeinde München 1893–1992: Anteil derer,
die jeweils ausschließlich jüdische Vornamen erhielten

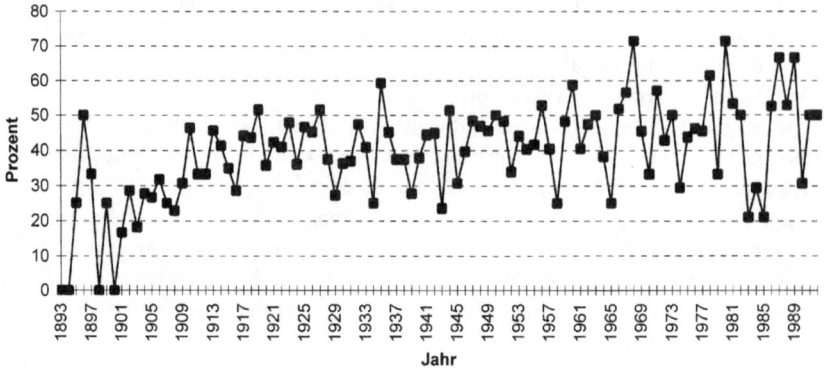

Jüdische Gemeinde München 1893–1992: Prozentanteile von Personen,
die ausschließlich jüdische (Reihe 1), ausschließlich nichtjüdische (Reihe 2)
oder sowohl jüdische wie nichtjüdische Vornamen (Reihe 3) erhielten

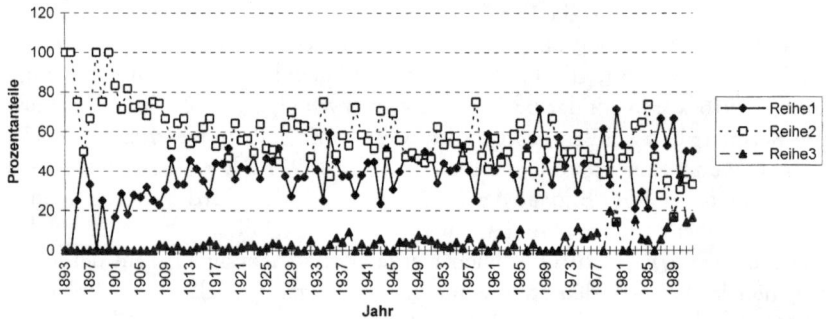

Jüdische Gemeinde München 1933–1945: Anteile der Personen, die
ausschließlich jüdische (Reihe 1) bzw. mindestens einen nichtjüdischen
Vornamen erhielten (Reihe 2)

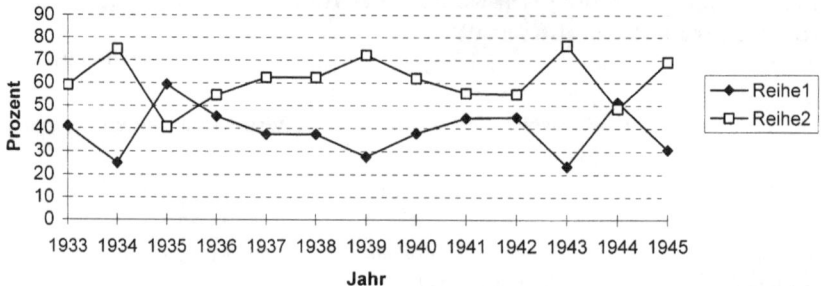

Alle drei Abbildungen dokumentieren, daß bis 1945 eindeutig nichtjüdische Vornamen dominierten.

Von einer jüdischen Renaissance „der" deutschen und polnischen Juden kann in den 20er Jahren nicht gesprochen werden, eher von einer zyklischen oder zackenhaften Entwicklung. Diese Aussage gilt für die deutschjüdische Allgemeinheit. Bei einer jüdisch-intellektuellen Minderheit, Denkern wie Martin Buber und Franz Rosenzweig, gab es die jüdische Wiedergeburt durchaus. Doch repräsentativ für „die" deutschen Juden sind diese Denker nicht, und gerade um allgemeingültige Feststellungen ringen wir hier.

Auf der allgemeinen, der repräsentativen Ebene der deutschen Juden verlief die Entwicklung, wie gesagt, zyklisch, genauer: zackenhaft. Und zyklische oder zackenhafte Entwicklungen sind, per definitionem, unstet. Wir schließen: Die Juden jener Jahre, ob in Polen oder Deutschland (denn immerhin sind auch deutsche Juden dabei, wenngleich erheblich weniger), waren verunsichert. Von jüdischer Sicherheit oder Rückbesinnung aber keine Spur, wohl aber in den 30er Jahren – auf den ersten Blick. Vor allem 1935, im Jahr der Nürnberger Gesetze, wandten sich jüdische Eltern mehr als zuvor Jüdischem zu. Es waren knapp sechzig Prozent. Ein sehr hoher Anteil. Dennoch sind wieder die Schwankungen entscheidend, also die Verunsicherung, das Gegenteil von „Renaissance". 1939 begann eine Flucht aus dem Judentum. 1940 und 1941, in den ersten Jahren deutscher Besatzung und Verfolgung, besann man sich wieder mehr seiner Wurzeln. Rund 45 Prozent gaben ihren Kindern jüdische Vornamen. 1942 und 1943 floh man aber wieder aus Jüdischem, wahrscheinlich, um sich und die eigenen Kinder zu retten. Natürlich half das nicht. Vielleicht ist der neuerliche Anstieg jüdischer Vornamen 1944 (ca. 50%) ein Hinweis darauf? Wir können es vermuten. Sicher erkennen läßt sich aber erneut der zyklische Verlauf. Im Klartext: Jüdische Verunsicherung. Keine jüdische „Renaissance" im Zeitalter des millionenfachen Judenmords.

Auch nach 1945 sehen wir weitgehend Zyklen, keine festen Strukturen. Was wir auch feststellen: Obwohl schwankend, steigt insgesamt der Anteil jüdischer Vornamen offenkundig. 1968, ein Jahr nach dem militärischen Sieg Israels im Sechstagekrieg, und 1980, ein Jahr nach dem israelisch-ägyptischen Friedensvertrag, geben rund siebzig Prozent der Münchener Eltern ihren Neugeborenen jüdische Vornamen. Erst deutlich nach dem Ende des nationalsozialistisch-deutschen Grauens gibt es eine jüdische Renaissance. Nicht während, sondern eindeutig nach der Verfolgung hat sie begonnen. Nicht Verfolgung und Ermordung haben sie ausgelöst, bedingt oder gestärkt, sondern Toleranz. Ob diese durch Vornamen erkennbare jüdische Wiedergeburt nicht nur äußerlich-symbolisch, sondern verwurzelt ist, kann hier nicht erörtert werden. Hingewiesen sei auf die Tatsache, daß sich auch die nichtjüdische Bevölkerung Deutschlands seit den 60er Jahren immer häufiger für eindeutig jüdische Vornamen entschied[21]. Unbestreitbar ist dies: Den (in München lebenden) Juden der Gegenwart ist ihr Judentum alles andere als gleichgültig. Daß sie Jüdisches inhaltlich, vor allem religiös, nicht ausfüllen, weil

---

21 Vgl. *Wolffsohn, Brechenmacher*, Die Deutschen, mit Belegen.

sie, so säkularisiert wie die meisten sogenannten Christenmenschen, nicht glauben können (oder wollen), habe ich woanders zu zeigen versucht[22].

Leipzig 1914–1939

Was uns für Münchens und andere deutsche Juden – noch – fehlt, haben wir für Leipzig bereits auswerten können: Die rund 5000 Daten der Volkszählung vom 17. Mai 1939. Wir beschränken uns auf die Präsentation historischer „Knotenpunkte".

Geringfügig sind die Schwankungen zwischen 1914, dem letzten Fast-Friedensjahr des deutschen Kaiserreiches, 1924, dem ersten Jahr der vermeintlich goldenen 20er, und 1932, dem letzten Jahr vor Hitler. Rund 70% der jüdischen Eltern entschieden sich für nichtjüdische Vornamen. Die, sagen wir, Germanisierung der deutschen Juden war ungebrochen. Wir bewerten sie nicht, wir bestätigen sie empirisch-quantitativ und sind keineswegs überrascht.

Relative Häufigkeiten jüdischer und nichtjüdischer Vornamen in Leipzig
$n_{1914} = 30$; $n_{1924} = 63$; $n_{1932} = 26$; $n_{1938} = 44$

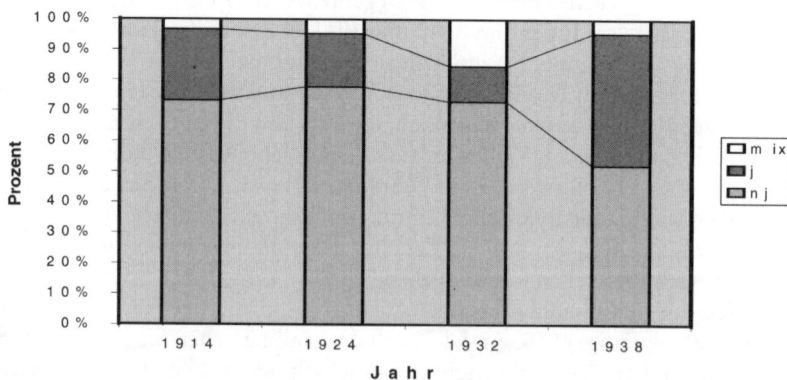

Jene „Germanisierung" hatte sich zwischen 1914 und 1932 auf sehr hohem Niveau stabilisiert. Verstärkt wurde gleichzeitig die Abwendung der Juden vom Jüdischen, zugunsten der „Mischnamen". Diese seien karikierend durch den Phantasie-Doppelnamen Salomon-Siegfried gekennzeichnet.

1914 gab es immerhin noch 23 Prozent jüdischer Vornamen, 1924 waren es 17 Prozent und 1932 nur noch 12 Prozent.

Ganz anders 1938, das Jahr des „Anschlusses", der Münchener Konferenz, der im Oktober erfolgten Vertreibung von Ostjuden, der „Reichskristallnacht". Unverkennbar ist die Rückwendung zu Jüdischem: 43 Prozent der jüdischen Eltern

---

[22] *Michael Wolffsohn*, Meine Juden – Eure Juden (München, Zürich 1997) besonders 108ff.

gaben ihren Neugeborenen jüdische Vornamen, und der Anteil der Mischnamen sank auf 5 Prozent.

Das ist die eine Seite. Und die andere: Noch und sogar 1938 bevorzugte die Mehrheit der jüdischen Eltern, 52 Prozent nämlich, nichtjüdische Vornamen. Etwas mehr als die Hälfte der deutschen Juden Leipzigs klammerte sich wohl mehr verzweifelt als überzeugt an Nichtjüdisch-Deutsches.

Hamburg 1914–1938

Die Angaben aller rund 15 500 Juden lagen ebenfalls vor. Sie erhärten die bisherigen Aussagen.

Jüdische Gemeinde Hamburg:
Prozentsatz der nichtjüdischen (nj) bzw. jüdischen (j) Namen

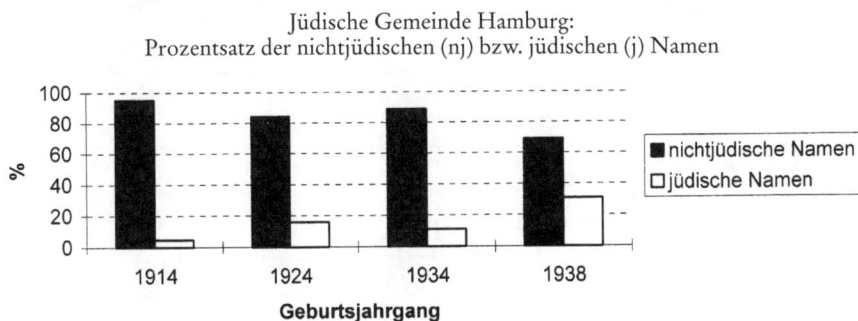

Dieses städtische Judentum war von 1914 bis 1934 einschließlich in seinem Deutschtum ungebrochen; mehr als das Leipziger. Ein möglicher Grund: In Hamburg lebten weniger „Ostjuden" als in Leipzig, die Juden der Hansestadt gaben sich nicht nur deutsch, sondern hanseatisch.

Hamburgs Juden wurden nach dem Ersten Weltkrieg zwar nicht noch deutscher als vorher, aber eine Steigerung des Anteils von etwa 90 Prozent nichtjüdischer Vornamen war ohnehin kaum zu übertreffen. So einheitlich waren offenbar nicht einmal die fast völlig assimilierten Juden Hamburgs.

Selbst ein Jahr nach der Machtübergabe an die NSDAP hatten sich immer noch 90 Prozent trotz Deutschland zu Deutschland bekannt. „Wir sind und bleiben Deutsche." Das war ihr Signal an die nichtjüdischen Bürger des nationalsozialistischen Deutschlands. Diese wollten oder konnten es nicht vernehmen.

Und 1938? Gewiß, nun wurde eine jüdische Rückbesinnung sehr wohl erkennbar. Äußerst zaghaft war sie jedoch angesichts der ungeheuerlichen antisemitischen Dreistigkeit und Heftigkeit der Nationalsozialisten, die es zudem Juden immer schwerer machten, überhaupt nichtjüdische Vornamen wählen zu dürfen.

1938 gaben trotzdem nur 30 Prozent der Hamburger Juden ihren Neugeborenen jüdische Vornamen, 70 Prozent wählten nichtjüdische, durften nichtjüdische wählen – was Rückschlüsse auf die Haltung der Standesbeamten erlaubt.

Schwaben 1834–1939

Auch für die Region Schwaben waren uns alle Daten der Volkszählung vom 17. Mai 1939 zugänglich. Es waren rund eintausend.

Jüdische Namen Schwaben, 1834–1939

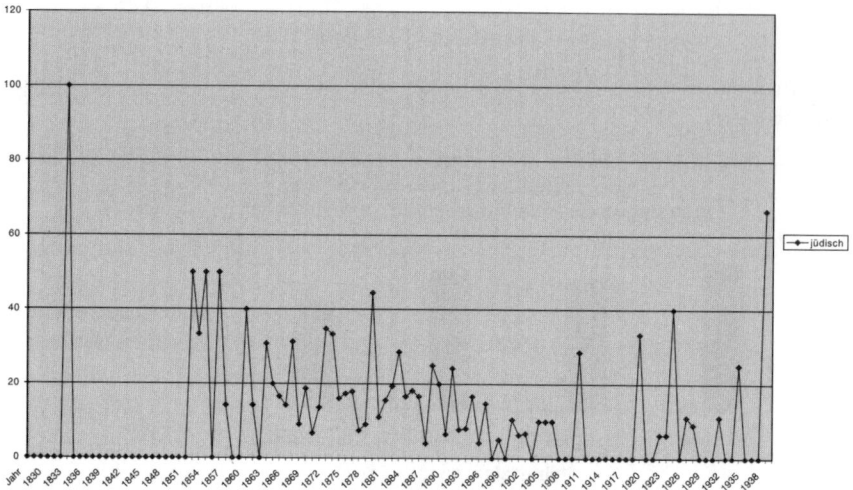

„Schwaben" ist eine Art Mischregion, sowohl städtisch, mittel- und kleinstädtisch, als auch ländlich. Die Stadt Augsburg gehört ebenso dazu wie Kempten, Buchloe, Kaufbeuren und das Allgäu.

Noch mehr als in Leipzig kannten die Juden Schwabens von der Mitte des 19. Jahrhunderts bis zum Vorabend des Ersten Weltkrieges immer stärker „nur noch deutsche" beziehungsweise deutsch-nichtjüdische Vornamen. Nach dem Waffengang der Massen und dem Massentod erkennen wir eine Rückbesinnung auf Jüdisches, wenngleich Nichtjüdisches immer noch eindeutig dominierte. 1919 und 1925 gab es freilich rund 40 Prozent jüdischer Vornamen; recht viel und lange vor Hitler. Dann wieder Zyklisches, aber in kürzeren Abständen doch auch Jüdisches, und 1932 immerhin 10 Prozent. Kaum jüdische Vornamen aber in den beiden ersten NS-Jahren, 1933 und 1934. Im Jahr der Nürnberger Gesetze, 1935, stieg der Anteil jüdischer Vornamen dramatisch: auf rund 28 Prozent, sank aber ebenso dramatisch im Jahr der Olympiade und auch 1937. Dann aber 1938, das Jahr der jüdischen Rückwende bzw. Rückbesinnung: Knapp 70 Prozent der jüdischen Eltern entschieden sich für jüdische Vornamen.

Ausblick

Eindeutig ist das Bild nicht, aber klar ist es trotzdem, obwohl wir noch längst nicht alle, doch recht viele Daten sammeln konnten: In den meisten Fallstudien erkannten wir eine jüdische Rückbesinnung nach 1933. Aber es war eben, sehen wir von Schwabens Juden im Jahre 1938 ab, nicht die Mehrheit der deutschen Juden, die sich in der Stunde jüdischer Not auf Jüdisches besonnen hat. Dieses Ergebnis ist besonders erstaunlich, wenn man bedenkt, daß die deutschen Standesbeamten nach 1933 zunehmend unter Druck gesetzt werden, für neugeborene Juden nur jüdische Vornamen zu billigen[23].

Die These von der „jüdischen Renaissance" im nationalsozialistischen Deutschland ist tröstlich, denn sie unterstellt, daß die deutschen Juden wenigstens für so etwas wie ihre Sache gestorben wären. Nein, Jüdisches war eben nicht mehr die „Sache" der meisten deutschen Juden. Die Tragödie der deutschen und darüber hinaus der europäischen Juden bestand auch darin, daß sie für etwas starben, das ihnen nichts mehr oder nur sehr wenig bedeutete, ihr Judentum.

Mit Geduld wären die mörderischen Antisemiten an ihr Ziel gelangt. Deutschlands Juden hätten ihr Judentum weitgehend aufgegeben, Deutschland wäre durch vollständige Assimilation im religiösen und kulturellen Sinne so gut wie „judenrein" geworden.

Es bleibt dabei: Von einer jüdischen „Renaissance" im Zeitalter des „Dritten Reiches" sollte in der Geschichtswissenschaft nicht mehr gesprochen werden. Die Empirie besagt auch hier mehr als die durch reizvolle Formulierungen und Gedankenspiele graue Theorie, die, bestenfalls, hier und dort durch mehrere Einzelfälle empirisch angereichert ist, fast nie jedoch die Grund*gesamtheit* untersucht.

Unser Indikator sagt gewiß nicht alles über alle deutschen Juden jener Zeit, doch er erlaubt methodisch solidere Aussagen als bisherige Studien zur vermeintlichen Renaissance der deutschen Juden nach 1933.

Eine ketzerische Bemerkung zum Schluß: Wer verfolgt oder gar ermordet wird, kann nicht zugleich wiedergeboren werden. Fast könnte man makaber-ironisch fragen, wie denn so viel „Wiedergeburt" angesichts von Verfolgung und Ermordung möglich gewesen sein solle.

---

[23] Vgl. die rechtlichen Einzelheiten in: *Wolffsohn, Brechenmacher*, Die Deutschen.

Helmuth Kiesel

Das Verhältnis von Nationalsozialismus, Kirche und Religion in der Literatur der Jahre 1934–1939

Das Thema, dem der folgende Beitrag gilt, wird in Studien zur Literatur der NS-Zeit häufig berührt, etwa wenn Biographien oder Werke einzelner Autoren erörtert werden, doch scheint es eine breit sichtende und zusammenfassende Darstellung nicht zu geben. Eine solche kann auch hier nicht geboten werden; erwartet werden darf nicht mehr als ein erster Versuch, das Thema mit Hilfe von literarischen Werken, die sich bei einer ersten Sichtung als besonders aufschlußreich erwiesen, aufzufächern und auf einige Thesen zuzuspitzen. Berücksichtigt wurde hierfür deutschsprachige Literatur, die in den Jahren von 1934 bis 1939 nicht nur geschrieben, sondern auch publiziert wurde, sei dies nun innerhalb der Reichsgrenzen oder außerhalb, also im Exil. Versucht wurde, alle wesentlichen Spielarten der deutschsprachigen Literatur jener Zeit in den Blick zu bekommen, also Exilliteratur, Literatur der Inneren Emigration und NS-Literatur (d. h. Literatur von Autoren, die sich ausdrücklich zum Nationalsozialismus bekannten oder gar der NSDAP angehörten). Zudem wurde darauf geachtet, daß Autoren zu Wort kommen, die gegenüber Religion und Kirche unterschiedliche Positionen vertraten, also dezidiert christliche und prokirchliche Autoren (wie Reinhold Schneider, Werner Bergengruen, Stefan Andres), religiös nicht fixierte Autoren (wie Alfred Döblin [vor seiner Konversion zum Christentum katholischer Konfession], Hermann Broch, Ödön von Horváth, Ernst Jünger) und dezidiert religions- und kirchenkritische Autoren (wie Bertolt Brecht).

Die Fragen, unter denen die einschlägigen Texte betrachtet wurden, lauten: Was wird über das Verhältnis von Kirche und Staat sowie von Kirche und NS-Bewegung gesagt? Was von der Wirklichkeit des kirchlichen Verhaltens und Wirkens wird in den Blick gerückt? Welche Erwartungen gegenüber Kirche und Religion werden artikuliert? Welche Kritik wird angebracht? Daß eine Betrachtung von literarischen Werken unter derartigen Leitfragen zu einer Vernachlässigung der Form führt und zudem dazu drängt, die betreffenden Werke auf Thesen zu verkürzen, ist deutlich, doch ist dieses Verfahren, solange es nicht zu unzulässigen Entstellungen führt, nicht illegitim. Für genauere Analysen und nuancierte Darstellungen ist andernorts Platz, und für einige der berücksichtigten Werke liegen solche auch bereits vor.

Die NS-Literatur (im oben skizzierten Sinn)[1], die für diesen Beitrag zur Kenntnis genommen werden konnte, läßt das Verhältnis von Nationalsozialismus, Kirchen und Religion als problematisch erscheinen, das heißt: als konfliktträchtig,
aber doch auch ausgleichbar. Insbesondere drei Problemfelder zeichnen sich ab:
1. Das Verhältnis von NS-Bewegung als „arischer" Bewegung und christlicher
Religion als „jüdischer" Stiftung: In der NS-konformen Literatur werden zwei
Wege der Lösung dieses Problems skizziert und literarisch beschritten: a) die
„Arisierung" Jesu und der christlichen Religion: Diese Idee wurde hauptsächlich
von Artur Dinter vertreten, und zwar schon in seinem stark verbreiteten Haupt-
werk ‚Die Sünde wider das Blut' von 1918. Darin führt Dinter eine Vielzahl von
bevölkerungsgeschichtlichen, kulturellen und charakterlichen Indizien an, die
zwar zumeist aus der Luft gegriffen sind, von Dinter aber vertreten werden und
nach Dinters Meinung zu dem Schluß zwingen, daß Jesus „rein arischen Stammes
war"[2] und daß mithin die von ihm begründete christliche Religion dem Charakter
der arischen Rasse entspricht. Als praktische Konsequenz aus dieser „Arisierung"
Jesu und der christlichen Religion ergab sich für Dinter der 1927 unternomme
Versuch der Gründung einer „Deutschen Volkskirche", in der ein rassistisches
Christentum gepflegt werden sollte, doch fand er damit nicht die Zustimmung der
Parteiführung; im Herbst 1927 wurde Dinter seines Gauleiter-Amtes enthoben,
und ein Jahr später wurde er sogar aus der Partei ausgeschlossen, obwohl er einer
der ersten war, die ihr nach der Neugründung 1925 beigetreten waren (Mitgliedsnummer 5). – b) Ablehnung der christlichen Religion als „unarisch" oder wesens-
fremd und schädlich: Die Überzeugung, daß die christliche Religion dem kämpferischen, heroischen, aristokratischen usw. Charakter der Germanen oder der
Deutschen nicht angemessen sei, wird in der Literatur jener Zeit vielfach vertreten, und dies nicht nur von nationalsozialistischen Autoren. Für einige NS-Autoren ist deswegen die Orientierung an Christus nicht möglich. In Kurt Eggers' dra-
matischem „Spiel" ‚Das große Wandern' (1934), das als ein „Spiel vom ewigen
deutschen Schicksal" ausdrücklich „der revolutionären deutschen Jugend" gewidmet ist, wendet sich der Chor der jungen Leute gegen die Vorstellung, daß man
„das Kreuz" der politisch verursachten deutschen Misere bis ans Ende der Tage zu
tragen habe, und verkündet: „Wir wollen keine Heilande sein, deren Kreuze von
den Bergen schatten. / Wir wollen kämpfend Wende sein und neue Zeit. / Wir

---

[1] Zur Möglichkeit der abgrenzenden Bestimmung von NS-Literatur vgl. *Klaus Vondung,*
Der literarische Nationalsozialismus: ideologische, politische und sozialhistorische Wir-
kungszusammenhänge, in: Die deutsche Literatur im Dritten Reich: Themen, Traditionen,
Wirkungen, hrsg. von *Horst Denkler, Karl Prümm* (Stuttgart 1976) 44–65. – Sehr hilfreich
und mit weiterführenden Literaturangaben zu den im folgenden genannten NS-Autoren ist
Jürgen Hillesheim, Elisabeth Michael, Lexikon nationalsozialistischer Dichter: Biographien,
Analysen, Bibliographien (Würzburg 1993).
[2] Vgl. *Artur Dinter,* Die Sünde wider das Blut. Ein Zeitroman (Leipzig 1918) 160–172; zum
Hintergrund: *Stefanie von Schnurbein,* Die Suche nach einer „arteigenen" Religion in ‚ger-
manisch-' und ‚deutschgläubigen' Gruppen, in: Handbuch zur „Völkischen Bewegung"
1871–1918, hrsg. von *Uwe Puschner, Walter Schmitz, Justus H. Ulbricht* (München usw.
1996) 172–185.

wollen uns trennen vom Heute und ins Morgen schreiten. Wir Jungen."[3] Zwar hatte derselbe Verfasser 1933 ein ‚Spiel von Job dem Deutschen' geschrieben und damit die deutsche Erlösungsbedürftigkeit alttestamentlich grundiert; doch geschah dies nicht, um im biblischen Sinn zu weiterem Dulden anzuhalten, sondern um deutlich zu machen, daß das deutsche Volk einen anderen Weg gehen müsse: den Weg, der den Deutschen „vorgezeichnet ist durch das Gebot des Blutes", also den Weg des Kampfes gegen eine Welt voller Feinde[4].

2. Verhältnis von Nationalsozialismus und Kirchen als sozial tätige Organisationen: Das Verhältnis von NS-Bewegung und Kirchen als Organisationen, die auch sozial ausgerichtet und jedenfalls sozial tätig sind, wird in einigen Bewegungs- oder SA-Romanen zumindest implizit thematisiert, so zum Beispiel in Georg Lahmes ‚Aufbruch zu Hitler' (1933) und in Hannes Kremers ‚Gottes Rune' (1938). In beiden Romanen finden hilfsbedürftige und verzweifelte Menschen Aufnahme und Hilfe bei der SA, die in beiden Romanen dafür sorgt, daß die vierte Bitte des Vaterunsers für die Deutschen wieder in Erfüllung geht und daß es in Deutschland wieder Weihnachten werden kann. Die NS-Bewegung erscheint in diesen Romanen gleichsam als die bessere, weil auf die Bekämpfung innerweltlicher Not konzentrierte Kirche; der Dienst in der SA nimmt deswegen in diesen Romanen gottesdienstähnliche Züge an, der Führer erscheint als der Messias, und die Durchsetzung der Bewegung auf lokaler und nationaler Ebene fällt mit dem Heiligen Abend zusammen oder wird als Weihnachten erfahren.

3. Das Verhältnis von Reich und Rom: Das Verhältnis von Reich und Rom wurde von nationalsozialistischen Autoren mehrfach thematisiert, so etwa von Erwin Guido Kolbenheyer mit dem Drama ‚Gregor und Heinrich' (1935), das den Investiturstreit vergegenwärtigt, und von Kurt Eggers mit dem historischen Traktat ‚Rom gegen Reich' (1935), der den Kulturkampf rekapituliert. In beiden Werken erscheint der Heilige Stuhl als eine Macht, die immerzu auf die Unterdrückung und Ausbeutung Deutschlands bedacht war und für den Aufstieg Deutschlands allemal eine Gefahr darstellt. Beide Werke plädieren deswegen zwar nicht für den Kampf gegen Rom schlechthin; wohl aber mahnen sie zur Wachsamkeit und zur unnachgiebigen Behauptung der deutschen Interessen gegenüber römischen Einmischungs- und Bevormundungsversuchen.

Auf der Basis dieser Beobachtungen ist zusammenfassend zu sagen, daß die NS-Literatur zum größeren Teil Aversionen gegen die christliche Religion und die christlichen Kirchen nährte, zugleich aber mit religiösen Motiven arbeitete und der NS-Bewegung einen geradezu religiösen und kirchlichen Charakter zuschrieb. Das Ziel war aber nicht die Orientierung der Bewegung an christlichen Werten und die geistige Akkommodation an die Kirchen, sondern die Überwindung des Christentums als Religion und die Ablösung der Kirchen als religiöse und soziale Organisationen.

---

[3] Vgl. *Kurt Eggers*, Das große Wandern. Ein Spiel vom ewigen deutschen Schicksal (Berlin 1934) 16.

[4] Vgl. *Kurt Eggers*, Das Spiel von Job dem Deutschen. Ein Mysterium (Berlin 1933) 23.

Im Hinblick auf die nicht-nationalsozialistische Literatur der Jahre 1934 bis 1939 drängt sich von vornherein die Frage auf, ob es in der Darstellung des Verhältnisses von Nationalsozialismus und Religion und Kirchen zwischen der Literatur, die innerhalb der Reichsgrenzen erschien, und der Literatur, die außerhalb der Reichsgrenzen erschien, signifikante Unterschiede gibt. Diese Frage ist dahingehend zu beantworten, daß einige Texte der Exilliteratur die politischen Motive und Ziele des Nationalsozialismus und die Bereitschaft der Kirchen zur Tolerierung oder gar zur Mitwirkung schärfer kritisierten als dies in Werken, die innerhalb der Reichsgrenzen erscheinen sollten, möglich gewesen wäre. Dies gilt etwa für die Szene 20 aus Brechts ,Furcht und Elend des Dritten Reiches' (1939) und für Ödön von Horváths Roman ,Jugend ohne Gott' (1937). – Die 20. Szene von Brechts ,Furcht und Elend des Dritten Reiches' steht unter der Überschrift „Die Bergpredigt" und dreht sich um die Preisung der Friedfertigen: Ein Fischer liegt auf dem Sterbebett, umgeben von seiner Frau, seinem Sohn in SA-Uniform und dem Pfarrer. Der Sterbende behauptet, daß die Nazis einen Krieg vorbereiten (sein Indiz: der Bau von Motoren für Flugzeuge, nicht aber für Fischkutter), und beschwört den Pfarrer, dem uniformierten Sohn deutlich zu machen, daß der nationalsozialistische Militarismus den Worten Christi zuwiderläuft und daß diese Gültigkeit haben, obwohl Jesus Jude war. Der Pfarrer aber entwindet sich diesem Ansinnen, indem er zur Judentumsfrage schweigt und zur Friedensfrage auf Matthäus 22,21 „Gebt Gott, was Gottes ist, und dem Kaiser, was des Kaisers ist" verweist. Eine allgemeinere Deutung dieser Szene hat Brecht selbst mit einem gereimten Vorspruch gegeben: „Es müssen die Christen mit Schrecken / Ihre zehn Gebote verstecken / sonst hagelt es Prügel und Spott. / Sie können nicht Christen bleiben. / Neue Götter vertreiben / ihren jüdischen Friedensgott." Zu einem ähnlichen Schluß kommt auch Ödön von Horváth in seinem Roman ,Jugend ohne Gott', in dem anhand eines Schul- und Kriminalgeschehens deutlich gemacht wird, daß der Nationalsozialismus einigen fundamental wichtigen Postulaten des Christentums widerspricht, so vor allem der Anerkennung der Gleichwertigkeit aller Menschen, der Wertschätzung der Friedfertigkeit und dem Tötungsverbot. Horváths Roman zeigt, daß jemand, der sich an diese Postulate hält, ständig mit der vom Nationalsozialismus propagierten und gepflegten Menschenverachtung, Aggressivität und Tötungsbereitschaft kollidiert und auf Dauer nicht im nationalsozialistischen Deutschland leben kann. Der Protagonist des Romans, ein Lehrer, muß denn auch den Schuldienst verlassen und geht, dem Vorschlag eines Pfarrers folgend, nach Afrika, um dort an einer Missionsschule tätig zu werden.

Mit Sicherheit hätte Brechts ,Furcht und Elend'-Szene nicht in Deutschland publiziert werden können, mit einiger Wahrscheinlichkeit auch Horváths Roman nicht. Obwohl der Nationalsozialismus nicht namentlich genannt und eine eindeutige Lokalisierung vermieden wird, ist deutlich, daß das geschilderte Geschehen im NS-Deutschland spielt. Im Unterschied dazu konnten einige der Werke, die nun ins Auge gefaßt werden sollen, innerhalb der Reichsgrenzen erscheinen – und prinzipiell hätten wohl alle innerhalb der Reichsgrenzen erscheinen können, weil sie das Geschehen ins Historische (etwa in die Zeit der Renaissance) oder ins Exotische (etwa nach Südamerika) verlagerten, aber auch, weil sie die Unvereinbarkeit von Nationalsozialismus und christlicher Religion nicht so stark betonten und jedenfalls aus dem Christentum nicht demonstrativ die Pflicht zum Widerstand ableiteten. Gemeint sind folgende Werke, die nicht alle gleichmäßig berücksichtigt werden können: Alfred Döblin, ‚Babylonische Wandrung‘ (1934) und ‚Amazonas‘ (1937/38); Werner Bergengruen, ‚Der Großtyrann und das Gericht‘ (1935); Stefan Andres, ‚El Greco malt den Großinquisitor‘ (1936); Reinhold Schneider, ‚Las Casas vor Karl V.‘ (1938) und ‚Sonette‘ (1939); Ernst Jünger, ‚Auf den Mamorklippen‘ (1939); schließlich auch Hermann Broch, ‚Die Verzauberung‘ (entstanden ab 1932, abgeschlossen 1951). Zu denken wäre prinzipiell auch an alle historischen Dramen und Romane, in denen das Verhältnis von Kirche und Staat oder Politik eine Rolle spielt, so z. B. an Gertrud von le Forts Roman ‚Die Magdeburgische Hochzeit‘ von 1938; aber im Unterschied zu den zuvor genannten Werken wird in diesem Roman der vergleichende Blick auf die Gegenwart von 1938 nicht einmal andeutungsweise nahegelegt.

Mit der Verlagerung des Geschehens ins Historische oder Exotische, die teils durch den Stoff vorgegeben war, teils durch taktische Erwägungen begründet sein mochte, hängt zusammen, daß die zeitgenössisch aktuelle Wirklichkeit mit namentlich identifizierbaren Personen oder Vorgängen nur selten einmal in den Blick gerückt wird. Zu den wenigen Ausnahmen zählt ein Sonett von Reinhold Schneider über Papst Pius XI., dem später ein weiteres über Pius XII. hinzugefügt wurde. Die Päpste erscheinen in diesen Sonetten als heilsmächtige Segensspender. Im übrigen sind Schneiders Sonette so gehalten, daß der Zeitbezug deutlich wurde, zumindest leicht herstellbar war, schwerlich aber nachgewiesen werden konnte, daß sich die Sonette tatsächlich gegen die aktuellen Depravierungen richteten. Sie evozieren das Bild einer apokalyptischen Zeit, in der sich die Kirche als der letzte Raum der Zuflucht und des Heils erweist: als Raum des möglichen Gnadenerwerbs durch das Gebet, was um so bemerkenswerter ist, als Brecht zur selben Zeit im 11. Bild seiner ‚Mutter Courage‘ deutlich zu machen suchte, daß Beten falsch sei, weil es von kämpferischen oder wenigstens alarmierenden Aktivitäten abhalte. Bei all dem war Schneider weit davon entfernt, die real existierende Kirche ausschließlich als Ort des Heils zu betrachten. Vielmehr konstatierte er, daß die geistige Verwirrung, wie in der geheimen Offenbarung prophezeit, so groß geworden war, daß auch manche Kleriker nicht mehr erkannten, daß sie dem Antichrist gegenüberstanden, sondern ihm verfielen und ihre Heilsmittel, einschließlich der Kirche wohl, preisgaben oder zerstörten:

Der Antichrist
Nach Luca Signorelli

Er wird sich kleiden in des Herrn Gestalt,
Und Seine heilige Sprache wird er sprechen
Und Seines Richteramtes sich erfrechen
Und übers Volk erlangen die Gewalt.

Und Priester werden, wenn sein Ruf erschallt,
Zu seinen Füßen ihr Gerät zerbrechen,
Die Künstler und die Weisen mit ihm zechen,
Um den sein Lob aus Künstlermunde hallt.

Und niemand ahnt, daß Satan aus ihm spricht
Und seines Tempels Wunderbau zum Preis
Die Seelen fordert, die er eingefangen;

Erst wenn er aufwärts fahren will ins Licht,
Wird ihn der Blitzstrahl aus dem höchsten Kreis
Ins Dunkel schleudern, wo er ausgegangen.

Zweierlei kann in diesem Sonett[5], dessen Verfasser sich durch den Verweis auf den Renaissancemaler Signorelli vor Sanktionen schützen wollte, gesehen werden: zum einen ein sozusagen original christlicher Widerspruch gegen die Usurpation des Christlichen durch die NS-Bewegung und einige NS-Autoren, die in der NS-Bewegung eine neue Kirche des Blutes oder der Rasse sahen und Hitler als ihren Gründer bejubelten, wie dies zum Beispiel Carl Maria Holzapfel mit seinem Chorwerk ‚Einer baut einen Dom‘ (1934) tat; zum andern eine Artikulation der Gewißheit, daß die Herrschaft des Antichrist nur von begrenzter Dauer ist und daß er am Ende zerschmettert werden wird. Dies implizierte, daß man sich in einer apokalyptischen Zeit wähnte, und daraus ergab sich die Frage, wie man sich verhalten sollte: Widerstand leisten und kämpfen oder gewähren lassen und beten? Die Antworten fielen unterschiedlich aus: Schneider zog beide Möglichkeiten in Erwägung: In den ‚Sonetten‘ sprach er vorzugsweise von der Bereitschaft, sich zu opfern, und vom Beten[6]; aber gleichzeitig gab er mit der Erzählung ‚Las Casas vor Karl V.‘ ein Exempel für erfolgreichen Widerstand gegen die Abkehr einer ganzen Gesellschaft und Epoche von christlichen Prinzipien. Am Beispiel von Las Casas wird im übrigen auch deutlich, daß Beten und Kämpfen nicht, wie Brecht es erscheinen ließ, als Gegensätze zu betrachten sind, sondern als zwei Haltungen oder Praktiken, die sehr wohl auch miteinander verbunden werden können. Und angemerkt sei, daß sich natürlich nicht nur für Schneider die Frage stellte, ob dem apokalyptisch wirkenden Übel der Zeit eher durch Kontemplation oder durch tätigen Widerstand zu begegnen sei. Ernst Jüngers Erzählung ‚Auf den Mamorklippen‘ dreht sich auch um diese Frage.

[5] Aus: *Reinhold Schneider*, Lyrik. Auswahl und Nachwort von *Christoph Perels* (Frankfurt a.M. 1981) 26. – Vgl. auch *Rita Meile*, Reinhold Schneiders Sonette: eine Studie über Dokumente des inneren Widerstandes im nationalsozialistischen Deutschland, in: Über Reinhold Schneider, hrsg. von *Carsten Peter Thiede* (Frankfurt a.M. 1980) 242–260.
[6] Vgl. bes. das berühmte Sonett ‚Allein den Betern‘, das 1941 im Rahmen der ‚Dreißig Sonette‘ erschien: *Schneider*, Lyrik 54; vgl. dazu auch die insgesamt interessante Augsburger Dissertation von *Tea-Wha Chu*, Nationalsozialismus und Verantwortung der christlichen Literatur: zur Poetologie des Zwischen-den-Zeilen-Schreibens der christlichen Dichter in der Inneren Emigration 1933–1945 (Diss. Augsburg 1993) hier 198–205.

Wie Schneider reflektierten nicht nur andere dezidiert christliche Autoren (z. B. Andres, Bergengruen und Langgässer[7]), sondern auch religiös nicht festgelegte Autoren (z. B. Broch, Döblin, Jünger und Benn[8]) die Situation mit Hilfe christlicher Deutungsmuster (Apokalypse, Zwei-Reiche-Lehre) und fragten nach der Bedeutung der Religion und nach der Funktion der Kirche in dieser Situation. Dies soll nun durch die Betrachtung einiger besonders signifikanter Texte konkretisiert werden. Dabei wird chronologisch reihend vorgegangen, weil eine systematisierende Darstellung nur zu einer Vervielfachung und letztlich undurchschaubar werdenden Komplizierung von Inhaltsreferaten und Analysen geführt hätte.

Werner Bergengruens Roman ‚Der Großtyrann und das Gericht‘ erschien 1935 in Deutschland, fand eine große Resonanz und wurde auch in der nationalsozialistischen Presse als ein zeitgemäßer Führer-Roman anerkannt. Die Handlung spielt zur Zeit der Renaissance in einem der vielen italienischen Stadtstaaten. Dort wurde schon vor Beginn des Romangeschehens eine zerstrittene Oligarchie, die den Problemen der Stadt nicht mehr gewachsen war, durch einen überaus tüchtigen, umsichtig planenden und gemeinnützig handelnden Tyrannen abgelöst. Zu tadeln an ihm ist allein seine ungeheure Anmaßung, die ihn glauben läßt, daß er über seine Untertanen wie Gott verfügen könne. So tötet er einen nicht ganz zuverlässig scheinenden diplomatischen Agenten ohne jede gerichtliche Untersuchung und verlangt dann von der Kirche die Mitwirkung bei der Verschleierung des Mordes, indem er einen Priester unter Androhung von Sanktionen dazu auffordert, den Inhalt der letzten Beichte eines eben verstorbenen Notabeln, dem man den Mord in die Schuhe schieben könnte, preiszugeben. Der kriminalistische Sinn dieses Manövers muß hier nicht weiter erörtert werden[9]; interessant ist im Hinblick auf das hier zur Debatte stehende Thema vor allem die Frage, wie sich die Kirche in diesem Konflikt verhält und wie sie sich Bergengruen zufolge verhalten soll. Die Antwort ist eindeutig: Bergengruen schildert ausführlich die seelische Not und die Angst, in die der betreffende Priester durch das Ansinnen des Tyrannen gebracht wird, läßt ihn dann aber zu einer eindeutigen und vorbildlichen Entscheidung kommen: Der letzten, durch einen Boten überbrachten Frage des Tyrannen, ob er ihm nichts zu sagen habe, begegnet der Priester mit einem lapidaren „nein“. Damit ist deutlich, was Bergengruen von der Kirche erwartete: eine kompromißlose und das Martyrium einkalkulierende Wahrung ihrer Prinzipien auch gegenüber einem Regime, das seiner politischen Leistungen und Erfolge wegen Unterstützung möglicherweise sogar verdient haben mochte. Wie rigoros

---

[7] Vgl. Elisabeth Langgässers Roman ‚Das Unauslöschliche Siegel‘, der während der NS-Zeit entstand, aber erst 1946 erscheinen konnte.

[8] Zu den zuerst genannten Autoren vgl. die folgenden Ausführungen; zu Benn vgl. bes. Benns Gedicht ‚Einsamer nie‘, das 1936 vor dem Hintergrund der Olympiade entstand, und *Jürgen Schröder*, Imitatio Christi: ein lyrisches Bewältigungsmodell in den Jahren 1934–1936, in: *Jürgen Schröder*, Gottfried Benn und die Deutschen: Studien zu Werk, Person und Zeitgeschichte (Tübingen 1986) 39–57.

[9] Vgl. *Annette Schmollinger*, „Intra muros et extra“: deutsche Literatur im Exil und in der Inneren Emigration. Ein exemplarischer Vergleich (Diss. Heidelberg 1998).

diese Forderung war, zeigt ein Vergleich dieser Episode mit einer der Brechtschen ‚Geschichten vom Herrn Keuner', und zwar mit jener Geschichte ‚Maßnahmen gegen die Gewalt' (1930), die wegen ihrer Überlebensweisheit viel zitiert und oft gerühmt wurde: Herr Keuner erzählt in dieser Geschichte, um sein eigenes rückgratloses Verhalten gegenüber einer tyrannischen Macht zu rechtfertigen, die Geschichte von einem Herrn Egge, „der gelernt hatte, nein zu sagen". Dieser Herr Egge wurde eines Tages von einem Agenten der Staatsmacht aufgesucht und vor die Frage gestellt, ob er ihm dienen werde. Herr Egge, der wußte, daß er diese Frage nur um den Preis seines Lebens verneinen konnte, enthielt sich einer verbalen Antwort und diente dem Agenten sieben Jahre lang Tag und Nacht auf eine höchst gewissenhafte Weise, aber ohne ein Wort zu sprechen, bis der Agent endlich starb; dann atmete Herr Egge auf und sagte „nein".

Schwer einschätzbar hinsichtlich ihrer Aussage ist Stefan Andres' Erzählung ‚El Greco malt den Großinquisitor', die 1936 in Deutschland erschien, eine große Verbreitung fand und lange als eines der Meisterwerke der neueren deutschen Erzählkunst galt[10]. Sie spielt im Spanien Philipps II., und das heißt auch: der Inquisition und der Judenverfolgung. Die Kirche, repräsentiert durch den von El Greco porträtierten Großinquisitor Nino de Guevara, erscheint als Stütze eines mörderischen Regimes. Andres wollte diese Erzählung, wie er später erklärte, nicht nur als aktuelle Anklage des NS-Regimes verstanden haben, sondern und insbesondere auch als Aufforderung an die Kirche, gegen die Judenverfolgung zu protestieren. Aber wenn dies tatsächlich die Absicht des Autors war, so hat er sie fast bis zur Unkenntlichkeit entstellt, indem er – historisch wohl korrekt, aber zeitgeschichtlich falsch – die Kirche selbst als die treibende Kraft der Judenverfolgung erscheinen ließ und den Großinquisitor zudem noch als „Heiligen Henker" mit einer gewissen Größe ausstattete.

Wenn Ödön von Horváths Roman ‚Jugend ohne Gott' ein zweites Mal ins Auge gefaßt wird[11], so geschieht dies hier mit Blick auf die Rolle der Kirche. Es wurde schon gesagt, daß der Protagonist des Romans im Verlauf des Geschehens in eine immer größere Distanz zu der herrschenden und leicht als nationalsozialistisch identifizierbaren Staatsideologie gerät. Hierbei spielt ein Pfarrer eine wichtige Rolle, indem er mit dazu beiträgt, daß dem Protagonisten die Negativität dieser Staatsideologie, die ebenso menschenfeindlich wie gottlos ist, deutlich wird und daß der Protagonist die Kraft entwickelt, sich den Ansprüchen der ideologisierten Gesellschaft zu entziehen. Indessen wird aber die Kirche in Horváths Roman keineswegs als Organisation des Widerstands gezeigt. Sie existiert, wie der Pfarrer darlegt, gleichsam in zwei Gestalten: als institutionalisierte Kirche, die sich, um ihre Existenz zu sichern, immer mit den Reichen und Herrschenden arrangiert, und als Gemeinschaft der Gläubigen, die, firmiert von der Kirche, ihr Le-

---

[10] Vgl. *Michael Braun*, Stefan Andres: Leben und Werk (Bonn 1997) bes. 53–57, und das instruktive Nachwort zur Reclam-Ausgabe (Stuttgart 1994) von *Wilhelm Große.*
[11] Aufschlußreiche Aufsätze zu diesem Roman bietet: Horváths ‚Jugend ohne Gott', hrsg. von *Traugott Krischke* (Frankfurt a.M. 1984).

ben noch stärker als die institutionalisierte Kirche an christlichen Prinzipien aus-
richten können. Die problematische Kompromiß- oder Kollaborationsbereitschaft der Kirche gegenüber dem NS-Regime wird von Horváth also nicht ver-
schwiegen oder schöngeredet; sie wird der Kirche aber auch nicht zum Vorwurf
gemacht. Vielmehr wird deutlich gemacht, daß jedermann die Möglichkeit und
Freiheit hat, die institutionalisierte Kirche in der Praktizierung der christlichen
Lehre zu überbieten.

Wie Andres' ‚Großinquisitor'-Erzählung konnte auch Reinhold Schneiders Erzählung ‚Las Casas vor Karl V.' dank der historischen Distanzierung in Deutschland erscheinen, obwohl das Thema verfänglich war und eine zeitkritische Absicht leicht behauptet werden konnte. Faßt man die Situation des Pater Las Casas
etwas allgemeiner[12], so kann man sagen, daß die Erzählung die Kirche (oder wenigstens den besseren Teil von ihr) im Kampf mit einer sich zwar christlich nen-
nenden, aber zutiefst unchristlich handelnden Gesellschaft zeigt: mit der Allianz
der Konquistadoren und ihrer juristischen Vertreter, die den Indios den Status von
Menschen absprechen und damit deren Ausrottung nicht nur erlauben, sondern
geradezu als zivilisatorische Leistung erscheinen lassen und verlangen. Der Kampf
gegen diese Allianz von Habsucht und Menschenverachtung wird von Schneider
als ein Kampf mit epochaler Bedeutung bezeichnet, denn die Durchsetzung des
göttlichen Rechts oder der christlichen Lehre von der Gleichheit aller Menschen
ist – der Erzählung zufolge – für die weitere Gestaltung des menschlichen Zusam-
menlebens auf der Erde von fundamentaler Bedeutung. Man kann die Erzählung
wohl als Aufforderung an die Kirche verstehen, für die Wahrung christlicher Prinzipien kämpferisch einzutreten. Die Übertragbarkeit oder Anwendbarkeit auf die
NS-Zeit ist jedoch dadurch eingeschränkt, daß Las Casas an einen christlichen
Kaiser appellieren konnte, während Schneider glaubte, daß seine Zeit mit dem
Antichrist konfrontiert sei.

Zu eben der Zeit, als Reinhold Schneider seine ‚Las Casas'-Erzählung schrieb,
arbeitete Alfred Döblin im Pariser Exil an einem Roman mit ähnlicher Thematik.
Er erschien 1937/ 38 im Amsterdamer Querido-Verlag in zwei Teilen mit separa-
ten Titeln, die später unter den Gesamttitel ‚Amazonas' gestellt wurden. Dieser
‚Amazonas'-Roman ist, wie Döblin selbst einmal gesagt hat, „eine Art epischer
Generalabrechnung mit unserer Civilisation"[13]. Er wird dies, indem er die lange
sich hinziehende Eroberung Südamerikas durch die Europäer rekapituliert und an
ihr aufzeigt, daß die europäische Zivilisation und Machtentfaltung eine Tendenz
zum Destruktiven hat und, dieser Tendenz folgend, nicht einmal vor Genoziden
zurückschreckt. Las Casas' mutiges Eintreten für die Indios hat daran nichts
ändern können; das Elend wurde, wie sich bald zeigte, nur auf die unzähligen aus
Afrika herbeigepeitschten Sklaven verlagert und insgesamt noch vergrößert. Döb-

---

[12] Vgl. dazu *Hjou-Sun Choi*, Christentum und christlicher Widerstand im historischen Roman der 30er Jahre (Regensburg 1996) 104–135.
[13] Vgl. dazu *Helmuth Kiesel*, Literarische Trauerarbeit: Alfred Döblins Exil- und Spätwerk
(Tübingen 1986) 231–270; vgl. auch die in Anm. 13 genannte Arbeit (136–178).

lins Interesse galt aber nicht so sehr Las Casas als vielmehr jenem kirchlich lizen-
sierten Rettungsversuch, den die Jesuiten unternahmen, indem sie die sogenannten Reduktionen einrichteten: quasi-staatliche Schutzgebiete, in denen es den
Indios ermöglicht werden sollte, unter dem Schutz des Ordens nach christlichen
Regeln menschenwürdig zu leben („ad ecclesiam et vitam civilem essent reducti",
lautet die Formel, mit der das Ziel der Reduktionen bestimmt wurde). Die Frage
war für Döblin, ob mit der Einrichtung solch dezidiert christlicher oder kirchlicher Gemeinwesen ein Ansatz für die Korrektur der europäischen „Unheilsgeschichte" gefunden worden war, ein Ansatz zumal, dem man aktuelle Bedeutung
zuschreiben konnte. Die Antwort fällt negativ aus: Döblin zeigt in seinem
Roman, daß das „Heilige Experiment" eines christlichen oder kirchlichen Staates
notwendigerweise scheitern mußte und immer wieder scheitern müßte. Zwei Ursachen werden durch den Roman kenntlich: Zum einen zeigt die Geschichte der
Reduktionen, daß in einer vorwiegend unchristlichen Welt ein einzelner Staat, der
an christlichen Prinzipien orientiert ist, auf Dauer keine Überlebenschance hat; er
wird sich auf die Umgebung einstellen müssen oder ihr zum Opfer fallen, sei es
wirtschaftlich oder militärisch. Zum andern kam Döblin durch das Studium der
Geschichte der Reduktionen zu der Überzeugung, daß auch ein christlich orientierter Staat als Staat notwendigerweise eine Organisation oder Machtstruktur
entwickeln wird, die mit den Vorstellungen von christlichem Leben, wie sie im
Evangelium entfaltet werden, immer wieder kollidieren wird. So scheitert das
„Heilige Experiment" eines christlich orientierten und kirchlich geleiteten Staates
in Döblins ‚Amazonas'-Roman nicht nur an der Feindlichkeit der unchristlichen
politischen Umwelt, sondern auch an der Eigendynamik der staatlichen Machtentfaltung, auf die eben auch ein christlich orientierter Staat nicht verzichten
kann. Für Döblin folgte daraus, daß er von der Religion und von der Kirche nicht
länger die allgemeine Aufhebung politischen Unheils erwartete; er stellte sich auf
die Fortdauer der „Unheilsgeschichte" und auf die Unaufhebbarkeit der politischen und sozialen Übelstände ein.

Sehr bemerkenswert im Hinblick auf das Thema dieses Beitrags und im Rahmen der Zeit von 1934 bis 1939 ist schließlich noch Ernst Jüngers Erzählung ‚Auf
den Marmorklippen', die im Herbst 1939 in Deutschland erschien und eine große
Verbreitung erfuhr[14]. Wie in Schneiders ‚Sonetten' aus demselben Jahr wird in
dieser Erzählung die geschichtliche Situation als apokalyptisch charakterisiert:
Die umfassende Katastrophe ist unvermeidlich, weil die Zeit alle Wertvorstellun-
gen verloren hat und zu einer gerechten Ordnung nicht mehr zurückfinden kann.
Schneider neigte in seinen ‚Sonetten' zum Gewährenlassen und Beten; Jünger
plädierte mit seiner Erzählung zum Gewährenlassen und zur Suche nach einem
Ordnungswissen, das jenseits der Katastrophe Bedeutung haben konnte (wie auch
immer dieses Jenseits beschaffen sein mochte). Bei der Suche nach diesem neuen
Ordnungs- und Heilswissen rückten für Jünger Religion und Kirche in den Hori-

---

[14] Vgl. dazu *Helmuth Kiesel*, Ernst Jüngers ‚Marmor-Klippen': „Renommier"- und Pro-
blem-„buch der 12 Jahre", in: IASL 14 (1989) 126–164.

zont und wurden zu wichtigen Instanzen. Jünger selbst begann 1939 mit einer Bibellektüre, deren Fortschreiten er in seinen Tagebüchern vermerkte und deren Bedeutung er von Fall zu Fall in längeren Notizen reflektierte. In den ,Marmorklippen' dient eine mittelalterliche Klosteranlage als Spiegel oder Kondensation der kosmischen Ordnung und wird ein Mönch zum Gewährsmann dafür, daß die Wiederherstellung dieser Ordnung eine apokalyptische Reinigung der Welt durch das Feuer zur Voraussetzung hat.

Zusammenfassend und generalisierend sind folgende Befunde festzuhalten:

1. Die Gegenwart unterm Hakenkreuz wird von den zuletzt behandelten Autoren, den dezidiert christlich denkenden wie den religiös nicht festgelegten, im Sinne heilsgeschichtlicher Vorstellungen gedeutet, und zwar in dreifacher Weise: a) als Zeit einer intensivierten ethischen „Versuchung" im Sinne der fünften Bitte des Vaterunsers[15]; b) als Zeit der Bewährung und der tätigen Verwirklichung der christlichen Botschaft (Horváth, Schneider mit ,Las Casas'); c) als Zeit der Apokalypse und des betenden oder kontemplativen Harrens auf Untergang, Läuterung und Verwandlung (Schneider mit den ,Sonetten', Jünger). Die christliche Religion diente mithin als Reflexionsmedium und Deutungsmuster für die aktuelle geschichtliche Erfahrung und gewann dadurch eine neue Bedeutung, zumal für die religiös nicht fixierten Autoren: Döblin richtete mit seiner ,Babylonischen Wandrung', mit der er seinen Gang ins Exil reflektierte, den Blick auf die christliche Religion[16]; Horváths Roman ,Jugend ohne Gott' ist die Geschichte einer Rückkehr zur Religion, die auch der geistigen Bewegung des Autors entspricht; Jünger begann, wie bereits erwähnt, während der Niederschrift der Erzählung ,Auf den Mamorklippen' mit der Lektüre der Bibel und stellte 1945 das geschichtsphilosophische Fazit, das er aus der Erfahrung der NS- und Kriegszeit zog, unter das Motto: „Nicht im Gleichmaß der bürgerlichen Welt, sondern im apokalyptischen Donner werden Religionen wiedergeboren."[17]

2. Je nach Deutung der Zeit wird von der Kirche oder dem einzelnen Christenmenschen Spezifisches erwartet: Wird die Gegenwart als Zeit einer üblichen geschichtlichen Depravation gedeutet, so wird reformerisch tätige Bewährung verlangt (Horváth, Schneider); wird die Gegenwart hingegen als apokalyptische Zeit verstanden, so wird eher die widerstandslose Einwilligung in den unvermeidlichen Gang des Geschehens nahegelegt, nicht Kampf also, sondern Versenkung ins Unheil und Bereitschaft zum Martyrium oder jedenfalls zum Untergang (Schneider, Jünger).

3. Diese unterschiedlichen Deutungen und Botschaften haben stilistisch verschiedene Entsprechungen: Bergengruens ,Großtyrann und das Gericht', Horváths ,Jugend ohne Gott' und Schneiders ,Las Casas vor Karl V.' zeigen die Zeit

---

[15] Symptomatisch dafür ist, daß Bergengruen seinen Roman ,Der Großtyrann und das Gericht' unter das Motto „Ne nos inducas in tentationem" stellte.

[16] Vgl. dazu die in Anm. 11 genannte Arbeit (96–142).

[17] Motto über dem 2. Teil der sog. ,Friedensschrift', in der Jünger die ,Summe' der geschichtlichen Erfahrungen seiner Zeit bieten wollte; der Satz ist aus Walter Schubarts ,Europa und die Seele des Ostens' entlehnt.

als Zeit der Bewährung und gestalten sich entsprechend als dramatisch wirkende
Erzählungen. Mit dem Übergang zur apokalyptischen Deutung wechselte Schneider die Gattung und bediente sich der Form des Sonetts, die eher distanzierend
und kontemplativ wirkt. Jüngers Erzählung ‚Auf den Marmorklippen' ist ein
antizipierender Rückblick auf die Apokalypse im elegisch gefaßten Ton des Ein-
verständnisses mit dem Unvermeidlichen, das zwar als schmerzhaft erfahren wird,
zugleich aber als heilsam und heilsnotwendig. Letzterem entspricht die Ästheti-
sierung des Untergangs, die sich als stilistisch bestimmender Zug der Erzählung
erweist. Dazu gehört auch, daß jener Mönch, der die größte Einsicht in das Ge-
schick der Zeit hat, als eine Figur gezeichnet wird, die dem Leben längst entrückt
ist und nur auf die verklärende Befreiung vom Körperlichen wartet.

Zusätzlich zu den bisher betrachteten Werken, die zwischen 1934 und 1939 erschienen sind, sei nun noch ein Blick auf Hermann Brochs Roman ‚Die Verzauberung' geworfen. Er muß außerhalb der Reihe stehen, weil er zwar 1932 begonnen,
aber erst 1951 in eine einigermaßen druckfähige Version gebracht wurde (endgültig abschließen konnte ihn der Autor zu seinen Lebzeiten nicht). Das Thema des
Romans ist – kurz gesagt – die Faschisierung eines bäuerlich-handwerklichen
Gebirgsorts, in dem sich mit den ersten Anzeichen der Modernisierung (Elektri-
fizierung durch einen jüdischen Maschinenvertreter) eine soziale Krise einstellt.
Zugleich taucht eine Art von Wanderprediger auf, ein charismatisch wirkender
Mann, der die bäuerliche Bevölkerung mit Blut-und-Boden-Parolen zur Maschi-
nenstürmerei bewegt und zur Rückkehr zu alten Kulten aufruft. Die Gefährlich-
keit dieser regressiven Bewegung zeigt sich darin, daß es bei einem religiös geprägten Bergfest, das zwar in der vorchristlichen Zeit entstand, von der Kirche aber
gleichsam christianisiert wurde, nun wieder zu einer Massenhysterie und einem
Ritualmord kommt. Die Kirche kann dem Treiben des charismatischen Vertreters
alter Kulte und Mythen nichts mehr entgegensetzen: Selber von modernen Zwei-
feln befallen und geschwächt, vermag sie es nicht mehr, den Menschen den Sinn
ihres Lebens zu deuten und ihnen in den Nöten der Zeit Orientierung zu geben.
Sichtlich verliert sie ihren Sitz im Leben, was Broch dadurch deutlich macht, daß
er dem Bild des amtierenden Pfarrers das Bild seines Vorgängers entgegensetzt.
Während jener eine kraftvolle Gestalt war, die mitten im Volk lebte und zugleich
eine geistig dominierende Rolle spielte, ist der gegenwärtige Pfarrer ein ausgesprochen schwächlich wirkender Mann, ein „Schattenmännchen"[18], das sich in
den Pfarrgarten zurückgezogen hat und dort der Rosenzucht nachgeht. Das heißt:
Religion und Kirche hatten Broch zufolge um 1933 so weit abgewirtschaftet, daß
sie dem aufkommenden Faschismus oder Nationalsozialismus nicht mehr viel
entgegenzusetzen hatten. Die moderne Schwäche der Kirche erhöhte die Chancen
von Faschismus und Nationalsozialimus beträchtlich.

---

[18] Vgl. *Hermann Broch*, Die Verzauberung. Roman (Frankfurt a.M. 1980) 93. Aufschlußreiche Aufsätze zu diesem Werk bieten: Brochs ‚Verzauberung', hrsg. von *Paul Michael Lützeler* (Frankfurt a.M. 1983); Hermann Broch. Das dichterische Werk: neue Interpretationen,
hrsg. von *Michael Kessler, Paul Michael Lützeler* (Tübingen 1987).

Urteile und Einstellungen der Christen Europas und Nordamerikas zu den kirchlichen Verhältnissen in Deutschland (1934–1939)

Karl Schwarz

„… Wie verzerrt ist nun alles!"
Die Evangelische Kirche und der Anschluß
Österreichs an Hitlerdeutschland im März 1938

„Von gestern auf heute in Österreich der Nationalsozialismus an der Macht. Deutsche Truppen zur Vermeidung von Blutvergießen nach Österreich entsandt. […] An dem Gedanken des Zusammenschlusses Österreichs und Deutschlands wird der Deutsche immer wieder hängen. Aber wie verzerrt ist nun alles. […] Hitler ist in Österreich. […] Ein großer, und zwar der aktive Teil der Bevölkerung Österreichs muß hinter diesen Vorgängen stehen, sonst wären diese Verbrüderungsszenen nicht möglich. In alledem, so gefährlich die Gesamtentwicklung ist, steckt viel ehrlicher Wille."
(Jochen Klepper, 12. 3. 1938)

„Die letzten Wochen sind die bisher trostlosesten unseres Lebens. Der ungeheure Gewaltakt der Österreichannexion, der ungeheure Machtzuwachs nach außen und innen, […] Wir werden das Ende des dritten Reichs nicht mehr erleben."
(Victor Klemperer, 20. 3. 1938)

I. Einleitung

Zwei Berliner Tagebücher thematisieren den Anschluß Österreichs an Hitlerdeutschland; die Empfindung des Literaturhistorikers Victor Klemperer (1881–1960) vom „ungeheuren Machtzuwachs nach außen und innen"[1] könnte nach-

---

[1] *Victor Klemperer*, Ich will Zeugnis ablegen bis zum letzten. Tagebücher 1933–1941 (Berlin 41995) 399.

gerade als Überschrift dieser Forschungstagung dienen. Es ist davon auszugehen, daß der Anschluß Österreichs an das Deutsche Reich die Herrschaft des Nationalsozialismus stabilisiert hat – nach außen wie nach innen[2].

Jochen Kleppers (1903–1942) Tagebucheintragung ruft die großdeutsche Tradition in Erinnerung, die durch das Geschehen der Märztage 1938 „verzerrt" würde[3]. Gleichwohl konzedierte er angesichts der Menschenmassen, die in Wien dem deutschen Reichskanzler beim Zelebrieren seines Einzugs zujubelten, daß „in alledem [...] viel ehrlicher Wille" stecke, mag die Gesamtentwicklung auch gefährlich sein. Nach einer Aussage von Hitlers Platzhalter Arthur Seyss-Inquart sollen 500 000 bis 600 000 Wiener an den Straßen gestanden sein, um ihren „Führer" zu sehen[4]. Verstellen diese nicht die Geschichte? War nicht Österreich „das erste freie Land, das der typischen Angriffspolitik Hitlers zum Opfer" fiel, wie es in der Moskauer Erklärung vom 1. November 1943[5] heißen wird?

Ein anderer Zeitzeuge der Ereignisse am Wiener Heldenplatz, Eugen Gerstenmaier (1906–1986)[6], registrierte jene „Verbrüderungsszenen" peinlich berührt. Das sei, so lautete die Auskunft seines Wiener Gastgebers („mit Tränen in den Augen"), keine Begeisterung für den Nationalsozialismus, sondern die Freude

---

[2] *Gerhard Botz*, Die Eingliederung Österreichs in das Deutsche Reich. Planung und Verwirklichung des politisch-administrativen Anschlusses (1938–1940) (Schriftenreihe des Ludwig-Boltzmann Instituts für Geschichte der Arbeiterbewegung 1, Wien [3]1988); *ders.*, Wien vom „Anschluß" zum Krieg. Nationalsozialistische Machtübernahme und politisch-soziale Umgestaltung am Beispiel der Stadt Wien 1938/39 (Wien, München 1978) 117–127 (zur „Gewinnung der Kirchen").
[3] *Jochen Klepper*, Unter dem Schatten deiner Flügel. Aus den Tagebüchern der Jahre 1932–1942, hrsg. von *Hildegard Klepper* (Stuttgart 1956) 563 f.; vgl. dazu auch *Rita Thalmann*, Jochen Klepper, Ein Leben zwischen Idyllen und Katastrophen (München 1977) 176–180.
[4] *Maximilian Liebmann*, Kirche und Anschluß, in: Staat und Kirche in der „Ostmark" (Veröffentlichungen des Intern. Forschungszentrums für Grundfragen der Wissenschaften Salzburg NF 70, Frankfurt a. M. u. a. 1998) 207–229, 213; *Gerald Stourzh, Birgitta Zaar* (Hrsg.), Österreich, Deutschland und die Mächte. Internationale und österreichische Aspekte des „Anschlusses" vom März 1938 (Veröffentlichungen der Kommission für die Geschichte Österreichs 16, Wien 1990).
[5] Zit. bei *Gerhard Botz*, Krisen der österreichischen Zeitgeschichte, in: *ders., Gerald Sprengnagel* (Hrsg.), Kontroversen um Österreichs Zeitgeschichte. Verdrängte Vergangenheit, Österreich-Identität, Waldheim und die Historiker (Studien zur Historischen Sozialwissenschaft 13, Frankfurt a. M., New York 1994) 16–76, 24.
[6] *Eugen Gerstenmaier*, Streit und Friede hat seine Zeit (Frankfurt a. M. 1981) 105. Gerstenmaier war auf Vortragsreise in Wien, er sprach auf einer als „Evangelische Woche" bezeichneten Vortragsreihe an der Universität Wien, deren erster Teil noch stattfinden konnte, während die Vorträge am 11. und 12. März abgesagt werden mußten. Das Unternehmen „Otto" war angelaufen, Österreich hatte zu bestehen aufgehört. *Alfred Garcia Sombreira Majer* (Hrsg.), Die Evangelische Woche in Wien 1927–1938. 1958–1995. Eine Festschrift zu ihrem Jubiläum (Wien 1995) 77. – Daß an dem Tag des Anschlusses eine Pfarrerkonferenz stattgefunden hätte, an der Friedrich Siegmund-Schultze voll Sorge über die jüngste Entwicklung und ihre Auswirkungen auf die Ökumene gesprochen habe und bei der Gerstenmaier in Begleitung von SS-Männern erschienen sei, um Siegmund-Schultze verhaften zu lassen – so Siegmund-Schultze in seinen Erinnerungen vom 18. 6. 1964, EZA Berlin 626 Karton 38 [freundlicher Hinweis von Prof. John Conway] –, konnte nicht verifiziert werden.

über den Anschluß an das Deutsche Reich. Damit war das Ziel aller großdeutschen Bemühungen, denen die Siegermächte nach dem Ersten Weltkrieg einen Riegel vorgeschoben hatten, erreicht. Steckte, um noch einmal mit Klepper zu reden, wirklich „viel ehrlicher Wille" dahinter?

War es der Wunsch eines Thomas Mann (1875–1955), der sich 1920 „von Herzen" dazu bekannt hatte, daß sich der „Anschluß Österreichs an Deutschland", der „nur eine Frage der Zeit ist", „bald vollziehen möge"[7], der im März 1938 realisiert wurde? Sein Kartengruß aus Kärnten, aus dem um die Integrität seiner Grenzen ringenden südlichsten Bundesland, hatte die Losung ausgegeben: „Ein Diener am deutschen Wort darf an das Kommen des Tages glauben, da alles, was deutsch spricht, in einem Staate und Reiche versammelt sein wird."[8] Wodurch unterscheidet sich dieses großdeutsche Bekenntnis des Dichters vom Tonfall der Vaterländischen Kundgebung des Königsberger Kirchentages 1927, die an die Auslandsdeutschen gerichtet ganz massiv jene Grenzen in Zweifel gezogen hat, „welche sonst noch trennen, was nach Blut und Geschichte, was von Gottes und Rechts wegen zusammengehört"? Waren damit auch die „Deutschösterreicher" angesprochen? Sie träumten von der Revision der Nachkriegsordnung, insbesondere von der Aufhebung des Anschlußverbotes, das im „Friedensdiktat" von St. Germain über „Deutschösterreich" verhängt wurde.

Diesen Fragen soll in erster Linie im Blick auf die Evangelische Kirche nachgegangen werden, auch wenn diese bevölkerungsstatistisch gesehen eine marginale Größe darstellte und gerade 4,2% der Bevölkerung ausmachte. Der Protestantismus war im kollektiven Bewußtsein der österreichischen Gesellschaft durchaus präsent und zwar deshalb, weil der Begriff Assoziationen mit Preußen, mit Deutschland, mit dem Mutterland der Reformation, mit dem Verbündeten im Ersten Weltkrieg zuließ und produzierte. Wir können von einer tiefliegenden Konnotation von Protestantismus und Preußen ausgehen, die je nach Bedarf positiv oder negativ instrumentalisiert wurde.

Es wird kaum verwundern, daß es eine signifikante Affinität zwischen den Deutschnationalen Parteien und der Evangelischen Kirche gab[9], etwa abzulesen an der Konfessionszugehörigkeit der Abgeordneten[10]: Von den 175 Abgeordne-

---

[7] *Thomas Mann*, Heim ins Reich, in: Aufsätze, Reden, Essays, Bd. 3 (Berlin 1986) 83.
[8] *Thomas Mann*, Grüße aus Kärnten, in: ebd. 78.
[9] *Walter B. Simon*, Österreich 1918–1938. Ideologien und Politik (Wien 1984) 64; zum Landbund, der sich in den Landgemeinden als politischer Bündnispartner der evangelischen Bevölkerung verstand, vgl. *Adam Wandruszka*, Der „Landbund für Österreich", in: *Heinz Gollwitzer* (Hrsg.), Europäische Bauernparteien im 20. Jahrhundert (Stuttgart 1977) 592–602; *Günther R. Burkert*, Der Landbund für Österreich, in: Handbuch des politischen Systems Österreichs. Erste Republik 1918–1933 (Wien 1995) 207–217. – Demgegenüber hat jüngst eine Klagenfurter Untersuchung die These von einer Korrelation von protestantischer Landbevölkerung und Landbund empirisch widerlegt: *Johann Reif*, Zwischen Standespartei und Volkspartei. Die Geschichte des Kärntner Landbundes und Bauernbundes von 1886 bis 1934 (phil. Diss. Klagenfurt 1989) 134–137.
[10] *Fritz Freund*, Der österreichische Nationalrat. Ein biographisch-statistisches Handbuch 1920–1922: II. Legislaturperiode (Wien, Leipzig o.J.) 16.

ten der zweiten Legislaturperiode 1920–1922 waren 23 evangelisch (7 hätten dem
Gesamtdurchschnitt entsprochen); von diesen 23 Abgeordneten waren aber 12
Deutschnationale. Innerhalb ihrer Fraktion machten diese zwölf Evangelischen
fast 50% aus, gegenüber 14 katholischen Abgeordneten – nach dem österreichischen Gesamtdurchschnitt hätte es 25:1 statt 14:12 aussehen müssen. Ich beziehe
mich auf diese 2. Legislaturperiode, weil es 1921 aufgrund der Initiative der
deutschnationalen Abgeordneten zur Inkorporierung der kleinen Evangelisch-
theologischen Fakultät in die Universität Wien kam. Nur unter dieser Bedingung
waren sie bereit, die vom christlich-sozialen Koalitionspartner geforderte Be-
standsfestigkeit der Theologischen Fakultäten zu garantieren[11].

Und es wird auch weiter nicht verwundern, daß die Angehörigen dieses
deutschnationalen Lagers die ersten waren, die vom Nationalsozialismus inhaliert
wurden[12] und die ihre großdeutschen Visionen im Einmarsch Hitlers verwirklicht
sahen: „Ich kann es kaum glauben, daß das nun Wirklichkeit geworden ist, was die
Sehnsucht meiner Jugend, ja meiner Kindheit war", so schrieb der Senioratskura-
tor Dr. Wilhelm Dantine (1876–1946), ein deutschnationaler Rechtsanwalt aus
Leoben/Steiermark, der in den zwanziger Jahren Abgeordneter der Großdeutschen Volkspartei und vierter Präsident des Steiermärkischen Landtags gewesen
war, seinem Sohn Wilhelm Dantine jun. (1911–1981), damals Pfarrer in Wallern/
Oberösterreich[13]. Er setzt fort mit dem Bericht: „Als wir heute um 1/4 3 Uhr früh
die Bildung der neuen Regierung im Radio gehört hatten, da mußte ich im
Gesangbuch aufschlagen: Nun danket alle Gott! – das alte Dank- und Siegeslied,
das [...] auf so vielen preußischen Schlachtfeldern erklungen ist. Hoffentlich werden wir es morgen in der Kirche singen."

Dieser Wunsch korrespondiert mit der Bereitschaft, Hitler als Gottes Werk-
zeug anzuerkennen und in dem weltgeschichtlichen Geschehen der „Heimkehr
Österreichs in das Reich" geradezu den Finger Gottes zu erblicken. Darauf waren

---

[11] Dazu *Karl Schwarz*, „... zur Erhaltung der universitas litterarum unentbehrlich". Die Inkorporierung der Evangelisch-theologischen Fakultät in die Alma Mater Rudolfina im Jahre
1922, in: WJTh 2 (1998) 393–428.

[12] *Dirk Hänisch*, Die österreichischen NSDAP-Wähler (Böhlaus zeitgeschichtliche Bibliothek 35, Wien, Köln, Graz 1998). Es ist eine bemerkenswerte These dieser empirischen Ana-
lyse der politischen Herkunft und des Sozialprofils der NSDAP-Wähler, daß konfessionelle
Faktoren nicht zu vorschnellen kausalen Verknüpfungen führen dürfen, so gab es NSDAP-
Hochburgen in Niederösterreich, wo fast ausschließlich Katholiken lebten. Vgl. auch *ders.*,
Politische Herkunft und Sozialprofil nationalsozialistischer Wähler in Kärnten 1923 bis
1932, in: *Alfred Elste, Dirk Hänisch*, Auf dem Weg zur Macht. Beiträge zur Geschichte der
NSDAP in Kärnten von 1918 bis 1938 (Vergleichende Gesellschaftsgeschichte und politische
Ideengeschichte der Neuzeit 8, Wien 1997) 99–208, bes. 143–150. Der Verfasser lehnt die
These von einer überdurchschnittlich starken Affinität zur NS-Bewegung seitens der stati-
stisch erfaßbaren protestantischen Bevölkerungsanteile in Oberkärnten ab.

[13] Brief Leoben 12. 3. 1938, auszugsweise mitgeteilt bei *Karl W. Schwarz*, Aus der Geschichte lernen: Die Evangelische Kirche im Jahr 1938 – eine Nazikirche?, in: *Michael Bün-
ker, Thomas Krobath* (Hrsg.), Lernfähige Kirche. Festschrift für Johannes Dantine zum 60.
Geburtstag (Innsbruck 1998) 165–191, 180f.

die Kanzelabkündigungen abgestimmt, die der Oberkirchenrat in Stuttgart[14] seinen Pfarrämtern landeskirchenweit übermittelte. Im Gottesdienst am 20. März 1938 sollte anstelle der Schriftlesung eine kurze Ansprache gehalten werden, in der auf das Geschehen der letzten Tage Bezug genommen wird: „Nach langen Jahren der Trennung, nach viel Not und Bedrängnis ist ihm [sc. dem österreichischen Brudervolk] nun sein Platz zuteil geworden, der ihm unter den andern deutschen Stämmen gebührt. Wir freuen uns von Herzen, dass Gott es dem Führer des deutschen Volkes geschenkt hat, seine Heimat zurückzugewinnen und mit dem Reich der Deutschen wiederzuvereinigen." Weiter sollte der brüderlichen Verbundenheit zwischen Württemberg und Österreich in historischer Perspektive gedacht und durch eine großzügige Kollekte aktualisiert werden. Der Herr habe Großes getan am deutschen Volk, dafür solle ihm gedankt und ihm die Ehre gegeben werden. Dazu wurde dann das Lied „Nun danket alle Gott" angestimmt.

Allein die Theologische Sozietät in Württemberg warnte vor der Gefahr[15]: Unter dem Eindruck des „österreichischen ,Wunders' " drohe der Kirche abermals „dieselbe Katastrophe wie im Jahre 1933". Pfarrer und Gemeinden seien der Gefahr teilweise „schon erlegen". Und unter Berufung auf Barmen I wird konstatiert, daß es die Botschaft vom Kreuz Christi verbiete, „politische Taten und Ereignisse unmittelbar als Erfüllung des göttlichen Willens und einer durch die Erfolge beglaubigten Offenbarung der Ziele und Absichten der Weltregierung Gottes auszugeben". Die „religiöse Prophetie der Welt" dürfe nicht unwidersprochen bleiben, „welche in den großen Stunden unseres Volkes besondere Gnadenoffenbarungen Gottes sieht und in den Persönlichkeiten, welche die großen Taten vollbringen, Vollstrecker dieses göttlichen Gnadenwillens und Werkzeuge dieser ,Offenbarung' ". Vor allem dürfe diese menschliche Geschichtsdeutung nicht „Gegenstand unserer eigenen Verkündigung werden", weder indirekt durch versäumte Abgrenzung noch direkt, indem die geschichtlichen Ereignisse „als positive Stütze, Hinweis und Erfüllung unseres christlichen Glaubens" ausgegeben werden. Es dürfe „nicht der Schatten eines Verdachtes entstehen", als handle es sich „bei unserem Reden zu den politischen Ereignissen" um einen „Akt der Selbstrechtfertigung unserer nationalen Zuverlässigkeit gegenüber den politischen Stellen und der öffentlichen Meinung mit der Erwartung, diese für die Belange der Kirche wieder geneigter zu stimmen". Die kritische Analyse der kirchlichen Lage ergäbe vielmehr, daß die „Freiheit der Verkündigung" „unerträglich beschränkt" und von einem „umfassenden Angriff widerchristlicher Mächte bedroht" sei. „Während die Vereinigung der evangelischen Kirche in Österreich mit der DEK auch von manchen kirchlichen Stellen nur freudig begrüßt wird, müssen wir zugleich voll Sorge fragen, in was für eine Kirche sie aufgenommen wird, und müssen sehen, wie schon jetzt alles getan wird, um ihre Vereinigung mit uns im wah-

---

14 Evangelisches Zentralarchiv [EZA] Berlin 50/357 – Ev. OKR Nr. K. 2643, Stuttgart 16. 3. 1938, gez. Wurm.
15 EZA Berlin, 50/308 – Abschrift eines ungezeichneten Rundschreibens; vgl. *Kurt Meier*, Der evangelische Kirchenkampf, Bd. 3 (Göttingen 1984) 44, 455.

ren Glauben zu verhindern und wie nunmehr auch unsere österreichischen Glau-
bensgenossen sich in ihrer Kirche gegen den Einbruch eines fremden Geistes werden zur Wehr setzen müssen." Das freilich ist kaum geschehen, vielmehr gab man
sich fassungslos den Ereignissen hin, selbst besonnene Stimmen wie der Wiener
Senior und Mitglied des Bundeskulturrates D. Erich Stökl (1871–1950) trugen
dieser angebrochenen „großen Zeit" Rechnung[16], von dem seiner guten Verbindungen zur NSDAP wegen zum geistlichen Leiter der Kirche berufenen ober-
österreichischen Superintendenten Dr. Hans Eder (1890–1944) einmal ganz zu
schweigen[17].

Der Schwerpunkt des Beitrags liegt auf der Darstellung des österreichischen
Protestantismus, der in der zeitgeschichtlichen Literatur zumeist übergangen
wird, während die katholische Kirche in zahlreichen Untersuchungen gerade auch
zum Thema 1938 behandelt wurde[18]. Ihr Exponent Theodor Kardinal Innitzer
(1875–1955) war durch sein „Heil Hitler", das er der Feierlichen Erklärung des
Österreichischen Episkopates anfügte, zum NS-Propagandisten für die Volksabstimmung am 10. April avanciert, seine Signatur leuchtete von allen Litfaß-
säulen zwischen Maas und Memel, Flensburg und Radkersburg. Hier soll zur
wichtigen Kontroverse um die Rolle des Katholizismus als Mit-Täter oder Opfer
wenigstens Stellung genommen werden. Kaum beachtet wurde bisher in Österreich die Szene der Freikirchen, dazu fehlt es freilich weitgehend noch an den Vorarbeiten[19]. Demgegenüber ist ein Thema sehr gut bearbeitet worden: Ausgehend

[16] *Erich Stökl,* Fünf Predigten in großer Zeit (Wien 1938); dazu *Gustav Reingrabner,* Eine
Wiener Predigt aus dem Jahre 1938, in: JGPrÖ 98 (1982) 252–263; *Karl Schwarz,* Evangelische Mandatare im Ständestaat 1934–1938, in: JGPrÖ 107/108 (1991/92) 166–178.
[17] *Hans Eder,* Die evangelische Kirche der Ostmark und der 13. März 1938 (Wien 1938). –
Seine Begeisterung scheint schon nach dem Besuch bei Hitler einer Skepsis gewichen zu sein,
als er sehen mußte, wie der Wiener Erzbischof Kardinal Theodor Innitzer von der NS-Basis
gedemütigt und verhöhnt wurde: *Karl Schwarz,* Das Vermächtnis eines Bischofs. Ein bisher
unbekannter Abschiedsbrief von Bischof Dr. Hans Eder (1944), in: Die Kirche als historische
und eschatologische Größe. Festschrift für Kurt Niederwimmer zum 65. Geburtstag (Frankfurt a. M. u. a. 1994) 325–337, 329.
[18] *Maximilian Liebmann,* Kardinal Innitzer und der Anschluß. Kirche und Nationalsozialismus in Österreich 1938 (Graz 1982); *ders.,* Theodor Innitzer und der Anschluß. Österreichs
Kirche 1938 (Grazer Beiträge zur Theologie-Geschichte und kirchlichen Zeit-Geschichte 3,
Graz, Wien, Köln 1988); *Peter Malina,* Die katholische Kirche und der „Anschluß" Österreichs 1938. Bemerkungen zu einem widersprüchlichen Phänomen, in: Bulletin des Arbeits-
kreises „Zweiter Weltkrieg" (Leipzig 1988) Nr. 1–4, 106–139; *Walter Sauer,* Österreichs Kirchen 1938–1945, in: NS-Herrschaft in Österreich 1938–1945 (Österreichische Texte zur Gesellschaftskritik 36, Wien 1988) 517–536; *Peter G. Tropper* (Hrsg.), Kirche im Gau. Dokumente zur Situation der katholischen Kirche in Kärnten von 1938 bis 1945 (Klagenfurt 1995);
Ludwig Volk SJ, Flucht aus der Isolation. Zur „Anschluß"-Kundgebung des österreichischen
Episkopats vom 18. März 1938, in: StZ 200 (1982) 651–661, 769–783; *Erika Weinzierl,* Prüfstand. Österreichs Katholiken und der Nationalsozialismus (Mödling 1988); *Rudolf Zinn-
hobler* (Hrsg.), Das Bistum Linz im Dritten Reich (Linz 1979).
[19] Vgl. aber zuletzt *Franz Graf-Stuhlhofer,* Nationalsozialismus als Konkurrenz zum christlichen Glauben. Der Wiener Baptisten-Prediger Arnold Köster über Anschluß und Kriegs-
anfänge, in: JGPrÖ 112 (1996) 137–183; *ders.,* Das Kriegs-Ende in Wien im Spiegel der Predigten eines NS-kritischen Baptistenpastors, in: Österreich in Geschichte und Literatur 40

von der Ostmark als konkordatsfreiem Raum ist der staatskirchenrechtlichen Entwicklung nach dem März 1938 große Aufmerksamkeit geschenkt worden[20]. Nicht nur, weil hier die „Entkonfessionalisierung des öffentlichen Lebens" im großen Stil vorexerziert wurde, wie sie dann noch radikaler im Warthegau Platz greifen wird und nach Beendigung des Krieges im gesamten Reich zur Anwendung kommen sollte. Es ist auch gezeigt worden, wie sich die Parteikanzlei durchsetzte und die entsprechenden Fachleute aus Berlin auf den Wiener Minoritenplatz abordnete[21].

II. Die Evangelische Kirche in Österreich – eine Nazikirche?

Als nach dem Zweiten Weltkrieg britische Besatzungsoffiziere in Österreich einmarschierten, brachten sie im Marschgepäck eine Publikation mit, die sich mit Österreich befaßte und eine Analyse dieses Landes und seiner Bevölkerung lieferte. Hier findet sich der signifikante Satz, daß die protestantischen Kirchen, die naturgemäß in Verbindung mit ihren Schwesterkirchen jenseits der Grenze standen, einen „engeren Kontakt" mit den deutschen Nationalsozialisten hielten, als es von ihrem Glaubensbekenntnis her berechtigt gewesen wäre. Ein Klammerausdruck gibt die Erklärung, daß dieser apostrophierte engere Kontakt zum Nationalsozialismus „auch als Reaktion auf das Wiedererwachen des katholischen Klerikalismus" zu verstehen sei[22]. Ähnlich deutete es ein Professor der Wiener Evan-

(1996) 113–125; *ders.*, Von der „Grenze des Möglichen" im Dritten Reich. Kritik am Nationalen in der einzigartigen Predigtsammlung des Wiener Baptisten-Pastors Arnold Köster, in: Geschichte und Gegenwart (1999/1) 13–35; *Daniel Heinz*, Church, State and Religious Dissent. A History of Seventh-day Adventists in Austria 1890–1975 (Archives of International Adventist History 5, Frankfurt a. M. u. a. 1993) 121–141; Zeugen Jehovas: vergessene Opfer des Nationalsozialismus? (Schriftenreihe des Dokumentationsarchivs des österreichischen Widerstandes zur Geschichte der NS-Gewaltverbrechen 3, Wien 1998).
[20] *Walter Goldinger*, Die Überleitung der österreichischen Kultusverwaltung nach dem März 1938, in: Zeitgeschichte 5 (1977/78) H.11/12, 418–429; *Maximilian Liebmann, Hans Paarhammer, Alfred Rinnerthaler* (Hrsg.), Staat und Kirche in der „Ostmark" (Frankfurt a. M. u. a. 1998); *Richard Potz,* Nationalsozialismus und Staatskirchenrecht, in: Nationalsozialismus und Recht. Rechtssetzung und Rechtswissenschaft in Österreich unter der Herrschaft des Nationalsozialismus (Wien 1990) 266–284; *Klaus Scholder*, Österreichs Konkordat und nationalsozialistische Kirchenpolitik 1938/39, in: ZevKR 20 (1975) 230–243; *Karl Schwarz*, Der „Anschluß" 1938 und seine unmittelbaren staatskirchenrechtlichen Folgen für die Evangelische Kirche, in: ÖAKR (1989) 268–284; *Jörg Winter*, Die Wissenschaft vom Staatskirchenrecht im Dritten Reich (Europäische Hochschulschriften II/212, Frankfurt a. M. u. a. 1979) 82–94.
[21] *Heinz Boberach*, Organe der nationalsozialistischen Kirchenpolitik. Kompetenzverteilung und Karrieren in Reich und Ländern, in: Staat und Parteien. Festschrift für Rudolf Morsey zum 65. Geburtstag (Berlin 1992) 305–331, 328.
[22] Austria Basic Handbook Part 1: Geographical, Political and Social, ed. Foreign Office and Ministry of Economic Warfare (London 1944) chapter V: religion 3.

gelisch-theologischen Fakultät, der nicht nur als Permanenz-Dekan zwischen
1938 und 1948 die Fakultätsgeschichte maßgeblich bestimmte, sondern auch zu
den meinungsbildenden Persönlichkeiten in der Kirche (und zu den Kandidaten
für das Bischofsamt) gehörte, Gustav Entz (1884–1957)[23]: Der Politische Katholizismus der Ständestaat-Ära, der förmlich nach „Gegenreformation" roch, er habe
alle Nichtkatholiken und Nicht-mehr-Katholiken den Nazis in die Arme getrieben[24].

In der Tat: Die Etikettierung der Evangelischen Kirche als „Nazikirche"
stammt aus der Ära des Austrofaschismus zwischen 1934 und 1938[25]. Der christliche Ständestaat, wie er geheißen hatte[26], war vom Grundsatz der religiösen Neutralität weit abgerückt und hatte im Katholizismus sein Integrationsmoment
gefunden. Der Ständestaat verstand sich als Alternative zur Anschlußbewegung,
ja als geistiger Abwehrkampf gegen den Nationalsozialismus[27]. Einer seiner ideologischen Protagonisten, Dietrich von Hildebrand (1889–1977)[28], hatte die
Losung von der „Gegenreformation" ausgegeben: daß dem kleinen Land eine
„große säkulare Aufgabe anvertraut" sei, „groß wie die zur Zeit der Gegenreformation"[29]. Die Gleichsetzung des ideologischen Abwehrkampfes der Gegenwart mit der Gegenreformation geriet zu einem ganz wesentlichen identitäts-
stiftenden Historismus, ja gerann zur Parole von der Türkenabwehr, Protestan-

---

[23] Vgl. *Karl Schwarz*, „Grenzburg" und „Bollwerk". Ein Bericht über die Wiener Evangelisch-theologische Fakultät in den Jahren 1938–1945, in: Theologische Fakultäten im Nationalsozialismus (Arbeiten zur Kirchlichen Zeitgeschichte B18, Göttingen 1993) 361–389;
ders., „Haus in der Zeit": Die Fakultät in den Wirrnissen dieses Jahrhunderts, in: *ders., Falk
Wagner* (Hrsg.), Zeitenwechsel und Beständigkeit. Beiträge zur Geschichte der Evangelisch-
theologischen Fakultät in Wien 1821–1996 (Schriftenreihe der Universitätsarchive 10, Wien
1997) 125–208.
[24] *Gustav Entz*, Denkschrift zur Entnazifizierung (Wien 1946), abgedruckt nunmehr in: *Gustav Reingrabner, Karl Schwarz* (Hrsg.), Quellentexte zur österreichischen evangelischen
Kirchengeschichte zwischen 1918 und 1945 (Wien 1989) 514–519.
[25] Bericht über eine Aussprache des Superintendenten Johannes Heinzelmann mit dem
Staatssekretär Guido Zernatto (27. Juli 1936), abgedr. in: Quellentexte, Nr. 83, 251–252; *Gustav Entz*, Der österreichische Protestantismus im Rahmen des gesamtdeutschen Protestantismus, in: *Hans Eder* (Hrsg.), Die evangelische Kirche in Österreich. Blüte, Not und neuer
Aufbau (Berlin 1940) 122–139, 137.
[26] *Dieter A. Binder*, Der „Christliche Ständestaat" Österreich 1934–1938, in: *Rolf Steininger,
Michael Gehler* (Hrsg.), Österreich im 20. Jahrhundert, Bd. 1 (Wien, Köln, Weimar 1997)
203–256.
[27] *Gottfried-Karl Kindermann*, Hitlers Niederlage in Österreich (Hamburg 1984).
[28] *Erika Weinzierl*, Universität und Politik in Österreich (Salzburger Universitätsreden 33,
Salzburg, München 1969) 14 f.
[29] *Dietrich von Hildebrand*, Österreichs Sendung, in: Der christliche Ständestaat Nr. 1, 3. 12.
1933, S. 3; über den Autor: *Paul Stöcklein*, Zeitige Aufklärung über Hitler. Das mutige
Wirken Dietrich von Hildebrands in Österreich 1933–1938, in: Internationale katholische
Zeitschrift „Communio" 16 (1987) 553–574; über die von ihm gegründete konservative Zeit-
schrift: *Rudolf Ebneth*, Die österreichische Wochenschrift „Der Christliche Ständestaat".
Deutsche Emigration in Österreich (Veröffentlichungen der Kommission für Zeitgeschichte,
Bd. 19, Mainz 1976).

tenabwehr, Hitlerabwehr[30]. Sie überlagerte alle Ansätze ökumenischen Handreichens[31]. Die Gegenreformation wurde als die größte Leistung der Habsburger bezeichnet, ihr Vollender Ferdinand II. (1578–1637) mit Engelbert Dollfuß (1892–1934) verglichen.

Die Gegenreformation figurierte als Metapher für den katholischen Anti-Hitler-Kurs des Ständestaates, doch diente der Katholizismus auch als „Paravent für anrüchige politische Geschäfte"[32] im Blick auf die republikanische Ordnung. Durch die Katholisierung des öffentlichen Lebens[33] wuchs auf protestantischer Seite ein antikatholisches Elitebewußtsein, in dem sie mit den politischen Gegnern des Regimes übereinstimmten – mit Sozialdemokraten und Nationalsozialisten. Aus dem Antiklerikalismus[34] resultierten Allianzen zwischen rechts und links, die in Wöllersdorf, im Anhaltelager des Ständestaates, zustande kamen, daraus erwuchsen aber auch Symbiosen. Der erwähnte Theologieprofessor Gustav Entz bekannte in seinen Memoiren[35]: „Mit den mir zur Verfügung stehenden Mitteln habe ich das Regime unermüdlich bekämpft." Landauf und landab war er in den Gemeinden seiner Kirche unterwegs, um diesen „ins Bewußtsein zu rufen, mit welch grauenhaften Mitteln unsere Heimat … wieder katholisch gemacht wurde, woraus sich für uns als die Nachkommen einer Kirche von Märtyrern und Bekennern umso mehr die Pflicht ergebe, unter den kirchlichen Bedrängnissen ebenso wie unter den schnöden Verlockungen der Gegenwart fest zu bleiben"[36]. Er

---

[30] *Friedrich Heer*, Der Kampf um die österreichische Identität (Wien, Köln, Graz 1981, ²1996) 401; vgl. auch schon *Heinrich Bußhof*, Das Dollfuß-Regime in Österreich in geistesgeschichtlicher Perspektive unter besonderer Berücksichtigung der „Schöneren Zukunft" und der „Reichspost" (Berlin 1968) 33 ff.; *Michael Mitterauer*, Politischer Katholizismus, Österreichbewußtsein und Türkenfeindbild, in: Beiträge zur historischen Sozialkunde 12 (1982) H.4, 111–120. – *Helmut Gamsjäger*, Die Evangelische Kirche in Österreich in den Jahren 1933 bis 1938 (masch. phil. Diss. Wien 1967); *Gerhard Peter Schwarz*, Ständestaat und Evangelische Kirche von 1933 bis 1938. Evangelische Geistlichkeit und der Nationalsozialismus aus der Sicht der Behörden (phil. Diss. Graz 1987).

[31] *Maximilian Liebmann*, Die geistige Konzeption der österreichischen Katholikentage in der Ersten Republik, in: Geistiges Leben im Österreich der Ersten Republik (Veröffentlichungen der Wiss. Kommission zur Erforschung der Geschichte der Republik Österreich 10, Wien 1986) 125–175, 173.

[32] *Ernst Hanisch*, Die Ideologie des Politischen Katholizismus in Österreich 1918–1938 (Wien, Salzburg 1977) 15; vgl. auch *ders.*, Der politische Katholizismus als ideologischer Träger des „Austrofaschismus", in: *Emerich Talos, Wolfgang Neugebauer* (Hrsg.), „Austrofaschismus". Beiträge über Politik, Ökonomie und Kultur 1934–1938 (Österreichische Texte zur Gesellschaftskritik 18, Wien ⁴1988) 53–73.

[33] *Uta Krammer*, Religion und Politik in der Zeit der autoritären Regierung Österreichs, (masch. phil. Diss. Wien 1965).

[34] *Dieter A. Binder*, Zum Antiklerikalismus in der Ersten Republik, in: Christliche Demokratie 9 (1991/92) 369–389.

[35] *Gustav Entz*, Erinnerungen aus fünfzig Jahren kirchlicher und theologischer Arbeit (masch. Manuskript o. J.) 119.

[36] *Entz*, ebd. Eine Frucht dieser Vorträge war die in vielen Auflagen verbreitete Schrift: Vierhundert Jahre Protestantismus in Österreich (Knittelfeld 1937, ⁶1938); dazu *Karl Schwarz*, Vor fünfzig Jahren. Die Evangelische Kirche in Österreich im Jahre 1937, in: Schriftenreihe Ev. Bund in Österreich H. 107 (Wien 1987) 3–22.

sprach über die Gegenreformation, er meinte damit aber auch die unmittelbaren
Erfahrungen der Gegenwart in polemischer Weise deuten zu können: „(d)ie Gegenreformation in Neu-Österreich", um das große Beschwerdebuch der Protestanten zu nennen[37].

Entz verrät nicht, was er unter den schnöden Verlockungen der Gegenwart
(1937) verstand; es ist wahrscheinlich an die allgemeine Entspannung nach dem
Juliabkommen 1936 zu denken[38]. Im Blick auf die Evangelische Kirche ist 1937
auch deshalb bemerkenswert, weil es endlich zu substantiellen Gesprächen über
ihre staatsrechtliche Stellung im Neuen Österreich gekommen war und eine
Novellierung des Protestantenpatents von 1861 in Angriff genommen wurde. Der
Vertrauensmann der Kirche und Sprecher der Superintendenten, Johannes Heinzelmann (1873–1946), hatte bisher mit Erfolg den geschlossenen Beitritt der Pfarrer zur Vaterländischen Front, der politischen Einheitsorganisation des Ständestaates, verhindert[39]: weil diese wohl den Staat anerkennen, nicht aber sich zu
diesem „christlichen Staat katholischer Prägung" bekennen könnten, wie er dem
Generalsekretär der Vaterländischen Front auseinandersetzte[40] und auch vor dem
Bundeskanzler Kurt von Schuschnigg (1897–1977) bekräftigte[41]. Im Herbst 1937
lenkte Johannes Heinzelmann nach dramatischen Verhandlungen zunächst mit
der Pfarrerschaft und dann mit dem zuständigen Staatssekretär Guido Zernatto
(1903–1943) ein; nunmehr konnte er den Beitritt allen, die sich bisher durch
Gewissensbedenken gebunden fühlten, nahelegen. Gustav Entz trug dieser Aufforderung nicht Rechnung. Er wird sich dessen wie sein Fakultätskollege Richard
Adolf Hoffmann (1872–1948) rühmen. Der „Gespensterhoffmann", wie der Neutestamentler wegen seiner spiritistischen Ambitionen genannt wurde, war sogar
von seiner Wahl zum Dekan zurückgetreten, als von den akademischen Funktionären 1934 jenes Bekenntnis zum Neuen Österreich abverlangt wurde[42]. Lieber
wollte er auf das Dekanat verzichten, als den Keßlerhut grüßen bzw. das Abzei-

[37] [*Robert Kauer*] Die Gegenreformation in Neu-Österreich. Ein Beitrag zur Lehre vom katholischen Ständestaat (Zürich 1936).
[38] Vgl. das Kanzelwort des Superintendenten Johannes Heinzelmann (Z. 1428/15. 7. 1936),
abgedruckt in: Quellentexte, Nr. 81, 249–250.
[39] Seine einschlägigen Rundschreiben und Hirtenbriefe sind verzeichnet bei *Karl Schwarz*,
Der Notbischof. Anmerkungen zu Johannes Heinzelmanns gesamtkirchlichem Vertrauensamt in den Jahren 1934 bis 1938, in: JGPrÖ 102/103 (1986/87) 151–178 und in extenso abgedruckt in: *Reingrabner, Schwarz*, Quellentexte; vgl. auch *Helmut Gamsjäger*, Evangelische
Kirche und „Vaterländische Front", in: Zeitgeschichte 6 (1978/79) 165–176.
[40] Der Briefwechsel Heinzelmanns mit Oberst a.D. Walter Adam ist abgedruckt in: Quellentexte, Nr. 71, 222–226.
[41] Bericht Heinzelmanns über eine Aussprache mit dem Bundeskanzler am 20. November
1935, in: Quellentexte, Nr. 73–74, 229–233; vgl. insgesamt dazu *Karl Schwarz*, Die Trutzpro-
testanten im christlichen Ständestaat: Eine zeitgenössische Situationsanalyse von Johannes
Heinzelmann, in: *Hans Paarhammer, Alfred Rinnerthaler* (Hrsg.), Scientia canonum. Festgabe für Franz Pototschnig zum 65. Geburtstag (München 1991) 101–124.
[42] Österreichisches Staatsarchiv Wien [ÖStA], Allgemeines Verwaltungsarchiv [AVA], Bun-
desministerium für Unterricht [BMU], 4D2 ev. theol. Fak., GZ. 11002/1935; *Schwarz*, „Haus
in der Zeit" (wie Anm. 23) 151.

chen mit dem Kruckenkreuz, den sog. „Gewissenswurm", anstecken. Von den Nationalsozialisten wurden die insgesamt sieben Professoren der Wiener Universität, die der VF nicht beigetreten waren, mit den „Göttinger Sieben" von 1837 verglichen und gefeiert[43].

Mochte Heinzelmann auch selbst den Beitritt nicht vollzogen haben[44], so war er es doch, der zum Jahreswechsel 1937/38 den „Geist gegenseitigen Vertrauens" registrierte[45]: Die endlich aufgenommenen Verhandlungen über ein neues Protestantengesetz seien zudem auf seiten der Regierung „mit bemerkenswertem Verständnis für die Belange unserer Kirche" geführt worden. Der Neujahrshirtenbrief Heinzelmanns markierte vorsichtig jene Verständigung zwischen Kirche und Staat.

Das zweite große Thema des Hirtenbriefes war der Weltanschauungskampf im Dritten Reich, wo es „ums Ganze" ging, wo der „Mythus des 20. Jahrhunderts", jene „Botschaft von Rasse, Blut und Boden", den „Christusmythus" „in unablässiger, planvoller Arbeit" verdrängen sollte. Eine zum Reformationsfest 1937 unterzeichnete Erklärung des „Kasseler Gremiums" der gespaltenen Bekennenden Kirche[46] kursierte in hektographierter Form in Österreich und beeinflußte zweifellos die Textierung des Neujahrshirtenbriefes und dann vor allem des Nachwortes. Mit dem an Luther gemahnenden Bekenntnis[47], es sei besser mit Christus zu fallen, als mit irgendeinem anderen Herrn oder Meister zu stehen, legte Heinzelmann sein Vertrauensamt zurück.

Eine Bruchlinie war deutlich geworden – zwischen jenen, die Heinzelmanns Ausgleichsbemühungen schätzten und dessen Analyse des Weltanschauungskampfes teilten, und jenen, die ihr widersprachen, wie Gustav Entz, der „sich bemüßigt fühlt[e], das Dritte Reich gegen den Neujahrshirtenbrief des Superintendenten Heinzelmann öffentlich zu verteidigen"[48], wie die Reichspost pikiert registrierte.

Heinzelmann, gegen den im Sommer 1936 geradezu eine Pressekampagne geführt wurde („Nazisuperintendent"), weil er sich den angeordneten Dollfuß-Gedächtnisgottesdiensten widersetzte, wird nun im Jänner 1938 als „Rompilger"

[43] *Hans von Frisch*, Die Gewaltherrschaft in Österreich 1933 bis 1938 (Leipzig, Wien 1938) 97; *Gustav Entz*, Der österreichische Protestantismus im Rahmen des gesamtdeutschen Protestantismus (wie Anm. 25) 138.
[44] Rundschreiben 27. 10. 1937 – abgedr. in: Quellentexte, Nr. 106, 292–293.
[45] *Johannes Heinzelmann*, Neujahrshirtenbrief 1938, abgedr. in: Quellentexte, Nr. 107, 294–297. Dazu *Karl Schwarz*, Der Anti-Rosenberg-Hirtenbrief 1937/38 des ev. Superintendenten D. Johannes Heinzelmann, in: Kirche in bewegter Zeit. Festschrift für Maximilian Liebmann zum 60. Geburtstag (Graz 1994) 355–368.
[46] *Joachim Beckmann* (Hrsg.), Kirchliches Jahrbuch 1933–1944 (²1976) 211–213; *Raimund Baumgärtner*, Weltanschauung im Dritten Reich. Die Auseinandersetzung der Kirchen mit Alfred Rosenberg (Mainz 1977) 228f.
[47] WA XXXIII, 603, 22–26: „Seindt die bischoffe nun so starck, das sie Christum wegreissen und Er fallen musse, so wil ich mit Christo in abgrundt der hellen gerne fallen und mit ihme undtergehen …"
[48] „Professor gegen Superintendent", Reichspost Nr. 31/1. 2. 1938.

und „Bekenntnispfaffe" denunziert. Eine Bruchlinie war deutlich geworden, am Neujahrshirtenbrief schieden sich die Geister; in vielen Gemeinden wurde er nicht oder jedenfalls nur auszugsweise verlesen. Die breite Ablehnungsfront signalisiert wohl die nationalsozialistische Orientierung weiter Kreise der Kirche, ihr vorweggenommenes Ja zu Großdeutschland. Daß sich bis zum Ende der Beitrittsfrist 122 Geistliche der VF angeschlossen hatten, während 45 Pfarrer und Vikare den Beitritt nach wie vor verweigerten (das entsprach einem Zahlenverhältnis von 73:27 v.H.)[49], ändert nichts an dem Befund; es zeigt höchstens, wie sehr die Vaterländische Front an ihren rechten Rändern ausgefranst war.

Der zweite Schritt einer ideologischen Gleichschaltung der Kirche erfolgte im März 1938. Der Präsident des Oberkirchenrates, Staatsrat Dr. Viktor Capesius (1867–1953), ein Mandatar des Ständestaates, der die Kirchenbehörde als Staatsbeamter leitete, hatte die zur Selbstbehauptung des Staates angesetzte Volksabstimmung unterstützt und die Pfarrgemeinden zur Teilnahme aufgefordert. Doch dagegen erhob sich ein Sturm der Entrüstung, der den Oberkirchenrat hinwegfegte. Wieder war es (wie drei Monate zuvor beim Rücktritt Heinzelmanns) die Akademikergemeinschaft im Rahmen des Evangelischen Bundes[50], die zum Handeln bereit war, die sich als „kirchliche Hinrichtungskommission" gebrauchen ließ und noch vor dem Einmarsch der deutschen Truppen den Rücktritt der Kirchenleitung erzwang[51]. In dieser „geistigen Waffenschmiede" wirkte als ihr eigentlicher Motor der aus dem Öffentlichen Dienst entlassene Jurist Dr. Robert Kauer (1901–1953), ein Exponent der NS-Opposition in der Kirche, der nach dem „Umbruch" mit der Leitung der Kirchenbehörde beauftragt wurde und bis zum 16. April 1939 den Kurs der Kirchenleitung bestimmte. Bekanntgeworden ist sein telegraphischer Willkommensgruß an Hitler, dessen Enthusiasmus gelegentlich als Negativfolie für den vergleichsweise moderaten Gebetsaufruf des Kardinal Innitzer benützt wird[52].

Das geprägte Bild von der Nazikirche ist weiters eine ganz wesentliche Frucht des Jahres 1938, in dem sich die Protestanten als Kirche der Bewegung zu prä-

[49] Bericht des Pfarrervereinsobmanns Senior Ernst Denzel in der Vorstandssitzung des Pfarrervereins 9. März 1938 – Protokollbuch des Pfarrervereins, zit. bei *Schwarz*, Notbischof (wie Anm. 39) 174.
[50] *Walter Fleischmann-Bisten*, Der Evangelische Bund in der Weimarer Republik und im sogenannten Dritten Reich (Europäische Hochschulschriften XXIII/372, Frankfurt a.M. u.a. 1989) besonders 329–335; *ders.*, Die Orientierung der österreichischen Protestanten nach dem „Reich" 1903 bis 1938 – dargestellt am Beispiel des „Evangelischen Bundes zur Wahrung der deutsch-protestantischen Interessen", in: JGPrÖ 112 (1996) 119–135.
[51] *Gerhard May*, Wie der neueste Abschnitt der Geschichte unserer Kirche begann, in: Amt und Gemeinde 22 (1971) 11–16.
[52] *Walter Sauer*, Österreichs Kirchen (wie Anm. 18) 520; *Ernst Hanisch*, Der lange Schatten des Staates. Österreichische Gesellschaftsgeschichte im 20. Jahrhundert (Wien 1994) 347; *Maximilian Liebmann*, Theodor Innitzer und der Anschluß (wie Anm. 18) 67; *ders.*, Kirche und Anschluß (wie Anm. 4) 211; *Erika Weinzierl*, Kirche und „Anschluß", in: „Anschluß" 1938 (Wien 1988) 41–50; die Quellen sind abgedruckt ebd. 348f.

sentieren versuchten, bewährt „im völkischen Freiheitskampf der Ostmark"[53].
Dabei war das Hissen von Hakenkreuzfahnen noch harmlos im Vergleich zum
Singen des Horst-Wessel-Liedes oder zu „Führerfürbitten" im Gottesdienst.
Liedauswahl und Beflaggung waren vom Oberkirchenrat angeordnet worden[54].
Aber auch Prediger in SA-Uniform gehörten zum Erscheinungsbild der Kirche,
ebenso die kolportierte hohe Zahl an Parteigenossen unter den geistlichen Amts-
trägern, die vom Pfarrerverein freilich ohne Gewähr erhoben wurde. Er rekla-
mierte von den 126 Pfarrern 73 als illegale Parteigenossen, zu denen sich nach dem
„Umsturz" noch weitere 11 „Parteianwärter" dazugesellten, insgesamt also zwei
Drittel[55].

Der OKR-Präsident Kauer fühlte sich sogar herausgefordert und durch Hitler
darin bestärkt, als Präsident einer politisch so zuverlässigen Kirche in den deutschen Kirchenkampf einzugreifen. Die evangelische Kirche Österreichs habe, so
gab sich Hitler am 9. April 1938 zu verstehen, „im deutschen Protestantismus eine
große Mission"[56]. Kauer stellte sich dem Reichskirchenminister Hanns Kerrl
(1887–1941) vorbehaltlos zur Verfügung und engagierte sich für dessen Oktober-
Programm[57] – bis hin zur umstrittenen Godesberger Erklärung (4. April 1939),
einer deutschchristlichen Verständigungsformel mit der Nationalkirchlichen
Einung, die er namens der Evangelischen Kirche Österreichs unterschrieb[58].
Durch diese Unterschrift wurde allerdings der Grundsatz der kirchenpolitischen
Neutralität, zu dem sich die österreichische Landeskirche verpflichtet hatte, ver-
letzt. Dies hat in einzelnen Gemeinden Irritationen hervorgerufen: Die Unter-
schrift habe die Kirche an die Nationalkirchliche Einung „ausgeliefert" und den
„Kirchenstreit" nach Österreich verpflanzt[59]. Auch von seiten des Evangelischen
Bundes wurde diese Befürchtung geäußert[60], so daß Kauer die Absicht seiner Un-
terschrift präzisierte: Nicht der Anschluß der österreichischen Landeskirche an

[53] *Walter Endesfelder* (Hrsg.), Evangelische Pfarrer im völkischen Freiheitskampf der Ostmark und des Sudetenlandes (Berlin 1939).
[54] Erlaß Z. 2395 / 8.IV.1938, abgedruckt in: Quellentexte, Nr. 122, 318 bzw. Z. 2414 /
11.IV.1938, ebd. Nr. 123, 318–320.
[55] Ev. Pfarrerverein in einem Schreiben an Hitler (10. 3. 1939) – EZA Berlin 1/I, C2/95. Die
Zahl kolportierte auch *Gustav Entz*, Der österreichische Protestantismus im Rahmen des
gesamtdeutschen Protestantismus (wie Anm. 25) 138; JK 1938/21, 926f.; *Kurt Meier*, Kirchenkampf (wie Anm. 15) 695 – mit dem bemerkenswerten Zitat des Reichsbundesführers
der Deutschen Evangelischen Pfarrervereine, Kirchenrat Fritz Klingler (1938): „Wahrlich,
das österreichische Pfarrhaus war mit ein besonderer Hort für die nationalsozialistische Erziehung der Ostmark."
[56] *Endesfelder*, Evangelische Pfarrer im völkischen Freiheitskampf (wie Anm. 53) 121.
[57] *Leonore Wenschkewitz*, Politische Versuche einer Ordnung der Deutschen Evangelischen
Kirche durch den Reichskirchenminister 1937 bis 1939, in: Zur Geschichte des Kirchenkampfes. Gesammelte Aufsätze 2 (Göttingen 1971) 121–138.
[58] *Beckmann*, Kirchliches Jahrbuch (wie Anm. 46) 287.
[59] Pfarrer Edwin Eggarter, Feldkirch, Brief an den OKR, 18. 5. 1939 – Archiv des Ev. OKR
Wien [AOKR] Fasz. 437 Neuere Allgemeine Reihe [NAR], Z. 3602/39.
[60] Amtsvermerk Dr. Kauer über seine Teilnahme an der Vorstandssitzung des Ev. Bundes in
Berlin 15. 4. 1939 – AOKR Wien, ebd. Zl. 2722/1939.

eine kirchenpolitische Gruppe des Altreichs sei beabsichtigt gewesen, sondern eine Verbreiterung der Verständigungs-Plattform des Reichskirchenministers. Von seiten des Wiener Oberkirchenrates wurde sodann hervorgehoben[61], daß Kauer, der die Erklärung „ohne vorheriges Einvernehmen mit dem Kollegium unterschrieben" hatte, „lediglich einen Friedensschritt des Kirchenministers unterstützen wolle". Bei der späteren Veröffentlichung der Unterstützungsunterschriften der DC-Landeskirchenleiter bat deshalb der Wiener OKR darum, die Unterschrift Kauers, der mit dem 16. April 1939 aus seiner kirchenleitenden Stellung zurückgetreten war, zu streichen[62].

An weiteren Maßnahmen, die das nationalsozialistische Profil der protestantischen Pfarrer Österreichs im Jahr 1938 zutage treten lassen oder richtiger: die Kirchenleitung in den Kreis der deutschchristlichen Kirchen wie Thüringen und Mecklenburg-Schwerin eingliederte, ist die Vereidigung der Pfarrerschaft zu nennen. Als nämlich die beiden erwähnten Kirchen den Anschluß Österreichs zum Anlaß nahmen, die Vereidigung ihrer Pfarrer durchzuführen, da beschloß auch der Wiener Oberkirchenrat (im Verein mit den Synodalausschüssen) ein provisorisches Kirchengesetz über eine Ergänzung im Revers der Seelsorger[63]. Begründet wurde dies folgendermaßen:

„Die volksverbundene Haltung der Evangelischen Kirche in Österreich ließ den Wunsch zum Ausdruck kommen, daß nach den großen Veränderungen nach dem 13. März 1938 die Seelsorger der Evangelischen Kirche in Österreich auch äußerlich durch einen Akt ihr Treuegelöbnis zum Führer bekunden. Eine Eidesleistung von Seelsorgern der Evangelischen Kirche ist bekanntlich nicht vorgesehen; vielmehr wird die Loyalität dem Staate gegenüber im Sinne von Röm 13 durch den […] Revers bekräftigt. Es schien keinem Anstand zu unterliegen, daß in diesen Revers eine dem Diensteid der öffentlichen Beamten entsprechende Ergänzung aufgenommen wird."

Der Text der Ergänzung lautete[64]:

„Ich werde dem Führer des Deutschen Reiches und Volkes Adolf Hitler treu und gehorsam sein, die Gesetze beachten und meine Amtspflichten gewissenhaft erfüllen, so wahr mir Gott helfe."

Man merkt der oberkirchenrätlichen Entschließung deutlich die angestrebte Parallele zum öffentlichen Dienst an („[…] daß dieser Verpflichtung […] dieselbe Bedeutung zukommen solle, wie dem Diensteid der öffentlichen Beamten […]"), allerdings auch die Rücksichtnahme auf die widersprüchliche Diskussion im Reich. In dem Bericht über den Vollzug dieser Aktion mußte Kauer nämlich ein-

---

[61] Aktenvermerk Dr. Liptak/Dr. Eder, 30. 4. 1939 – AOKR ebd. Zl. 3105.

[62] *Meier,* Kirchenkampf (wie Anm. 15) 99, 550; vgl. insgesamt dazu *ders.,* Die Deutschen Christen. Das Bild einer Bewegung im Kirchenkampf des Dritten Reiches (Halle 1964) 267 ff.

[63] OKR Z. 2367/6.IV.1938 – ÖStA, AVA, Kultus, B1 Genere, Zl.11.487-K/b 1938. – Am 20. April 1938, Hitlers Geburtstag, erließ der Präsident des Ev. Oberkirchenrates in Berlin eine Treueidverordnung: KJ² 232 f.

[64] Verlautbarung des provisorischen Kirchengesetzes Z. 2804/29. 4. 1938 – abgedruckt in: Quellentexte, Nr. 125, 322–323.

räumen, daß der Oberkirchenrat mit Rücksicht auf die heikle Lage innerhalb des Gesamtprotestantismus, und um dies nicht durch einen Streit innerhalb der Kirche in Österreich zu verschärfen, offen gelassen habe, ob und wie er gegebenenfalls die Ablehnung sanktioniert hätte. Es wurde, so resümierte Kauer, „nicht der geringste Zwang zur Ablegung dieser Treueverpflichtung ausgeübt", dennoch hätten alle evangelischen Seelsorger in Österreich „freiwillig" die Treueverpflichtung gegenüber Hitler abgelegt und dies durch Einsendung eines schriftlichen Reverses bekundet[65]. Im nachhinein stellte es sich heraus, daß das Münchener Braune Haus, die Parteikanzlei der NSDAP, diesen Vorgang nicht einmal zur Kenntnis nehmen und ihm dementsprechend „lediglich eine innerkirchliche Bedeutung" zumessen wollte.

Die Kirche verstand sich als Volkskirche, als Kirche des Volkes und als Kirche für das Volk[66]. Dein Nächster, das ist dein Volk! Dieses Selbstverständnis und -bewußtsein verband sich mit einem militanten Antikatholizismus, der seit jeher den österreichischen Protestantismus bestimmte, seit der Los-von-Rom-Bewegung der Alldeutschen um die Jahrhundertwende[67] aber durch eine bemerkenswerte Zahl an Konversionen vertieft wurde[68]. Dieser Antikatholizismus wird zum Emblem des Jahres 1938, ein wirksames Identifikationsangebot für die vormaligen Opfer des katholischen Ständestaates, die jetzt billige Rache üben, Nationalsozialisten, aber auch Protestanten. Charakteristisch sind dafür zwei Stellungnahmen aus dem Jahr 1938, die von ehemaligen Katholiken stammten und nun in kirchenleitender Position den antikatholischen Tonfall bestimmten. Die Solidarisierung des Evangelischen Oberkirchenrates mit dem NS-Staat gegen die „Ruhestörungen durch den politischen Katholizismus"[69] zählt zu den peinlichsten Publikationen dieses Jahres. In einem gleichlautenden Schreiben an den Reichskommissar, den Reichsstatthalter, die Gauleiter und den Bürgermeister von Wien versicherte der Präsident des Oberkirchenrates „namens der evangelischen Bevölkerung in den Gauen der Ostmark", daß die Evangelischen im Großdeutschen Reich – „mit allen Volksgenossen ohne Unterschied des Glaubensbekenntnisses zu einer un-

---

[65] Bericht Dr. Kauer auf der Sitzung der Arbeitsgemeinschaft der DC-Kirchenleiter 1. 7. 1938 in Berlin, Gedächtnisprotokoll – AOKR Wien Fasz. 437 NAR Z. 4386/1938. Vgl. insgesamt dazu *Angelika Gerlach-Praetorius*, Die Kirche vor der Eidesfrage. Die Diskussion um den Pfarrereid im Dritten Reich (AGK 18, Göttingen 1967).

[66] Diese theologische Grundprämisse vertrug sich mit antisemitischen Segregationsprogrammen, der Konzentrierung der Christen jüdischer Herkunft in der Gemeinde der Schwedischen Judenmission; dazu vgl. die Erinnerungen des langjährigen Leiters: *Göte Hedenquist*, Undan förintelsen. Svensk hjälpverksamhet i Wien under Hitlertiden (Kristianstad 1983); *Herbert Unterköfler*, Die Evangelische Kirche in Österreich und ihre „Judenchristen", in: JGPrÖ 107/108 (1991/92) 109–136.

[67] *Karl Reinhart Trauner*, Die Los-von-Rom-Bewegung. Gesellschaftspolitische und kirchliche Strömung in der ausgehenden Habsburgermonarchie (masch. ev. theol. Diss. Wien 1997).

[68] *Fritz von der Heydt*, Die evangelische Bewegung in Österreich (Berlin ²1938).

[69] Erlaß des Oberkirchenrates Z. 7104/20. 10. 1938 – abgedruckt in: Quellentexte, Nr. 145, 350–351; vgl. auch *Johannes Dantine*, Warum? Zur Haltung der ev. Kirche in Österreich 1938, in: JK 49 (1988) 141–145.

lösbaren Einheit des Blutes verbunden – tätig am Werk des Führers mitarbeiten werden". Die Kirche werde ihren Einfluß stets dahin ausüben, so heißt es dann abschließend, „die Gläubigen in der Bereitschaft zur Mitarbeit und zur Abwehr jüdischen Geistes, wie er auch aus den eben erlebten Exzessen des Katholizismus sprach, zu stärken". Und der Vorsitzende des Evangelischen Bundes in der Ostmark telegraphierte dem Reichskommissar Bürckel[70]: *der evangelische bund, zur wahrung des erbes der deutschen reformation über 50 jahre im kampf gegen den römischen katholizismus, der unter abweichung vom reinen evangelium seit jeher deutschfeindliche politik treibt, verurteilt aufs schärfste die haltung des wiener kardinals und steht im kampfe gegen den politischen und religiösen katholizismus im lager des nationalsozialismus. heil hitler! für den hauptverein wien der vorsitzende muhr.*

Ein immer wiederkehrendes Thema in diesem Anschlußjahr 1938 ist der unmittelbare Vergleich Hitlers mit Luther: „Ein einziger Mann, der durch diesen seinen persönlichen Kampf ein ganzes Volk aufrüttelt und wachruft zu neuer geistiger Selbstbesinnung und Selbstbehauptung gegen fremde Machthaber, Bedränger und Ausbeuter."[71] Wer war damit gemeint – Luther oder Hitler?

Ein paar Bemerkungen zur Evangelisch-Theologischen Fakultät, deren gewählter Dekan Karl Beth (1872–1959)[72] noch im März 1938 zur Niederlegung seiner akademischen Funktion und seines Lehramtes gezwungen wurde. An seine Stelle trat der Praktische Theologe Gustav Entz, der als das Parteihaupt der Deutschen Christen in Österreich galt. Sieht man von Beth, der nach Amerika emigrierte, und dem reformierten Systematiker Josef Bohatec (1876–1954) ab, so kamen alle Professoren aus dem großdeutschen Lager und zeigten sich begeistert über den vollzogenen Anschluß und profilierten eine spezifische Volkstumstheologie: der Alttestamentler Fritz Wilke (1879–1957), der in der Anschlußnummer des „Evangelischen Deutschland"[73] ein Bild der Fakultät als südlichstes wissenschaftliches Bollwerk des deutschen Protestantismus zeichnete; der Neutestamentler Richard Adolf Hoffmann, der deutschchristliche Schulungsbriefe verfaßte und eine Kirchenerneuerung im Auge hatte, die die Grenze zur Häresie überschritt („Eine Religionsform, die derartig ist, daß der Führer sich nicht zu ihr bekennen könnte, kann für das deutsche Volk nicht in Frage kommen, nichts bedeuten."[74]); schließlich Gustav Entz selbst, der gemeinsam mit studentischen Funktionären das

---

[70] AVA Wien, Reichskommissar Bürckel, Ordner 275, Zl. 2520.
[71] *Gustav Entz*, Was hat Luther uns heute noch zu sagen? (Wien 1938) 25. – Der evangelische Schriftsteller *Carl Hans Watzinger* publizierte in dem „Bekenntnisbuch österreichischer Dichter" [zum Nationalsozialismus] (Wien 1938) 110–111 ein Kapitel seines damals noch unveröffentlichten Lutherromanes („Mensch aus Gottes Hand"), bezeichnenderweise die Szene Luthers vor Kaiser und Reich und noch bezeichnender unter der Überschrift „Deutsche Wende", wie ja auch der „Anschluß" unter dieses Leitmotiv gestellt worden war.
[72] *Ingrid Tschank*, Positive Theologie der Moderne: Der „österreichische" Theologe Karl Beth, in: Gott und die Moderne. Theologisches Denken im Anschluß an Falk Wagner (Wiener Beiträge für Theologie und Gemeinde 2, Wien 1994) 116–122.
[73] *Fritz Wilke*, Am Tor des Südostens, in: Das Evangelische Deutschland 3. 4. 1938, 111 f.
[74] Zit. Quellentexte, Nr. 63, 195–200, 196.

Projekt einer Grenzlandfakultät mit besonderer Relevanz für die volksdeutschen Studenten aus Südostmitteleuropa entwarf und so der neuen Stellung Wiens als Vorort für den europäischen Südosten Rechnung trug[75]. Er wollte vor allem Donauschwaben, Siebenbürger Sachsen, Sudetendeutsche, Karpatendeutsche als Studenten nach Wien locken. Bei den Berufungen sollte darauf besonders Rücksicht genommen werden. Entz dachte in erster Linie an einen neuen Lehrstuhl für kirchliche und völkische Diasporakunde, dafür wurde der untersteirische Pfarrer Gerhard May (1898–1980) vorgesehen, dessen Buch „Die volksdeutsche Sendung der Kirche" (Göttingen 1934) große Furore gemacht hatte; weiters dachte Entz an einen eigenen Lehrstuhl für die Kirchengeschichte dieses Raumes, der mit Paul Dedic (1890–1950) hätte besetzt werden sollen. Für die allgemeine Kirchengeschichte wurde der junge karrierebewußte Berliner Patristiker Hans-Georg Opitz (1905–1941) gewonnen, ein Lietzmannschüler, für den auch hohe Parteistellen interveniert hatten, für das NT konnte Gerhard Kittel (1888–1948) 1938 aus Tübingen nach Wien geholt werden, für die Systematik der Bonner Ordinarius Hans-Wilhelm Schmidt (1903–1991)[76], Nachfolger auf dem Lehrstuhl Karl Barths. Was hier im Aufbau begriffen war, kann jedoch fraglos als deutschchristliche Fakultät bezeichnet werden. Eine besondere Affinität bestand jedenfalls zur DC-Bibelschule in Bremen und zum Grundmann-Institut zur Erforschung und Beseitigung des jüdischen Einflusses auf das deutsche kirchliche Leben in Eisenach[77].

Doch zum Ausbau der Fakultät kam es nicht, obwohl die Lehrstühle vom Berliner Reichserziehungsministerium errichtet wurden, ihre Besetzung wurde vom Braunen Haus gestoppt, die freiwerdenden Lehrstühle (NT, KG) wurden nicht mehr besetzt, sondern nur mehr durch beamtete Dozenten kommissarisch verwaltet, die allerdings nichts mit DC-Theologie zu tun hatten: Hans von Campenhausen (1903–1989)[78], Gustav Stählin (1900–1985).

Dieser erste Abschnitt ist mit drei Thesen zusammenzufassen:

1. Die Evangelische Kirche erlebte in den Jahren 1934 bis 1938 eine Politik der Benachteiligung und Entrechtung von außen; sie erlebte in ihrem Inneren aber einen Aufbruch, eine Art Erweckungsbewegung, die weitgehend politisch gesteuert war (Protestantismus als die „deutsche" Form des Christentums). Die Übertritts-

---

[75] *Karl Schwarz*, „Eine Fakultät für den Südosten". Die Evangelisch-theologische Fakultät in Wien und der „außendeutsche Protestantismus", in: Südostdeutsches Archiv 36/37 (1993/94) 84–120.

[76] *Martin Berger, Matthias Geist*, Nationalsozialistische Karriere und lutherischer Offenbarungspositivismus: Hans Wilhelm Schmidt (1903–1991), in: Zeitenwechsel und Beständigkeit (wie Anm. 23) 353–389.

[77] *Leonore Siegele-Wenschkewitz*, Mitverantwortung und Schuld der Christen am Holocaust, in: EvTh 42 (1982) 171–190, 177 ff.; *Susannah Heschel*, Theologen für Hitler. Walter Grundmann und das „Institut zur Erforschung und Beseitigung des jüdischen Einflusses auf das deutsche kirchliche Leben", in: Christlicher Antijudaismus und Antisemitismus. Theologische und kirchliche Programme Deutscher Christen, hrsg. von *Leonore Siegele-Wenschkewitz* (Arnoldshainer Texte 85, Frankfurt a. M. 1994) 125–170, 139 f., 153.

[78] *Wolfgang Wischmeyer*, Hans von Campenhausen in Wien, in: Zeitenwechsel und Beständigkeit (wie Anm. 23) 209–215.

bewegung des Jahres 1934 bedeutete eine erhebliche Zunahme „politisch Mißvergnügter", die das Wort von der „Nazi-Kirche" entstehen ließ – und zwar sowohl in dem positiven werbenden, als auch negativ verurteilenden Sinn. So wurden beispielsweise Unterstützungsgelder an die Angehörigen von NS-Juliputschisten unabhängig von deren Konfessionszugehörigkeit über die evangelischen Pfarrämter verteilt. Sie stammten eindeutig aus NSDAP-Quellen, die getarnt waren. Diese Übertrittsbewegung wurde durch die Behörden behindert, Austrittserklärungen wurden verschleppt oder mißachtet, als Ausdruck politischer Unbotmäßigkeit kriminalisiert.

2. Die geschilderte Konstellation des Politischen Katholizismus im christlichen Ständestaat verhinderte eine der „Bekennenden Kirche" vergleichbare Bewegung einer kirchlichen Selbstbesinnung. Sie erschwerte darüber hinaus den Kontakt mit Deutschland. Ob der Präsident des Oberkirchenrates zur Amtseinführung des Reichsbischofs Müller reisen durfte, mußte der Bundeskanzler gefragt werden. Berichte über den Kirchenkampf im Dritten Reich, der in Österreich konsequent als Kirchenstreit verharmlost wurde, galten als Propaganda der Ständestaatpresse und wurden nicht ernst genommen[79].

3. Der Anschluß ließ noch einmal kurz die Eintrittsbewegung aufleben, ab der Jahresmitte überwogen aber bereits die Kirchenaustritte. Die Evangelische Kirche ließ sich als Kirche der Bewegung feiern und grenzte sich insofern stets von der römisch-katholischen Mehrheitskirche bewußt ab, sie beanspruchte ihren Tribut als Allianzpartner der illegalen Nationalsozialisten, verlangte Präsenz in der Öffentlichkeit, mußte aber zusehen, wie sie zunehmend ins Private abgedrängt wurde. Vor allem lehnten die Nationalsozialisten die implizite theologische Deutung des Anschlusses als „ein richtendes Eingreifen des lebendigen Gottes" ab. Als eine Kirchenzeitung mit einer Anschluß-Sondernummer und einer solchen Sprachregelung an die Öffentlichkeit trat, reagierte ein anonymes Parteimitglied[80]: „Der Führer hat den Anschluß vollzogen und der Gott, an den wir glauben, hat ihn gesegnet. Es ist dies aber nicht der Gott, von dem Ihr Judenbuch [...] spricht, nicht der Ihres jüdischen Psalmisten und ‚Propheten' und all jener Gestaltungen in dem größten Schwindelbuch [...], sondern es ist der Gott, der sich in unserem Boden und Blut, in uns offenbart und der uns deutschen Menschen den Führer sandte. Beschmutzen Sie also nicht die große Tat des Anschlusses durch ein schleimiges Geschwätz über die Kraft des ‚Evangeliums' [...] Das verbitten wir Nationalsozialisten uns ganz entschieden."

---

[79] *Ulrich Trinks*, Reaktionen in der Ev. Kirche in Österreich auf Barmen 1934 und den Kirchenkampf im Deutschen Reich, in: Widerstehen. Die Kirche im politischen Spannungsfeld Barmen 1934–1984 (Veröffentlichungen der Ev. Akademie Wien 3, Wien 1985) 27–57, 30; *Peter Malina*, Berichte aus einem fernen Land? Die Berichterstattung der Reichspost über die Lage der Kirchen in Deutschland 1933, in: Medien & Zeit (1990/4) 11–17.

[80] Es handelt sich um die sog. „Anschlußpredigt" von Max Monsky, die in der genannten Kirchenzeitung Jg. 1938, H. 5, 36ff. erschienen ist. – AVA Wien, Kultus, Fasz. B7 Zeitschriften, Ministerium für inn. und kult. Ang., Zl. 22.426–3b; dazu *Unterköfler*, Ev. Kirche und Nationalsozialismus (wie Anm. 91) II, 33.

III. Zur „Entkonfessionalisierung der Ostmark"

Unter den Bürckel-Akten findet sich eine Bilanzierung der NS-Maßnahmen gegen die römisch-katholische Kirche unter dem bezeichnenden Titel „Ein Jahr Entkonfessionalisierung der Ostmark"[81]. Es handelt sich um einen Erfolgsbericht des Amtes Rosenberg, der die entscheidende entkonfessionalisierende Maßnahme gegen die Evangelische Kirche übersah: die Überleitung des Evangelischen Oberkirchenrates in den innerkirchlichen Bereich durch Gesetz[82], aber das wurde nicht als Kampfmaßnahme empfunden, vielmehr als Erfüllung eines langjährigen kirchlichen Wunsches[83]. Der Duktus dieser Erfolgsbilanz zeigt, daß sie ausschließlich gegen den Katholizismus gerichtet war. Sozusagen spiegelbildlich sollte „die schamlos betriebene Konfessionalisierung des gesamten völkischen Lebens" in der Ständestaatzeit wieder abgebaut und zerstört werden. Das entsprach „dem drängenden Willen des deutschen Volkes der Ostmark" und betraf das Erziehungswesen und die Ehegesetzgebung. Von den getroffenen Maßnahmen heißt es weiter, daß sie „in ihrer im Sinne der nationalsozialistischen Weltanschauung liegenden Klarheit zu einem erheblichen Teil über ähnliche Maßnahmen des Altreiches weit hinaus[gehen]".

Es gehört zu den widersprüchlichen Seiten dieses Berichtszeitraums, daß der Nationalsozialismus „meßbare Modernisierungsschübe"[84] mit sich brachte. Ernst Hanisch spricht von „regressiver Modernisierung", um das Janusköpfige dieser Modernisierung zu kennzeichnen, die einerseits dem Fortschritt im Sinne einer menschenfreundlichen Aufklärung zugewandt war, zum anderen aber, losgelöst von ethischen Grundlagen, bereit gewesen ist, als entfesselte instrumentelle Vernunft der Vernichtung zu dienen. Das Österreich der Jahre 1938/39 stand dem Nationalsozialismus als Laboratorium zur Hand, in dem (mit Hans Mommsen gesprochen) eine „kumulative Radikalisierung"[85] Platz greifen konnte: In der Judenpolitik, in der Kirchenpolitik und in der Verwaltung, bei der Einheit von Staat und Partei setzte sich hier die jeweils radikalere Variante durch, die dann als Vorbild einer späteren Regelung im „Altreich" dienen sollte.

Im folgenden soll von vier Modernisierungsschüben die Rede sein, die im Blick auf das Verhältnis von Staat und Kirche zu beobachten waren. Eine wesentliche Voraussetzung dafür war, daß Österreich als „konkordatsfreier Raum" betrachtet

---

[81] AVA Wien, Reichskommissar Bürckel, 268/2500 – in extenso abgedruckt in: *Liebmann*, Theodor Innitzer und der Anschluß (wie Anm. 18) 240–253.

[82] Dazu zuletzt *Gustav Reingrabner*, Bemerkungen zur rechtlichen Lage des österreichischen Protestantismus in den Jahren zwischen 1938 und 1945, in: Staat und Kirche in der „Ostmark" 309–349, 326; *ders.*, Strukturelle Probleme der Leitung der Ev. Kirche in Österreich in den Jahren 1938 bis 1945, in: JGPrÖ 107/108 (1991/92) 193–204; *Karl Schwarz*, Der „Anschluß" 1938 und seine unmittelbaren staatskirchenrechtlichen Folgen für die Ev. Kirche, in: ÖAKR 38 (1989) 268–284.

[83] *Heinrich Liptak*, Die neue Rechtslage der Kirche, in: *Hans Eder* (Hrsg.), Die Evangelische Kirche in Österreich (Berlin 1940) 140–173, 157.

[84] *Ernst Hanisch*, Der lange Schatten des Staates (wie Anm. 52) 348.

[85] Ebd. 367.

wurde, weil das österreichische Konkordat von 1933/34 mit dem Anschluß als
erloschen galt (so die ausdrückliche Entscheidung Hitlers am 22. Mai 1938, die
nachher vom Ausschuß für Religionsrecht rechtstheoretisch unterlegt wurde[86])
und das Reichskonkordat nicht auf Österreich ausgedehnt wurde[87].

1. Das Zivileherecht. Der österreichische Katholizismus hatte sich schon seit
dem 19. Jahrhundert gegen ein modernitätskonformes Eherecht gewehrt und
hatte, unterstützt von der Christlichsozialen Partei, am überkommenen konfessionellen Eherecht mit dem Kardinalprinzip der Unauflöslichkeit der Katholiken-
ehe, der Ehe mit einem Katholiken, festgehalten[88]. Von diesem Kardinalprinzip
konnten sich die Betroffenen auch nicht durch Kirchenaustritt befreien. Erst mit
dem Anschluß an Hitlerdeutschland kommt es zum endgültigen Bruch, erst das
Gesetz vom 6. Juli 1938 zur Vereinheitlichung des Rechts der Eheschließung und
der Ehescheidung im Lande Österreich brachte die obligatorische Zivilehe (und
die mit der Einführung des Deutschen Personenstandsgesetzes verbundene stan-
desamtliche Trauungsmatrikel). Dies ermöglichte den vielen von Tisch und Bett
geschiedenen Eheleuten (deren Zahl war seit dem Ersten Weltkrieg erheblich an-
gewachsen und hatte zu Hilfskonstruktionen geführt: sogenannten Dispensehen/
Severehen, die von den Gerichten unterschiedlich beurteilt wurden[89]) eine vollkommene Trennung des Ehebandes und nachfolgend eine Wiederverheiratung
vor dem Standesamt (Zivilehe).

Die katholische Kirche nahm dieses Gesetz ohne großen Protest hin, mußte es
wohl hinnehmen, die Evangelische Kirche feierte es hingegen als großen Sieg über
das kanonische Recht. Sie richtete sogar eines ihrer zahlreichen überschwengli-
chen Danktelegramme nach Berlin – „mit dankbarem Herzen" für die Befreiung
aus der Not des kanonischen Eherechts. Von diesem wird gesagt, daß nunmehr
„auf untragbare Auffassungen einzelner Religionsgesellschaften" nicht mehr
Rücksicht genommen werden müsse[90]. Die außerordentlich antikatholische Stili-
sierung dieser Depesche wird nur vor dem Hintergrund des jahrzehntelangen ver-
geblichen Ringens um eine Reform des Eherechts in Österreich verständlich, sie
verrät ein Triumphgebaren, das eine Antwort auf so manche Demütigung in der
Ständestaat-Ära gewesen sein mochte.

---

[86] Dazu *Winter*, Die Wissenschaft vom Staatskirchenrecht (wie Anm. 20) 82–94.
[87] *Werner Weber*, Neues Staatskirchenrecht in der Ostmark und im Sudetenland, in: Zeitschrift der Akademie für deutsches Recht 6 (1939) 450.
[88] *Ernst Hanisch*, Bis daß der Tod euch scheidet. Katholische Kirche und Ehegesetzgebung
in Österreich, in: Justiz und Zeitgeschichte, hrsg. von *Erika Weinzierl, Karl R. Stadler* (Veröffentlichungen des Ludwig-Boltzmann-Instituts für Geschichte der Gesellschaftswissenschaften 3, Wien 1977) 17–36; *Karl Schwarz*, Die Ehescheidung – zwischen biblischer Weisung und säkularer Praxis. Zur Rechtslage in Österreich im 19. und 20. Jahrhundert, in: *Hans
Heinrich Schmid, Joachim Mehlhausen* (Hrsg.), Sola Scriptura. Das reformatorische Schrift-
prinzip in der säkularen Welt (Gütersloh 1991) 240–250.
[89] *Ulrike Harmat*, Die Auseinandersetzungen um das Ehescheidungsrecht und die sog.
„Sever-Ehen" 1918–1938 (masch. phil. Diss. Wien 1996).
[90] Quellentexte, Nr. 132, 336–337.

Daß die Kirche schon vor der Einführung der Nürnberger Rassegesetze
jüdisch-christliche ‚Mischehen' nicht mehr einsegnete („um der Barmherzigkeit
willen", wie es in einem Senioratsbericht hieß[91]), verdient als weiterer Beleg für
die ideologische Instrumentalisierung festgehalten zu werden[92].

2. Kirchenbeitragsgesetz 1939[93]. Ein entscheidender Schritt einer Entflechtung
von Kirche und Staat war 1939 mit dem Kirchenbeitragsgesetz erfolgt. Im Unterschied zur Evangelischen Kirche[94], die schon seit jeher von ihren Angehörigen
einen Kirchenbeitrag auf Gemeindeebene einhob (vom Staat erhielt sie daneben
eine Staatsunterstützungspauschale, um ärmeren Gemeinden die Finanzierung
der Pfarrergehälter zu ermöglichen), wurde die katholische Kirche als Staatskirche
zur Gänze von staatlichen Kongrualeistungen erhalten. Das Kirchenbeitragsgesetz machte mit diesen Staatsleistungen (von mehr als 10 000 000 RM[95]) Schluß
und zwang die Kirchen zum Aufbau eines selbständigen Finanzierungssystems
aus den Mitteln der Kirchenglieder. Das war für die römisch-katholische Kirche
etwas völlig Neues, die Nazis rechneten damit, daß dadurch die Kirchenaustritts-
propaganda angeheizt werden könne. Kompliziert wurde die Regelung dadurch,
daß den Kirchen bei der Betreibung des Kirchenbeitrags das bracchium saeculare
verweigert wurde, so daß sie im Streitfall auf den Rechtsweg verwiesen wurden.
Klaus Scholder hat die Intention dieses Gesetzes auf die knappe Formel gebracht:
„Trennung von Kirche und Staat […] mit dem Ziel, die Kirchen als private Vereine
verkümmern zu lassen und sie zu gegebener Zeit zu liquidieren."[96]

3. Beseitigung des kirchlichen Vereinswesens. Dieses Anliegen richtete sich in
erster Linie gegen den Politischen Katholizismus[97]. Die Zerschlagung des kirchlichen Vereinswesens löste zugleich die Kirche „aus dem politischen Alltags-
geschäft" und bedeutete eine „Verkirchlichung des Katholizismus"[98]. Das gilt
mutatis mutandis auch für die ca. 320 evangelischen Vereine[99]. Ihr „General-
bevollmächtigter" war der OKR-Präsident Robert Kauer und seine Taktik ging
dahin, die Vermögenswerte der aufgelassenen Vereine der Kirche zu erhalten, was
nicht immer gelang, und den jeweiligen Vereinszweck in die Kirche zu integrieren.

[91] Zit. bei *Herbert Unterköfler*, Evangelische Kirche und Nationalsozialismus in Österreich,
in: Informationsdienst der Salzburger Gruppe (1986/1) 29–34, 32.
[92] Erlaß des OKR Z. 2007/22. 3. 1938 verlangt die Beachtung der Nürnberger Rassegesetze,
abgedr. in: Quellentexte, Nr. 118, 314.
[93] *Maximilian Liebmann*, Die Genese des Kirchenbeitragsgesetzes vom 1. Mai 1939, in:
Hans Paarhammer (Hrsg.), Kirchliches Finanzwesen in Österreich. Geld und Gut im Dienste der Seelsorge (Thaur 1989) 93–121.
[94] *Gustav Reingrabner*, Finanzielle Beiträge zur Erhaltung des kirchlichen Lebens und Kir-
chenbeitragswesens in der Ev. Kirche in Österreich, ebd. 413–438, 420f.
[95] zit. bei: *Liebmann*, Theodor Innitzer und der Anschluß (wie Anm. 18) 253.
[96] *Klaus Scholder*, Österreichs Konkordat (wie Anm. 20) 237.
[97] *Rupert Klieber*, „Widerstand", „Resistenz" oder „Widerwillige Loyalität"? Das Ringen …
um die religiösen Vereine … (1938–1941), in: Staat und Kirche in der „Ostmark" (wie
Anm. 4) 95–132.
[98] *Hanisch*, Kirche im Widerstand? Die Auseinandersetzung der katholischen Kirche in
Österreich mit dem Nationalsozialismus nach 1945, in: KZG 2 (1989) 158–165, 159.
[99] Erlaß des Ev. OKR Z. 2310/4. 4. 1938 – abgedruckt in: Quellentexte, Nr. 121, 316–318.

Das kirchliche Vereinswesen hatte eine große Bedeutung als Kommunikations-
struktur, deshalb verursachte seine Auflösung eine erste Ernüchterung.

4. Entkonfessionalisierung der Schule. Der erwähnten „Erfolgsbilanz" über das
erste Jahr „Entkonfessionalisierung der Ostmark" ist zu entnehmen, daß vor
allem auf dem Gebiete des Erziehungswesens die „Systemregierung am ziel-
bewußtesten gearbeitet" hätte – im Sinne einer Konfessionalisierung des Schulwesens, der Unterstellung desselben unter kirchliche Oberaufsicht oder Einflußnahme[100].

Die erste Kampfmaßnahme betraf das Öffentlichkeitsrecht der konfessionellen
Schulen, es wurde ihnen durch Erlaß vom 19. Juli 1938 entzogen. Auch an diesem
Punkt kam die Evangelische Kirche dieser Maßnahme zuvor, indem sie bereits
im Mai in Aussicht nahm[101], das evangelische Schulwesen (94 Volksschulen,
4 Hauptschulen und vier Mittelschulen mit insgesamt ca. 240 Lehrkräften und an-
nähernd 9000 Schülern) als „Morgengabe" dem Staat in die Hände zu legen. Ein
Aufruf an die Angehörigen der Kirche vom 19. Juni 1938[102] versucht, diesen
Schritt zu erläutern, weil er offenbar in den schulerhaltenden Gemeinden nicht
überall auf ungeteilte Zustimmung gestoßen war – ja im Gegenteil, die Preisgabe
des evangelischen Schulwesens durch den Oberkirchenrat hat zu einem spürbaren
Meinungswandel in der evangelischen Bevölkerung beigetragen[103]. Daß dieses
Verhaltensmuster des Oberkirchenrates gelegentlich den Katholiken vorgehalten
wurde[104], verdient ebenfalls festgehalten zu werden; es betraf aber dann schon den
nächsten Schritt, der im Herbst 1938 gesetzt wurde und die Beseitigung des gesamten konfessionellen Schulwesens bedeutete.

Ähnlich radikale Veränderungen brachte der Herbst 1938 auch für den konfessionellen Religionsunterricht, der im Rechtsgefüge der österreichischen Schule
Pflichtgegenstand gewesen war, nunmehr aber als „Konfessionsunterricht" zu
einem der kirchlichen Aufsicht entzogenen Abmeldefach mutierte[105].

Weiter wurden alle geistlichen Lehrkräfte, die andere Fächer als den Konfessionsunterricht unterrichteten, aus dem Schuldienst entlassen[106], der Konfessionsunterricht von Staats wegen aber auch nicht mehr finanziert[107].

---

[100] Ein Jahr Entkonfessionalisierung, fol. 79. Hier auch eine Denkschrift „Entkonfessionalisierung der Erziehung in der Ostmark", vermutlich erstellt von Oberregierungsrat Kurt
Krüger (23. 12. 1939) fol. 16–34. Dazu *Robert Höslinger*, Die nationalsozialistischen Maßnahmen gegen das kirchliche Schulwesen in Österreich, in: Im Dienste des Rechtes in Kirche
und Staat. Festschrift Franz Arnold (Wien 1963) 111–125.
[101] Erlaß des OKR Z. 3172/13. 5. 1938 – abgedruckt in: Quellentexte, Nr. 127, 324–325.
[102] Erlaß OKR Z. 4145/19. 6. 1938 – abgedruckt in: Quellentexte, Nr. 130, 328–331; der Aufruf ebd. 331–334.
[103] *Unterköfler*, Ev. Kirche und Nationalsozialismus (wie Anm. 91).
[104] *Gerhard Wanner*, Katholische Kirche und Nationalsozialismus in Vorarlberg, in: Staat
und Kirche in der „Ostmark" (wie Anm. 4) 451–471, 464.
[105] *Alfred Rinnerthaler*, Der Konfessionsunterricht im Reichsgau Salzburg (Salzburg 1991).
[106] *Liebmann*, Theodor Innitzer und der Anschluß (wie Anm. 18) 248.
[107] AVA Wien, Ministerium für innere und kult. Angelegenheiten, Neuer Kultus, B 5 Religionsunterricht, GZ. IV-3-310.478-b/1939. Nach einer Aufstellung des OKR Z.8783/38 vom
17. 2. 1939 bedeutete dies einen Gesamtentgang für die evangelischen Pfarrgemeinden in

Schließlich ist auf den „Abbau der theologischen Fakultäten"[108] hinzuweisen. Von den vier katholisch-theologischen Fakultäten wurden die beiden in Innsbruck (Jesuitenfakultät) und Salzburg noch im Sommer 1938 geschlossen, die Grazer Fakultät wurde mit der Wiener Fakultät zusammengeschlossen, so daß also eine Fakultät übrigblieb. Zu diesem Zeitpunkt träumte die Evangelisch-theologische Fakultät noch von ihrem Ausbau zur Grenzlandfakultät. Es zählt zu den beschämenden Kapiteln der Wiener Universitätsgeschichte, wie versucht wurde, die durch den Abbau der Grazer Fakultät freigewordenen Lehrstühle nach Wien zu transferieren und hier dem Fakultätsausbau dienstbar zu machen.

Zusammenfassend kann also gesagt werden, daß sich das Programm der Entkonfessionalisierung des öffentlichen Lebens primär gegen den Politischen Katholizismus richtete und deshalb von seiten der Evangelischen Kirche begeistert (im Blick auf das Eherecht) oder zustimmend (im Blick auf das Privatschulwesen) mitgetragen wurde. Beim kirchlichen Vereinswesen reagierte man irritiert, bei den Einschränkungen des Religionsunterrichts wurde erstmals Widerspruch laut[109]. Als die staatliche Remuneration eingestellt wurde, sprach es auch die Kirchenleitung (Bischof Dr. Hans Eder/RA Dr. Wilhelm Dantine 12. Oktober 1938) aus: „Der Kampf gegen die Kirchen geht los [...] Er richtet sich vor allem gegen den Katholizismus, trifft aber uns noch empfindlicher."

IV. Die römisch-katholische Kirche – zwischen Anpassung und Widerstand

Es ist die tragende These zahlreicher Arbeiten von Ernst Hanisch, daß die Kirche als partieller Bündnispartner des NS-Staates mitgeholfen habe, „das System zu stabilisieren"[110]. Vor allem um seine Bezeichnung der Kirche als „Herrschaftsträger"[111] entspann sich eine heftige Diskussion, die vor allem von Alfred Rinnerthaler in seiner Habilitationsschrift über die Entkonfessionalisierung des Bildungswesens im Reichsgau Salzburg (1990) aufgenommen wurde. Seine Gegenthese lautete, daß die Kirche „kein (auch nur sekundärer) Herrschaftsträger der

---

Österreich in der Höhe von RM 114.576,99 – das entsprach etwa dem Jahresgehalt von dreißig Pfarrern.
[108] *Liebmann*, Theodor Innitzer und der Anschluß (wie Anm. 18) 249; dazu *Josef Kremsmair*, Nationalsozialistische Maßnahmen gegen katholisch-theologische Fakultäten in Österreich, in: Staat und Kirche in der „Ostmark" (wie Anm. 4) 133–169.
[109] Beschwerdeschreiben des Unterländer Ev. Senioratsausschusses A. B. Wels 27. 12. 1938 an Reichsstatthalter Seyß-Inquart, abgedr. in: Quellentexte, Nr. 155, 362–365.
[110] *Hanisch*, Kirche im Widerstand? (wie Anm. 98) 160; *ders.*, Der österreichische Katholizismus zwischen Anpassung und Widerstand, in: Zeitgeschichte 15 (1988) 171–179; *ders.*, Der lange Schatten des Staates (wie Anm. 52) 376–379; zuletzt *ders.*, Gau der guten Nerven. Die nationalsozialistische Herrschaft in Salzburg 1938–1945 (Salzburg, München 1997) 120f.
[111] *Hanisch*, Nationalsozialistische Herrschaft in der Provinz. Salzburg im Dritten Reich (Salzburg 1983) 166.

(oder in der) NS-Polykratie war"[112], und er begründete sie am Beispiel des Konfessionsunterrichts, indem er aufzeigte, daß sie über keine Herrschaftsgewalt verfügte, vielmehr selbst „Opfer" der NS-Herrschaft geworden sei. Ähnlich ist der Duktus der Arbeiten von Maximilian Liebmann über Theodor Innitzer. Die Entkonfessionalisierungsmaßnahmen werden zum Maßstab der Opferrolle der römisch-katholischen Kirche gemacht, ohne freilich vorher den Begriff der Konfessionalisierung näherhin zu bestimmen. Stattdessen stellt er einen engen und operationablen Zusammenhang zwischen dem Antiklerikalismus der Nationalsozialisten und demjenigen der Austromarxisten her[113]. An dieser Beweisführung fällt ein apologetischer Ansatz auf, der an ältere Arbeiten nach 1945 anschließen konnte, die von einer doppelten Opferrolle Österreichs und der katholischen Kirche ausgegangen waren.

Hanisch hat zuletzt klargestellt, daß die Kirche „kein Herrschaftsträger des NS-Systems" gewesen sei, aber er hat zugleich die These wiederholt, daß sie „ein Herrschaftsträger innerhalb des Systems"[114] gewesen sei, „eine organisierte soziale Großgruppe, die ein artikuliertes politisches Interesse besitzt und auch die Mittel hat, dieses Interesse zumindest bei einem Teil der Bevölkerung durchzusetzen". Als Beleg für diese These führt er einmal die kirchliche/bischöfliche „Demutsgeste der Akkomodation an die NS-Herrschaft", sodann aber die „funktionelle" Bündnispartnerschaft der Kirche in der Gestalt der „Staatstreue" und des Gehorsams gegenüber der Obrigkeit (Rö 13) an.

Es ist zu fragen, ob diese beiden Standpunkte so kontradiktisch zu verstehen sind, wie sie hier gegenüberstehen als Entweder-Oder. Die Wahrheit war vermutlich viel komplizierter, die Kirchen waren sowohl funktionelle Bündnispartner des NS-Regimes als auch Opfer. Es liegt auf der Hand, daß beide Kirchen durch die NS-Machthaber instrumentalisiert wurden, sich instrumentalisieren ließen, und zwar im Blick auf einen anzustrebenden Kirchenfrieden, der sogar für das Altreich Modellcharakter bekommen, ja zu einer Befriedung des Kirchenkampfes führen sollte. So ließen sich die Bischöfe bewegen, eine „Feierliche Erklärung" (18. März 1938) zu unterzeichnen, die ihnen von Hitlers Anschlußbevollmächtigtem, Joseph Bürckel, unterschoben wurde. Sie meinten, damit den neuen Machthabern „in unwichtigen Sachen entgegenzukommen, um Größeres zu erwirken, mitzuhelfen, daß die Regelung der Verhältnisse zwischen Staat und Kirche im Frieden erfolge", wie es der Salzburger Erzbischof Waitz in seinem Tagebuch beschrieb[115]. Daß Innitzer diese Erklärung mit einem Begleitschreiben an Bürckel übersandte, das er handschriftlich mit „Heil Hitler" unterzeichnete, brachte die

---

[112] *Rinnerthaler*, Konfessionsunterricht (wie Anm. 105) 7.

[113] Vom 12. Februar 1934 über den Antiklerikalismus zum Nationalsozialismus, in: Neues Archiv für die Geschichte der Diözese Linz 3 (1984/85) 49–55; in diesem Sinne auch *Dieter A. Binder*, Zum Antiklerikalismus in der Zwischenkriegszeit, in: Forschungen zur Landes- und Kirchengeschichte. Festschrift für J. Helmut Mezler-Andelberg (Graz 1988) 63 ff.

[114] *Hanisch*, Der lange Schatten des Staates (wie Anm. 52) 376; ders., Gau der guten Nerven (wie Anm. 110) 120 ff.

[115] Zit. bei *Liebmann*, Theodor Innitzer und der Anschluß (wie Anm. 18) 115.

NS-Propagandamaschine auf volle Touren, die alsbald Erklärung und Hitlergruß in millionenfacher Auflage als Flugblatt verteilte und zur Vorbereitung der Volksabstimmung plakatierte. Innitzer wurde daraufhin nach Rom gerufen, wo ihm dargelegt wurde, welchen katastrophalen Eindruck die „Feierliche Erklärung" in der katholischen Welt, namentlich in Deutschland, gemacht habe. Eine Interpretation der Feierlichen Erklärung wurde Innitzer in Rom (6. April 1938) zur Unterzeichnung vorgelegt, ein Pacelli-Text, der umgehend über den L'Osservatore Romano publik gemacht wurde und der die Erklärung vom 18. März einschränkte: Sie sei keine Billigung dessen, „was mit dem Gesetze Gottes, der Freiheit und den Rechten der katholischen Kirche" nicht vereinbar sei, sie dürfe „von Staat und Partei nicht als Gewissensbindung der Gläubigen verstanden und propagandistisch verwertet werden". Hitler, der für den 9. April 1938 eine bindende Erklärung zur Lage der katholischen Kirche abgeben wollte, trat nun infolge der Rom-Erklärung Innitzers von dieser Absicht zurück, das zweite Treffen mit dem Kardinal erfolgte in frostiger Atmosphäre. Dennoch lieferten die Kirchen bei der Schlußkundgebung am Abend des 9. April eine tiefe symbolhafte Zustimmung zum Anschluß[116]: beim „Niederländischen Dankgebet", als die Worte „Herr mach uns frei" erklangen, da fingen alle Glocken in Deutschland und Österreich an zu läuten und krönten gewissermaßen den pseudoreligiösen Zauber dieses Anschlußgeschehens.

---

[116] *Hanisch*, Gau der guten Nerven (wie Anm. 110) 40.

Josef Smolík

Die tschechischen Kirchen in der Krise des Jahres 1938 und während der deutschen Okkupation

In den Jahren 1938 bis 1945 spielte sich das Leben der tschechischen Kirchen in drei politischen Staatsformen ab: bis München (Ende September 1938) in der Tschechoslowakischen Republik, in der Ersten Republik mit dem Präsidenten Eduard Beneš, seit München bis zu der Okkupation (15. März 1939) in der föderalen Tschechisch-Slowakischen Republik, in der Zweiten Republik mit dem Präsidenten Emil Hácha, und nach der Okkupation bis zum Ende des Krieges im Protektorat Böhmen und Mähren mit dem Staatspräsidenten Emil Hácha. Die Reichsprotektoren in der Periode des Protektorats waren Konstantin von Neurath, Reinhard Heydrich, Kurt Daluege und Wilhelm Frick. Dem Leben der tschechischen Kirchen aus dieser Zeit wurde bisher keine monographische Studie gewidmet[1].

Die tschechischen Kirchen vor dem Zweiten Weltkrieg

Für das Verständnis der inneren Situation der tschechischen Kirchen in der Periode 1938–1945 ist eine kurze Übersicht über die geschichtliche Lage in der Ersten Republik nötig. Nach dem Fall der österreichisch-ungarischen Monarchie im Jahre 1918 wurde die römisch-katholische Kirche in der Tschechoslowakischen

---

[1] Wir beschränken uns auf die tschechischen Kirchen. Für die Situation der Kirchen in der Slowakei, die völlig verschieden war, gibt es eine Quellenausgabe: Vatikán a Slovenská republika 1939–1945 (Vatikan und die Slowakische Republik 1939–1945) (Bratislava 1992). In den neuesten tschechischen Publikationen über diese Periode wie *T. Pasák*, JUDr Emil Hácha (1938–1945) (Praha 1997); Pod ochranou říše (Unter dem Schutz des Reiches) (Praha 1998); Česky fašismus (1933–1939) a kolaborace (1940–1945) (Der tschechische Faschismus und die Kollaboration) (Praha 1999); *Václav Černý*, Paměti 1938–1945 (Memoiren) (Praha 1992) wird den tschechischen Kirchen keine thematische Aufmerksamkeit gewidmet. Die Forschung war auf diesem Gebiet in der Zeit des Kommunismus völlig einseitig und, was die Kirchen betrifft, ideologisch gefärbt.

Republik, die die Monarchie bis zum Ende des Krieges unterstützt hat, schwer erschüttert. Die Verluste unter dem Einfluß der „Los von Rom"-Bewegung waren groß. Im Jahre 1920 entstand eine neue Kirche, die Tschechoslowakische Kirche mit 700 000 Mitgliedern. Trotzdem blieb die katholische Kirche die Mehrheitskirche mit sechs Diözesen; die wichtigsten waren die Erzbistümer in Prag und Olmütz. Auch die Zahl der Mitglieder der evangelischen Kirchen wuchs. Die größte Kirche unter den Protestanten war die Evangelische Kirche der Böhmischen Brüder mit mehr als 200 000 Mitgliedern; die anderen evangelischen Kirchen (Baptisten, Herrnhuter, Kongregationalisten, Methodisten) erreichten kaum 10 000 Mitglieder. Auf dem Gebiet der Republik lebte auch die Orthodoxe Kirche, die in Mähren einige Gemeinden hatte.

Die schon erwähnte enge Verbindung der katholischen Kirche mit der Monarchie führte dazu, daß sie sich der tschechischen Gesellschaft entfremdet hat. Die geschichtliche Entwicklung brachte die evangelische Minderheit in den Vordergrund, die sich auf die böhmische Reformation (J. Hus, J. A. Comenius) als Höhepunkt der tschechischen Geschichte und Quelle der demokratischen Ideale der Humanität (T. G. Masaryk) berief. Allmählich gewann jedoch auch die katholische Kirche, besonders in der Zeit der wirtschaftlichen Krise, im öffentlichen Leben einen wachsenden Einfluß. (Sichtbar am Katholikentag 1935, an dem der päpstliche Legat Kardinal Verdier aus Paris teilnahm.) Die Volkspartei, die die Interessen der katholischen Kirche vertrat, war unter der Leitung von Msgr. Jan Šrámek ein festes Mitglied der Regierungskoalition. Mit der kommenden Krise der Jahre 1938–1939 wuchs die Zahl der Mitglieder dieser Partei, die in Prag die viertgrößte war. Die Volkspartei in Böhmen und Mähren unterstützte im Unterschied zu der Volkspartei in der Slowakei (A. Hlinka) das humanitäre Programm von Masaryk und Beneš. Msgr. J. Šrámek war während des Krieges Vorsitzender der Exilregierung in London.

Die Protestanten hatten ihre ökumenische Organisation „Konstanzer Union", die schon in Österreich-Ungarn aus der Bewegung für die Verteidigung der tschechischen Reformationstradition entstanden war. Daneben entfaltete die im Jahre 1927 gegründete Abteilung der internationalen YMCA ihre Tätigkeit, die sog. Akademische YMCA. Sie versammelte die evangelische Intelligenz, vertrat kritisch die Politik Masaryks und versuchte den Einfluß der protestantischen Tradition in der Öffentlichkeit zu stärken (Emanuel Rádl und Josef Lukl Hromádka).

Nach dem Jahre 1937 wuchs in der Tschechoslowakei das Gefühl der Bedrohung. Die deutsche Minderheit unter der Leitung von Konrad Henlein, die aus dem Reich unterstützt wurde, stellte größere Forderungen. Die Protestanten verfolgten aufmerksam die Theologie und die Entwicklung in den Kirchen in Deutschland (die Theologie der Deutschen Christen, der Prozeß Niemöllers), wie aus den Zeitschriften dieser Zeit ersichtlich ist. Das alles trug zum Gefühl der Bedrohung bei. Die Lage polarisierte sich.

Die tschechischen Protestanten identifizierten sich noch stärker mit der demokratischen Republik, in der sie einen Beweis für die Vorsehung und die Gerechtigkeit Gottes nach dem Fall Österreich-Ungarns sahen. Dies fand Ausdruck in der

Teilnahme vieler Protestanten am Widerstand während der Zweiten Republik und der Okkupation. In den dreißiger Jahren kritisierte Hromádka die Ablehnung des Offenbarungscharakters des Christentums bei Masaryk, lehnte seine Führungsrolle in religiösen Fragen ab und warnte vor der mythischen Identifizierung der humanitären Demokratie mit dem Reich Gottes. In der Zeit vor München stellten sich jedoch die Protestanten zusammen mit der fortschrittlichen Kulturfront mit ganzem Herzen hinter die Demokratie Masaryks. Wenn es nötig sein sollte, waren sie bereit, die Republik mit Waffen zu verteidigen, wozu ihnen Karl Barth in dem berühmten Brief an J. L. Hromádka eine theologische Legitimation gab[2].

In der Rundfunksendung am 25. September 1939 faßte J. L. Hromádka die Einstellung der Protestanten, die sich mit jener der Bevölkerung deckte, auf folgende Weise zusammen:

> „Mag der Friede oder der Krieg kommen, für uns können es herrliche Tage sein, wenn wir im Glauben an die providentielle Gottesherrschaft über die Völker und Staaten unsere Fehler und Sünden erkennen und die Flagge der Wahrheit und der Humanität, der Gerechtigkeit und der Freiheit hoch emporheben. Laßt uns arbeiten – und wenn es nötig sein wird, laßt uns kämpfen. Laßt uns nicht zittern, empfehlen wir unseren Streit dem Herrn über die Welt und über die Völker."[3]

Im Rahmen des Katholizismus, der sich gegenüber der Ersten Republik loyal verhielt, kam es zur Differenzierung verschiedener Standpunkte. Der Prager Erzbischof, Kardinal Karel Kašpar, bemühte sich um die Erhaltung des Friedens und verhandelte mit Lord Runciman, den die britische Regierung in die Republik geschickt hatte. Es tauchten allerdings auch solche Stimmen auf, die in der kritischen Situation der Republik eine Bestätigung ihrer früheren Bedenken sahen, daß der im Jahre 1918 angetretene Weg, der die katholische Mehrheit des Volkes an den Rand abzuschieben versuchte, nicht richtig war. Diese Ansichten fanden bei den katholischen jüngeren Literaten und Intellektuellen Resonanz[4]. Diese Stimmen neigten zu der autoritären Auffassung des Ständestaates. Sie blieben auch in den folgenden Jahren lebendig und fanden Unterstützung durch die Behörden des Protektorats. Trotzdem bestimmten sie in keiner Weise die Haltung der katholischen Kirche in ihren leitenden Kreisen oder der Kirchenmitglieder in den Gemeinden.

Nach München

Der Präsident E. Beneš trat am 5. Oktober 1939 zurück. An seine Stelle wurde Emil Hácha gewählt. Schon die Wahl zeigt, wie sich die Lage in der kirchlichen Szene geändert hatte. Die katholische Tradition des Landes, die nach 1918 im

---

[2] Barths Brief wurde in Prag am 25. 9. 1938 in der Prager Presse veröffentlicht.
[3] *J. L. Hromádka*, Lidé a programy (Leute und Programme) (Praha 1939) 64.
[4] Man kann solche Sätze lesen wie „wir bejahen alles, was Hitler gegen die Kommunisten unternommen hat". Aus dem Werk des Schriftstellers Jaroslav Durych zitiert bei *T. Pasák*, Český fašismus 177.

Schatten der hussitischen Vergangenheit stand, trat in den Vordergrund. Dies wurde am zweiten Tag nach der Wahl ganz massiv dokumentiert: In der Prager Kathedrale fand ein feierliches Te Deum statt, bei dem der Prager Erzbischof Kardinal K. Kašpar den Brief des Papstes Pius XI. vorlas, in dem der Papst dem neuen Präsidenten den apostolischen Segen erteilte. Nach dem Ende der Messe verbeugte sich Hácha vor den Reliquien der böhmischen Heiligen, und als Beweis seiner tiefen Hochachtung küßte er den Schleier auf dem Schädel des Heiligen Wenzeslaus.

Hácha war ein katholischer Gläubiger, war katholisch erzogen und unterhielt enge Kontakte mit der katholischen Hierarchie und dem tschechischen katholischen Adel. Dieser katholische Hintergrund hat jedoch in keinem Fall seine tiefe Loyalität zu den demokratischen Traditionen, die T. G. Masaryk und E. Beneš repräsentierten, geschwächt. Hácha war dieser Tradition völlig ergeben, was auch sein Besuch nach der Wahl am Grabe Masaryks manifestierte. Auch Präsident Beneš, der schon im Exil war, grüßte Hácha nach seiner Wahl mit einem Brief. Ebenso fanden die Protestanten in ihrer Wochenzeitung für Hácha ein positives Wort[5], obwohl einige Ereignisse (die Überführung des Palladiums des böhmischen Landes von Prag nach Jungbunzlau, die Einführung des Kreuzes in den Schulen, die Bemühungen um die Erneuerung der Mariensäule auf dem Alten Ring in Prag) zu der Befürchtung führten, die Gedanken der Gegenreformation könnten wieder lebendig werden. In dieser Situation waren die Protestanten bereit, eine Hilfe in dem Bündnis mit der fortschrittlichen kulturellen Front zu suchen. Diese Befürchtungen, die manchmal in den Zeitschriften einen polemischen Ton auf beiden Seiten hervorriefen, erwiesen sich bald als gegenstandslos. Weder Hácha noch die politische Konstellation im Lande erlaubten es den ausgesprochen extremistischen, eher politischen als kirchlichen Gruppierungen, das Verhältnis zwischen den christlichen Kirchen zu stören. Das sollte sich nach der Okkupation zeigen.

Die Okkupation

Die Zweite Tschechisch-Slowakische Republik war ein Provisorium, das mit der Okkupation und Errichtung des Protektorats Böhmen und Mähren endete. Die extrem rechtsorientierten Gruppen, die gleich nach der Okkupation den „Nationalen Ausschuß des Heiligen Wenzeslaus" bildeten, um an die Macht zu kommen, hatten ihr Ziel nicht erreicht. Dem Präsidenten Hácha war es gelungen, durch die Bildung der „Nationalen Gemeinschaft", die die Repräsentanten der politischen Parteien zusammenbrachte (auch die Volkspartei war durch Adolf Procházka vertreten) und die demokratische Tradition fortzusetzen versuchte, die faschistischen Gruppierungen aus der Leitung der Republik auszuschließen. T. Pasák stellte fest,

---

[5] *E. Lány*, Praesident Hácha, in: Kostnické Jiskry, Jg. XX, Nr. 49 vom 1. 12. 1938, 300.

daß „schon im Jahre 1939 sich in den böhmischen Ländern eine starke oppositionelle Widerstandsströmung bildete, deren bedeutender Bestandteil die römisch-katholische Kirche war, ebenso wie die protestantischen Kirchen"[6]. Im Jahre 1939 kam es nach der Okkupation von Böhmen und Mähren zu einer Reihe von Massenversammlungen, an denen sich die Vertreter der „Nationalen Gemeinschaft" und der Kirchen offiziell beteiligten. Am 6. Mai wurden die Reliquien des nationalen Dichters K. H. Mácha aus dem Pantheon im Nationalmuseum auf den Friedhof in Vyšehrad überführt. Der Überführung wohnten in den Straßen Prags 200 000 Menschen bei. Das Abschiedswort für den Dichter sprach der Kanonikus von Vyšehrad, Msgr. Bohumil Stašek, der wegen seiner Tätigkeit sechs Jahre im Konzentrationslager verbrachte. An der kirchlichen Versammlung in Theresienstadt am 30. April nahmen 90 000 Menschen teil. Der Vorstand der „Nationalen Gemeinschaft" beteiligte sich an der Versammlung zu Ehren von J. Hus auf dem Alten Ring in Prag, die von den evangelischen Kirchen veranstaltet wurde. Die stärkste Protestaktion, an der sich die politische Leitung des Protektorats beteiligte, war die römisch-katholische Wallfahrt bei Taussig am 13. August, zu der sich 100 000 Menschen versammelten. Msgr. B. Stašek hielt die Predigt, die die Gestapo als „aufwühlende nationale Rede" bezeichnete[7].

Neben diesen öffentlichen Protesten gab es den illegalen Widerstandskampf, der den Deutschen lange verborgen blieb. E. Beneš und die Exilregierung in London knüpften mit dem Vorsitzenden der Regierung in Prag, dem General Alois Eliáš, und mit dem Präsidenten Hácha Kontakte, wobei die katholische Hierarchie und einige katholische Mitglieder des Adels mithalfen[8].

Von den Kontakten mit den katholischen Kreisen zeugt auch die Tatsache, daß Präsident Beneš die politischen Repräsentanten der Volkspartei, Msgr. Jan Šrámek und Msgr. František Hála, nach London berief. Sie überschritten illegal in einem Eisenbahnwagen unter einem Kohlehaufen die Grenze bei Ostrau.

Dieser Widerstand, der erst nach dem Angriff auf den Protektor R. Heydrich der Gestapo in vollem Ausmaß bekannt wurde, schockierte die Nationalsozialisten, die mit Gegenmaßnahmen, Verhaftungen, Drohungen und Repressalien, die auch die Kirchen trafen, antworteten[9]. Die Kirchen beteiligten sich an den Protesten gegen diese Maßnahmen und an der Unterstützung der Familien der Verfolgten. Am 5. Juni 1939 wandte sich der Erzbischof von Prag K. Kašpar an den Staatspräsidenten E. Hácha mit dem Gesuch, bei dem Reichsprotektor K. von Neurath für die verhafteten Priester zu intervenieren. In seinem Brief erwähnt er

---

[6] *Pasák*, Fašismus 256.

[7] *Pasák*, Hácha 76.

[8] Aus dem tschechischen Adel beteiligten sich an dieser illegalen Tätigkeit František Schwarzenberg und besonders Zdeněk Bořek Dohalský, dessen Bruder Msgr. Antonín Dohalský Sekretär und enger Mitarbeiter des Prager Erzbischofs K. Kašpar war. Beide Brüder Dohalský, Zdeněk und Antonín, starben in Konzentrationslagern.

[9] *T. Pasák*, Persekuce katolické církve v Praze v letech 1939–1945 (Die Verfolgung der katholischen Kirche in Prag in den Jahren 1939–1945), in: Milenium břevnovského kláštera (Praha 1995) 293 ff.

die brutale Behandlung der Priester. Die Zeit der Okkupation charakterisiert der Erzbischof auf folgende Weise: „Die Verhältnisse sind wahrhaftig sehr traurig, wenn es überhaupt kein Recht gibt."[10] Neben den Protesten und Interventionen für die Verhafteten wurde auch die soziale Hilfe für ihre Familien organisiert, wobei die katholische Caritas eine sehr aktive Rolle spielte[11].

Neben den Kontakten der katholischen Kreise mit London existierten Kontakte mit der Widerstandsbewegung. Hieran beteiligten sich die Mitglieder der evangelischen Kirchen, besonders der Kirche der Böhmischen Brüder und der Herrnhuter. Viele Widerstandskämpfer kamen aus der Akademischen YMCA. Ihre Sekretäre (Jaroslav Šimsa, Rudolf Mareš, Miloslav Kohák, Jaroslav Valenta) waren von Anfang an im Dienste des Widerstandes und brachten in diesem Kampf das größte Opfer, ihr Leben. Auch viele evangelische Familien (besonders in Nordostböhmen) bildeten ein Netz der Widerstandsbewegung.

Die Motivation der Widerstandstätigkeit der Christen

Die Frage nach der Motivation der Kirchen und der Christen für die Teilnahme an dem Widerstand entfachte nach dem Zweiten Weltkrieg eine rege Diskussion. Der evangelische Pfarrer B. Pospíšil schrieb, daß „die Einstellung der Kirchen im Kampf gegen den Faschismus nicht nur aus Solidarität geschah. Vielmehr handelte es sich um die Identifikation mit dem Volk, wobei die Kirche fast ihre christliche Identität verloren hat [...] Die einfachen Mitglieder und die Leiter der Kirche kämpften zwar tapfer ihren Kampf, aber sie waren nicht fähig, ihre Aufgabe scharf genug in der Perspektive ihres Glaubens zu sehen und ihr Handeln theologisch zu motivieren"[12]. Es gibt keinen Zweifel daran, daß die Tyrannei des Nationalsozialismus den tschechischen Nationalismus erregte und förderte, der dann in das politische Leben eingedrungen ist, wie sich das nach dem Krieg bei allen Parteien gezeigt hat. Die Kirchen sind allerdings diesem blinden und fanatischen Nationalismus nicht verfallen, was unter anderem die Stimmen gegen die Entfernung der Sudetendeutschen aus den kirchlichen Kreisen beweisen.

Bei den Mitgliedern der Evangelischen Kirche, die sich in der Akademischen YMCA versammelten, war das Verständnis des Evangeliums eng mit den Dimensionen der Menschlichkeit, der Menschenwürde im universal menschlichen Hori-

---

[10] Zitiert bei *Pasák*, Hácha 105.
[11] Diese Arbeit organisierte der Feldkurat der tschechischen Armee, Oberst Jaroslav Janák. Hácha widmete diesem Zweck 500 000 Kronen. Dieses Geld wurde auf Grund der Instruktion des Premiers A. Eliáš in der Landesbank auf die Namen „Heiliger Wenzeslaus, Heilige Ludmila, Heiliger Prokop" deponiert.
[12] *B. Pospíšil*, Službou k svobodě (Durch den Dienst zur Freiheit), in: Od reformacek zítřku (Von der Reformation zum Morgen), hrsg. v. *A. Molnár, J. B. Souček* u. a. (Praha 1956) 179–212, hier 195.

zont verbunden. Der Nachlaß von Jan Šimsa erlaubt einen Einblick in die Tiefen des biblischen Glaubens, der Menschlichkeit und der Versöhnung, die die nationalen Grenzen überwinden[13]. Bei der katholischen Hierarchie und dem Adel wirkten sicher die Befürchtungen um ihre Stellung mit, aber dies war meiner Meinung nach nicht die eigentliche Motivation ihres Handelns. Im Katholizismus blieb die Idee der böhmischen Staatlichkeit lebendig, wie sie die Tradition des Heiligen Wenzeslaus in der tschechischen Interpretation darstellte. Die böhmische Staatlichkeit existierte lange vor der Ersten Republik Masaryks und auch vor Österreich-Ungarn. Die Verteidigung dieser Kontinuität bedeutete zugleich ein Bekenntnis zu dem christlichen Universalismus, der die nationalsozialistische Ideologie verneinte.

Die Ära Heydrich

Der Druck auf das öffentliche Leben wurde unerträglich, als im Jahre 1941 R. Heydrich den Reichsprotektor von Neurath ersetzte. Der Antritt Heydrichs bedeutete den Fall des Generals A. Eliáš, die Unterbrechung der Kontakte mit London und eine tiefe Krise zwischen Beneš und Hácha. Beneš forderte nach dem Fall von Eliáš den Rücktritt Háchas. Hácha blieb in seinem Amt, um die Verfolgung zu mildern. Alles gipfelte in dem Attentat auf den Reichsprotektor Heydrich. Das Attentat war die vorher in Einzelheiten geplante Tat des breiten Netzes der Widerstandsbewegung, an der sich viele Christen beteiligten. Er wurde auf Befehl von London durchgeführt mit dem Ziel, bei der britischen Regierung die Anerkennung der Tschechoslowakei in ihren Grenzen vor München zu erreichen. Bei der Vorbereitung und – nach dem Erfolg des Attentats – beim Verstecken der Täter spielte die Orthodoxe Kirche eine wichtige Rolle, vertreten durch ihre Geistlichen Vladimír Petřek und Václav Alois Čikl von der Kirche des Cyrill und Methodius, die Leitung der Kirche Bischof Gorazd (Matěj Pavlík) sowie den Laien Sonnevend. Alle wurden zum Tode verurteilt[14]. Bei der Ausrottung des Dorfes Lidice – die deutsche Antwort auf das Attentat – lehnte der römisch-katholische Priester das Angebot ab, sein Leben zu retten, und starb mit den Mitgliedern seiner Gemeinde.

---

[13] *J.* und *M. Šimsa*, Úzkost a naděje (Praha 1969). Auch Jaroslav Valenta, der im Widerstand die Verbindung mit Beneš und Hácha besorgte, war ein tiefgläubiger evangelischer Christ.
[14] *J. Šuvarský*, Biskup Gorazd (Praha 1992).

Die Juden und das kirchliche Leben

Der Amtsantritt Heydrichs bedeutete für die Juden im Protektorat das letzte tragische Kapitel. Als Heydrich nach Prag kam, lebten auf dem Gebiet des Protektorats 88 105 Juden. Nach der Konferenz von Wannsee am 29. Januar 1942 wurde Theresienstadt zur Durchgangsstelle in das Konzentrationslager Auschwitz, wo die Juden liquidiert wurden. Von den 86 934 Gefangenen in Theresienstadt, die nach Osten deportiert wurden, überlebten nur 3 097. Alle antijüdischen Maßnahmen waren Angelegenheit der Deutschen, denn in den Augen des Besatzers „lehnten es die Tschechen ab, sich mit dem jüdischen Problem auseinanderzusetzen – Juden sind ihre Freunde"[15]. Einige Pfarrer versuchten, die Juden durch die Ausstellung von Taufscheinen zu retten, was entdeckt wurde und wofür sie ins Konzentrationslager kamen.

Das Leben der Kirchen lag unter der Kontrolle der Abteilung für Kirchenfragen bei der Gestapo in Prag (Petschek Palais). Die Kirchen lebten „in den dunklen Katakomben des Schweigens, Leidens und der Erniedrigung der Menschlichkeit"[16]. Nach München verloren die Kirchen ihre tschechischen Gemeinden im Sudetengebiet; es blieb nur eine administrative Verbindung. Viele Mitglieder der kirchlichen Hierarchie, Pfarrer und Prediger, kamen in Konzentrationslagern um. Dasselbe gilt auch von den Hunderten von Kirchenmitgliedern, die sich an den Widerstandsbewegungen und an der Unterstützung der Partisanen beteiligten. Die Kirchen stehen vor der Aufgabe, dieses Kapitel ihrer Geschichte zu verarbeiten. Die Zensur beschränkte das öffentliche Reden und die Presse. Die kirchlichen Zeitschriften versuchten, ihre Tradition fortzusetzen, sie nahmen zögernd die Instruktionen der Zensur an. Die Arbeit mit den Kindern und mit der Jugend, die in den selbständigen Vereinen organisiert war, mußte in die kirchlichen Strukturen eingegliedert werden, YMCA und alle Vereine wurden aufgelöst. Die theologischen Fakultäten waren wie alle Universitätsfakultäten den ganzen Krieg über geschlossen. Die Kirchen organisierten das illegale Studium der Theologie auf ihrem Boden. Die Evangelisation und die Mission konnten sich nicht entwickeln. Die Synoden fanden zwar statt, waren jedoch der Öffentlichkeit nicht zugänglich. Das Leben der Kirche konzentrierte sich auf den Gottesdienst und auf die soziale Arbeit (P. Pitter). Die Teilnahme an dem Leben der Kirche wuchs, auch die finanzielle Opferbereitschaft nahm zu. Unter den Protestanten kam es in dieser Zeit zu einer breiteren Diskussion über die Möglichkeiten der ökumenischen Annäherung und der Einheit der Kirchen, an der sich die Kirche der Böhmischen Brüder, die Methodisten und die Herrnhuter beteiligten.

---

[15] Zitiert nach *Pasák*, Hácha 182.
[16] Die Formulierung des Synodalseniors der Kirche der Böhmischen Brüder aus der Zeit des Protektorats, *J. Křenek*, in: Pastoralbrief, Kostnické Jiskry, Jg. XXVII, Nr. 14 (Praha 1945) 76.

Die Kollaboration

Nach dem Fall der Regierung des Generals A. Eliáš vergrößerte sich die Gefahr
der Kollaboration. Sie fand ihre ideologische Grundlage in der „Idee des Heiligen
Wenzeslaus", die sie als die Begründung für die Eingliederung Böhmens und
Mährens in das Reich benutzte. Diese Idee wurde von einigen Rechtsextremisten
im politischen Leben gefördert, auch einige extreme, nicht offizielle katholische
Kreise standen ihr nahe. Schon im März 1939 fuhr eine kleine Gruppe nach Rom
mit dem Ziel, über den böhmischen Raum zu verhandeln. Sie wurde von der Vorstellung des böhmischen Kurfürstentums im Reich inspiriert. In den Vorstellungen der Historiker „der konservativen katholisch-universalistischen Observanz"
war die Idee des mittelalterlichen Ersten Reiches der deutschen Sprache lebendig.
Nach diesen Vorstellungen konnte man das nationale tschechische Interesse in das
übernationale, christlich-humanistische Reich integrieren. Den Unterschied zwischen dem Römischen Reich Karls des Großen oder Karls IV. und dem Reich Hitlers sahen sie nicht. Im Hintergrund wirkte auch die Abneigung gegen die politische Auffassung von Masaryk mit.

Man muß unterstreichen, daß die Orientierung an der Tradition des Heiligen
Wenzeslaus für die katholische Kirche und für den Staatspräsidenten Hácha kei-
neswegs bedeutete, daß Böhmen und Mähren ihre Autonomie verlieren und in das
Reich eingegliedert werden sollten[17].

Die Tradition des Heiligen Wenzeslaus wurde nicht von den kirchlichen, sondern den politisch kollaborierenden Kreisen mißbraucht. Die führende Rolle
spielte dabei der Mitarbeiter des Präsidenten Hácha, Josef Kliment, der von der
dauerhaften Eingliederung der Länder des Protektorats in das Reich überzeugt
war. Er beeinflußte den Präsidenten Hácha sehr stark, besonders als sich dessen
Gesundheitszustand so sehr verschlechterte, daß er nicht mehr fähig war, Widerstand zu leisten und selbständige Entscheidungen zu treffen.

Die deutsche Propaganda nutzte die Tradition des Heiligen Wenzeslaus wäh-
rend der schweren Krise nach dem Attentat auf Heydrich aus, so daß Präsident
Beneš sich im Exil genötigt sah, einen Standpunkt dazu einzunehmen. In seiner
Botschaft zum Jubiläum der Ersten Republik am 28. Oktober 1941 mit dem Titel
„Heute ist nicht die Zeit des Heiligen Wenzeslaus" schrieb er:

„Ganze Prozessionen der verschiedenen Delegationen – der Arbeiter, Bauern, der Intelligenz, der Künstler werden auf der Prager Burg organisiert, und es werden ihnen nach dem
Rezept des berühmten Historikers Prof. Pfitzner die nazistischen Stupiditäten von der Poli-

---

[17] Einen Beweis dafür stellt eine Stelle aus den Memoiren von František Schwarzenberg dar.
Nach dem Gespräch mit Msgr. O. Stanovsky bereitete Schwarzenberg für den tschechischen
Rundfunk eine Rede über den Heiligen Wenzeslaus vor, deren Ausstrahlung die deutsche
Zensur nicht erlaubte. Schwarzenberg lehnte die Anschauung ab, daß Wenzeslaus Böhmen in
das deutsche Reich eingegliedert hat. „Das römische Reich sollte ein Weltreich sein, das die
gleichberechtigten Völker zusammenschließen sollte." V. Škutina, Česky šlechtic František
Schwarzenberg (Praha 1990) 90 f.

tik des Fürsten Wenzeslaus, von dem deutschen Kaiser Karl IV., von der deutschen Reichs-
stadt Prag, vom deutschen Großraum und Lebensraum, von der Eingliederung des tschechischen Volkes in das Deutsche Reich vorgelegt."[18]

Unter denen, die die deutsche Propaganda in die Prozessionen getrieben hat, wurden die Christen und die Kirchen nicht genannt. Die katholische Kirche interpre-
tierte die Tradition des Heiligen Wenzeslaus nicht im Sinne der Nationalsozialisten.

Um die Christen und Kirchen für die Kollaboration zu gewinnen, benutzten
die Kollaboranten noch ein anderes Instrument: die Angst vor dem Bolschewismus. Der Minister für Kultur entwickelte die Initiative zur Gründung der „Liga
gegen den Bolschewismus", die ihm die Leute aus dem kulturellen Leben und aus
den Kirchen, von welchen er die Unterzeichnung der Erklärung der Liga verlangte, zu kompromittieren und in die Kollaboration hineinzuziehen half. Der
Synodalrat der Kirche der Böhmischen Brüder lehnte die Unterstützung der Liga
ab, was dazu führte, daß der Synodalsenior Josef Křenek sein Amt niederlegen
und Prag verlassen mußte. Dasselbe Schicksal traf auch den Synodalkurator
Antonín Boháč.

Das Ende des Protektorats

Die Frage des Kommunismus und des Verhältnisses zur Sowjetunion bestimmte
auch die letzten Monate des Krieges. Bei den Katholiken und den Protestanten
wuchs der politische Konservatismus, die Sehnsucht nach der Rückkehr der Demokratie Masaryks. Nach dem Krieg wurde Josef Beran, der im Konzentrationslager gewesen und für Kontakte mit den anderen Kirchen im Interesse des Weltfriedens offen war, zum Erzbischof von Prag gewählt. Politisch konzentrierte sich
der Katholizismus auf die Volkspartei, die der Vorsitzende der Exilregierung in
London leitete. Diese Partei öffnete sich ökumenisch allen Christen und stellte die
Protestanten vor die Frage, ob sie mitmachen sollten. Die Tschechoslowakische
Kirche, die im Protektorat ihren Namen ändern mußte und Tschechisch-Mähri-
sche Kirche hieß, wechselte schon im Mai 1945 ihre Leitung. Die Namen der
neuen Leitung zeigen, daß in der Kirche in den letzten Monaten des Krieges eine
starke Tendenz bestand, sich positiv zu den sozialen Veränderungen zu stellen.
Der Priester der Orthodoxen Kirche V. Petřek, der in Belgrad studiert hatte,
glaubte an die Erneuerungskraft der Orthodoxie in der Sowjetunion. Der Vatikan
nahm eine abwartende Stellung ein. Er sandte den chargé d'affaire R. Fordi nach
Prag.

Die Situation war offen. Die tschechischen Kirchen haben ihre Glaubwürdigkeit vor dem Volk erwiesen[19]. Keiner Kirche kann man nationale Untreue oder

---

[18] *E. Beneš*, Šest let exilu a druhé světové války (Sechs Jahre des Exils und des Zweiten Weltkrieges) (Praha 1946) 143 f.
[19] In den Zeitungen aus der Zeit nach dem Krieg habe ich nur den Namen eines deutschen

Unzuverlässigkeit vorwerfen. Während in einigen europäischen Ländern die Haltung der katholischen Kirche nicht völlig klar war, gilt das keineswegs von der katholischen Kirche in der Tschechoslowakei. Im Volk entstand eine neue ökumenische Lage des interkonfessionellen Friedens, obwohl im Widerstandskampf die hussitische Tradition überwog. Dieser hoffnungsvollen Entwicklung, die sich gleich nach dem Krieg beobachten ließ, wurde durch die Ereignisse im Jahre 1948 ein Ende gesetzt.

Prälaten gefunden, der wegen Kollaboration vor das Volksgericht gestellt wurde: Franz Bobe, Probst des Malteser Ordens, den die deutsche Regierung nach dem Tode des Erzbischofs K. Kašpar (1941) als Kandidaten für die Stelle des Erzbischofs aufgestellt hatte.

Andrew Chandler

Condemnation and Appeasement: The Attitudes of British Christians towards National Socialist Religious and Foreign Policies, 1934–1939

In Britain we still tend to write history in national categories. The dominant idea of international history remains more the study of diplomacy than of the interest shown by citizens of one society in the affairs of another. Yet that theme of international perception, understanding and involvement is a very striking dimension of the twentieth century narrative and it deserves the serious attention of historians.

Between 1933 and 1939 many men and women in the British churches did hold strong views about the domestic and foreign policies of National Socialist Germany[1]. It is important to emphasize this at the outset, because it is not something that should be taken for granted. Some churches, as we all know well, present as apolitical a view of life as they can, and for them the policies of their own governments do not appear in the sphere of Christian faith. So to criticise the government of another country may be seen to represent a larger stride into such dubious territory, especially in the twentieth century when the logic of national sovereignty has increasingly been taken to prohibit the criticism of other peoples' ‚internal‘ affairs.

The fact that British Christians sought to frame a response to the situation in Germany between 1933 and 1939 begs the question: why did they feel it to be natural, just and Christian to do so? What kind of self-understanding, or identity, inspired this? My approach in this article is essentially one of informed and, I hope, sensitive generalization. There were many different attitudes to be found in the British churches both towards German church life and National Socialist foreign policy, and it would be impossible to do them justice here. But I shall try to identify what was representative of an identifiable consensus, or broader currents of opinion. A generalization to begin with is that there was little to distinguish between the attitudes of people in the various Protestant churches – the Church of England and the Free Churches. Their denominational traditions en-

---

[1] See *Daphne Hampson*, The British Response to the German Church Struggle 1933–39, Unpubl. D. Phil thesis, Oxford University, 1973; Armin Boyens, Kirchenkampf und Ökumene 1933–1939 (München 1969); *Andrew Chandler*, The Church of England and Nazi Germany 1933–1945, Unpubl. Ph.D thesis, Cambridge University, 1991; *Alan Wilkinson*, Dissent or Conform? War, Peace and the British Churches 1914–45 (London 1986) 137–192.

couraged different emphases and nuances, but they saw the fundamental issues with some unity. About the Roman Catholic Church in Great Britain it is more difficult to be confident. The historiography of that church in this period is still in its infancy, and the suggestions that I shall venture will be cautious and, inevitably, vulnerable.

Churches are not institutions, but most have acquired powerful institutional characteristics in search of order and identity. Although the relationship between culture and structure is inevitably a complicated one, it is often seen that organized forms framed to represent certain commitments in their turn reinforce those commitments. The establishment of the Church of England – not nearly so impressive a reality as foreign visitors often believed – arguably encouraged members of that church to confront the world of political power with a sense of legitimacy, security and confidence. Fortified with twenty-six seats in the second chamber of Parliament, the House of Lords, the bishops of the church contributed a good deal to debates on social reform and foreign affairs[2]. Some critics judged that the establishment equally encouraged Anglicans to adopt views that were sympathetic to the political powers that fostered them. Meanwhile, a tradition of dissent did something to lead Free Church people also to speak to the ways of the political world, or, at least, to view structures of authority critically because they had for so long lived outside them[3].

German Christians who visited Britain were inclined to complain how little real theology they found preached in the churches there. Ulrich Simon, who escaped from Germany to Britain as a young man in 1933, found the sermons that he now heard simply ‚wallowed in the shallow waters of liberal ethics‘. At worst, Anglican priests ‚seemed to have no very clear ideas on anything‘[4]. But in so far as most British church people affirmed that the world was the work of God, and that nothing in creation lay beyond His care, they were sure that Christian people should intepret it and participate in all its affairs in faith. In the Church of England the Anglo-Catholic, or High Church, movement was emphatic that the Incarnation was the central fact of Christian revelation, and that as God had become man and dwelt among us, so Christian faith and action must flow out into all the world[5]. Conservative evangelicals were equally sure that this was a world of sin that must be saved and united with God through the love of Christ. Their basic language of atonement, redemption and salvation could be seen in a different way to encourage a sensitivity to evils that were political[6].

---

[2] For a thorough overview, see *E. R. Norman*, Church and Society in England 1770–1970: A Historical Study (Oxford 1976) 221–278.
[3] See *David Bebbington*, The Nonconformist Conscience: Chapel and Politics 1870–1914 (London 1982) and *James Munson*, The Nonconformists (London 1991) 204–289.
[4] *Ulrich Simon*, Sitting in Judgement 1913–1963: An Interpretation of History (London 1978) 42.
[5] See *Peter d'A Jones*, The Christian Socialist Revival 1877–1914 (Princeton 1968) 85–98.
[6] See *David Bebbington*, Evangelicalism in Modern Britain: A History from the 1730s to the 1980s (London 1989).

In 1933, Ulrich Simon found the Church of England ,conservative without being nationalistic, English without being against other races, Christian without being anti-Jewish, hierarchical without being opposed to reform, rich without cursing socialism'[7]. It would be a circular and sterile debate to analyse how these identifiable religious themes borrowed from, or, in turn, informed, distinctive political values in a liberal, pluralistic, constitutional state. How may they be detached? Anglicans were doubtful that they could be. They were more inclined to see the political state as the creation of the Christian Church that had established its precepts and then fostered it. Contemporary political culture in their eyes still declared the debt. It was the role of those in authority to govern in the name of the national conscience, and the duty of the national church to educate that conscience[8]. This may well have claimed too much for the Church of the twentieth century. But, in its way, it did plead for the inter-relationship of matters temporal and spiritual, and it also put the politicians in their place.

These values may have taken British Christians some way towards the reality of political life in their own land, but not necessarily all the way to confront the realities of a foreign country like Germany. Such a journey was made possible when abstract principles converged with the force of experience and circumstance. The Great War of 1914–18 created a popular commitment to international life. Those who had survived felt under an obligation to those who had died, and to those who would now come after. In Great Britain the League of Nations Union attracted a lively popular support wherever it set down roots. The churches in Britain brought a powerful dimension to this mood. Peace was a word to be found more often than any other in the prayers of congregations. Hitler was first an issue because he appeared to threaten peace.

To trace the connecting strands between British and German Christianity is by no means an obvious business. The Roman Catholic Church in Great Britain lived as a part of a great international communion, and the fate of fellow Catholics in Germany was naturally a concern to them. There were few existing denominational ties for Free Church people to draw upon. There were some German Baptists, but not very many. Then, to most, German Protestantism appeared uninvitingly complicated in its structures and remote in its theological precepts[9]. But a decade of busy ecumenical activity had encouraged a vision that every foreign church had its place in the *Una Sancta*, and this vision strengthened concern for German Christianity just as it also legitimated it. Ecumenism was a movement

---

[7] *Ulrich Simon*, Sitting in Judgement 40.
[8] Perhaps the most fluent exposition of this view may be found in the writings of Brooke Foss Westcott and Mandell Creighton. See *Brooke Foss Westcott*, Christian Aspects of Life (London 1897) 59–118 and *Mandell Creighton*, Church and Nation (London 1901). See, too, *William Temple*, Church and Nation (London 1915) and Christianity and the State (London 1928).
[9] See *Andrew Chandler*, Brethren in Adversity: Bishop Bell, the Church of England and the Crisis of German Protestantism 1933–39 (Weybridge 1997) 5–11, and *W. R. Ward*, Faith and Fallacy: English and German Perspectives in the Nineteenth Century, in: Victorian Faith in Crisis, ed. by *Richard Helmstadter* and *Bernard Lightman* (London 1990) 39–67.

whose time had come. Archbishop Temple spoke of it enthusiastically as the ‚great new fact' of Christian life[10]. The 1920 Lambeth Conference had published its Appeal to all Christian People[11]. The international contacts with churches abroad at Lambeth Palace had so grown that a new body, the Archbishop's Council on Foreign Relations, had been established in 1933 to elicit and organize information for him. This was chaired by the bishop of Gloucester, Arthur Cayley Headlam.

If church people believed that they had a message for a world of politics, they also enjoyed a sense of confidence that they would be heard, respected and heeded. At the end of March 1933 the archbishop of Canterbury, Cosmo Gordon Lang, registered his anxiety for the Jews of Germany in a statement to the House of Lords[12]. Some later told him that he was in part responsible for the early cancellation of the boycott of Jewish businesses, on 1 April. If this appears dubious, it would be as well to remember that a German politician like von Ribbentrop did believe that the archbishops and bishops of the state church were men of political status and influence. Accordingly, he attempted to cultivate their sympathies[13]. After the war it was reported that a list had been discovered in Berlin of public figures to be eliminated once Great Britain was occupied. It included the archbishop of Canterbury and his secretariat. Alan Don, who had worked as Lang's chaplain and secretary, was both puzzled and flattered. Then a bishop could also be confident that his letter would be published by the *Times*, and much of the British response to National Socialist Germany is to be found in the correspondence columns of that newspaper. The *Times* did favour the national church. Free church leaders were less sure of publication there.

A local vicar could feel that he reasons for confidence, too. When Hitler came to power in January 1933 a priest in Northampton sent a letter inviting him to clarify his position on foreign policy. When he received no reply from Berlin he sent a telegram, telling the local newspaper that he expected an answer before long[14]. This story may only speak of a certain idiosyncracy, and the British often care to think of their clergymen as eccentric. But the episode also demonstrates a convergence of what historians would often separate and categorize distinctly as religious, political, local, national and international history. It is a salutary reminder that while such academic categories seek to represent the past, the past itself does not always work in such ways. What is important here is that the Northampton vicar felt involved, and legitimately.

1933 was, for British Christians, the year in which their views of the new Germany were forged. The appearance of Hitler in January of that year had been

---

[10] *F. I. Iremonger*, William Temple, Archbishop of Canterbury: His Life and Letters (Oxford 1948) 387.

[11] The Lambeth Conference 1920: Encyclical Letter from the Bishops with Resolutions and Reports (London 1920).

[12] Parliamentary Debates, House of Lords, 5th series, vol. 87, col. 225, 30 March 1933.

[13] See *Chandler*, Brethren in Adversity 89–92.

[14] My thanks to Philip Coupland for this reference.

greeted with anxiety or even alarm in most church journals[15]. He was a danger to the peace of Europe. He was also seen, almost from the first, as a new example of a dangerous political breed already known to them: an ideological politician who sought to create a totalitarian state. He was placed in the same category as Lenin, Stalin and Mussolini. If the ideology of National Socialism appeared difficult and confused, the creation of a repressive political state appeared all too clear. The justification that Hitler had saved Europe from Communism was not much respected in British Protestant circles: in Roman Catholic life it had, arguably, greater credence.

In 1933, too, the foundation on which British attitudes to the German Church Struggle, and German politics at large, was based was this recognition of the totalitarian state. First, the totalitarian state was an atheistic state because it was all-powerful and claimed rights over the conscience of the individual that belonged to God alone. Second, such a state was ideological, one that affirmed its ersatz religion of racial supremacy. Third, the totalitarian state was a violent state which persecuted Jews, Socialists and Communists, and – symbolically – pacifists. Not at once, but by the spring of 1939, that sense of power, ideology and force was seen also to make the preservation of international peace impossible. These connections may appear clear enough, set down on paper, but throughout the period British Christians were not always sure how to judge the relationship between the different strands.

British church people seldom articulated a commitment to the theory of democracy. But a striking number were now vocal about the varieties of political life Christians could not endorse. Political movements that abolished other parties and confined their opponents in concentration camps could not be acceptable. The establishment of such camps in 1933 in Germany provoked indignation in Britain, and church leaders played an active part in inspiring protest. The intimidation of pacifists was noted bleakly; it did not reassure people who were anxious about Hitler's intentions abroad. The persecution of Jews was, above all, odious: British Christians struggled to understand what they often saw as a recrudescence of medieval barbarism. At the Church Congress of 1935, the Bishop of Winchester argued that Christians could endorse many forms of political government, but not totalitarian states[16].

One of the most impressive studies of religion in the Nazi state published in these years was an analysis of the Catholic Church in the Third Reich. It was written not by a Roman Catholic but a Congregationalist, Nathaniel Micklem[17]. At large, however, British Protestants committed their energies to the plight of German Protestants. After all, it was felt, the Vatican could look after the Catholics. In comparison, the Protestants appeared friendless and vulnerable. Hitler

---

[15] See, for example, the *Church Times*, 3 February 1933, 127a and 30 June 1933, 227a.
[16] *Maxwell S. Leigh*, The Church and the Modern State: A Report of the Proceedings of the Sixty-fifth Church Congress, Bournemouth, 8–11 October 1935 (London 1936) 43–67.
[17] *Nathaniel Micklem*, The Catholic Church in National Socialist Germany (Oxford 1939).

was right to resent the bad publicity that the church struggle generated abroad. British liberal opinion, Christian or not, rejoiced to see the designs of a violent, cynical government frustrated by impressive numbers of resilient pastors. It was often heard that only the churches of Germany had offered genuine opposition to this dictatorial state.

This paper is concerned not with acts, but attitudes. But an attitude that is not undergirded and informed by weighty evidence cannot lay the foundation for effective involvement, and many British church people did seek to be effective participants in the German church struggle. From where did they get their information? The ecumenical movement guaranteed a regular dissemination of authoritative news. Bishop Bell was much advised by friends like Dietrich Bonhoeffer in 1934–5, and throughout the period by Alphons Koechlin[18]. Many others, in turn, owed their information to him. The leaders of the Church of England had some access to the views of politicians and diplomats. What the establishment of the church made possible was the friendship of archbishops and government ministers, and useful conversations in Parliament. It did not grant to the archbishop of Canterbury a regular income of privileged information and expertise. In this sense, the value of establishment was conversational rather than structural, although it could be said that the structures encouraged personal encounters and friendships. But it was in the columns of the press that all interested Christians could find the finest information. The broadsheet newspapers of the 1930s contained a wealth of news from Germany, and the newspapers published regular and extensive reports on the affairs of the German churches. George Bell once recorded his gratitude to the *Times* in a debate in the Anglican Church Assembly[19]. Such reports both encouraged a public response to Nazism and educated the interest they inspired.

However, the dense narrative of the church struggle itself was not easy to follow, even armed with daily copies of the *Times* or the *Manchester Guardian*. Between 1933 and 1939, most concerned British Christians found the truth of the matter in simple terms, and those terms barely changed over time. They began with the basic fact that Germany was governed by a totalitarian state, and in such a state the freedom of religion must be as improbable as the freedom of trades unionists, socialists or pacifists. Because they placed the claims of the Nazi state at the heart of the issue, they saw the troubles that arose in the German Protestant churches clearly. It was a crisis between Church and State; between ideology and faith; between violent men who were employed by, or abetted by, the state and good Christian men and women who sought to preserve the integrity of their churches. British Christians felt instinctive warmth for the Pastors' Emergency League, and then for what they called the ‚Confessional Church'. William Temple

---

[18] See *Andreas Lindt* (Hrsg.), George Bell, Alphons Koechlin Briefwechsel 1933–1954 (Zürich 1962).
[19] Report of the Proceedings of the Church Assembly (London 1937) XVII, 274–5 (22 June 1937).

wrote to a friend, ,My sympathies are all with the opposition.'[20] For them, the Church Struggle spoke of the righteous defence of religious liberty and freedom, and of opposition – resistance, even.

This, of course, was a perception that most German Protestants would have disputed. British Christians were nonplussed by the distinctions that their German friends drew. The Barmen Declaration seemed to them to criticise the powers claimed by the Hitler state. The idea that it singly concerned what a credible Church should be believing and preaching and being, and not what the state in itself should be, did not occur to British observers. There were examples of a shared language, however. George Bell and Dietrich Bonhoeffer confirmed and strengthened each other's views, particularly in the period 1934–5, when Bonhoeffer was pastor to the German-speaking congregation in London. But Bonhoeffer was, to the end, unusual[21].

Although these were the views of the majority, they were by no means uncontested. Bishop Headlam, repeatedly, and with increasing exasperation, pronounced that the ,Confessional Church' was only a minority group in the whole of German Protestantism. Between that and the *Deutsche Christen* lay a vast, unacknowledged body of the church, of pastors working with dignity and quiet devotion in their parishes. For Headlam, the existence of this middle ground that was occupied by the majority was proof that the Nazi state was not persecuting the Church in itself. For Headlam, the Confessional Church was not a great statement of Christian conscience, but a provocation to an unpleasant but legitimate government, and an irritation to sensible men who wished to get on with the business of Christian life. It was led by firebrands like Niemöller, who were unreasonable, intemperate and dogmatic[22].

But Headlam did not represent many. His apparent obduracy provoked those who disputed his views to speak out in greater numbers, and to shout more loudly. Without Headlam, it would be more difficult to judge how powerful that majority was.

Because of the power of this dominant interpretation, certain developments in the unfolding narrative of the Church Struggle between the autumn of 1934 and September 1939 received more attention than others. In Germany itself, the period was largely defined by the creation and recreation of institutional forms that would represent the conflict. Even to the most earnest observers in Britain, the structural developments of the struggle seemed complicated and difficult. But personalities lent themselves more vividly to the moral imagination. Ludwig Müller was installed as Reichsbischof at the national synod on 22–3 September 1934. They did not have to work particularly hard to see him as a Führer figure,

[20] Temple to Lang, 8 October 1934, Lang Papers, ,Germany: Church Situation 1934–40'. Lambeth Palace Library, London.
[21] For a brief survey of the relationship of Bell and Bonhoeffer, see *Andrew Chandler*, The Death of Dietrich Bonhoeffer, in: Journal of Ecclesiastical History XLV (1994) 448–59.
[22] See *Ronald Jasper*, Arthur Cayley Headlam: Life and Letters of a Bishop (London 1960) 284–306.

and one who licensed intimidation, or was at least implicated in it. His known closeness to Hitler did not reassure, but made him appear merely the blatant manifestation of corrupt patronage. On a number of occasions British Church leaders were driven to eccentric lengths to avoid him when travelling abroad, fearing that contact of any kind might suggest the official sanction of their church – a sanction they were determined to deny him. When George Bell met von Ribbentrop in November 1934 he was emphatic that before any progress could be made in the church struggle, Müller must go[23]. Although Hanns Kerrl, whose Reich Ministry for Church Affairs was appointed on 16 July 1935, attracted less criticism than Müller, he did not placate or reassure opinion in Great Britain for long. By the end of that year it was widely recognised that he had assumed dictatorial powers in the church.

When, on 28 May 1936, the second provisional council of the Confessing Church wrote its critical memorandum to Hitler it was leaked and published by the press abroad in July. The language of the memorandum seemed to offer confirmation of the dominant British interpretation, and strengthened commitments to the Confessing Church. But subsequent events reinforced these things powerfully. On 6 October Friedrich Weissler and Ernst Tillich were arrested, and on 13 November a third man, Werner Koch, was detained.

The months of February and March 1937 offer a revealing glimpse of the priorities that characterized the attitudes of British Christians. Some hope had been placed in Zöllner's Reich's Church Committee, first constituted on 14 October 1935, but the resignation of that body on 13 February 1937 appeared to show the impossibility of progress. When, on 15 February, Hitler met Kerrl and ordered free elections in the church, British opinion was evidently sceptical. More notice was taken when Friedrich Weissler died in Sachsenhausen four days later. On 11 March the *Times* published a letter written by an Anglican, Dorothy Buxton and signed by a group of church people from different denominations, protesting against his death. Then Bishop Bell published a letter in the *Times* on 24 March warning the state not to intervene in the new elections, and citing the criticisms made against the German state by the recent Papal Encyclical to strengthen his hand.

On 1 July 1937 Martin Niemöller was arrested. His name was already familiar to Christians in Britain, but now he became the source of a veritable personality cult to Christians and non-Christians alike. The newspapers were indignant; protests mounted. The following February the dean of Chichester, A. S. Duncan-Jones, and the Congregationalist, W. G. Moore, flew to Berlin, attempting to see his trial for themselves. They were not admitted to the court. On 2 March Niemöller was acquitted and taken to a concentration camp. The bishop of Durham, Herbert Hensley Henson wrote a bitter letter to the *Times*. Headlam replied acrimoniously. It seemed to him that Niemöller went around asking for trouble, and he had only himself to blame if he got it. Henson exploded back at Headlam on 16

---

[23] See *Chandler*, Brethren in Adversity 90–91.

July; Headlam reappeared again on 20 July. His critics were terrified lest opinion abroad might think that the words of the Bishop of Gloucester might be more weighty than they were. On 26 July Bell and Lang published an exchange of letters in which the fact that Headlam spoke for no-one but himself was made explicit[24]. Certainly, Headlam did not represent the views of the members of the Council on Foreign Relations, which he still chaired. A number of its members even conspired to depose him.

The trial and imprisonment of Niemöller occasioned the last public flourish of protest inspired by the German Church Struggle. In March 1938 the majority of British Christians turned away from church affairs in Germany to Hitler's foreign policy. Since January 1933 the great question that most preoccupied British Christians was: did Hitler intend to reform the Versailles status quo, or to prosecute a foreign policy of expansion? It was often heard that if the western powers had embraced the Germany of democratic politicians, and negotiated with justice in those more favourable days, National Socialism would never have taken hold in Germany. Now, when they confronted Hitler, they confronted a danger they had brought upon themselves. The Germans had found that the politeness and courtesy of diplomatic revision would not do. Now they were governed by a man who would exact change by force.

Because British Christian opinion so embraced the League of Nations, Germany's withdrawal from the organized international community, and from the Geneva disarmament talks on 14 October 1933, had caused immediate offence. But when Archbishop Lang spoke of it at his diocesan conference that month, it was more in sorrow than anger. When, on 16 March 1935, the German government reintroduced conscription and repudiated the disarmament clauses of the Versailles treaty, the developments were noted with regret.

But it was not Hitler, but Mussolini, who wrecked the League of Nations. Christian opinion in Britain was outraged by the invasion of Abyssinia. Full support was given to punitive sanctions and a stiff response. In the House of Lords, Archbishop Lang counselled against pragmatism. Italy must be brought to heel. But as the powers that composed the League struggled to orchestrate a response, and as sanctions fumbled, the confidence of many church people collapsed. Abyssinia took their attention away from the invasion of the Rhineland in March 1936. When, in 1938, German foreign policy moved forward into a far more aggressive phase the League was seen to be ineffectual. Church leaders looked for a strong, constructive response, and believed that the League could not offer it. If anything, it was a greater service to leave it out of the picture altogether, to recuperate and revive. Another model of foreign policy must be found. This was Appeasement[25].

---

[24] See *Owen Chadwick*, Hensley Henson: A Study in the Friction between Church and State (Oxford 1983) 264–269. See too *Keith Robbins*, Martin Niemöller, the German Church Struggle and English Opinion, in: Journal of Ecclesiastical History XXXI (1970) 149–170.
[25] See *Alan Wilkinson*, Dissent or Conform? 137–189, and *Andrew Chandler*, Munich and Morality: the Bishops of the Church of England and Appeasement, in: Twentieth Century British History.

Why did Appeasement, which was effectively the diplomatic indulgence of National Socialist Germany, appeal to Christians who so criticised the realities of Nazi domestic policy? Some writers have found this surprising[26]. Appeasement was certainly the chosen policy of those who were sympathetic to Nazi Germany. But it did not follow that those who were critical inevitably, or even naturally, saw a forceful foreign policy as a natural expression of their hostility to National Socialism. Wars were not fought to bring down wicked governments, but to repel international aggression. If Britain went to war with Germany it must be in defence of a *status quo* that was credible. But many, and arguably most, British Christians could not think the Europe of the Versailles settlement just and defensible.

When German forces invaded Austria on 11 March 1938, Archbishop Lang responded that the union of the two countries was natural and inevitable. On 29 March he addressed the House of Lords. It could only be a good thing that the union of the two countries had been achieved with so little bloodshed. And now, rather than cankering, and disfiguring future understanding, the problem had been removed from the scene. That was a mercy[27]. Lang had his critics on the day, and those who protested against his words were likely to insist that Hitler had not merely redrawn the map and corrected his borders. He was a dictator who exported tyranny. It was widely known that Jews in Vienna had escaped the German occupation by committing suicide. Whatever they made of the invasion, it could not be called bloodless. The blood that was shed was the blood of women and men who feared the persecution of a violent state bent on their misery and even their destruction[28].

The *Anschluss* arose before the world as a *fait accompli*. But the tortuous negotiations that eventually bore dubious fruit in the Munich settlement of 30 September 1938 were far more dramatic, and the eyes of the public followed one desperate stage after the other. Church people were not at large convinced that the Sudeten issue presented sufficient grounds for war with Germany. If Britain went to war now, what was the cause? Surely it could not be to return the Sudeten Germans to a Czech government that nobody could reasonably think was rightly theirs. Then how could a European war serve the purposes of a Czechoslovakia that would surely be destroyed in such a conflict? It is important to recognize the sense of trust which Chamberlain himself inspired in Christians of all churches. A Birmingham Unitarian, he appeared a man of transparent good sense and laudable determination. His purpose was peace, and peace was a prize above all prizes to be valued by men and women of faith. When he flew to Germany many were moved by the spectacle of a man of advancing years standing up to Hitler personally and seeking to preserve Europe from a war which few doubted must be calamitous, even apocalyptic.

---

[26] *Kenneth Slack*, George Bell (London 1971) 80.
[27] See *Andrew Chandler*, Lambeth Palace and the Jews of Germany and Austria in 1938, in: Leo Baeck Institute Yearbook 1995, 228–229.
[28] Ibid.

The response of the churches was above all to unite, on 18 September 1938, in a day of prayer. When Hitler agreed to a conference of powers, it was not difficult to perceive that those prayers had been answered. More were called for. When Chamberlain subsequently returned with an agreement, and an undertaking for peace clasped in his hand, a national movement of intercession seemed miraculously vindicated. A day of thanksgiving followed. It was almost impossible to think that Europe could again return to the brink of the abyss. War would be nothing less than a betrayal of the God who had intervened. There were critics, but few of them. Bishop Henson of Durham wrote witheringly in the pages of his private journal. He had castigated the government for its appeasement of Mussolini, but now he decided not to return to the fray. The dean of Chichester, A. S. Duncan-Jones, was vehement that no peace could be built on the foundation of this injustice[29].

In September 1938 the domestic and foreign policies of Germany were detached from each other in the minds of many concerned Christians. But it was in the euphoric rhetoric that applauded the Munich agreement that the seed for a reaction already lay. Those who praised the settlement found in it the hope of salvation. It was a call for repentence, not merely in diplomacy but in every sphere of life; an appeal to every citizen to mend their ways, make good their shortcomings, and to be worthy of the miracle. Distinctions between foreign and domestic policy, private and public life were abandoned. Accordingly, when Hitler sanctioned the pogrom against the Jews of Germany and Austria only weeks later, on 9–10 November 1938, it assumed a terrible significance within these terms. In effect, he struck the rawest nerve at the worst time. He had not changed. He was as malevolent now as he had been before. Another crisis must follow. In the following March Prague was occupied by German forces, and the assurances that Nazi policy was committed simply to reclaiming all true Germans for the Reich were seen, for the first time, to be palpably false. Now church leaders urged a firm response[30].

Those who are obliged to view the world through moral spectacles fear accusation of inconsistency and hypocrisy. Some Christians felt that they had been taken in at Munich. Most did not. They believed that Chamberlain was right in September 1938 and also in the next year, when Britain declared war on Germany after the invasion of Poland. His stock was still high when he was forced out of power in 1940. The Chamberlain archive at Birmingham University contains a significant collection of letters from church leaders of all denominations written in sympathy to him then.

When Britain went to war against Germany in September 1939, Christian opinion offered powerful justifications. Hitler was impossible. There could be no peace. The justice and wisdom of reasonable men had failed. It was now time to pray again, in the face of coming catastrophe, and to sanction a war that few if any

---

[29] See *Chandler*, Munich and Morality 89–91.
[30] See *Wilkinson*, Dissent or Conform? 183–189; also *Chandler*, Munich and Morality 95–96.

could deny was righteous. The religious and foreign policies of Hitler's Germany spoke the same bitter truth. It was not long before British church people prayed not merely for the defeat of the German army, but the destruction of the Nazism itself.

Frédéric Hartweg

Der französische Protestantismus
und die kirchliche Entwicklung in Deutschland
Die Rezeption des Kirchenkampfes
und die „Erbfeindschaft"

In seinen *Vues sur l'Europe*, die 1939 in Paris erschienen, zog André Suarès (1868–1948) eine eindeutige Parallele: Wie der Antichrist Hitler für ihn Deutschland verkörpere, so tue dies Luther für den Protestantismus. Rettung für Deutschland sei nur von der „Tochter des Himmels" Therese von Konnersreuth zu erwarten, und sie büße für den Wahnsinn ihres Volkes und die Barbarei der Herrscher, die es sich selbst gegeben habe. Luther und die Reformation seien, wenn auch etwas weniger grobschlächtig, Kinder desselben Geistes, der Hitler und sein Gesindel beseelt. Die enge Verwandtschaft, die Luther, der Deutschland zum Gott der eigenen Rasse gemacht habe, mit Hitler verbindet, sei die des „rasenden Allah", dessen Bibelübersetzung als „Koran des nordischen Islam" bezeichnet wird, mit seinem Propheten. Zwar wäre Luther, so Suarès, von Julius Streicher aufgrund mangelnder arischer Merkmale wahrscheinlich ins Konzentrationslager geschickt worden; nichtsdestoweniger sieht er in ihm, in Hitler und seinen fünfzig Millionen rasenden Bären Tischgesellen des Teufels[1]. Diese Polemik weist große Ähnlichkeit mit den gehässigen Äußerungen[2] auf, bei denen es zwischen 1914 und 1918 zu Verallgemeinerungen und Behauptungen kommt, in denen nationale und konfessionelle Komponenten in der nationalistischen Polemik miteinander verknüpft wurden. Dabei bildeten französische publizistische Produkte, die nicht selten im Umfeld der *Action Française*, des *Sillon* und im *Comité catholique de propagande française à l'étranger* entstanden, spiegelbildliche Entsprechungen deutscher Pamphlete, die z.B. im Reformationsgedenkjahr 1917 Luther, Bismarck und Hindenburg assoziierten. Unter den während des Ersten Weltkriegs erschienenen katholischen Schriften nehmen die des späteren Autors des Lutherartikels im *Dictionnaire de Théologie Catholique*[3], Jules Pa-

---

[1] Siehe 31 f., 147, 157; zitiert nach *Gerhard Philipp Wolff*, Das neuere französische Lutherbild (Wiesbaden 1974) 297 f.
[2] Siehe *Jean Baubérot*, L'antiprotestantisme politique à la fin du XIXe siècle, in: Revue d'Histoire et de Philosophie Religieuse (1972/4) 449–484 und (1973/2) 177–221.
[3] Paris 1926, Bd. 11/1, Sp. 1146–1335.

quier, einen besonderen Platz ein. Dieser sieht in der Antipathie der „sächsischen Rasse" gegenüber den romanischen Völkern eine eindeutige Ursache der Reformation. In seinen Vorträgen, die in mehreren Auflagen vom *Comité catholique de propagande française à l'étranger* unter dem Titel *Le Protestantisme Allemand – Luther – Kant – Nietzsche*[4] veröffentlicht wurden, betont er die Kontinuität zwischen dem Reformator, der durch Leugnung der kirchlichen Lehrautorität die Wahrheit der Offenbarung zu negieren suchte, Kant, der, indem er die spekulative Vernunft leugnete, die theoretische Wahrheit zunichte machte, und Nietzsche, dem Zerstörer der sittlichen Wahrheit, der sich diesen Ruf durch Ablehnung der ‚Sklavenmoral' verdiente. Seine Vorträge verstand Paquier als Beitrag zu einem tieferen Verständnis der kriegerischen Auseinandersetzungen zwischen Frankreich und Deutschland. In der ebenfalls im Auftrag des Comité catholique von Mgr. Alfred Baudrillart, dem Rektor des *Institut catholique de Paris*, herausgegebenen Schrift *La guerre allemande et le catholicisme*[5] sah Georges Goyau Kulturkampf und Weltkrieg als zwei Formen des Angriffs auf die katholische Kirche. Germanentum und Protestantismus seien zwei weitgehend deckungsgleiche Begriffe. Im Protestantismus komme der gegen die lateinischen Völker gerichtete Machtwille der germanischen Rasse zum Ausdruck. Deshalb würden auch die preußischen militärischen Siege des Gottes der Reformation, des deutschen Gottes über die katholischen (lateinischen) Völker gefeiert. Bei dieser Gleichsetzung beruft sich Goyau auf Treitschke und dessen Definition des „deutschen Geistes", der auch Wilhelm II. beseelte.

I. Der französische Protestantismus im Ersten Weltkrieg und in der Weimarer Republik

Diese antiprotestantischen Ausfälle, die bereits vor 1914 die patriotische Loyalität der Protestanten in Zweifel gezogen hatten, erklären zum Teil, warum diese sich weitgehend dem in Frankreich zustande gekommenen Burgfrieden (*union sacrée*) anschlossen, und dies, obwohl pazifistische Strömungen vor 1914 durchaus vorhanden waren. Neben dem radikalen Pazifismus eines Paul Passy[6], der 1913 die

---

[4] Paris 1915.
[5] Paris 1915, dazu *Georges Goyau*, La ‚Culture' Germanique et le Catholicisme 7–18.
[6] Der berühmte Phonetiker (1859–1940) an der Pariser École Pratique des Hautes Etudes, der sich 1878 zum Protestantismus bekehrte und fortan als aktiver Laienevangelist der Baptistenkirche wirkte, schloß sich 1906 der sozialistischen Partei SFIO an und war 1908 Mitbegründer der Union des Socialistes Chrétiens, die Personen zusammenschloß, die „in den sozialistischen Prinzipien die angemessenste praktische Übersetzung des evangelischen Programms im wirtschaftlichen Bereich" sahen. 1909 gründete er ein halbkollektivistisches, auf 3. Mose 25 sich berufendes Landwirtschaftsunternehmen (Liefra = Liberté – Égalité – Fraternité). 1913 wurde er wegen seines Appells zur Massenfahnenflucht vorübergehend seines Amtes enthoben. Im Krieg vertrat er dann für Frankreich die Position der ‚Notwehr'. Nach 1918 nahm er gegen die Bolschewiki Stellung und blieb „ein überzeugter Antileninist,

Massendesertion propagierte, vertraten die Anführer der „christlich-sozialen" Bewegung Wilfried Monod[7] und Élie Gounelle[8] einen juristischen Pazifismus, der die Lösung der internationalen Konflikte durch Schiedssprüche und eine „gleichzeitige und allmähliche Abrüstung" (1910) bewerkstelligen wollte. Die Vertreter dieser Bewegung, die eine deutsch-französische Annäherung befürworteten, wünschten eine direkt zwischen den Betroffenen ausgehandelte, friedliche Lösung der elsässischen Frage. Sie, die sich den nationalistischen Kräften widersetzen wollten, hofften, Protestanten ähnlicher Gesinnung in Deutschland für den für September 1914 in Basel geplanten Gründungskongreß einer internationalen christlich-sozialen Föderation zu gewinnen. Selbst nach der Kriegserklärung, die, so Édmond Vermeil, den ‚zweiten Dreißigjährigen Krieg' auslöste, versuchte Charles Babut (1835–1916), Pastor in Nîmes[9], in einem Schreiben vom 4. August 1914 an den Berliner Oberhofprediger Ernst von Dryander, diesen zur Unterschrift unter einen Aufruf an die Christen der kriegführenden Länder zu bewegen. Er schlug vor, daß u. a. deutsche und französische Christen sich verpflichteten, unter Gottes Augen und mit seinem Beistand allen Haß aus ihren Herzen zu

ein sozialistischer Idealist und protestantischer Anarchist" (nach *Jean Baubérot*, Artikel Paul Passy, in: *André Encrevé* [Hrsg.] Les Protestants [Paris 1993] 372 f.).

[7] Der aus einer Pastorenfamilie stammende Wilfried Monod (1867–1943) war Pastor in Rouen und Paris, Professor an der dortigen Theologischen Fakultät, Mitbegründer der Fédération Protestante de France und Vize-Präsident der Alliance Universelle pour l'Amitié Internationale par les Eglises, wo er die Position des „Friedens durch das Recht" verteidigte, die einen Defensivkrieg im Fall des Scheiterns internationaler Schiedsprozeduren nicht ausschloß. Er beteiligte sich leitend an der Bewegung Life and Work (Mouvement Oecuménique du Christianisme Pratique) und an der Bewegung Faith and Order (Mouvement Oecuménique Foi et Constitution) und begründete 1923 den Laienorden der Wächter, dessen Mitglieder sich jedes Jahr neu verpflichteten, im Geist der Seligpreisungen zu leben. Im Verlust der Verwurzelung im hebräischen Prophetismus und der messianischen Hoffnung sah er den Ursprung der Begründung des Sozialismus außerhalb der Kirchen. Als Theoretiker des Christianisme social in Frankreich bemühte er sich, individuelles und soziales Christentum zu vereinbaren, und sah ein mögliches Zusammengehen von sich gegenseitig reformierendem Christentum und Sozialismus (nach *Jean Baubérot*, Artikel Wilfried Monod, in: *André Encrevé* [Hrsg.], Les Protestants [Paris 1993] 351 ff.; *ders.*, La mouvance protestante française du ‚christianisme social' et l'Allemagne, de la première guerre mondiale à l'avènement du nazisme, in: *Frédéric Hartweg* [Hrsg.], Protestantismes français et allemand [Revue d'Allemagne XXI, 1989] 522–530).

[8] Pastor in Alès, Roubaix, Paris, Saint-Etienne und Militärseelsorger (1916–1918), übernahm er 1909 die Leitung der Revue du Christianisme Social. 1922 wurde Élie Gounelle (1865–1950) Generalsekretär der Fédération Protestante du Christianisme Social und spielte eine wichtige Rolle beim Gründungskongreß von Life and Work (Stockholm 1925) und wurde Kodirektor des Institut International du Christianisme Social in Bossey (Schweiz). Wie Monod verlor Gounelle an Einfluß in der von Karl Barth geprägten Generation. Es wurde ihm eine zu optimistische Rousseauistische Menschenauffassung vorgeworfen, und als er seine Befürchtungen angesichts des Aufstiegs von Faschismus und Nationalsozialismus zum Ausdruck brachte, warfen junge Pastoren seiner Bewegung mangelnden Pazifismus vor (Quellen wie Anmerkung 7).

[9] Nach seinem Studium in Montauban hielt er sich in Deutschland (u. a. Heidelberg) und England auf. In Nîmes beteiligte er sich an der Gründung und Leitung verschiedener Sozialwerke und an der Association protestante pour l'étude pratique des sciences sociales.

verbannen und ihren Einfluß geltend zu machen, um auf diesem Weg so viel
Humanität wie möglich im Krieg zu wahren[10]. Von Dryanders Antwort vom
15. September 1914 begründete die schroffe Ablehnung mit der Behauptung, die
Deutschen seien als „friedliebendste[s] Volk" von „einer frevelhaften Koalition"
umzingelt und „von drei blutdürstenden Hyänen zur gleichen Zeit überfallen"
worden. Dabei wurde die Verletzung der belgischen Neutralität verniedlicht.
„Wer um sein Leben kämpft, fragt nicht, ob er dabei des Nachbarn Gittertür zer-
bricht."[11] Von Dryander und die zwei anderen Unterzeichner des Briefes „stimmen gern dem Gedanken zu, daß Patriotismus und Christentum sich nicht aus-,
sondern einschließen. Das zweite soll den ersteren reinigen und heiligen, die nationale Besonderung auch dem Reiche Gottes eine reiche Harmonie zuführen".
Sie geben ihrer Überzeugung Ausdruck, „daß auf unserer Seite mit einem Maß
von Selbstzucht, Gewissenhaftigkeit und Milde gekämpft wird, wie es vielleicht

---

[10] „[...] s'engagent sous le regard et avec l'aide de Dieu à bannir de leurs cœurs toute haine
pour ceux qu'ils sont obligés d'appeler momentanément des ennemis et à leur faire du bien si
l'occasion leur est offerte; à employer toute l'influence dont ils peuvent disposer pour que la
guerre soit conduite avec autant d'humanité que possible, pour que le vainqueur quel qu'il
soit n'abuse pas de sa force [...]." Zitat aus *Daniel Robert*, Les Protestants français dans la
guerre de 1914–1918, in: Francia, Forschungen zur westeuropäischen Geschichte 2 (1975)
415–430. Die deutsche Übersetzung von Babuts Schreiben ist abgedruckt in: *Gerhard Besier*,
Die protestantischen Kirchen Europas im Ersten Weltkrieg. Ein Quellen- und Arbeitsbuch
(Göttingen 1984) 69 ff. In einem P.S. fügt Babut hinzu: „Ich kann nicht wissen, wie sich die
Situation in dem Moment, in dem Sie meinen Brief bekommen werden, darstellt, doch ich
möchte Ihre Aufmerksamkeit auf die Tatsache lenken, daß er am 4. August geschrieben worden ist, also bevor ein wie auch immer geartetes militärisches Ereignis stattgefunden hat." In
seinem Entwurf der Erklärung an Christen aus Deutschland, England, Österreich, Frankreich, Rußland, Belgien und Serbien weist er auf Paulus' Formulierung hin, daß es auf dem
Gebiet des Glaubens „weder Jude noch Grieche, Barbar und Skythe mehr gibt; folglich gibt
es nicht mehr Deutsche und Franzosen, Österreicher und Russen, sondern einzig und allein
Christen". In seinem Schreiben, das die Anrede „Lieber Herr, geehrter Bruder" benutzt, erinnert Babut an den Besuch des Kandidaten der Theologie von Dryander 1869 in Nîmes. Er
verweist ebenfalls auf internationale Begegnungen in Brighton, die auf Initiative und unter
der Leitung des Amerikaners Pearsall Smith, dessen Devise „die vollkommene Hingebung an
den Dienst Gottes" war, zustande kamen: „Es gab gemeinsame Zusammenkünfte, in denen
man bald französisch, bald deutsch sprach. Die Erinnerung an den Krieg von 1870/71 lag
kaum zurück und war noch in allen Herzen gegenwärtig. Es geschah eines Tages, daß ich
öffentlich darauf ansprach und sagte, wenn mir je das große Unglück widerfahren sollte, ein
zweites Mal Zeuge eines Konfliktes zwischen unseren beiden Ländern zu werden, dann
würde ich mich, soweit es mir möglich wäre, dafür einsetzen, daß die brüderliche Liebe, die
niemals aufhören darf, die Nachfolger Christi zu vereinen, trotz des Krieges aufrechterhalten
und proklamiert würde." Am Ende seines Briefes heißt es: „Ich habe Ihnen französisch geschrieben, bitte antworten Sie mir auf deutsch, ich verstehe diese Sprache gut."
[11] Das Antwortschreiben ist abgedruckt bei *Besier*, Die protestantischen Kirchen im Ersten
Weltkrieg (wie Anm. 10) 72–76. Siehe dazu auch *ders.*, Les Eglises protestantes en Allemagne, en Grande-Bretagne, en France, et le front intérieur (1914–1918), in: *Jean-Jacques
Becker, Stéphane Audoin-Rouzeau* (Hrsg.), Les sociétés européennes et la guerre de
1914–1918 (Paris 1990) 211–235; *Charles E. Bailey*, L'attitude des théologiens protestants
allemands envers l'Allemagne durant la guerre de 1914-1918, in: Bulletin de la Société de
l'Histoire du Protestantisme Français (BSHPF) 133 (1987) 181–203.

noch niemals in der Weltgeschichte der Fall gewesen ist". Sie betonen weiter: „Vom Kaiser bis zum Tagelöhner waren in Deutschland keine hundert denkende Menschen zu finden, die den Krieg mit unseren Nachbarn wollten, geschweige suchten." Daß England „lediglich um des rollenden Penny willen der in Abstammung, Glauben, Kultur befreundeten Nation wie ein Meuchelmörder in den Rükken gefallen [ist …], daß [es] heidnische Japaner zu einem Raubzug aufgestachelt und afrikanische Neger gegen uns in den Kampf geführt habe", daß es sich dem Bündnis zwischen „der russisch-mongolisch-asiatischen Politik der Räuber" und der „Revanchelust der Franzosen" angeschlossen habe, ruft bei den Briefautoren „das Gefühl tiefsten Zornes und sittlicher Verachtung" hervor. Die trotzige Behauptung: „Daß wir uns vor einer Welt von Feinden nicht fürchten, haben wir bewiesen", erinnert an ‚Ein feste Burg ist unser Gott'. Sie enden mit dem Gebet, „daß aus dem entsetzlichen Weltenbrand [...] ein neues Volk, ja, eine neue Welt geboren werde, die in Gerechtigkeit ihrem Gott dient. Der Herr schenke uns noch etwas davon zu erleben und lasse zu uns, durch uns Sein Reich kommen!" Formulierungen, die vom Glauben an die reinigende Macht des Krieges zeugen.

Mit dem Kriegsbeginn, der Verletzung der belgischen Neutralität und den Zerstörungen in Löwen kam es innerhalb des französischen Protestantismus zu einer deutlichen Verhärtung der Haltung Deutschland gegenüber, das durch den Bruch internationaler Verträge eindeutig völkerrechtswidrig gehandelt hatte. Vor diesem Hintergrund ist die mit großer Schärfe erfolgte Zurückweisung der Appelle deutscher Intellektueller und Christen durch französische Protestanten zu verstehen. Auf den „Aufruf der 93" ‚An die Kulturwelt'[12], der von mehreren evangelischen und katholischen Theologen und Kirchenhistorikern (darunter Adolf Deißmann und Adolf v. Harnack) mitunterzeichnet war und der den militärischen Konflikt als gerechten, Deutschland aufgezwungenen Verteidigungskrieg darstellte – „Ja, dieser nämliche Kaiser [i.e. Wilhelm II. … „ein Schirmherr des Weltfriedens"], den sie jetzt einen Attila zu nennen wagen, ist jahrzehntelang wegen seiner unerschütterlichen Friedensliebe von ihnen verspottet worden. Erst als eine schon lange an den Grenzen lauernde Übermacht von drei Seiten über unser Volk herfiel, hat er sich erhoben wie ein Mann." – sowie den Einsatz kolonialer Truppen gegen die ‚Weiße Rasse'[13] anprangerte, antworteten die französischen freien theologischen Fakultäten von Montauban und Paris[14]. Die Professoren der Fakultät von Montauban bekundeten zunächst ihre Solidarität mit der katholischen Fakultät von

[12] Abgedruckt bei *Besier*, Die protestantischen Kirchen im Ersten Weltkrieg (wie Anm. 10) 78–83. Auch Wissenschaftler wie Emil v. Behring, Max Planck, Wilhelm Röntgen, der vorher in Straßburg tätige Generaldirektor der königlichen Museen in Berlin, Wilhelm v. Bode, und Max Reinhardt, Direktor des Deutschen Theaters in Berlin, unterzeichneten diesen Aufruf.
[13] „Sich als Verteidiger europäischer Zivilisation zu gebärden, haben die am wenigsten das Recht, die sich mit Russen und Serben verbündeten und der Welt das schmachvolle Schauspiel bieten, Mongolen und Neger auf die weiße Rasse zu hetzen" (ebd. 79). Vgl. *Robert*, Les protestants français (wie Anm. 10) und *Bailey*, L'attitude (wie Anm. 11).
[14] Abgedruckt in: Le Christianisme au XXe siècle, jeudi 17 décembre 1914, 407 f.; deutsche Übersetzung bei *Besier*, Die protestantischen Kirchen im Ersten Weltkrieg (wie Anm. 10) 89-92.

Löwen und dem gesamten belgischen Volk sowie die schmerzlichste Entrüstung über die Zerstörung der Kathedrale von Reims. Sie „wundern sich – um es milde auszudrücken – [...], daß Gelehrte, deren Namen mit Recht hochgeschätzt werden, bis zu einem solchen Grad die elementarsten Regeln wissenschaftlicher Kritik und Geschichtsforschung verkennen". Die Vorgehensweise der deutschen Gelehrten hinsichtlich der Verletzung der belgischen Neutralität bedeute „den Zusammenbruch jeder wissenschaftlichen Kritik, der die Folgeerscheinung des Zusammenbruchs der gesamten internationalen Moral ist"; ihr „geistige[r] Zustand [ist...] für den gesunden Sinn der lateinischen Rasse ein absolut unlösbares Rätsel". Sich auf Luthers „ich kann nicht anders" berufend, drücken die Theologen von Montauban ihr „noch viel größeres Erstaunen über den Brief des ersten Hofpredigers D. Dryander" aus und schließen mit folgenden Formulierungen: „In diesem ‚Weltbrand‘, der ohnegleichen dasteht, der ebenso die intellektuellen wie die moralischen Grundlagen der christlichen und menschlichen Zivilisation erschüttert, beten wir zu Gott um Segen für Frankreich und alle Völker, die ihr Blut für die Verteidigung der Wissenschaft, der Freiheit, der Wahrheit, für das Recht der Völker und der einzelnen vergießen." Die Pariser Theologen betonen: „Die Nichtachtung der vertragsmäßigen Neutralität, die Verwüstung der eroberten Gebiete, die Gewalttaten an Nichtkämpfern sind Handlungen, die unverträglich mit dem evangelischen Glauben sind. Sie *begehen* oder sie *rechtfertigen*, heißt das Evangelium verleugnen." Ihre Auffassung von einer „Idee der Kultur, die unlöslich mit allen Forderungen des moralischen Gewissens verbunden ist", ihre Überzeugung, „daß die europäische Zivilisation das Ergebnis der *gemeinsamen* Arbeit *aller* Völker ist", führen sie dazu, die „angebliche Kulturüberlegenheit" der deutschen Gelehrten zu verwerfen, da sie angeführt wird, um Verbrechen zu rechtfertigen. Sie erinnern auch daran, daß „das Reich Gottes für die Geringen und Armen gekommen ist": „Die Vorstellung, daß die Macht auch das Recht gibt, ihren Willen den Schwachen aufzunötigen, zerstört das Liebeswerk an den Geringen, das Jesus Christus vollbracht hat." Ihren Text schließen die Pariser Theologen mit dem Ausdruck ihrer innigen Verbundenheit mit ihrem Vaterland, dem sie „auf die rechte Art" zu dienen glauben, wenn sie „den unwandelbaren Grundsätzen der christlichen Moral und der wissenschaftlichen Wahrheit unverbrüchliche Treue halten. Allen Stolz von uns weisend, protestieren wir gegen den Mißbrauch einer Autoritätsmethode, die die Wahrheit nur ersticken kann." In derselben Nummer von *Le Christianisme au XXᵉ siècle*, in der die beiden Texte aus Montauban und Paris abgedruckt sind, erscheint ebenfalls ein Schreiben von Émile Doumergue[15],

---

[15] Redakteur und später aktiver Mitarbeiter des „Christianisme au XIXᵉ (danach XXᵉ) siècle", Dekan der Fakultät von Montauban von 1907 bis 1919. *Émile Doumergue* verteidigte in seinem monumentalen siebenbändigen Werk „Jean Calvin, Les hommes et les choses de son temps (1899–1927)" die Eigenständigkeit und sogar die vollständige Unabhängigkeit der französischsprachigen von der deutschsprachigen Reformation. Im 1917 erschienenen 5. Band seiner Arbeit verwahrte er sich gegen vereinfachende Gleichsetzungen des reformatorischen Werks Luthers im 16. Jahrhundert mit bestimmten Äußerungen des Luthertums am Anfang des 20. Jahrhunderts, wie sie z.B. im Vorwort der im Reformationsjubiläumsjahr

der sich über die Zerstörungen, die Plünderungen und die Vergehen an Zivilisten entrüstet. Bereits am 28. 09. 1914 hatte der Rat der Dachorganisation des französischen Protestantismus *Fédération des Églises Protestantes de France* seinen „tiefen Schmerz" darüber ausgedrückt, „daß nach so vielen Jahrhunderten des Christentums zwei große Kaiserreiche systematisch die am tiefsten eingewurzelten Regeln des Menschenrechts verletzen", und seine Ablehnung gegenüber dem „Mißbrauch religiöser Sätze, für den die Kaiser Deutschlands und Österreichs seit Beginn der Feindseligkeiten ein skandalöses Exempel darstellen", bekundet[16]. Er stellt ebenfalls „voller Trauer" fest, „wie sehr diese Ausnutzung Gottes das Risiko in sich birgt, die Religion vor dem Angesicht des modernen Bewußtseins zu kompromittieren, und demaskiert vor der gesamten Christenheit das Übel, das durch Praktiken angerichtet wurde, die unter einem Deckmäntelchen evangelischer Werte die Negation der Religion der Propheten und Jesu Christi verbirgt".

Die französische Erwiderung auf den „Aufruf deutscher Kirchenmänner und Professoren: An die evangelischen Christen von Anstand" (04. 09. 1914), welcher mit dem Verrat Englands am gemeinsamen Werk der Ausbreitung der christlichen abendländischen Kultur und der notwendigen Konfrontation mit dem Zaren operierte, der Germanentum und Protestantismus ausrotten wollte und dem Missionswerk schweren Schaden zufügte[17], kam erst im Sommer 1915 zustande. Sie beteuerte den französischen und englischen Friedenswillen und widerlegte die deutschen Argumente: Der europäische Krieg würde den Missionsunternehmungen weniger schaden als die blutige Niederwerfung des Herero-Aufstandes oder das Verhalten der deutschen Truppen in China; nicht die freiwilligen französischen und englischen Kolonialtruppen, sondern die Deutschen seien die Urheber

1917 in der Revue de Métaphysique et de Morale erschienenen Beiträge zu finden sind, wo der Zusammenhang zwischen preußisch-deutschem Weltbeherrschungstraum und „lutherischem Fanatismus" angedeutet wird.

[16] Deutsche Übersetzung bei *Besier*, Die protestantischen Kirchen im Ersten Weltkrieg (wie Anm. 10) 68.

[17] *Besier*, Die protestantischen Kirchen im Ersten Weltkrieg (wie Anm. 10) 40–45. Daraus: „Ein planmäßiges Lügengewebe [...] hat es gewagt, uns und unserem Kaiser das innere Recht zur Anrufung des Beistandes Gottes zu bestreiten. [...] Wir stehen diesem Toben der Völker im Vertrauen auf den heiligen, gerechten Gott furchtlos gegenüber. [...] In heiliger Begeisterung, Kampf und Tod nicht scheuend, sind wir alle im Aufblick zu Gott einmütig und freudig bereit, auch unser Letztes für unser Land und unsere Freiheit einzusetzen." [...] „Diese primitiven Völker [Mittelafrikas] lernten das Christentum als die Religion der Liebe und des Friedens kennen im Gegensatz zu Stammesfehde und Häuptlingsgrausamkeit. Jetzt werden sie mit Waffen gegeneinandergeführt von den Völkern, die ihnen dieses Evangelium brachten. So werden blühende Missionsfelder zertreten", wo der „Wettbewerb zwischen Christentum und Islam um die schwarze Rasse" stattfindet. „Nicht um unseres Volkes willen, dessen Schwert stark und scharf ist, um der einzigartigen Weltaufgabe der christlichen Völker in der Entscheidungsstunde der Weltmission willen wenden wir uns an die evangelischen Christen im neutralen und feindlichen Auslande." Die Schuld am Krieg läge nicht am deutschen Volk, sondern bei denen, „die das Netz der Kriegsverschwörung gegen Deutschland seit langem im verborgenen arglistig gesponnen und jetzt über uns geworfen haben, um uns zu ersticken."

der größten Grausamkeiten[18]. Die Ursache für die relativ späte Reaktion auf den Aufruf lag darin, daß er in Frankreich kaum bekannt war. Das *Journal des Débats* hatte ihn zwar zitiert, aber gewissermaßen verfälscht, indem es ihn als nur an frankophone Protestanten gerichtet ausgab. Die Antwort versucht, Sorgfalt im Umgang mit den Fakten und Mäßigung im Ton walten zu lassen, indem die Argumente des Aufrufs einzeln entkräftet werden. Auch wird Luther zitiert mit: „Ein wahrer Christ ist ein seltener Vogel, und wir könnten Gott danken, wenn die Mehrzahl der Deutschen fromme Heiden wären." Dem „christliche[n] Kaiser [Wilhelm II.], der sich als Protektor des Henkers der Armenier gezeigt hat", wird das Recht nicht bestritten, „sich in seiner Not an den alten deutschen Gott zu wenden [...der] schon der Gott Bismarcks und der Gott Wilhelms I. [war]. Doch haben wir das Recht, uns zu fragen, ob es auch der Gott des Evangeliums ist, der es dem deutschen Kaiser eingab", sich als Freund des Sultans, des „Mörder[s] der christlichen Armenier" und „der 300 Millionen der Gläubigen, die in ihm ihren Kalifen verehren", zu bezeichnen. Danach werden die Kriegsziele und Annexionsvorstellungen der alldeutschen Bewegungen und Publikationen erörtert, deren „Traum der Weltherrschaft [...], der 1870 das kriegerische und gelehrte Deutschland geschaffen" und die Idee des „Herrenvolkes" hervorgebracht hat. Die Darstellung der Russen als „asiatische Barbaren" wird mit einem Zitat von Treitschke (1876) widerlegt. Dagegen werden neutrale schweizerische Quellen und ein amerikanischer Geistlicher, Mitglied eines amerikanischen Hilfskomitees für Belgien, als Zeugen gegen die „Mordbrenner von Belgien und Reims" angeführt; so antwortet Rev. Dr. Charles T. Baylis (Brooklyn) in der *Sun*, „daß die Deutschen die inhumansten Krieger der Geschichte sind und daß im Vergleich mit ihnen die Hunnen und die Vandalen nur Dilettanten sind". Jede französische Schuld am Kriegsausbruch wird verneint. Die Befreiung der gegen ihren Willen dem Mutterland entrissenen Provinzen Elsaß und Lothringen wird als „alte Revanche des Rechts, jene langersehnte Rückkehr zur Gerechtigkeit und zur Freiheit" gesegnet. Eine längere Unterbrechung der geknüpften freundschaftlichen Beziehungen zum deutschen Protestantismus wird angedeutet, und die englische Antwort auf den Aufruf wird zitiert: „So teuer wie uns der Friede ist, so werden uns die Grundsätze der Treue und Ehre noch teurer sein." Der Platz der französischen Protestanten sei „inmitten unseres Volkes und an der Seite unserer Verbündeten [...], um ihnen zu helfen durch unsere Gebete, durch unsere Wünsche, durch die Tapferkeit und das Blut unserer Söhne, einen Krieg der Gerechtigkeit und der Befreiung bis zum Ende durchzuführen". Schließlich wird die Gewißheit zum Ausdruck gebracht, „mit [dem englischen, amerikanischen, skandinavischen, holländischen, romanisch-schweizerischen Protestantismus] die reinste Überlieferung der Reformation des 16. Jahrhunderts darzustellen, die es immer mehr versteht,

---

[18] Deutsche Übersetzung bei *Besier*, Die protestantischen Kirchen im Ersten Weltkrieg (wie Anm. 10) 58–68.

mit der evangelischen Pietät die praktische Ausübung der Gerechtigkeit, die Achtung vor der Unabhängigkeit anderer und die Sorge für die große menschliche Brudergemeinschaft zu vereinigen".

Mit Entschiedenheit, wenn auch in unterschiedlicher Tonlage, weisen Jean Meyer von der *Inspection de Paris* der *Église Évangélique de Paris* (14. 10. 1914) und Benjamin Couve, Präsident der *Union Consistoriale des Églises réformées de Paris et de la Seine* (7. 11. 1914), die Unterzeichnung des Friedensappells von Nathan Söderblom zurück[19]. Jean Meyer wie Couve erwähnen die Plünderungen, Zerstörungen und Greueltaten der Deutschen. Besonders drastisch schildert Meyer, wie diese „ein Teil unseres Landes – genau wie Belgien – mit Ruinen und unschuldigem Blut [überziehen...] verbrennen und massakrieren". Sich unter diesen Umständen dem Friedensangebot anzuschließen, bedeute letztendlich einem Diktat des Kaisers zu folgen und in zehn Jahren einen neuen Krieg anzuzetteln. Die Protestanten würde es als Landesverräter stigmatisieren, „und – Sie wissen das – in unserem Land gibt es mehr als genug Leute, die nur zu glücklich wären, uns so darstellen zu können". Diese Befürchtung wird auch von Benjamin Couve geteilt, der die französischen Protestanten allein schon durch den ‚Aufruf deutscher Kirchenmänner und Professoren' vom 4. September 1914 als ‚kompromittiert' ansieht, da dieser antiprotestantische Stimmungen in Frankreich nähren könne.

In einer Botschaft der Nationalsynode der evangelisch-reformierten Kirchen Frankreichs an den Präsidenten der Republik[20] wird „erneut [...] dem Vaterland die begeisterte Versicherung unserer Liebe und unserer Ergebung" dargebracht, das Gebet „für unser Frankreich, dessen Einigkeit, dessen unwiderstehliche Ausdauer und dessen wunderbare Geduld das Heil der Welt bedeuten werden", für Staatsoberhaupt, Regierung, Armee, verbündete Nationen, die „mit uns ihr Blut für die Sache der modernen Welt [vergießen...], für die Zivilisation, die auf den Prinzipien des Evangeliums und der Demokratie von 1789 beruht, für die ganze seufzende Menschheit, die in verheißungsvollen Geburtswehen liegt", erwähnt, sowie das Vertrauen, mit dem „die Stunde des dauernden Friedens durch den glänzenden Triumph des Rechtes, der Freiheit, der heiligen und göttlichen Brüderlichkeit" erwartet wird.

In einem Aufruf der französischen Protestanten an die Protestanten der neutralen Staaten[21] mit der Bitte, „für den Sieg der Freiheit der Völker und des heiligen Rechts der Nationen" zu kämpfen, wird an die „verwerfliche Neutralität des Gewissens (des sittlichen Urteils)" erinnert und an den notwendigen Dienst an der

---

[19] Der Appell des Erzbischofs von Uppsala ist Ende September 1914 datiert. Er erreichte Couve erst am 13.10., so daß die Frist für die erwartete Antwort bereits verstrichen war. Die deutschen Übersetzungen sind abgedruckt bei *Besier,* Die protestantischen Kirchen im Ersten Weltkrieg (wie Anm. 10) 104 ff.

[20] Deutsche Übersetzung bei *Besier,* Die protestantischen Kirchen im Ersten Weltkrieg (wie Anm. 10) 123 f.

[21] August 1915. Deutsche Übersetzung bei *Besier,* Die protestantischen Kirchen im Ersten Weltkrieg (wie Anm. 10) 145 ff.

Wahrheit appelliert, an die Kriegsverantwortung von Österreich-Ungarn und besonders von Deutschland, dessen Sieg das Ende der Neutralität und der Achtung von Verträgen (nach dem Motto des Reichskanzlers: „Not kennt kein Gebot") bedeuten würde, wofür Belgien und Elsaß-Lothringen beredte Beispiele lieferten. Mit „fest[en] Seelen" und „ruhig[em] Gewissen" wird in dieser Hinsicht die Frage gestellt, ob „Frankreich nicht als Kämpfer des Rechts" erscheine: „Wir kämpfen, um zu sichern den Sieg jener Gerechtigkeit, die nach dem Wort der heiligen Bücher allein ‚die Völker erhöht'."

Von beinahe prophetischer Bedeutung ist ein Beitrag von Paul Doumergue in *Le Christianisme au XXᵉ siècle* vom 3. Mai 1917[22]. Der Autor geht auf die Verletzung der belgischen Neutralität, die mutwilligen Zerstörungen (Löwen, Reims), die Greueltaten und Kriegsverbrechen (Erschießung von Geiseln, Deportation und Zwangsarbeit von Zivilisten, U-Boot-Krieg und Versenkung neutraler Schiffe, Torpedierung von Hospitalschiffen) und „Angriffe auf die Menschenrechte und das Völkerrecht" ein, um die Frage der „moralische[n] Tragweite des Krieges" besonders nach dem Eingreifen der USA aufzuwerfen. Über die grauenvollen Handlungen hinaus sei es die geistige Haltung Deutschlands, die wachsende Empörung hervorruft: „Dem Geist des deutschen Kaiserreiches selbst hat er [i.e. Präsident Wilson] den Krieg erklärt, der militärischen Autokratie, die ganze Völker auf Schlachtfelder schickt, ohne sie überhaupt zu fragen, ohne ihnen die Wahl zu lassen zwischen Krieg und Frieden." Angesichts der Verwüstungen und der Politik der verbrannten Erde der Deutschen auf ihrem Rückzug (z.B. in der Gegend der Geburtsstadt Calvins, Noyon) stellt Doumergue die Frage der Reparationen, da „das Gewissen nach Gerechtigkeit, nach Wiedergutmachung [ruft]". Dabei geht es um mehr als nur um „Milliardenbeträge": „Das Gewissen der Nation selbst wird die Inventur vornehmen, und sie wird endlos sein, ungeheuer." Ein „Tribunal" ist daher notwendig: „Ja, dieser Krieg wird vor den Schranken des Gerichts enden [...]. Deutschland muß unter der Wucht der Justiz die Gerechtigkeit akzeptieren und anerkennen, es muß in diese Geisteshaltung der Wiedergutmachung eintreten und, da es die Grablegung wollte, nun die Auferstehung wollen." Um die „freiwillige Sühne für das eingestandene Verbrechen" zu erreichen, „wäre ein Gewissenswandel, eine nicht politische, sondern moralische Revolution nötig." Nicht der „Geist des Merkantilismus und Tauschhandels", sondern der der Gerechtigkeit muß den Friedensschluß tragen: „Was die Christen

---

[22] Das Gewissen und der Krieg. Deutsche Übersetzung bei *Besier,* Die protestantischen Kirchen im Ersten Weltkrieg (wie Anm. 10) 169–172. Paul Doumergue war zunächst Pastor in Valence, dann im Dienst der Société centrale d'évangélisation in Saint-Germain-en-Laye und Montrouge. Nach 1911 widmete er sich voll seiner publizistischen Tätigkeit, um dem protestantischen Gedankengut als Element der französischen Kultur eine breitere Resonanz zu verschaffen. Mit Benjamin Couve begründete er 1898 die Zeitschrift Foi et Vie, revue de quinzaine, religieuse, morale, littéraire et sociale, um die er eine Vortragsreihe Conférences de Foi et Vie veranstaltete; 1913 richtete er eine École pratique de service social ein und veröffentlichte im Krieg ein Journal du Soldat. Er war Mitglied des Comité des Amitiés françaises à l'étranger und veröffentlichte im Werk Servir 1929 eine Darstellung seines Lebenswerks (*André Encrevé,* Les Protestants, Anm. 6, 178 f.).

angeht, so können sie weder diese Unbußfertigkeit (gewisse Kreise frohlocken bei dem Gedanken, Deutschland möge in endgültiger Unbußfertigkeit verharren), noch die Strafe dafür wollen – sie können lediglich (wie Christus) die Erhöhung der Seelen, ihren Aufstieg aus dem Dunkel zum Licht wünschen. Die Christen beten zu Gott, daß das Gewissen Deutschlands in der Stunde der Wiedergutmachung, die auch die Stunde der Gerechtigkeit sein wird, erwachen möge." Die Tragweite dieses Textes erscheint besonders deutlich, wenn man ihn in Zusammenhang mit Texten wie der Stuttgarter Schulderklärung von 1945 oder des Darmstädter „Wort des Bruderrats der EKD zum politischen Weg unseres Volkes" (1947) stellt.

Im Januar 1918 richtete die *Fédération Protestante de France* ein Schreiben an die Kirchen der alliierten Staaten[23] mit dem Vorschlag, den 17. März Bittgebeten zu widmen, „und so das Ende dieses schrecklichen Konflikts und den Triumph von Recht über Unrecht [zu] beschleunigen", wie Moses auf dem Berg betete, „während Josua in der Ebene seinen Kampf ausfocht".

Auf Appelle der skandinavischen Bischöfe, die zu einer Konferenz einluden, die unter Auslassung der Fragen über die Ursprünge des Krieges „nach Möglichkeiten suchen sollte, die geistige Einheit der Christenheit wiederherzustellen", antwortete der Rat der *Fédération Protestante de France* mit einer einstimmigen Ablehnung der Teilnahme (26. 2. 1918)[24]. Zwar werden die Beweggründe und Bemühungen der Bischöfe nicht verkannt und den „neutralen Nationen eine Hauptrolle in der Wiederherstellung der geistlichen Gemeinsamkeit" zugebilligt, doch dies könne nicht unter Umgehung des Problems der Verantwortlichkeiten geschehen, das sie „mit der heiligen Leidenschaft unnachgiebiger Aufrichtigkeit zu lösen" versuchen sollten. Solange „noch Stücke des geheiligten Bodens unseres Vaterlandes besetzt" sind, bleibt die „erste Aufgabe – mehr denn je – in Gemeinschaft zu bleiben mit unserem Volk, dem Opfer einer ungerechten Aggression, mit unseren Soldaten, die für die Befreiung unseres Landes und gleichzeitig für die völlige Wiederherstellung des Rechtes kämpfen, leiden und sterben". Die Wiederherstellung einer echten – keiner „nichtige[n] Fassade" – „geistige[n] Gemeinsamkeit" hat nach Auffassung der Fédération „als grundlegende Bedingung die Elimination aller unterschwelligen Klagegründe, aller unausgesprochenen Gedanken, aller nicht zugegebenen Gefühle, das Eingeständnis der eingegangenen Verantwortlichkeiten und die formelle Distanzierung von den begangenen Ungerechtigkeiten. Die Schuldigen, wer immer sie auch sein mögen, müssen für schuldig erklärt werden. Ein schamvolles Schweigen, alle diese Punkte betreffend, wäre nur eine Lüge, und die Christenheit, unter einem äußeren Schein der Einheit, wäre ohne Ausstrahlung auf ihre Umgebung, da sie im Grunde weiterhin gespalten bliebe." Nur „die aufrichtige Suche nach der Wahrheit" und „ihre Erklärung", nur „volles Licht auf die Ursachen des Krieges und auf die Art, wie der Krieg erklärt

---

[23] Deutsche Übersetzung bei *Besier*, Die protestantischen Kirchen im Ersten Weltkrieg (wie Anm. 10) 191 f.
[24] Deutsche Übersetzung ebd. 197–200.

und geführt worden ist", gereichen zur „Ehre Gottes und zur Ehre Christi". Deshalb richtet sich der Rat auch an die „Menschheit, daß sie das Gute gut und das Schlechte schlecht nennen möge. Wir fordern von ihr, jegliche Mißachtung des gegebenen Wortes und der international eingegangenen Verpflichtungen förmlich zu verdammen, [...] zu erklären, daß die Macht niemals den Vorrang vor dem Recht haben möge, daß die Unterdrückung des Rechts, solange wie die Menschen darunter leiden, keine Verjährung kennen möge und alle Verstöße wiedergutgemacht werden müssen." Angesichts dieser Haltung ist es nicht verwunderlich, daß die französischen Protestanten die unnachgiebige Position Clémenceaus unterstützten[25].

Trotz dieser kompromißlosen Haltung wurden dennoch in Frankreichs Protestantismus nach Kriegsende Stimmen zugunsten eines radikalen Pazifismus[26] laut, die in der Wehrdienstverweigung die einzige echt christliche Antwort auf die Greuel des Krieges sahen. Andere, wie Freddy Dürrleman[27], lehnten den Pazifismus als naive Illusion ab und befürworteten die Förderung der Verteidigungsbereitschaft. Starke Positionen behielten weiterhin die Vertreter des juristischen Pazifismus, die jedoch die Klärung der Kriegsschuldfrage weiterhin in den Vordergrund stellten und von den deutschen Protestanten ein Bekenntnis dieser Schuld verlangten[28]; Gounelle und Monod[29] z.B. sahen darin unverändert eine moralische Vorbedingung für eine Aussöhnung und eine kohärente Folge ihrer Vorkriegshaltung, da Frankreich lediglich das Recht verteidigt habe. Da die deutschen Protestanten im Versailler Vertrag aber mehrheitlich den Frieden der Sieger und nicht den des Rechts sahen, blieben die Hindernisse auf dem Weg einer Annäherung letztlich unüberwindlich. Während Deutsche eine Verurtei-

---

[25] Vgl. dazu *Gerhard Besier*, Krieg – Frieden – Abrüstung. Die Haltung der europäischen und amerikanischen Kirchen zur Frage der deutschen Kriegsschuld 1914–1933 (Göttingen 1982) 100.

[26] U.a. bei jungen Mitgliedern des Mouvement International de la Réconciliation.

[27] Freddy Dürrleman (1881–1944) war reformierter Pastor sowie Begründer und Leiter von La Cause (1920), einer vielseitigen Evangelisierungsbewegung (Konferenzen, Volksmissionsschriften, Arbeit mit verlassenen Kindern und Blinden). Aus der frühen Nähe zu den Sozialisten (Mitglied der Union des socialistes chrétiens 1908), zu Marc Sangniers Le Sillon und zu Élie Gounelle – er war dessen Nachfolger in Roubaix, wo er die Solidarité (mission populaire) übernahm – entwickelte er sich nach rechts. 1941 wurde er wegen des Drucks und der Verteilung von Flugblättern gegen die Besatzer verhaftet und zu 1½ Jahren Gefängnis verurteilt (*Joseph Valynseele*, Artikel: Freddy Dürrlemann, in: *Encrevé*, Les Protestants [wie Anm. 6] 185 ff.).

[28] Im März 1919 schrieb die Fédération Protestante de France in diesem Sinn an Nathan Söderblom: „Les responsabilités [...] dans les origines de la guerre, [et] aussi dans la façon dont cette guerre a été systématiquement conduite [par les Allemands] en violation de tous les principes du droit des gens [...]" müssen festgestellt werden; zitiert bei *Jean Baubérot*, L'archevêque luthérien Nathan Söderblom et la création du Mouvement oecuménique Life and Work, in: Revue Historique (1979) Vol. I, 57–78.

[29] 1916 schrieb *W. Monod*, in: Revue Chrétienne (1916) 123: „Avant que je puisse causer, à cœur ouvert, sur le terrain réligieux, avec un protestant allemand, il faut que ce chrétien-là se soit élevé au niveau moral d'un athée comme Liebknecht, et qu'il ait désavoué la violation de la Belgique"; zitiert bei *Baubérot*, La mouvance protestante... (wie Anm. 7) 526, Anm. 15.

lung der Blockade verlangten[30], bestanden die Franzosen auf der Anerkennung der Kriegsschuld. So blieben Gounelle und Monod dem Treffen der *Alliance universelle* (30.9.–3.10.1919) fern, auf dem die deutschen Delegierten ‚persönlich' die Verletzung der belgischen Neutralität als moralisch falsch bezeichneten und den Gedanken einer Rache ablehnten. Diese interpretatorische Einschränkung führte zu neuen Schwierigkeiten, obwohl es zu ersten zaghaften Übereinkünften – so in der Rüstungsfrage (Kopenhagen, August 1922) – kam. Anläßlich der von Söderblom verurteilten Ruhrbesetzung kam es zu einem erneuten Dissens sowie zu lebhaften Auseinandersetzungen innerhalb des französischen Protestantismus.

Diesbezüglich erwiderte die *Fédération Protestante de France*, daß Frankreich keineswegs die schlimmen Absichten hegte, die man ihm unterstellte, sondern lediglich das einfordere, was man ihm schulde. Durch seine Weigerung, die vom Versailler Vertrag auferlegten Verpflichtungen zu erfüllen, habe Deutschland die Feindseligkeiten in verkappter Form fortgesetzt. Vertreter der christlich-sozialen Tendenz kritisierten dagegen die allzu große Regierungsnähe dieser Haltung, vertraten den Standpunkt, daß man den Konflikt vor den Völkerbund hätte bringen sollen und daß die getroffenen Maßnahmen die Zivilbevölkerung in die Arbeitslosigkeit, in die Kälte und in die Hungersnot treiben würden. In diesem Zusammenhang ist die vom französischen Oberst der Besatzungsarmee und späteren reformierten Pastor Étienne Pierre Bach gegründete Bewegung der „Ritter des Friedensfürsten" – *Mouvement des Chevaliers du Prince de la Paix*, später *Mouvement chrétien pour la Paix* – zu stellen. Begegnungen mit deutschen Protestanten in Datteln und mit Jules Rambaud waren ausschlaggebend für dieses Engagement, das sich im Rahmen eines nicht nationalistischen Patriotismus für Frieden in Europa durch Aussöhnung zwischen Christen in Europa einsetzte[31].

Von 1924 an versuchten die Deutschen die Beweislast in der Kriegsschuldfrage umzukehren[32]. Nur Söderbloms Beharrlichkeit – es gelang ihm, diese Frage auf der Stockholmer Konferenz der Bewegung ‚Life and Work' auszuklammern –, das Entgegenkommen französischer Vertreter, die wie Gounelle die „Brüder aus Deutschland" zur Teilnahme am Völkerbund einluden, sowie die sich anbahnende relative Entspannung der deutsch-französischen Beziehungen ermöglichten den Bonner Kompromiß von August/September 1926, der gleichsam ein Pendant zum Locarno-Abkommen bildete.

---

[30] So der Redakteur der Eiche, D. F. Siegmund-Schultze, der ebenfalls, wie auch Söderblom und Protestanten neutraler Staaten, den Versailler Vertrag als nicht den 14 Punkten von Präsident Wilson entsprechend betrachtete.

[31] Vgl. dazu *Albrecht Knoch*, Artikel Bach, in: *Encrevé*, Les Protestants (wie Anm. 6) 55 f. Bach schloß sich nach 1940 der Résistance an und wirkte nach dem Zweiten Weltkrieg im Sinne der deutsch-französischen Aussöhnung durch praktische Maßnahmen wie Gemeindepartnerschaften und den Bau der Kapelle der Freundschaft durch deutsche Jugendliche in Gray (1967).

[32] Vgl. dazu *Besier*, Krieg – Frieden – Abrüstung (wie Anm. 25).

Daß dieser Kompromiß nicht mit einer breiten und tiefgehenden Versöhnung gleichzusetzen ist, zeigt die Studie Rainer Lácheles zur Haltung der deutschen protestantischen Publizistik gegenüber Frankreich während der Weimarer Republik[33]. Zwar meldeten sich durchaus Stimmen, die ihre Hoffnungen auf das „andere" Frankreich und das „andere" Deutschland setzten, doch die pessimistischen Ansichten überwogen, besonders wenn man die Meldungen und Berichte über Elsaß-Lothringen in Betracht zieht. In einem 1926/27 herausgegebenen Werk wird zwar die Bezeichnung „sterbende Kirche" als Übertreibung zurückgewiesen, aber eine „schwere Krise" durchaus eingeräumt: „Eines großen Teils seiner Glieder [i.e. des elsässischen Protestantismus] beraubt, abgeschnitten von seinem Hinterland, aus dem ihm geistige und materielle Kräfte, besonders aber Menschen zuflossen, auf seine eigenen Kräfte angewiesen, ist er zu einem schwachen Glied geworden, das, in den Körper des französischen Protestantismus eingefügt, sich nur schwer zu blühendem Leben wieder entwickeln wird."[34]

---

[33] Vgl. dazu *Rainer Lächele*, Frankreich und der französische Protestantismus in der Zeit der Weimarer Republik: Perspektiven protestantischer Publizistik in den deutschen Kirchenzeitungen und Zeitschriften, in: *Hartweg*, Protestantismes français et allemand (wie Anm. 7) 531–552.

[34] In: *G. Schenkel* (Hrsg.), Der Protestantismus der Gegenwart (Stuttgart 1926) 102. Schenkels Vorwort ist jedoch von Pfingsten 1927 datiert. Der Autor des Kapitels „Der Protestantismus in den romanischen Ländern" (74–112) ist Pfarrer A. Kuntz, Synodalpräsident, Straßburg. In seinem Beitrag finden wir eine interessante, wenn auch z.T. etwas „deutsch gefärbte" Analyse zur Lage des französischen Protestantismus hinsichtlich der Gründung der ‚Fédération Protestante de France': „Das Bewußtsein, in einem furchtbaren Ringen ihre Pflicht getan und zum endlichen Siege (i.e. im Ersten Weltkrieg) beigetragen zu haben, hat das leichtbewegte, begeisterungsfähige Volk dazu gebracht, auch auf religiösem Gebiet zu neuen Anstrengungen sich aufzuraffen. Der Krieg ist für den Patriotismus der französischen Protestanten die große Feuerprobe geworden. Bis dahin haben die französischen Protestanten nie Gelegenheit gehabt, in so augenfälliger Weise zu zeigen, daß sie vollgültige Franzosen sind. Sie und die Juden und die seit kurzer Zeit Naturalisierten waren in den Augen der Katholiken die Schleppträger der Freimaurer [in der katholischen Polemik anläßlich der Dreyfus-Affäre war z.B. die Rede von der dreiköpfigen Hydra (Protestanten, Juden, Freimaurer) der inneren Gegner Frankreichs], deren nationale Zuverlässigkeit immer wieder verdächtigt wurde. Der Krieg, der allen die gleichen Opfer auferlegte, Opfer, die von allen mit der gleichen Hingabe an die gemeinsame Sache gebracht wurden, hat vieles von dem Vorurteil weggeschwemmt, das nicht bloß in den streng katholischen Kreisen, sondern auch bis hinein in die gemäßigten Kreise herrschte. Die große Welle des Patriotismus hat die ‚Union sacrée' ermöglicht, die aus dem in verschiedene Lager geteilten französischen Volk die Einheit schuf. Auch innerhalb des französischen Protestantismus hat dieses Bewußtsein befruchtend gewirkt. Noch zu keiner Zeit ist der Wunsch nach Einigkeit so stark durch alle Schichten des Protestantismus hindurchgegangen, als seit dem Krieg. Allerdings hat er es nicht vermocht, die tief eingewurzelten Unterschiede im kirchlichen Leben auszugleichen. Aber er hat doch einer Einrichtung erst die rechte Bedeutung verliehen, die vielleicht nicht allein die äußere Vertretung, sondern auch das einigende Band des französischen Protestantismus sein wird. Ich rede von dem Protestantischen Bund Frankreichs – Fédération protestante de France" (99 f.).

II. Die deutsche evangelische Gemeinde in Paris während des Dritten Reiches

Etwas am Rande unserer Problemstellung, aber nicht ohne symbolische Bedeutung ist die Haltung der Gemeinde der Deutschen Evangelischen Christuskirche in Paris und ihres Pfarrers in der hier untersuchten Periode[35]. Erich Dahlgrün, der von 1929 bis 1939 amtierte, ist in theologischer Hinsicht der Jungreformatorischen Bewegung und dem gemäßigten Flügel der Bekennenden Kirche zuzurechnen. Vielleicht ließe sich seine Position durch einen im Juli 1934 im *Gemeindeblatt* abgedruckten Ausschnitt aus einer Predigt des Bischofs der Landeskirche Württemberg Theophil Wurm recht gut charakterisieren:

„Es ist eine Lüge, daß man als evangelischer Christ ein weniger treuer Nationalsozialist sein könne als jeder andere. Es ist nicht wahr, daß der Kampf, den die bekennende Kirche heute um die reine Lehre, um tapferes Bekenntnis und um biblische Verkündigung gegen alle Irrlehre innerhalb und außerhalb der Kirche kämpft, nur Tarnung einer politischen Widerstandsorganisation sein müsse."[36]

Neben Informationen über die kirchlichen Verhältnisse in Deutschland ließ Dahlgrün auch zur Selbstorientierung der Gemeinde Texte wie das Altonaer Bekenntnis, die Richtlinien der Deutschen Christen und die Antwort der Jungreformatorischen Bewegung darauf abdrucken. Die eigene Position formulierte er in folgender Stellungnahme:

„Wir Christen können mit diesem nationalsozialistischen Ethos, das von einer tiefen Freude am Volkstum getragen ist und in einer entschlossenen Hingabe gipfelt, eine weite Strecke zusammengehen. […] Nur hat diese Verpflichtung eine Grenze. Überschreiten wir diese, dann verlassen wir den Boden der Bibel. Die Kirche würde sich auflösen. Wir können als Christen nicht zugeben, daß die *Gemeinschaft*, in der wir stehen, sich beschränkt auf Rasse und Blut, so wenig wie wir je die marxistische Einschränkung der Gemeinschaft auf die Klasse und den Klassenkampf als Weg zur Erzwingung dieser Gemeinschaft anerkannt haben. Für uns hat Jesus Christus den höheren Anspruch, von dem es heißt: ‚Ist jemand in Christo, so ist er eine neue Kreatur.‘ […] Ferner: Wir Christen dürfen und können uns vom Staat und Volk nicht sagen lassen, was Recht oder Unrecht ist. Diese Weisung erhält unser *Gewissen* allein aus Gottes Wort."[37]

Die Absage an den totalitären Anspruch des Staates, z.B. im Fall des als unbiblisch zurückgewiesenen ‚Arierparagraphen‘ rückt Dahlgrün ebenfalls in die Nähe der sog. ‚intakten‘ Landeskirchen. In praktischer Hinsicht sind die Beziehungen zu dem nach der Auflösung des Kirchenbundesamtes im Sommer 1933 ab 1934 zuständigen Kirchlichen Außenamt und zu dem Reichsbischof Ludwig Müller unmittelbar zugeordneten Auslandsbischof Theodor Heckel zu berücksichtigen. Wie dieser versuchte man in Paris – im Unterschied zu London, wo Dietrich Bon-

---

35 Wir beziehen uns hier auf *Wilhelm von der Recke* (Hrsg.), Fluctuat nec mergitur. Deutsche evangelische Christuskirche Paris 1894–1994. Beiträge zur Geschichte der lutherischen Gemeinden deutscher Sprache in Paris und in Frankreich (Sigmaringen 1994).
36 Gemeindeblatt (Gbl.) Juli 1934, 65, zitiert ebd. 130.
37 Gbl., Juli/August 1933; zitiert ebd. 133.

hoeffer von 1933 bis 1935 arbeitete, wo man, allerdings ohne organisatorische Folgen, um „Anschluß an die Bekenntniskirche"[38] bat –, das Übergreifen des deutschen Kirchenstreits auf das Ausland zu vermeiden, und lavierte zwischen den Fronten. Mit dem Glückwunschbrief des Pariser Kirchenvorstands schlug man sich implizit auf Müllers Seite. Zu einer DC-Gruppe, zu der CVJM-Mitglieder zu rechnen sind, hielt Dahlgrün Distanz; ein Vortrag eines prominenten DC-Vertreters kam 1933 aus organisatorischen Gründen nicht zustande, und Heckel verhinderte einen Auftritt Hossenfelders in Paris. Von großer Bedeutung waren auch materielle Aspekte, wie z.B. die für das Leben der Diaspora-Gemeinde wichtigen Zuweisungen des Kirchlichen Außenamtes und des Fonds des Auswärtigen Amtes zur „Förderung des Deutschtums".

Gegenüber den Aufforderungen Heckels, der die Auslandsgemeinden immerhin als Vertreter des „deutschen evangelischen Volkstums" betrachtete, verhielt sich Dahlgrün hinhaltend, indem er z.B. nicht wie erwartet die NS-Gedenktage (30. Januar, Machtergreifung; 20. April, Führers Geburtstag; 1. Mai, Tag der nationalen Arbeit) mit Gottesdiensten beging. Nach der Saar-Volksabstimmung hielt Dahlgrün einen Dankgottesdienst ab und schrieb im *Gemeindeblatt*:

„Darum war der 13. Januar ein Vaterlandstag in hohem Glanz, ein Gnadengeschenk Gottes an unser Volk und eine Freudenerquickung auch für uns Auslandsdeutsche."[39]

Die religiöse Überhöhung galt also eindeutig eher dem nationalen als dem nationalsozialistischen Aspekt.

Von besonderem Interesse für unsere Thematik sind die Bemühungen des Kirchlichen Außenamts, die Kanäle der Auslandsgemeinden zu nutzen, um auf Kritik der ausländischen Kirchen hinsichtlich der Entwicklungen in der evangelischen Kirche in Deutschland zu reagieren. Sehr negativ waren insbesondere die Reaktionen der englischen und französischen Kirchen auf den ,Arierparagraphen'. Hier erwartete man in Berlin Informationen, um angemessene Antworten vorzubereiten, und Hilfestellung, um das diesbezüglich lädierte Deutschlandbild zu verbessern[40]. Hinsichtlich der offiziellen Besucher der Gemeinde ist ein gewisser Eklektizismus festzustellen. Karl Barth predigte am 16. April 1934 in der Christuskirche über den ,Guten Hirten', ein Thema, das er kurz danach auf der Barmer Bekenntnissynode wieder aufgreifen sollte. Die Hauptprediger der zwei Evangelisationswochen im März und Juni waren der gemäßigten Bekennenden Kirche zuzurechnen. Reichssportführer von Tschammer und Osten besuchte den Gemeindebasar von 1935 und leistete eine Spende von 300 F für Kirchenreparaturen. Bischof August Marahrens, der sich anläßlich einer Tagung des Lutherischen Weltkonvents in Paris aufhielt, predigte im Oktober 1935 in der Christuskirche.

Über den Trauergottesdienst für Reichspräsident von Hindenburg im August 1934 berichtete Dahlgrün an Heckel, indem er die Anwesenheit politischer Pro-

---

[38] Siehe ebd. 135.
[39] Gbl. März 1935, 25; zitiert ebd. 139.
[40] Siehe ebd. 139, Anm. 33.

minenz, des diplomatischen Corps, der protestantischen Geistlichen André Numa Bertrand (Oratoire du Louvre) und Auguste Lecerf, Professor an der Pariser Theologischen Fakultät hervorhob. Die Abwesenheit Marc Boegners und der dänischen und schwedischen Lutheraner wurde als urlaubsbedingt erklärt. Dem fügte er hinzu:

„Der Pariser Gemeinde war Gelegenheit gegeben, ihren wertvollen Dienst am Auslandsdeutschtum und zugleich an Staat, Volk und Kirche der Heimat durch eine Trauerfeier eindrücklich zu machen, der als einem Zeugnis des Deutschtums und unserer Kirche in einem Lande wie Frankreich besondere Bedeutung zukommen mußte."[41]

Eine Bemerkung, die wiederum die deutsch-nationale Haltung ihres Autors bestätigt und übrigens mit der Einschätzung der französischen *Sûreté* in einem Bericht vom 5. 3. 1935 übereinstimmt, in dem von Dahlgrüns „sentiments [...] plus nationalistes qu'hitlériens" die Rede ist.

Mit der Machtergreifung erfolgte auch eine intensive NSDAP-Beeinflussung der Vereine der deutschen Kolonie, die mit der Eröffnung des ‚Deutschen Hauses' als NS-Zentrum 1936 einer weitgehenden Gleichschaltung gleichkam. Der Deutsche Hilfsverein versuchte, das Monopol der Wohlfahrtspflege an sich zu reißen. Mit dem Auftreten des Winterhilfswerks (WHW), der Nationalsozialistischen Volkswohlfahrt (NSV), die sich der „erbgesunde[n] leistungsfähige[n] deutsche[n] Familie"[42] annahm, wurde den Kirchen lediglich die Sorge um die Kranken und Behinderten überlassen. Die Kollektenergebnisse der Pariser Gemeinde wurden der Kontrolle und Umverteilung des WHW unterworfen und dadurch stark beschnitten. Der von der NSDAP infiltrierte CVJM löste sich organisatorisch von der Gemeinde, was seine spätere Übernahme durch die HJ erleichterte. Einen Teil der Jugendarbeit konnte Dahlgrün vor der NS-Vereinnahmung bewahren, indem er den Treffen beinahe privaten Charakter verlieh.

Gegenüber der Deutschen Arbeitsfront, die Versammlungen im Gemeindehaus abhielt, suchte Dahlgrün Anlehnung an die Autorität der Botschaft, die gelegentlich eine schützende Hand über die Kirche hielt. Mit dem Wirken des Deutschen Hauses wuchs ab 1936 der Druck der NSDAP auf die Reichsdeutschen, was die Diakoniearbeit der Kirche weiter erschwerte. So wurde die Hilfe für Nicht-Reichsdeutsche und vor allem für Flüchtlinge aus Deutschland und die Arbeit der Frauenhilfe nur unter großen Schwierigkeiten aufrecht erhalten. Gemeinsam mit Menschenrechtsgruppen organisierten französische Protestanten Hilfs- und Unterstützungsvereine für Emigranten wie das *Comité républicain allemand d'aide aux réfugiés politiques d'Outre-Rhin* oder ein *Foyer d'Accueil aux Emigrés Allemands*. Innerhalb der Pariser Gemeinde kam es oft zu unausgesprochenen Spannungen zwischen NSDAP-Anhängern, langjährigen Gemeindegliedern jüdischer Abstammung und Neuzugängen aus den Reihen der Emigration, was zu einer Verschlechterung des Klimas führte. Dem obersten Gebot der Erhaltung der Ge-

---

41 Aus: Bericht vom 10. 8. 1934 an das Kirchliche Außenamt, in: Archiv Christuskirche 305, zitiert ebd. 147.
42 Zitiert ebd. 143.

meinde folgend, deren Spaltung vermieden werden sollte, beschränkte man sich
auf Einzelfallhilfe, ließ es gelegentlich an aktiver Solidarität gegenüber ‚nicht-
arischen' gemaßregelten Gemeindegliedern mangeln oder erklärte, so Dahlgrün in
einem Bericht an Heckel im Januar 1939, deren vorauseilende „Zurückhaltung",
„nicht als ob sie sich über Unbrüderlichkeit unsererseits beklagten, sondern aus
Einsicht in unsere prekäre Lage und aus einer Rücksichtnahme, die uns nicht be-
lasten will"[43].

Gemeinsame Veranstaltungen der Deutschen Evangelischen Gemeinde mit
französischen Protestanten wurden nach Karl Barths Besuch weitgehend vermieden. Man wollte offensichtlich angesichts dessen eindeutiger Stellungnahme im
Kirchenkampf für die BK keine klare Stellung beziehen. Gegenüber den hilfesu-
chenden Emigranten berief sich Dahlgrün auf das Bekenntnis und nicht auf aktive
Nächstenliebe, die auch als öffentlicher Widerstandsakt hätte gedeutet werden
können, um die Auslandsgemeinde zu definieren. Auch hier lavierte er zwischen
den Fronten und berief sich 1936 im Gemeindeblatt auf das Gleichnis vom Barmherzigen Samariter, um die Gemeinde an „ihr unbarmherziges Gewissen" zu erinnern, damit die von dem WHW Ausgeschlossenen, die über keinen gültigen
reichsdeutschen Paß verfügten, unterstützt werden konnten. Für kurze Zeit kon-
stituierte sich im Herbst 1938 eine im wesentlichen aus Emigranten bestehende
und von der Baptistenkirche der rue de Lille beherbergte ‚Freie deutsche evangelische Kirche', die in Genf von der *Commission des Églises étrangères* als Abspal-
tung (*scission*) gewertet wurde.

Der Inhaber der Reisepredigerstelle Nizza Hans-Helmut Peters (1933–1939)
stand dem Nationalsozialismus positiv gegenüber und wurde in französischen
Polizeiakten als „agent du gouvernement nazi"[44] bezeichnet. Kontaktfreudigkeit
in alle Richtungen und große Flexibilität scheinen, wie seine Amtsführung in Paris
während der Besetzung es auch beweist, seine Hauptmerkmale gewesen zu sein.

Ab 1938 wurde das Pariser Gemeindeblatt politischer und enthielt im Januar
eine Lobeshymne auf Hitler. Vor dem Münchner Abkommen traf man im Pfarrhaus Abreisevorkehrungen. Bei dem Trauergottesdienst für den in Paris ermorde-
ten Ernst vom Rath am 12. November 1938 geriet die Christuskirche ins Zentrum
der weltpolitischen Ereignisse. In seiner Ansprache heroisierte Dahlgrün das
Opfer „eines frühe gefällten Mannestums", indem er es mit den Gefallenen von
Langemarck verglich. „Du Deutscher, du hast vollbringen dürfen, was dem deutschen Manne köstlich ist, die Lebenshingabe für das geliebte Vaterland." Auch als
Jünger Christi, der sein Leben hingibt für die Brüder, wird vom Rath in die „Schar
der gekrönten Kämpfer" eingereiht. Angesichts der Ereignisse der Pogrome der
sog. „Reichskristallnacht" erteilte er jedoch dem „stahlharten Anklagen und rich-
tenden Zürnen" eine klare Absage: „Gott ist da. Er ist der Richter."[45]

---

[43] Bericht über eine Emigrantengemeinde vom 28. 1. 1939, in: Archiv Christuskirche 100,
S. 3; zitiert ebd. 162.
[44] Siehe ebd. 170.
[45] Gbl. November 1938; zitiert ebd. 178.

Die unzutreffende Gleichsetzung eines Attentats mit dem Tod in der Schlacht von 1914 erinnert allerdings an die NS-These von dem Kriegszustand, der zwischen dem Dritten Reich und den Juden bestanden habe. Schon vor Kriegsausbruch ging Dahlgrün nach Genf und kehrte nicht nach Deutschland zurück. Die Christuskirche wurde unter den Schutz der *Fédération Protestante de France* gestellt, um das Schicksal der Sequestration von 1914 zu vermeiden.

III. Der französische Protestantismus angesichts des NS-Staates

Der französische Nachkriegsprotestantismus hatte im Vergleich zur Situation vor 1914 in der politisch-sozialen Debatte stark an Bedeutung eingebüßt. Im Kampf gegen die Quasimonopolstellung und den immer wieder behaupteten Alleinvertretungsanspruch des Katholizismus in religiöser Hinsicht hatten sich die französischen Protestanten nach der ersten Laisierungswelle des napoleonischen Konkordats und der *Articles organiques* (1801/1802) für eine in Sachen Religion relativ neutrale bürgerliche Gesellschaft und Öffentlichkeit, die eine nicht konfessionell gebundene Religiosität begünstigte, als einzige mögliche Garantie des religiösen Pluralismus eingesetzt. Nach 1871 setzten die Strategien, mit denen die kleine aktive Minderheit der Protestanten in Frankreich dies zu erreichen versuchte, Bündnisse mit anderen, stärkeren geistig-politischen Kräften voraus. So wurden die französischen Protestanten zu Stützen und Stabilisatoren der Republik. Ihre wichtige Rolle im Umkreis von Jules Ferry – exemplarisch dafür ist das Wirken Ferdinand Buissons – bei der Schaffung der konfessionsfreien Schule, die das Ende der katholischen Vorherrschaft im Schulwesen besiegelte, und ihre maßgebliche Beteiligung an der Vorbereitung der radikalen Trennung von Kirche und Staat (1905) beweisen den protestantischen Anteil an einer Entwicklung, die zu einer gewissen allgemeinen Marginalisierung der Religion im öffentlichen Leben führte und damit auch den Weg zum Agnostizismus ebnete. Für die Mitstreiter dieses gewaltigen Modernisierungsschubs tauchte auch die Versuchung einer republikanischen, völlig säkularisierten Religion auf, und die kulturelle Loslösung von der Kirche war nicht selten in den Kreisen der intellektuellen Führungskräfte des französischen Protestantismus spürbar.

Mit dem Ersten Weltkrieg, der im Zeichen des großen Burgfriedens auch eine Reintegration der Katholiken ins protestantische Leben herbeiführte, endete die Periode des überdimensionierten politischen Einflusses der Protestanten, deren parteipolitische Heimat vornehmlich im *Parti radical-socialiste* angesiedelt war. Diese Gruppierung, die das Banner des Antiklerikalismus hochhielt, verlor an Bedeutung, zumal nur noch wenig Katholiken die Republik als Staatsform militant ablehnten. Damit war gleichzeitig eine Art Banalisierung der politischen Rolle der Protestanten verbunden, über die auch die wichtigen Ämter, die Gaston Doumerge bekleidete – Präsident des Ministerrats (1913–1914, nach der Krise vom

6. März 1934 als „Retter" an der Spitze eines Kabinetts der Nationalen Union von
Februar bis zum 8. November), des Senats (1923) und der Republik (1924–1931) –
nicht hinwegtäuschen sollten. Nachdem auf den Schlachtfeldern des Ersten Weltkriegs die Glaubwürdigkeit der gemäßigten Ideologien eines von der Vernunft
gesteuerten immerwährenden Fortschritts zerstört worden war, traten die harten
wirtschafts- und gesellschaftspolitischen Auseinandersetzungen in den Vordergrund. Dies wurde besonders offenbar mit der Gründung der Kommunistischen
Partei, der Protestanten wie der pazifistische Schriftsteller Henri Barbusse und
Paul Vaillant-Couturier angehörten, und der, wenigstens bis zu seiner Rückkehr
von einer Reise in die Sowjetunion 1936, André Gide nahestand.

Die dem Nationalsozialismus und besonders seinen Auseinandersetzungen mit
dem deutschen Protestantismus gewidmete Aufmerksamkeit nahm nach Hitlers
Machtergreifung im französischen Protestantismus stark an Bedeutung zu und
ließ bis 1939 kaum nach. Sie gewann in dieser Periode sogar ein Ausmaß, das es erlaubte, beinahe von einer Art „Wächteramt" zu sprechen, das sozusagen stellver-
tretend ausgeübt wurde. Diese Haltung findet sich mit unterschiedlicher Prägung
in den protestantischen Periodika, die verschiedenen theologisch-ekklesiologi-
schen Richtungen entsprechen. Es handelt sich vor allem um die evangelisch-
reformierte Wochenzeitung *Christianisme au XXe siècle*, die nach der Wiederherstellung der Einheit der Reformierten 1938 das Organ der Église réformée de
France wurde, um *Foi et Vie*, die mit Übernahme der Leitung durch Pierre Maury
Karl Barths Positionen vertrat, um die *Revue du Christianisme Social*, Organ der
gleichnamigen Bewegung, um *Hic et nunc*, die zwischen November 1932 und Januar 1936 von jungen Barthianern herausgegeben wurde, und um *Le Semeur* von
der *Fédération française des associations chrétiennes d'étudiants* (*Fédé*). Die von
Christa Stadler-Duris bearbeitete Berichterstattung dieser Periodika[46], die viele
Originaläußerungen in Übersetzung wiedergeben, beweist, wie präzise und
kompetent der französische Protestantismus über die Situation in Deutschland
informiert war. Diese ausführliche, durch zahlreiche Quellentexte untermauerte
Informationstätigkeit der Periodika ließ eine regelmäßige Berichterstattung über
wichtige Momente und Aspekte des Kirchenkampfes zu: die versuchte Gleichschaltung unter Reichsbischof Ludwig Müller und die „Befriedungspolitik" des
Reichsministers für kirchliche Angelegenheiten, Hanns Kerrl, die Vorstöße der
Deutschen Christen in Richtung einer Synthese von Christentum und Nationalsozialismus, die Abwehrkämpfe der Bekennenden Kirche (Pfarrernotbund, Be-
kenntnissynoden von Barmen und Berlin-Dahlem 1934), die Schrift Karl Barths
Theologische Existenz heute! (1935), die Oxforder Konferenz, der Widerstand
gegen die Entchristlichung und das von Alfred Rosenberg propagierte Neuheidentum. Besonders sensibel waren die Reaktionen auf die Entscheidung der preußischen Landeskirche, nach staatlichem Vorbild den sog. ‚Arierparagraphen' einzuführen, und auf die übrigen antisemitischen Diskriminierungsmaßnahmen.

---

[46] Vgl. La résistance du protestantisme allemand au national-socialisme perçue à travers des
périodiques protestants français (Diss. phil., Paris 1994).

Zwar wurde dabei die Widerständigkeit des deutschen Protestantismus im Verhältnis zu Passivität und Mitläufertum zweifelsohne überhöht. Doch diese Informationsarbeit schuf die Voraussetzungen für Beziehungen, die sich 1945 grundsätzlich von der Ausgangslage im Jahr 1918 unterschieden.

Pierre Laborie und François Boulet betonten auch in ihrem Beitrag „L'évolution de l'opinion protestante 1940–1944"[47] die Quantität und besondere Qualität der Information sowie ganz allgemein die Bedeutung der Lektüre und die hohe Achtung vor dem Wissen in protestantischen Kreisen. Auch die internationale Dimension der Information wird unterstrichen; die Radiosender Sottens, Genf, London, Boston, die frankophone Schweizer Presse, insbesondere die *Gazette de Lausanne* und vor allem das *Journal de Genève*, aber auch die deutschsprachige Presse spielen dabei eine wichtige Rolle.

Ausführliche Berichte über Deutschland brachte *Le Semeur*, so z.B. im November 1934 über die Schwierigkeiten der Arbeit des von Reinold von Thadden geleiteten deutschen Zweigs des 1895 von John R. Mott gegründeten Christlichen Weltstudentenbundes (*Fédération Universelle des Associations chrétiennes d'étudiants*), der nur im Rahmen der einzig erlaubten Organisation, der Deutschen Studentenschaft, möglich war. Im Juli 1937 wurde in einem detaillierten Artikel der Versuch einer Bilanz der Präsenz der NS-Ideologie an den verschiedenen Fakultäten unternommen. Auf die „täglich hysterischer werdende NS-Propaganda" reagierten ca. 60% der Studenten der Philosophischen Fakultäten „apathisch". In der „pathologische Formen" annehmenden Inanspruchnahme der Studenten sah der Beobachter die Reaktion auf die weitgehende Ablehnung durch die studentischen Kreise. Bei Jura- und Medizinstudenten fände man an einigen norddeutschen Hochschulen kaum einen überzeugten Nazi, ein Drittel sei sogar ideologischer Gegner des Nationalsozialismus. Die Opposition sei besonders ausgeprägt bei den Volkswirten und Mathematikern. Am stärksten sei sie jedoch an den theologischen Fakultäten, trotz DC-Professoren und deren zerstörerischer Wirkung. *Le Semeur* berichtete in diesem Beitrag auch über den Erfolg der trotz Verbot und polizeilicher Übergriffe von der BK organisierten illegalen Theologenausbildung.

Von besonderer Tragweite ist der im *Semeur* im November 1938 erschienene Beitrag von Suzanne de Dietrich über das Münchner Abkommen vom 29. September 1938. Wortgewaltig prangerte sie die Danksagungen für die Rettung eines falschen Friedens[48] an und kam zu dem Schluß, daß sowohl der Mut zum Frieden zwischen 1920 und 1933 wie auch der zum Krieg zwischen 1933 und 1938 gefehlt hatte. Dabei wurde der grundlegende christliche Glaubenssatz verkannt, daß

---

[47] In: Les protestants français pendant la seconde guerre mondiale – Actes du colloque de Paris, Palais du Luxembourg, 19–21 novembre 1992, réunis par *André Encrevé* et *Jacques Poujol* (Paris 1994), Supplément au Bulletin de la Société de l'Histoire du Protestantisme Français, N° 3, juillet, août, septembre 1994.

[48] Vgl. *Hesekiel* 13, 16: „das sind die Propheten Israels, die Jerusalem weissagen und predigen von Frieden, wo doch kein Friede ist, spricht Gott der Herr" und *Markus* 8, 35: „Denn wer sein Leben will behalten, der wird's verlieren; und wer sein Leben verliert um meinetwillen und um des Evangeliums willen, der wird's behalten."

außerhalb der Gerechtigkeit kein wahrer Friede sei. Ein Aufrechnen des Münchner Diktats mit dem Vertrag von Versailles lehnte de Dietrich kategorisch ab und bezeichnete dies als weitere Feigheit. Als europäische und französische Krankheit bezeichnete sie die überall herrschende Angst – vor dem Bolschewismus, dem Nationalsozialismus, vor Deutschland –, die schnurstracks nach München führte. In der festen Überzeugung verankert, daß die Reiche dieser Welt vergänglich sind, schrieb sie in beinahe prophetischem Ton in ihrem im Oktober verfaßten Text, daß die Christen ihre Kräfte für den Kampf gegen die sich ausbreitende Hegemonie Hitlers sammeln müßten, da sie vor der Entscheidung stehen, aufzugeben oder zu leiden[49]. Bemerkenswert ist, daß sie neben der militärischen Gefahr die ideologische besonders hervorhob.

Stimmen von rechts im französischen Protestantismus

Der französische Protestantismus gilt nicht zu Unrecht, und vor allem in seinen historischen Kerngebieten seit der 3. Republik in politischer Hinsicht, wenn auch keineswegs als monolithischer Block, als eher links oder zumindest als mitte-links angesiedelt, nicht zuletzt aufgrund seiner aktiven Teilnahme am Kampf, der zur Etablierung der Republik führte. Dies schließt jedoch keineswegs aus, daß Protestanten auch im rechten Spektrum auftraten. Ihre Überlegungen und Stellungnahmen gegenüber NS-Deutschland sind für unsere Fragestellung von besonderem Interesse, zumal sich hier recht unterschiedliche Haltungen bündeln. So finden sich Skepsis bis Ablehnung gegenüber der Demokratie, die anderweitig als ‚Calvinismus des Westens‘ tituliert wird, und in außenpolitischer Hinsicht Forderungen nach einer nationalistischen Politik der Härte Deutschland gegenüber.

---

[49] „Nous avons eu, si je puis dire ni le courage de la paix (1920–1933), ni celui de la guerre (1933–1938). Nous avons méconnu la doctrine chrétienne fondamentale, celle qui veut qu'il n'y ait de paix que dans la justice. Le Christ est „notre paix", parce qu'il a accompli toute la justice. Toute paix consentie hors la justice est mortelle. C'est ce que les chrétiens partisans de la „paix à tout prix" n'ont jamais compris. J'entends encore la voix basse et vibrante de Charles Gide dénoncer en 1919–20 [...] les injustices du Traité de Versailles; en lui grondait la colère des prophètes [...] Mais qu'on ne vienne pas me dire aujourd'hui que le Diktat de Munich répare celui de Versailles. Nous consoler de cette manière-là n'est qu'une lâcheté de plus [...] Notre plus grande maladie européenne et française de ces dernières années a été la peur: peur du bolchévisme, peur du fascisme, peur de l'Allemagne, tout ça mène … à Munich. Il faut nous libérer de la peur. Le chrétien sait que les empires croulent et que Dieu demeure. La Bible et l'histoire sont là pour lui dire la pérennité des empires, colosses aux pieds d'argile, qui, un jour ou l'autre, s'écrouleront sous leur propre poids. [...] Au fur et à mesure que l'hégémonie hitlérienne s'établira sur l'Europe, – non pas nécessairement militairement (aujourd'hui, posséder la force suffit, la déployer n'est même plus nécessaire), mais idéologiquement – les chrétiens seront appelés à abdiquer ou à souffrir. Il s'agit de nous préparer à cette lutte-là et de rassembler nos forces, car nous ne savons quand notre tour peut venir. Il s'agit de soutenir de toute notre prière et de notre foi ceux de nos amis pour lesquels l'heure de la tentation, l'heure des choix nécessaires va sonner. [...] nous ne sommes que trop réfugiés dans uns abstentionnisme pieux. Entrons dans la lutte civique, mais entrons-y en hommes pour qui le royaume de Dieu et sa justice sont premiers."

Der Rechten zuzurechnen, aber keineswegs der NS-Sympathie verdächtig, ist z. B. *La Cause* von Freddy Durrleman, die sich mit volksmissionarischem Antrieb als „Aktionsgruppe wider die Bewegung der Gottlosen" als militant antikommunistisch darstellt und sich gegen die Wehrdienstverweigerung und für die Erhaltung der Wehrfähigkeit, um jede Aggression zu entmutigen, ausspricht.

Als Sammelbewegung protestantischer Monarchisten ist die *Association Sully*, in der der reformierte Pastor Noël Nougat (Publizistenpseudonym: Noël Vesper) eine bedeutende Rolle spielte, zu beachten.

Von besonderer Hellsicht zeugt die Reaktion der *Association Sully* in ihrem *Bulletin*[50] auf den Einmarsch der deutschen Truppen in das entmilitarisierte Rheinland im März 1936. In dieser Nichtbeachtung des Locarno-Abkommens sah Hubert Rothé lediglich eine Etappe – und nicht das Endziel – im fehlerlosen Ablauf des in *Mein Kampf* programmierten Szenarios. Darauf würden folgen: die Beanspruchung der Kolonien, der ‚Anschluß' Österreichs, der „Drang nach Osten" mit der Stoßrichtung Tschechoslowakei und Rußland in Erwartung des Konflikts mit Frankreich. Hiermit brachte *Sully* die allgemeinen Befürchtungen der öffentlichen Meinung zum Ausdruck und geißelte die Schwächen der westlichen Demokratien, die, um unmittelbare Interessen zu wahren, ihre mittel- und sogar kurzfristige Zukunft aufs Spiel setzten.

Zur Bildung der Achse Rom-Berlin bezog Rothé erst im *Bulletin* vom 1. Dezember 1937 Stellung. Er brachte seine Verärgerung gegenüber einer für ihn widernatürlichen Allianz zum Ausdruck zwischen einem vor allem revanchistischen NS-Deutschland und einem bis dahin als politisches Modell betrachteten faschistischen Italien, das mit Viktor Emanuel III. die monarchistische Staatsform beibehält und mit dem *Duce* das nationale Interesse verkörpert, das sozial, wirtschaftlich und kulturell – unter Inanspruchnahme des Erbes des römischen Kaiserreichs, auf das Frankreich sich ebenfalls berufen kann – ein ganzes Volk motiviert und zur Autarkie anspornt.

Anläßlich der Wiedereinführung der allgemeinen Wehrpflicht in Deutschland im März 1935 reagierte Heurtebise (= Pseudonym) am 15. April 1935 mit einem Text, in welchem der Revanchegeist des Nationalsozialismus angesichts des Versailler Vertrags und der Niederlage von 1918 als Hauptmoment in den Vordergrund gestellt wird, während der italienische Faschismus mit seiner Verherrlichung der politischen und moralischen Ordnung, seinem Bekenntnis zu den traditionellen Werten und zum Römertum, zu Arbeit, Vaterland und Familie als positiv und den eigenen Vorstellungen nahe dargestellt wird. *Sully* stellte den jubelnden Zuruf der Deutschen und die Befürchtungen in Frankreich fest, zugleich auch die Verbitterung bei den Veteranen. Wofür so viele heroische Opfer, soviel Leid und noch schmerzhaftere Verstümmelungen, soviel hingebungsvoll vergossenes Blut, um kaum 17 Jahre danach das Vaterland wieder in Gefahr zu sehen? fragt Heurtebise. Verantwortlich seien dieselben wie 1914 oder ihre geistigen Söhne:

---

[50] S. dazu: *Yves Freychet*, Sully (1933–1944). Analyse politique d'un périodique protestant et monarchiste, in: *Encrevé, Poujol*, Les protestants français (s. Anm. 36) 469–478.

Fehler, Verrat und Verbrechen gegen das Vaterland werden von Politikern der Linken wie der Rechten begangen. Hauptverantwortlich bei diesem Versagen ist die republikanische Staatsform, der es, so Heurtebise, vor dem Sieg schaudert.

Für ihn stand das Frankreich wieder bedrohende, revanchelüsterne Deutschland und nicht so sehr der Nationalsozialismus im Vordergrund. Ein Jahr später dagegen standen Hitler und seine in *Mein Kampf* angekündigten Pläne, die offensichtlich hier ernst genommen werden, im Zentrum.

Im Spanienkrieg ergriff das *Bulletin* gegen die *Frente popular*-Regierung und ihre „gottlose", durch anti-religiöse Ausschreitungen gekennzeichnete Politik und für Franco Position, der als „Schutzwall der Christenheit" – und somit auch der Protestanten! – galt. Der *Caudillo* wurde als Verteidiger der Zivilisation gegen den für Europa und vielleicht für die ganze Welt tödlichen Bolschewismus betrachtet. Die um ihn gesammelten Kräfte befolgten nicht die gegen den Vatikan gerichtete Politik Mussolinis und ebensowenig die des deutschen Rassismus, der sich als wahres Neuheidentum entpuppt. Der *Fédération Protestante de France* (FPF) wurde vorgeworfen (1. 10. 1936), nicht klar für Franco Stellung bezogen zu haben.

Als Reaktion auf den Anschluß befürwortete *Sully* eine Annäherung der Demokratien an Italien. Eine Kooperation mit dem seinem Temperament nach unersättlichen Deutschland sei dagegen kaum denkbar. Im September 1938 nahm *Sully* eine z.T. widersprüchliche Haltung ein. Ohne Adolf Hitler von seiner Verantwortung freizusprechen, bezeichnete er die Sudetenkrise als innenpolitische Angelegenheit Deutschlands. Andererseits wurde – mit Hinweis auf die kaum glaubwürdige Versicherung des Führers hinsichtlich Elsaß-Lothringens – eine Politik der Stärke diesem Gegner gegenüber befürwortet. Im Zusammenhang mit dem Hitler-Stalin-Pakt wurde Stalins Vorgehensweise der des Führers gleichgestellt, was *Sully* insbesondere und der Rechten im allgemeinen die Erleichterung brachte, zwischen zwei Gegnern zunächst nicht wählen zu müssen!

Auf dem Weg zum Krieg

Charakteristisch für die Interferenzen zwischen französischen innerprotestantischen Auseinandersetzungen und „außenpolitischen" Haltungen und Stellungnahmen war die Debatte um das *Rassemblement Universel pour la Paix* (RUP). Sie zeigte, wie klar eingenommene Positionen z.B. NS-Deutschland gegenüber beeinträchtigt werden können.

In der Juli-August-Lieferung von 1938 der *Revue du Christianisme Social* erschien ein Artikel des Pastors und Generalsekretärs des *Comité français de l'Alliance universelle pour l'Amitié internationale par le moyen des Églises* und Vizepräsidenten des RUP, Jules Jézéquel, über die letztgenannte Bewegung und die Haltung, die der Protestantismus ihr gegenüber einnahm. Die RUP war als Antwort auf Hitlers Einführung der allgemeinen Wehrpflicht und Mussolinis Überfall auf Äthiopien 1935 auf Initiative des britischen Friedensnobelpreisträgers Lord Robert Cecil und des französischen Ministers Pierre Cot gegründet worden. Von einem in Großbritannien erfolgreich durchgeführten Referendum über die kollektive Sicherheit der Nationen ausgehend, trat das RUP, das sich als „Koordinierungszentrum der Bemühungen für den Frieden" verstand, für vier Grundprinzipien ein: Unverletzbarkeit der Vertragsverpflichtungen, Rüstungseinschränkung und -begrenzung durch internationale Abkommen und Beseitigung der Waffenhandelsprofite, Stärkung des Völkerbundes (VB) als Instrument der Kriegsprävention durch gegenseitige Hilfestellung und Organisation der kollektiven Sicherheit und Einrichtung wirksamer Mechanismen zur Verhütung von kriegsgefährlichen Krisen im Rahmen des VB. Auf dem ersten Kongreß (Brüssel, 3.–5. September 1936), an dem neben Kirchen und Gewerkschaften viele weitere Organisationen teilnahmen, wurde eine Friedenscharta verabschiedet, die diese Ziele bekräftigte. Nach dem Beistand, den NS-Deutschland und das faschistische Italien Franco geleistet hatten, verlangte die RUP beim VB eine Revision der Nicht-Interventionspolitik, um die notwendigen Maßnahmen treffen zu können.

Georges Goyau, François Mauriac, Romain Rolland und Jules Romains schlossen sich dem Vorschlag einer allgemeinen Konferenz gegen die Bombardierung der offenen Städte an und sprachen sich für humanitäre Hilfe für die angegriffenen Länder aus. Die Ausgabe von *Le Christianisme au XXe siècle* vom 4. Februar 1937 erwähnte ebenfalls die Tätigkeit der RUP, allerdings nur unter dem Gesichtspunkt der Beteiligung an der *Alliance universelle*. Deren französisches Komitee beschloß am 1. Februar 1937 unter dem Vorsitz von Pastor Georges Lauga die Mitgliedschaft in der RUP für ein Jahr (und bestätigte Pastor Jézéquel als Generalsekretär), die jedoch im August 1937 vom internationalen Komitee der *Alliance Universelle* nicht verlängert wurde. Diese Entscheidung war auf eine grundsätzlich apolitische Richtung im Protestantismus und den Vorwurf, vor allem seitens der orthodoxen Balkan-Kirchen, einer zu großen Nähe zum Kommunismus zurückzuführen. Die mit Teilnahme verschiedener Richtungen des französischen Protestantismus organisierte Tagung des französischen Zweigs (10. Mätz 1938 – Bericht von Paul Gounelle in *Le Christianisme au XXe siècle* vom 17. März 1938) setzte eine Enquête-Kommission ein (Paul Conord, Edmond Gounelle, Henri Vincent), die ihren Bericht am 9. Mai 1938 vorlegte (s. *Le Christianisme au XXe siècle* vom 19. Mai), worauf die Mitgliedschaft mit 9 zu 8 Stimmen bestätigt und Pastor Jézéquel das Vertrauen ausgesprochen wurde. Während die *Revue du Christianisme Social* (*RCS*) in der Ausgabe von Juli/August 1938 diese Entscheidung als richtig begrüßte, verurteilte die rechte protestantische Wochenschrift *La vie nouvelle* die Unterstützung der „Roten Mordbrenner" in Spanien. In der *RCS* wurde die Beschuldigung, sich mit Gottlosen verbündet zu haben, zurückgewiesen. – Trotzdem beschloß die Synode der evangelisch-reformierten Kirche am 14./15. Juni 1938 die Kündigung der Mitgliedschaft beim französischen Komitee der *Alliance*. Hintergrund dieser Entscheidung waren die innerprotestantischen Spannungen im Zusammenhang mit den Vereinigungsbemühungen der französischen reformierten Kirchen. Nach dem Rückzug der französischen Lutheraner sah sich das französische Komitee gezwungen, sich aus der RUP zurückzuziehen, was zur Amtsniederlegung von Lauga und Jézéquel führte. In der *RCS* vom Dezember

1938 kommentierte Élie Gounelle diesen Rückzug der Kirchen ebenso lakonisch
wie prophetisch: „Die Kirche wird sich auf Gewissensbisse in den Schützengrä-
ben des kommenden Kriegs einzustellen haben. Es gibt Gewissensbisse, die
töten."

Exemplarisch wurde die Pazifismusdebatte im französischen Protestantismus
im Fall der zwei Theologen und Mitglieder des protestantischen Studentenbundes
Fédération française des associations chrétiennes d'étudiants (FFACE), Jacques
Martin und Philippe Vernier, die wegen Wehrdienstverweigerung 1935 vor Gericht standen[51]. In seinem Tätigkeitsbericht wandte sich der Barthianer, Pazifist,
ehemalige Frontkämpfer von 1914–18 und Generalsekretär der FFACE, Pastor
Charles Westphal, gegen die verleumderischen Anschuldigungen, seine Organisation sei eine Brutstätte der Wehrdienstverweigerung. Obwohl er diese Auffassung
selbst nicht teilte, verlangte er Respekt für diesen Standpunkt und weigerte sich,
Mitglieder der FFACE zu verleugnen, weil „in einer von Totalitarismen zerrisse-
nen Welt [diese Organisation] vielleicht der letzte Ort sei, wo man sich gegenseitig
vertraue und sich in voller Freiheit äußern könne". Bei der Motivation für die
Kriegsdienstverweigerung mischten sich verschiedene Momente wie das nachhal-
tige Trauma des Ersten Weltkriegs, der Einsatz im Arbeitermilieu und die Begegnung mit dem revolutionären Messianismus sowie die Erfahrung der Treffen mit
jungen Deutschen Ende der 20er Jahre. Beim Prozeß von Jacques Martin traten als
Zeugen der Verteidigung Marc Boegner und Charles Westphal auf, obwohl sich
die Synode der *Église Réformée de France* (ERF) gegen die Kriegsdienstverweigerung ausgesprochen hatte, aber auch Intellektuelle wie M. Sangnier, Begründer
des *Sillon*, oder Jean Guéhenno und Jean-Richard Bloch. Vernier schleuderte ein
kräftiges „Ich kann nicht anders" in den Gerichtssaal, und der Verteidiger André
Philip hob die Verwandtschaft der beiden Kriegsdienstverweigerer mit den Huge-
notten der Cévennes hervor, die Märtyrertum und Galeeren dem Ungehorsam
dem Gebot Gottes gegenüber vorgezogen hatten. Martin und Vernier zeigten
später keinerlei Zuneigung für den Hitlerismus oder den Geist des Münchner
Abkommens.

In den Zusammenhang mit der Pazifismus- und Kriegsdienstverweigerungsdis-
kussion im französischen Protestantismus wäre auch Jacques Monods Abschiedsbrief vom 7. Juni 1944 an seine Freunde von der christlichen Studentenorganisa-
tion *Post-Fédération Française*, deren Präsident er war, zu stellen. Er fiel im „Ma-
quis" am 26. Juni 1944, und der Brief wurde in der Novemberausgabe 1944 von
Le Semeur veröffentlicht. In seinem Brief bat er Gott um Vergebung wegen des
Rückgriffs auf Gewalt. Er sprach ohne jeden Haß gegen den Feind seine Überzeugung aus, daß die Christen nicht das Recht hätten, die Heiden im Namen eines

---

[51] Dieses Problem bewegt in der Tat ein von den tiefen Wunden des Ersten Weltkriegs
schwer gezeichnetes und nicht genesenes Frankreich, das 1933 von der Nachkriegszeit in
eine neue Vorkriegszeit kippen wird. Mit der Horrorvision von 1914–18 als dominanter Erinnerung und der Parole ‚nie wieder Krieg' schlittert das Land in eine ausweglose Situation:
Die Furcht vor dem Krieg – ihn als Option abzulehnen – bedeutet gleichzeitig die Resignation angesichts seiner Unausweichlichkeit.

politischen Ideals allein ihr Leben opfern zu lassen. Und er wies auf die wesentliche Pflicht von morgen – den Wiederaufbau der Seelen – hin.

„Je supplie Dieu d'accorder à chacun de vous la paix de son pardon et la force de la foi, à l'heure où nos cœurs sont lourds de notre propre péché et du péché du monde, à l'heure où nous sommes lassés de souffrir et voir souffrir, et parfois tremblants de la peur de mourir et de voir mourir, ceux que nous aimons.
Je lui demande aussi maintenant qu'il me pardonne mes fautes et cette décision que je prends librement aujourd'hui (car, je le sais, le recours délibéré à la violence a besoin d'être pardonné). Mais je pars sans haine et convaincu que nous, chrétiens, n'avons pas le droit de laisser les seuls païens offrir leur vie, au nom d'un simple idéal politique, dans une lutte où sont engagés, avec le sort de la cité, le sort de l'Église et le destin spirituel de nos enfants. Je crois que, sur ce point, nous sommes presque tous d'accord.
Restez unis, restez dans l'Église, que vos divergences intellectuelles ou théologiques ne vous écartent jamais du devoir essentiel de demain, qui sera de reconstruire les âmes, c'est-à-dire de leur annoncer l'Évangile: non pas par devoir social mais par joie et reconnaissance envers notre Père qui nous a tant aimés. Conservez jalousement au sein d'un monde qui sera dur, ces trésors humains et chrétiens qui ont fait la valeur de la Fédération, je veux dire le culte de la vérité pratiqué dans la liberté et la charité." [52]

Von diesem Gefühl, einen „zerbrechlichen falschen Frieden" auf dem Rücken der Tschechen erreicht zu haben, zeugte auch ein Brief des Generalsekretärs der *Fédération française des Associations chrétiennes d'étudiants*, Jean Bosc, im November 1938.

Mit dem ‚Anschluß' Österreichs verdeutlichten sich die Positionen im französischen Protestantismus NS-Deutschland gegenüber. Élie Gounelle verriß in der *RCS* vom März 1938 im Artikel *L'Anschluß, et après* die Argumente der Ultrapazifisten, die dieses Vorgehen mit dem Selbstbestimmungsrecht der Völker und dem frenetischen Beifall beim Einmarsch der deutschen Truppen in Wien begründeten. Für ihn handelte es sich lediglich um einen folgenschweren Akt der Hitlerschen Expansionspolitik, gegen die es Widerstand zu leisten gälte. Dabei zitierte Gounelle einen Beitrag von Leonhard Ragaz in *Neue Wege*, in dem dieser die eigentlichen Ziele Hitlers, die unausweichlich zum Krieg führen, nämlich die Einverleibung aller Deutschsprechenden in Großdeutschland, aufzeigte: „Wer Wien und Prag hat, wird eines Tages Paris und London beherrschen." Mit ihren sukzessiven Kapitulationen überließen die Demokraten Hitler die Initiative und die europäische Zukunft. Ihre Neutralitäts- und Nichtinterventionspolitik, um den Frieden zu wahren, könnte nur zu ihrer Niederlage führen. Ihre Weigerung, dem Opfer zu helfen, wäre lediglich eine Prämie für den Aggressor, Komplizenschaft und Feigheit. Gounelle verlangte daher eine Reform und Stärkung des Völkerbundes, u. a. durch den Beitritt der USA. Neben der Kriegsgefahr wurden auch die Ausweitung der antisemitischen Maßnahmen und Verfolgungen sowie der Rückgang des Katholizismus zugunsten antichristlicher heidnischer Bewegungen von Gounelle erwähnt. *Le Christianisme au XXe siècle* unterstrich vor allem die antisemitischen Ausschreitungen („Actualités" vom 23.6.1938) u.a. im wirt-

---

[52] Nachdruck in: 1898–1998 – Depuis cent ans ... la Fédé. Libre sens CPED numéro hors série (Paris 1998) 61, L'adieu de Jacques Monod.

schaftlichen Bereich, im Schul- und Krankenhauswesen enthielt sich aber eines Kommentars zu den militärisch-politischen Folgen. In seinen Beiträgen widmete François Wendel[53] seine besondere Aufmerksamkeit der Haltung des österreichischen Katholizismus und seiner Hierarchie gegenüber dem NS-Regime und dessen antichristlichen und besonders antikatholischen Positionen. Wendel zitierte dabei auch die Weihnachtsansprache von Papst Pius XI., der zwar die Verfolgungen der Kirche in Deutschland, aber auch gleichzeitig die falsche Darstellung ihrer Stellungnahmen verurteilte, da die Kirche keine Politik betreibe und gute Beziehungen mit Deutschland wünsche, als dessen Freund er sich nach wie vor betrachte. Mit großer Weitsicht analysierte Wendel nach der Verhaftung Niemöllers und weiterer BK-Mitglieder die wahren Absichten der NS-Religions- und -Kirchenpolitik, die über die des Kulturkampfes hinausgehen würden. Dabei erkannte er Ziele, die diejenigen später von Martin Bormann für Österreich konzipierten Ordnungen und diejenigen der radikalen „Verordnungen über religiöse Vereinigungen und Religionsgemeinschaften im Reichsgau Wartheland" vom 13. September 1941, die in diesem konkordatsfreien Experimentierungsfeld erprobt werden sollten, vorwegnahmen. Wendel erwähnte ebenfalls Konrad von Preysings Hirtenbrief vom 5. Dezember 1937, in welchem dieser die Maßnahmen, welche die katholische Kirche aus dem öffentlichen Raum verdrängen sollten – insbesondere die Enteignung der Druckereien, die die Enzyklika *Mit brennender Sorge* gedruckt hatten, die Auflösung der Jugendbewegungen, das Verbot von Periodika und die Schließung katholischer Schulen – nannte. Wendel berichtete auch über die polemische Antwort, die in *Der Angriff* erschien und in der behauptet wurde, die Bischöfe verteidigten lediglich ihre Privilegien und beanspruchten das Recht, die politische Doktrin des Papstes sowie einen die NS-Weltanschauung ausschließenden politischen Katholizismus zu verbreiten. Er referierte ebenfalls die Stellungnahme des Salzburger Fürstbischofs sowie die feierlichen Erklärungen der Bischöfe und die Zusatzerklärung von Kardinal Theodor Innitzer (Wien) Ende März 1938, in denen nach dessen Begegnung mit Hitler und Gauleiter Bürckel der nationalsozialistischen Bewegung für ihre großartigen Leistungen für das Reich und das deutsche Volk „im Bereich des ethnischen, wirtschaftlichen und sozialpolitischen Wiederaufbaus gedankt und für das Anschluß-Votum beim Plebiszit" gedankt wurde. Wendel erwähnte das als Gegenleistung zu verstehende Verbot des neuheidnischen Organs *Durchbruch* sowie Görings Wiener Vortrag, in dem dieser „kompromißlos" nur insofern den Schutz der Partei für die Kirche garantierte, wenn diese eine Haltung der strikten Nichteinmischung „in das, was sie nichts angeht", einnähme. Er berichtete auch über die von Innitzer vorgetragenen Pflichten der von nun an Großdeutschland angegliederten Kirche: Gehorsam gegenüber der neuen weltlichen Obrigkeit, ergebene und loyale Zusammenarbeit im Hinblick auf das großdeutsche Vaterland und tägliches Gebet für das großdeutsche Reich und dessen Leiter. Wendel wies auf die deutlichen Unterschiede zwischen den Haltungen des deutschen und des österreichischen Episkopates hin.

---

[53] Revue du Christianisme Social, février, juillet-août, septembre-octobre 1938.

Er erwähnte auch die Verblendung protestantischer Kreise, die eine Gleichstellung mit der katholischen Kirche nach der katholischen Politik von Engelbert Dollfuß und Kurt von Schuschnigg erwarteten und in Hitlers Politik Elemente der „Los-von-Rom-Bewegung" wiederzufinden glaubten. In Superintendent Hans Eders Verordnung, die eine vollständige Unterwerfung verlangte, befürchtete er einen Verrat an der BK, wobei er angesichts der Zustimmung und dem öffentlichen Aufruf der Lutheraner für das Plebiszit (30. März 1938) irrte. Wendel berichtete auch über die Diskussion über den Eid auf den Führer, der, soweit er die Ordinationsgelübde nicht tangierte, von der BK akzeptiert wurde, was von Martin Bormann am 13. Juli 1938 als ein innerkirchlicher Beschluß abgewertet wurde, eine Interpretation, in der Wendel eine charakteristische Vorgehensweise zur Aushöhlung des kirchlichen Einflusses sah. Dabei zitierte er die Position der DC, die für eine „nationale Kirche" eintraten.

Ausblick

Durch ihre ausführliche und differenzierte Berichterstattung, die auch viele Originaltexte durch Übersetzungen ihrer französischen Leserschaft zugänglich machte und in mancher Hinsicht bestimmte Aspekte und Ergebnisse der späteren Kirchenkampfforschung – u. a. Fragen der Periodisierung, der theologischen, gesellschaftlichen und politischen Dimension, der Unterscheidung zwischen Widerständigkeit und Widerstand – vorwegnahm, haben die französischen protestantischen Periodika nicht wenig zur Herausbildung von Haltungen französischer Protestanten Deutschland gegenüber während der Besatzung und nach dem Krieg beigetragen. Ohne diesen Hintergrund, der durch präzise Information jede pauschalisierende Verurteilung verhinderte, wären die Aufnahme des Berichts von Willem A. Visser 't Hooft während der *Assemblée Générale du protestantisme français* (Nîmes, 22.–26. Oktober 1945) – „in der bebenden Stille der geweihten Stunden, wenn der Heilige Geist zu den Kirchen spricht"[54] –, über die Begegnung von Stuttgart, die Wiederaufnahme der Beziehungen zwischen dem Ökumenischen Rat und den deutschen Kirchen und die „berühmte Stuttgarter Erklärung", die Debatten über das besiegte und besetzte Deutschland nach 1945 in der protestantischen Wochenzeitung *Réforme*, die Arbeit der Militärgeistlichen Marcel Sturm in der französischen Besatzungszone und Georges Casalis in Berlin sowie schließlich die Bildung des deutsch-französischen Bruderrats 1950 in Speyer nicht denkbar gewesen. Pierre Maury, Herausgeber von *Foi et vie*, war Mitglied der ökumenischen Delegation in Stuttgart im Oktober 1945.

Unter den unzähligen Beispielen der Wirkung der solidarischen Berichterstattung über Deutschland zwischen 1933 und 1939 beschränken wir uns auf einige

---

[54] „… dans le silence frémissant des heures sacrées où l'Esprit parle aux Eglises …", in: Actes de l'Assemblée générale du Protestantisme français réunie à Nîmes, du 22 au 26 octobre 1945 (Paris 1946) 123.

Äußerungen auf dem vom 31. Oktober bis 2. November 1945 in Paris unter
dem Vorsitz des Präsidenten der FPF, Marc Boegner, abgehaltenen Kongreß des
Christianisme Social. Hier wurde deutlich zwischen der einer juristischen Sank-
tion nicht zugänglichen moralischen Verantwortung der Deutschen und der
juristischen Verantwortung unterschieden, die nicht das ganze deutsche Volk,
sondern die NS-Verbrecher betrifft – ein Beispiel echter Gabe der Differenzierung
der Geister. Die in der Zeit zwischen 1933 und 1939 berichtenden Periodika
befürworteten alle eine Politik der ausgestreckten Hand als Fortsetzung der
Grundhaltung der Solidarität mit der BK und der Versöhnung im Zeichen des
Evangeliums[55].

---

[55] Vgl. *Frédéric Hartweg*, Der französische Protestantismus im Jahr 1945: Eine Bestandsauf-
nahme, in: KZG 1 (1989) 154–157; *ders., Daniela Heimerl*, Der französische Protestantismus
und die deutsche Frage 1945–1955, in: KZG 2 (1990) 393–401.

Ingun Montgomery

Transformationen in Schwedens Kirche und Gesellschaft während der konsolidierten NS-Gewaltherrschaft (Herbst 1934 bis Herbst 1939)

1. Das Verhältnis des skandinavischen Luthertums zum deutschen Protestantismus 1934–1939

Die Veränderungen in der Gesellschaftsstruktur wie auch in Wirtschaft und Politik nach Ende des Ersten Weltkriegs und in der Zwischenkriegszeit zeigen klar, daß das Verhältnis zwischen den beiden Wissenschaftsbereichen Geschichte und Theologie neu durchdacht werden mußte. Der Historismus als historische Methode wurde zu einem Problem für die Theologie. Die Kirchengeschichte hatte ein doppelte Bindung sowohl zur Geschichte als auch zur Theologie als Wissenschaften. In Deutschland nimmt z. B. deshalb die Dialektische Theologie von der Geschichte/Kirchengeschichte heute bewußt Abstand.

In den skandinavischen Ländern waren Anfang 1934 die gesellschaftlichen Voraussetzungen anders als in Deutschland. Demokratie und Parlamentarismus hatten sich hier langsam entwickelt und wurden nie als von außen her aufgezwungen erlebt. Die Länder hatten auch nicht am Ersten Weltkrieg teilgenommen und folglich keine Menschen- und Gebietsverluste oder andere Demütigungen erlitten.

Ein gesamteuropäisches Phänomen stellte jedoch die wirtschaftliche Krise dar, auch wenn sie in Skandinavien nicht so schwerwiegend war wie in Deutschland. In Norwegen wurden, vielleicht als ein Versuch, die Krise zu beheben, 1933 zwei neue politische Parteien gegründet. Es handelte sich um die Christliche Volkspartei und die Nationale Sammlungspartei. Ich gehe hier nicht auf die Christliche Volkspartei ein, die heute noch besteht und jetzt die Leitung der Regierung innehat.

Die Nationale Sammlungspartei entstand aus dem Mittelstand, in dem zu dieser Zeit Angst vor dem radikalen Sozialismus der Arbeiterpartei herrschte. Im ersten Parteiprogramm von 1933 ist die faschistische Ideologie eher moderat, und das Programm kann als ‚ein Lösungsmodell der Frustrierten‘ charakterisiert werden. Der Mittelstand fühlte sich zu dieser Zeit von zwei Seiten bedroht: Auf der einen Seite standen Großindustrie und Großkapitalismus, auf der anderen befanden sich

die Gewerkschaften zusammen mit dem Sozialismus und Marxismus. Der Mittelstand war auf dem Weg, in die Arbeiterklasse integriert zu werden. Dieser be-
drohte Mittelstand strebte danach, seine Eigenart wie auch seine Klassenzugehö-
rigkeit zu bewahren, was als sehr frustrierend empfunden wurde. Aber bei dieser
Selbstbehauptung war der revolutionäre Weg ausgeschlossen, und in irgendeiner
Form mußten konservative Ideen aufgegriffen werden. Dieses Gefühl der Frustra-
tion im Mittelstand führte unter den Betroffenen jedoch nicht zu einer gemeinsamen Lösung. Einige blieben ihren konservativen Parteien treu, und andere zogen
ein radikaleres Verhalten vor und wollten die sozialistische Arbeiterbewegung mit
Gewalt unterdrücken.

Der Antisemitismus, der sich als eine vorgeblich ‚wissenschaftliche Erklärung‘
der Probleme der Zeit verbreitete, wurde in Skandinavien als eine ausländische
Erscheinung betrachtet, die nur kleinere Gruppen erfassen konnte. Es war vor
allem die antikommunistische Propaganda, mit der Faschisten und Nationalsozialisten kleinere Erfolge in den skandinavischen Ländern erzielen konnten. Diese
antidemokratischen Gruppen von faschistischem oder nationalsozialistischem
Gepräge wurden Ende der dreißiger Jahre mehr und mehr isoliert und mit ihren
ausländischen Vorbildern identifiziert. Um dieser Identifikation mit dem deutschen Nationalsozialismus zu entgehen, versuchten sie, die Namen und Symbole
der Parteien so authentisch skandinavisch wie möglich zu gestalten.

In Schweden wählte man deshalb Gustaf Wasa, der die Selbständigkeit Schwedens gegenüber der Nordischen Union 1523 durchgesetzt hatte, als Vorbild der
Nation, und die Garbe des Wasawappens trat an die Stelle des Hakenkreuzes, oder
es wurde in die Garbe zusätzlich hineingelegt. Dagegen änderte sich nichts an der
antidemokratischen und antiparlamentarischen Einstellung[1].

2. Schweden

In der schwedischen Kirche waren viele Richtungen vertreten: Es gab eine „nie-
derkirchliche", pietistisch gefärbte Richtung. Dazu zählte z.B. die Evangelische
Vaterlandsstiftung (Evangeliska Fosterlandsstiftelsen), die Bibelfreunde (Bibel-
trogna vänner) und der Missionsverein Ost-Smålands (Östra Smålands missions-
förening). Auch der Gedanke der Volkskirche, den Billing und Söderblom entfaltet hatten und der in der Kirche das Handeln Gottes am schwedischen Volk
betonte, war in den dreißiger und vierziger Jahren noch sehr lebendig. An der
Westküste Schwedens herrschte die im 19. Jahrhundert begründete „Altkirchlich-
keit" vor, die auch in den Stiften von Växjö, Skara und Lund vertreten war. Mit
neuer Lebenskraft verbreitete sich in den 1930-er Jahren auch die Hochkirchlich-
keit, eine kirchliche Richtung des späten 19. Jahrhunderts.

---

[1] *Eric Wärenstam*, Fascismen och nazismen i Sverige 1920–40. Studier i den svenska national-
socialismens, fascismens och antisemitismens organisationer, ideologier och propaganda
under mellankrigsåren (Uppsala 1970) 177; im folgenden zitiert: *Wärenstam*, Fascismen.

Die von der Staatskirche unabhängigen protestantischen Erweckungsbewegungen, überwiegend angelsächsisch orientiert, waren nicht zur Zusammenarbeit mit der Staatskirche bereit.

Dem Staat gegenüber war die schwedische Kirche relativ selbständig. Sie hatte aber kein Organ, um sich offiziell vertreten zu lassen, abgesehen vielleicht vom Kirchentag. Die Bischofssynode hatte keine offizielle Funktion, dennoch wurde sie praktisch zum offiziellen Sprachrohr der schwedischen Kirche. Die in der Verfassung und der Tradition begründete starke Stellung der schwedischen Bischöfe als Kirchenführer ließ natürlich von ihnen erwarten, daß sie gegen Übergriffe totalitärer Staaten in bezug auf kirchliche Angelegenheiten protestierten. Ein solcher Protest war z.B. die Botschaft vom 1. Advent 1942 gegen die Judenverfolgungen.

Dem allgemeinen schwedischen Pfarrverein (Allmänna svenska prästföreningen = ASP) gehörten 1940 etwa 75% aller Pfarrer der schwedischen Kirche an (etwa 2400 Mitglieder). Er nahm die Rechte der Pfarrer als eine Art Berufsorganisation wahr. Der ASP wurde in der Zeit von 1907 bis 1936 von zwei starken „altkirchlichen" Bischöfen geleitet, Ludvig Lindberg und Sam Stadener. Generalsekretär war von 1907 bis 1942 Probst Per Pehrsson. Lindberg und Pehrsson wurden immer mehr als Wortführer der konservativen Gruppen in der Kirche angesehen[2]. Auch Sam Stadener war von ausgeprägter „altkirchlicher" Haltung von schartauanischem und westschwedischem Gepräge. Stadener und Pehrsson waren „konsequent deutschfreundlich"[3].

Das Schwedische Kirchenblatt (Svensk Kyrkotidning = SKT) war das Genossenschaftsblatt der Pfarrer und stand dem Pfarrverein nahe. Dieses Blatt nahm zusammen mit der Göteborgs Stiftzeitung nach Hitlers Machtübernahme eine deutlich pronationalsozialistische Haltung ein[4]. Den Traum vom ‚starken Mann', der die Mängel der Zeit beheben soll, finden wir auch hier.

1938 trat der ASP kollektiv der nordischen Vereinigung Pro Deo bei. Pro Deo wurde bei der Gründung als „ein skandinavischer Verein gegen die Gottlosigkeit" bezeichnet, der in nichtkommunistischen Ländern unter den Christen rein kirchlich und ohne politische Absichten zu arbeiten beabsichtigte[5]. Über den evangelischen Ausschuß war der ASP außerdem dem Lutherischen Weltkonvent und dem Protestantischen Weltbund angeschlossen. Der evangelische Ausschuß gab gemeinsam mit dem schwedischen Landeskomitee des Lutherischen Weltkonvents die Quartalsschrift „Kirchen unter dem Kreuz" (Kyrkor under Korset) heraus. Der Probst in Lund, Lars Wollmer, war Redakteur, und die Auflage betrug etwa 14 000 bis 17 000 Exemplare. Diese Zeitschrift wurde wegen ihrer naiven pro-

---

[2] *Clarence Nilsson*, Sam Stadener som kyrkopolitiker (Uppsala 1964) 89, 178; im folgenden zitiert: *Nilsson*, Sam Stadener som kyrkopolitiker.
[3] *Nilsson*, Sam Stadener som kyrkopolitiker 110.
[4] *Nils Kristenson*, Sociala och politiska frågor i svensk kristen samfundspress under 1930-talet, in: Religion och kyrka i 1930-talets sociala kris (Uppsala 1976) 73.
[5] Svenska Kyrkans Årsbok (1938) 185; ASP: s. Jahresprogramm 1938, 1, 12, 23.

nationalsozialistischen Äußerungen vielfach kritisiert. In den dreißiger Jahren war der ASP ausgesprochen anti-ökumenisch und stark auf das Luthertum konzentriert.

Daß es aber Schweden mit seinen historischen Traditionen und traditionell engen Verbindungen zu Deutschland schwer fiel, eine gemäßigte und durchdachte Haltung zu den neuen Geschehnissen zu finden, ist nicht ganz unverständlich. Es führte u. a. dazu, daß die schwedische Delegation des Protestantischen Weltbundes im Oktober 1940 beschloß, die Lutherakademie in Sondershausen finanziell zu unterstützen[6]. „Die Landesgruppe des Protestantischen Weltverbandes hat in ihrer Oktobersitzung 1940 beschlossen, für den Fortbestand des Verbandes nach Kräften einzutreten und an der Vorbereitung der zu erwartenden Aufgaben des Protestantismus in der Neugestaltung des zwischenkirchlichen Lebens nach dem Kriege bewußt teilzunehmen. Als einen praktischen Schritt in dieser Richtung befürwortet die schwedische Landesgruppe den korporativen Beitritt des Protestantischen Weltverbandes zur Lutherakademie und die Teilnahme an den ökumenischen Tagungen dieser Akademie in Sondershausen. Die schwedische Gruppe übernimmt die Bereitstellung des dazu notwendigen Beitrages. Der Präsident des Verbandes hat die Anregung der schwedischen Landesgruppe mit herzlichem Dank aufgenommen und seine Zustimmung zum Beitritt des Verbandes zur Lutherakademie erteilt."[7] Erzbischof Erling Eidem hatte 1932 nach großem Zögern den Vorsitz dieser Akademie akzeptiert in der Absicht, der isolierten deutschen Kirche eine Verbindung zur Außenwelt zu geben[8]. Man hat aber auch gemeint, Eidem sei stattdessen von der nationalsozialistischen Propaganda ausgenutzt worden. Der korporative Beitritt wurde von diesen Gruppen heftig kritisiert.

3. Nationalsozialistische Zuneigung

An der Westküste Schwedens gewannen die Lehren des Nationalsozialismus in kirchlichen Kreisen am leichtesten Gehör. Hier herrschte von alters her eine tiefe und ernste Frömmigkeit mit stark konservativen Zügen. Ende der zwanziger Jahre hatte man sich hier gegen die liberale Theologie gewehrt und sich für die Beibehaltung des Katechismus als Schulbuch eingesetzt[9]. Viele, die an diesem Kampf teilgenommen hatten, setzten sich später für den Nationalsozialismus ein. Dafür gab es mehrere Gründe, sowohl die Moralauffassung als auch das Führer-

[6] Protestantische Rundschau Nr. 1 (1941) 23.
[7] *Elis Malmeström*, Världslutherdomen finner sin form (Stockholm 1967) 172.
[8] *Nils Karlström*, Kyrkan och nazismen. Ekumeniska aktioner mot nazismen 1933–1934 (Uppsala 1976) 115f.; im folgenden zitiert: *Karlström*, Kyrkan och nazismen; *Anders Nygren*, Sanningen om „kyrkonazismen" (Lund 1946) 8ff.; *Eino Murtorinne*, Norden och Lutherakademien i Sondershausen 1932–1943, in: Nordisk lutherdom över gränserna (Lund 1972) 185/211f.; *Gunnar Appelqvist*, Luthersk samverkan i nazismens skugga. Sverige och Lutherakademien i Sondershausen 1932–1945 (Uppsala 1993).
[9] *Wärenstam*, Fascismen 130. Göteborgs Stiftstidning Nrn. 1; 3 (1930).

prinzip wurden begrüßt. Ein soziologischer Versuch, dieses Phänomen zu deuten, betont, daß der ‚Kirchennazismus' als Extremvariante im westlichen und südlichen Schweden ein Zeichen der Anpassungsschwierigkeiten an die moderne demokratische Gesellschaft gewesen sei. Dieser theologische und kirchliche Konservativismus West- und Südschwedens hatte seine Wurzeln in der alten Ständegesellschaft der Zeit vor der Parlamentsreform von 1865/66 und orientierte sich an der politischen Ideologie der Agrargesellschaft. Die Entwicklung der Gesellschaft ging im allgemeinen weiter, aber die Kirche unterstützte in diesem Fall die Reaktion. Diese Verbindung blieb solange bestehen, bis die ethischen Gebote des Katechismus so erklärt wurden, daß sie im Kontext der modernen Gesellschaft einen Sinn bekamen[10].

Zu dieser Richtung gehörten der Pfarrer Ivar Rhedin aus Säve bei Göteborg und der Schriftleiter und schwedische Lektor der Universität Wien, Malte Welin aus Göteborg. Da Rhedin zugleich Redakteur der Kirchenzeitung „Göteborgs Stiftstidning" war, galt er als einer der Hauptvertreter der westschwedischen Religiosität zu dieser Zeit. Rhedin war mit der schwedischen konservativen Partei (Högern) unzufrieden, die 1930 an der Regierung war und seiner Meinung nach der Linken dauernd Zugeständnisse machte. Rhedin stellte deshalb die Gründung einer neuen politischen Partei in Aussicht, die den wahrhaft kirchlich-konservativen Kreisen eine Heimat bieten sollte. Auf einer Versammlung in Göteborg habe man, schrieb Rhedin, bereits den Beschluß gefaßt, eine solche Partei zu gründen[11].

Die ausgesprochen konservative finnische Lappo-Bewegung scheint die Parteigründung in Westschweden beeinflußt zu haben[12]. Am 8. Juli 1930 wurde die schwedische kirchliche Volkspartei auf einer Versammlung im Pfarrseminar von Göteborg gegründet[13]. Die Mitgliederzahl war jedoch sehr gering, wenn Rhedin auch so tat, als sei sie befriedigend. Im Parteiprogramm heißt es: „Sofern die Interessen des Vaterlandes und der Kirche es erfordern, sind wir eindeutig konservativ, wir lehnen aber jeden Konservatismus um seiner selbst willen ab. So sind wir bereit, mit jeder Partei zusammenzuarbeiten, die gebührende Rücksicht auf die Sache, für die wir kämpfen, nimmt." Im Parteiprogramm lehnte man Belohnungen sowie Übergriffe der Parteien und geheime Einflüsse ab, verurteilte alle Formen des Klassenkampfes bei den Extremisten der Rechten wie der Linken. Die Partei wollte die Erhaltung des Königtums, des Katechismus, des Privateigentums und der Freiheit der Arbeit. Man war gegen die Säkularisierung der Schule, gegen Monopolbildung auf dem Arbeitsmarkt, gegen staatsgefährdende Streiks und gegen die Kräfte, welche die sittliche Kraft des Volkes zu zerstören drohten. Die Partei forderte eine stärkere Regierungsmacht. In einem späteren Artikel, ebenfalls in der Stiftszeitung, wandte man sich gegen den Parlamentarismus. Dieses

---

10 *Berndt Gustafsson*, Kyrkonazismen, in: Libertas (1946).
11 Göteborgs Stiftstidning Nr. 24 (1930).
12 Göteborgs Stiftstidning Nr. 26 (1930).
13 Göteborgs Stiftstidning Nr. 28 (1930).

Programm muß als kirchlich konservativ bezeichnet werden und wies Affinitäten zu nationalsozialistischen Gedankengängen auf.

In der ‚Judenfrage' allerdings verhielt sich die Stiftszeitung gegenüber der nationalsozialistischen Ideologie kritisch. Sie distanzierte sich vom Rassenhaß und meinte, vor Christus bestehe kein Unterschied zwischen jüdischer und arischer Rasse. Die Partei wollte nichts mit dem Antisemitismus Ludendorffs zu haben, der das ganze Alte Testament und große Teile des neutestamentlichen Christentums verdammte. Wenn nur die Juden die Kirche respektierten, so könne die Kirche Frieden mit ihnen halten, sie seien anderen Dissidenten gleichzustellen[14].

1931 gab die Stiftszeitung mit offenkundiger Zustimmung einen Artikel der „Allgemeinen ev.-luth. Kirchenzeitung" wieder, in dem die Nationalsozialisten aufgefordert wurden, Schule, Christentum und Bibel unangetastet zu lassen[15].

1932 begann die Stiftszeitung, nationalsozialistische Wahlanzeigen zu drucken, sie trieb auch Propaganda für die schwedische kirchliche Volkspartei. Sie rief die kirchlich Gesonnenen in Westschweden, die dem bekenntnistreuen Christentum größeren Einfluß im Reichstag wünschten, auf, für die Kirchliche Volkspartei zu stimmen. Auf ihren Wahllisten standen überall Pfarrer an erster Stelle. Der Erfolg der neuen Partei war jedoch nicht groß. In vier Wahlkreisen brachte man es auf 9000 Stimmen, was nicht zu einem Mandat reichte[16].

Die Stiftszeitung zeigte Verständnis für die nationalsozialistischen Demonstrationen in Deutschland. Den deutschen Kampf gegen Bolschewisten, Marxisten und Kulturradikale beurteilte sie als eindeutig positiv. Rhedin tadelte die schwedische Presse für ihre fast einstimmige Ablehnung Hitlers, der eines der höchsten Ämter in einem Schweden freundlich gesonnenen Lande bekleidete. Man müsse ihm eine Chance geben zu zeigen, wofür er eintrete. Die Pläne, eine Reichskirche in Deutschland zu gründen, fand Rhedin allerdings bedenklich, er meinte jedoch, die Bekenntnistreuen müßten sich vor allem hüten, was das Grundbekenntnis der Kirche bedrohe. – Was in Deutschland geschah, wurde also von dieser freundlich eingestellten Gruppe auch nicht ausschließlich positiv bewertet. Im Herbst 1933 reiste Rhedin selber nach Deutschland. Er kehrte voller positiver Eindrücke zurück und scheint die Erklärungen der deutschen Propaganda völlig akzeptiert zu haben, d. h. er glaubte, daß die Gewalt- und Greueltaten nur Begleiterscheinungen der Neuordnung waren und bald vorübergehen würden. Göteborgs Stiftszeitung verbreitete die Legende von dem freundlichen, guten und puritanischen Hitler.

Die Entwicklung Rhedins und der Stiftszeitung in nationalsozialistischer Richtung setzte sich bis in die Kriegsjahre hinein fort. Rhedin erhielt Verweise für politische und prodeutsche Propaganda. Das Oberlandesgericht von Westschweden konstatierte bei einer Gelegenheit, er habe sich nicht so ausgedrückt, wie man es von einem Mann in seiner kirchlichen Stellung zu erwarten habe[17].

[14] Göteborgs Stiftstidning Nr. 30 (1930).
[15] Göteborgs Stiftstidning Nr. 12 (1931).
[16] Göteborgs Stiftstidning Nrn. 38; 39 (1932).
[17] *Wärenstam*, Fascismen 134.

Der rechtskonservative Teil der Altkirchlichen in Westschweden suchte also Unterstützung für seine Ideale im Nationalsozialismus. Sprachrohr dieser Gruppe war vor allem Göteborgs Stiftstidning und Dagsposten, die der schwedische Lektor in Wien, Malte Welin, leitete. Wer in den kirchlichen Kreisen Westschwedens nicht mit diesen Ideen sympathisierte, schloß sich an die Kreise der Zeitschrift Kirche und Volk an, die die Frömmigkeit altkirchlicher Prägung Westschwedens fördern wollten, ohne in Deutschland Unterstützung zu suchen.

Auch die schwedische Kirchenzeitung (Svensk Kyrkotidning) äußerte sich bis zum August 1938 vorbehaltlos deutschfreundlich, dann trat ein neuer Redakteur ein, der diese Tendenz dämpfte.

4. Ablehnung des Nationalsozialismus

Eindeutig anti-nationalsozialistisch trat u.a. die Zeitschrift der Ökumenischen Kommission, Gemeinschaft der Christen (Kristen Gemenskap), auf. Zwar war die Auflage dieser Zeitschrift klein, sie hatte 1938 insgesamt 681 Abonnenten, 101 davon in Dänemark, 27 in Finnland, 33 in Norwegen und 520 in Schweden, aber die Qualität der Mitarbeiter und der Abonnenten wog dies teilweise auf[18]. Diese Zeitschrift berichtete in fast jedem Heft in Form einer Chronik in Fortsetzungen über den deutschen Kirchenstreit. 1938 enthielt sie einen Aufruf zur Aufnahme der Juden, die zur Auswanderung gezwungen waren, unterzeichnet vom sozialen Ausschuß der Diakonieverwaltung, dem Flüchtlingskomitee der ökumenischen Kommission und der schwedischen Israelmission, sowie einen Aufruf gegen die antisemitische Propaganda, in dem man Pfarrer und Gemeinden zum Eingreifen aufforderte. Letzterer wurde von Bischöfen und Theologieprofessoren unterzeichnet. Aber noch im Jahre 1939 versuchte die Gemeinschaft der Christen (Kristen Gemenskap), der Entwicklung in Deutschland Verständnis entgegenzubringen und abzuwarten. Während des Krieges wurde man dann von kirchlicher Seite dazu gezwungen zu erkennen, daß die Kirche als ethische Autorität große Probleme mit dem Staat als politischer Korporation hatte. Bischof Gustaf Aulén wandte sich in einem Artikel 1941 gegen die Auffassung des Staates als einer über christlichen Normen stehenden Schöpfungsordnung[19]. Der Kirche wurde allgemein das Recht und die Pflicht zugesprochen, gegen einen ungerechten Staat zu protestieren.

Man distanzierte sich in derselben Nummer von „Gemeinschaft der Christen" auch von Althaus' Schrift über Luther und die Politik. In der Folge wurde man sich zudem der Notwendigkeit eindeutiger theologischer Definitionen und Stellungnahmen bewußt.

Anläßlich des drohenden Konfliktes der Großmächte erwogen Erzbischof Eidem und der norwegische Bischof Berggrav den Gedanken eines ökumenischen

---

[18] Kristen Gemenskap (1938) 41.
[19] Kristen Gemenskap (1941) 45.

Kirchenrats aller skandinavischen Kirchen[20]. Berggrav kam in mehreren Artikeln darauf zurück, u. a. wollte er eine skandinavische Konferenz einberufen, auch schlug er ein konstruktives Kirchenprogramm vor[21]. Noch im Jahre 1940 setzte sich Berggrav mit konkreten Vorschlägen für eine christliche Friedensalternative ein[22].

5. Erzbischof Eidem als Repräsentant der schwedischen Kirche

Die Beziehungen zwischen Schweden und Deutschland waren seit Jahrhunderten eng. „Deutschland hat Schweden Luther gegeben und Schweden hat Deutschland Gustav II. Adolf gegeben", wie Adolf Deissmann in einem Vortrag beim Gustav Adolf-Jubiläum 1932 das Verhältnis zwischen den beiden Länder ausdrückte. Die Evangelische Kirche Deutschlands wurde allgemein in Schweden als Mutterkirche der Reformation gesehen.

Die ökumenische Bewegung, die seit Anfang des Jahrhunderts an Interesse und Bedeutung stark zugenommen hatte, strebte nach Solidarität mit den Glaubensbrüdern anderer Kirchen. So hatte auch die Renaissance der Lutherforschung dieses starke Gefühl von Gemeinschaft noch unterstrichen. Nach der ökumenischen Versammlung in Stockholm 1925 war das ökumenische Interesse und Engagement Schwedens anerkannt. Die Wirksamkeit des schwedischen ökumenischen Ausschusses sowie die Teilnahme Schwedens an der Arbeit des Lutherischen Weltkonvents und des Weltkirchenrates verstärkten diesen Anschein.

Aus diesen Gründen wurde die Entwicklung des Nationalsozialismus in Deutschland in Schweden genau beobachtet. In der Zeitschrift „Gemeinschaft der Christen" (Kristen Gemenskap), die den ökumenischen Gedanken in den vier skandinavischen Ländern vertrat, wurde das Geschehen in Deutschland kritisch beurteilt. Der Nationalismus und seine Folgeerscheinung, wie man es sah, der Antisemitismus, wurden in ganz Skandinavien besonders scharf verurteilt[23]. Im April 1933 erschien ein Aufruf gegen die judenfeindliche Propaganda, der den Gegensatz zur christlichen Nächstenliebe hervorhob[24]. Am 3. April 1933 ließ Eidem als Vorsitzender des schwedischen ökumenischen Ausschusses einen Brief an den Evangelischen Kirchenausschuß Deutschlands senden. In diesem Schreiben steht zum Schluß: „Wir beten und hoffen, daß es den deutschen evangelischen Kirchen mit Gottes Hilfe möglich sein wird, für die echtchristlichen Grundsätze erfolg-

---

[20] Kristen Gemenskap (1938) 101.
[21] Kristen Gemenskap (1939) 183; 208.
[22] Kristen Gemenskap (1940) 57; *Eivind Berggrav*, Forgjeves for fred (Oslo 1960) 112–160.
[23] *Manfred Björkquist*, Den kristne och nationalismen (Stockholm 1933).
[24] Kristen Gemenskap (1933) 70–72.

reich zu wirken, für die Sie in Ihren [sic] Kundgebung vor den letzten Wahlen eingetreten sind. „Je mehr des Hasses, desto mehr Liebe!'"[25]

Erzbischof Eidem, der sein Amt 1931 als Nachfolger Nathan Söderbloms angetreten hatte, nahm in der Zeit vor dem Krieg und während desselben intensiv an
der internationalen ökumenischen Arbeit teil, die vom Weltkirchenrat und dessen
verschiedenen Organisationen betrieben wurde. Sein ökumenisches Interesse und
seinen Einsatzwillen bewies er, als er seine eigenen Bedenken überwand und Hitler 1934 zu einer persönlichen Audienz besuchte, um ihm ins Gewissen zu reden.

Andererseits hat man ihm vorgeworfen, daß er sich im Namen der schwedischen Kirche in internationalen und kirchenpolitischen Fragen nicht mit mehr
Kraft äußerte. Eidems Haltung wird aber verständlich, wenn man bedenkt, wie
viele Interessenrichtungen in der schwedischen Kirche vorhanden waren. Das erschwerte es dem Erzbischof außerordentlich, die gesamte Kirche zu einer gemeinsamen Stellungnahme zu vereinen. Hinzu kommt, daß der schwedische Erzbischof keinen ausgesprochen konstitutionellen Vorrang hat, sondern allgemein als
„primus inter pares" auftritt. Eidem hielt sich, vielleicht deshalb, konsequent von
öffentlichen Kundgebungen zurück. Etwas ganz anderes war es, wenn er sich als
Mitglied des Bischofskollegiums äußerte. Dieses nahm in zahlreichen Verlautba-
rungen zu aktuellen politischen und ethischen Fragen Stellung.

So befand sich Schweden im Zweiten Weltkrieg als neutrales Land und mit
einer evangelisch-lutherischen Staatskirche religiös und politisch in einer wirklichen Sonderstellung.

6. Theologische Gedankenwelt

Allgemein läßt sich sagen, daß man in Schweden wie in Deutschland theologisch
gleichermaßen unvorbereitet war, der nationalsozialistischen Ideologie entgegen-
zutreten. Daß diese Hilflosigkeit in Schweden weniger schwere Folgen als in
Deutschland hatte, lag zunächst daran, daß Schweden in geographischer, politischer und theologischer Hinsicht abseits vom Zentrum der Ereignisse blieb. Die
schwedische Universitätstheologie war von alters her eng mit Deutschland verbunden; daran hatten auch die Auseinandersetzungen des Ersten Weltkrieges
nichts geändert. Deutschland wurde als Heimat des Luthertums betrachtet, die
Fachliteratur der schwedischen Theologie stammte deshalb hauptsächlich aus
Deutschland[26]. Da viele der großen deutschen Theologen sich zunächst positiv zu
den Umwälzungen in Deutschland äußerten oder sich wenigstens abwartend ver-

---

[25] *Eino Murtorinne*, Erzbischof Eidem zum deutschen Kirchenkampf 1933–1934 (Helsinki
1968) 87.
[26] *Gustaf Wingren*, Deutscher Einfluß auf Kirche und Theologie in Schweden 1870–1933, in:
Nicht nur Strindberg, hrsg. von *Helmut Müssener* (Stockholm 1979) 150–159; *Eino Murtorinne*, Den nordiska lutherdomen i den politiska situationen efter 1933, in: Nordisk lutherdom över gränserna (Lund 1972) 173.

hielten, war es für ihre schwedischen Kollegen nicht leicht, die Folgen der Ereignisse in Deutschland theologisch und dogmatisch recht zu bewerten[27].

Die wichtigsten theologischen Erfahrungen, die die schwedischen Theologen während der dreißiger Jahre gemacht hatten, erschienen 1942 im Sammelband „Ein Buch über die Kirche von schwedischen Theologen"[28]. Die wichtigsten Artikel stammen von Anders Nygren „Staat und Kirche" und von Gustaf Aulén „Kirche und Rechtsordnung". Beide behandeln das Problem der politisierten Theologie, die sie ablehnen. Nygren stellt in seinem Artikel eindeutig fest, daß es eine „lutherische Staatslehre" im eigentlichen Sinne nicht gibt, denn Luther kannte keinen Staat im modernen Sinne. Es gibt nach Nygren keinen Teil des Daseins, in dem Gott nicht wirksam ist: „Sowohl im geistlichen wie auch im weltlichen Bereich haben wir es mit Gott zu tun."[29] Daraus folgt für ihn: „Es ist zutiefst demütigend festzustellen, welch schwaches und zerbrechliches Gefäß die Theologie ist und wie leicht sie unter die Herrschaft fremder Anschauungen gerät, die in der Gegenwart auftreten. Selbstverständlich wäre es für manche politische Moderichtung ein höchst unbehaglicher Gedanke, daß sich das weltliche politische Leben einem anderen Willen, dem Willen Gottes zu beugen habe, und ganz offenkundig paßt die Theorie von der Eigengesetzlichkeit des Politischen wesentlich besser zur heutigen macchiavellistischen Gewaltpolitik. Deshalb aber Luther zu einem Fürsprecher für den säkularisierten Gedanken der Eigengesetzlichkeit des Politischen zu machen, ist jedoch eine allzu groteske Fälschung."[30] „In der Ausübung der staatlichen Macht gibt es, wie in jedem anderen Bereich, zwei Möglichkeiten: entweder dem Fürsten dieser Welt oder Gott zu dienen. Das erste ist der Fall, wenn man die Macht nur um ihrer selbst willen gebraucht. In der Macht liegt eine furchtbare Versuchung, die Versuchung zu Selbstsucht und Selbstherrlichkeit."[31]

Aulén betrachtet in seinem Artikel die Säkularisierung als eine wichtige Ursache für die Veränderung der Rechtsbegriffe. Das Gebot der Nächstenliebe ist die Grundlage der christlichen Lehre, und wenn es verdrängt wird, gerät das ganze Rechtssystem ins Wanken. Nach Aulén ist es daher Aufgabe der Kirche, dafür zu sorgen, daß der Staat sich an die von Gott gegebene Rechtsordnung hält, und zwar gehört das zu der dienenden Funktion der Kirche[32].

„Die Frage des Rechtes und der Rechtsordnung ist in unserer Zeit äußerst aktuell. Wir erleben eine solche Brutalisierung des Lebens, wie wir sie vor nur wenigen Jahrzehnten nicht für möglich gehalten hätten. Werden diese brutalen Handlungen im Namen des Rechts vollzogen, womit sie beanspruchen, mit den

[27] *Karlström*, Kyrkan och nazismen, bes. Kap. III u. IV; *Klaus Scholder*, Die Kirchen und das Dritte Reich, Bd I. (Frankfurt a.M. 1977) 685.
[28] En bok om kyrkan av svenska teologer (Stockholm 1942); im folgenden zitiert: En bok om kyrkan av svenska teologer.
[29] Ebd. 396.
[30] Ebd. 402.
[31] Ebd. 407.
[32] Ebd. 408–422.

Forderungen des Rechts in Übereinstimmung zu stehen, so ist die Frage nach dem Verhältnis der Rechtsordnung zum Gesetz Gottes brennender denn je [...] [Die Kirche] muß das Recht auf die freie Verkündung des Wortes behaupten. [...] Sie läßt sich nicht zum Schweigen zwingen, indem man ihr bedeutet, sie habe nichts mit Politik zu schaffen. Wahr ist daran nur, daß Kirche und Staat jeweils eigene, selbständige Aufgaben haben, daß die Kirche also nicht die Aufgabe des Staates übernehmen kann oder befugt ist, jene Machtmittel zu gebrauchen, die dem Staat zur Verfügung stehen. Dagegen darf der Satz, daß die Kirche keine Politik betreiben soll, nicht so ausgelegt werden, daß die Kirche verhindert ist, für das göttliche Gesetz einzutreten, wenn das weltliche Regiment seine Macht mißbraucht. [... Aber] die Kirche betrachtet die ihr übertragene Aufgabe nicht als höher als die des Staates. Beide sind nach christlicher Auffassung von Gott gegebene, wesentliche Aufgaben. [...] Wenn die Kirche sich veranlaßt sieht, gegen Kränkungen von Gottes Gesetz Einspruch zu erheben, so bedeutet dies nichts anderes, als daß die Kirche gegenüber dem Staat den ihr aufgetragenen Dienst ausführt, der darin besteht, den Staat an seine eigene hohe Aufgabe und die daraus folgenden Anforderungen zu gemahnen. Sie tut dies in der Überzeugung, daß es keine wichtigere Direktive der Rechtsordnung gibt, als daß sie nach den im Gesetz Gottes angegebenen Richtlinien gestaltet werde.“[33]

In seinem Hirtenbrief von 1940 sprach John Cullberg über die Stellung des Christentums in den neuen kulturellen Zusammenhängen, die durch die weltgeschichtlichen Ereignisse entstanden waren[34]. Auch hier griff er die beiden Hauptprobleme auf, denen wir schon bei ihm begegnet sind: das Neuheidentum und seine Verbreitung innerhalb der sog. Christenheit sowie das Verhältnis von Christentum und Demokratie. Die Zukunft der christlichen Kultur beurteilte Cullberg pessimistisch. Der totalitäre Anspruch moderner Staaten erschien ihm als der Hauptgegner des Christentums. Daraus folgte nach Cullberg aber nicht, daß das Christentum sich mit der Demokratie zu identifizieren hatte. Demokratie und Völkerrecht wurzeln zwar im Christentum, „aber die heutigen Demokratien haben die Verbindung mit den Kraftquellen des christlichen Lebens abgeschnitten, auf die sich ihre Existenz zu Anfang gründete“. Aufgabe der Kirche sei es daher, die säkularisierte Demokratie zur Selbstbesinnung zu bewegen. Ob dies der Kirche gelingen würde, erschien Cullberg indessen zweifelhaft. Nach seiner Auffassung hatte die Demokratie das Christentum zugleich mit dem Ideal der Persönlichkeit verraten und sich einem Kollektivismus verschrieben, auf dessen Boden sich die Diktatur entfalten konnte.

Auf das Verhältnis der Kirche zur Kultur war drei Jahre zuvor auch Bischof Arvid Runestam in einem Hirtenbrief eingegangen. Es sei wichtig, daß die Kirche aktiv am kulturellen Leben teilnehme, nur dürfe dies nicht zum Selbstzweck für die Kirche werden[35].

---

[33] Ebd.

[34] *John Cullberg*, Herdabrev till Västerås Stift (Stockholm 1940).

[35] *Arvid Runestam*, Herdabrev till Karlstads Stift (Stockholm 1937) 93.

Schlußbemerkungen

Beim Ausbruch des Zweiten Weltkrieges änderte sich die Lage in Skandinavien. Hitler okkupierte 1940 Dänemark und Norwegen. Mit Hilfe der deutschen Besatzung konnte Quisling mit seiner Partei (Nasjonal Samling) in Norwegen eine politische Rolle spielen. In Dänemark dagegen entwickelten sich die Verhältnisse anders. Hier erlangte Frits Clausen mit der DNSAP keinen größeren Einfluß auf die Ereignisse. In Schweden verstärkte sich die Ablehnung des Nationalsozialismus, teils angesichts der Entwicklung in den Nachbarländern, teils weil das Land nicht direkt in die Kriegshandlungen verstrickt war. Aber die von der sozialdemokratischen Arbeiterpartei geführte „Sammlungsbewegung" hielt zunächst an einer Balance-Politik zwischen den Kriegsgegnern fest, um sich erst Mitte 1943 den alliierten Gegnern Deutschlands zuzuwenden[36].

[36] Bis 1943 war auch die politische Betätigung im Exil verboten; vgl. *Einhart Lorenz* (Hrsg.), Ein sehr trübes Kapitel? Hitlerflüchtlinge im nordeuropäischen Exil 1933–1950 (Hamburg 1998).

John S. Conway

The North American Churches' Reactions
to the German Church Struggle

When Hitler came to power in Germany, fourteen years after the end of the Great War, the churches of North America were caught up in a widespread mood of penitential pacifism[1]. Out of revulsion and repentance for the over-zealous militarism of their immediate predecessors during the war years, and very conscious of the terrible toll of suffering and death which had resulted, the leading figures in the North American churches had launched a vigorous campaign against all aspects of war. They committed themselves both institutionally and personally to the cause of peace, taking their cue from such pronouncements as the Anglican Church's Lambeth Declaration of 1930 which stated that war was incompatible with the mind and methods of Christ. This broad-based and ecumenical effort led to numerous affirmations by pastors and laity that they personally pledged themselves to renounce war and never again to support another.

As the General Secretary of the American Federal Council of Churches, Sam Cavert, noted: „political isolationism received reinforcement from religious commitment to peace"[2].

Yet within a few years, this idealistic stance was abandoned. From 1939 in Canada, and from 1941 in the United States, the churches, almost without exception, gave their support to their nation's participation in the renewed struggle against German aggression. How to explain this remarkable volte-face? One significant factor was undoubtedly the impact made by the events of the German Church Struggle. How developments in Germany were observed, diagnosed and received by the North American churches was to play an important part in preparing the ground for their revised Christian witness as the tides of war once again engulfed the world.

In 1933 many of the churchmen who had accepted this anti-war sentiment and become ardent advocates of the cause of international peace believed that Ger-

---

[1] For Canada, see *John Webster Grant*, The Church in the Canadian Era (Toronto 1972) 149–50; for the United States, see *Robert M. Miller*, American Protestantism and Social Issues, 1919–1939 (Chapel Hill, N.C. 1958); *Gerald Sittser*, A Cautious Patriotism. The American Churches and the Second World War (Chapel Hill, N.C. 1997) chap 2.

[2] *William J. Schmidt*, Architect of Unity. A Biography of Samuel McCrea Cavert (New York 1976) 128.

mans thought the same. They were therefore ready to accept at face value the notion that the Nazi take-over of power meant the start of a new era of renewal and revival in German life. They welcomed Hitler's initial public statements affirming the churches' place in the new dispensation, as well as applauding the Nazis' determination to restore a healthy public morality by eliminating prostitution and pornography from the streets of German cities. Some church observers even swallowed the widespread claim that Hitler had saved the nation from the fate of a Bolshevik revolution. Despite their commitment to democracy, such observers were willing to accept Germany's need for strong leadership at such a critical time. And their optimism led them to believe that the Nazi demands for the revision of the Versailles Treaty were justified, since they themselves had long regarded the „harshness" of its provisions as a regrettable and provocative cause of international tension and misunderstanding.

These convictions were soon to be disillusioned. But their holders only reluctantly abandoned the high moral idealism of the 1920s, even as they were forced to face the realities of the unwelcome developments in a part of the world they hoped had learnt to follow their more exalted aspirations. The dilemma these church leaders faced in the 1930s amounted in fact to a renewed crisis of conscience and credibility. But the inescapable fact of the rise of an alien and ominous ideology, and the totalitarian repression of their fellow Christians in Germany, was to force a painful re-assessment and the abandonment of much wishful thinking.

How did the North American churches most closely linked to Germany, particularly the various Lutheran churches and the Catholic German parishes scattered across North America, as well as other denominations with German roots such as the Mennonites, react to the ensuing German Church Struggle? The American Lutherans, as Ronald Webster has ably pointed out[3], were understandably very conscious of their debt to Martin Luther, and were organisationally closely associated with their German colleagues in such ventures as their support of German-based missions abroad. At the same time, many of these churchmen still retained a strong feeling of loyalty to their or their parents' former nation, were often nostalgic in their view of their homeland, and were unwilling to credit critical reports. Some, notably the members of the American Missouri Synod, were influenced by Nazi propaganda, assiduously sown in such circles, claiming that the new regime was a noteworthy, even epoch-making, success. Lutheran journals commonly described the Nazi regime as a positive moral force for a society which was previously chaotic and decadent, and dismissed reports of Nazi persecutions as the product of anti-German resentments. They praised Hitler's denunciations of the Versailles Treaty and his plans for economic revival. So too, they displayed an uncomfortable uncertainty or ambivalence about the position

[3] *Ronald Webster*, American Lutheran opinion makers and the crisis of German Protestantism under Hitler, unpublished manuscript.

of the Jews, largely accepting the Nazi defamations, even while upholding the view that Christians should not engage in race hatred[4].

On the other hand, we have to note that the German-Americans, as well as German-Canadians, had been widely assaulted for their presumed „disloyalty" during the Great War, and hence were sensitive about adopting too favourable a view of German events. Webster rightly sees that this led to a continuing and indeed increasing dilemma. North American Lutherans wanted to maintain close contacts with the source of their spiritual convictions, and hence to believe the best about new trends there. Nevertheless, as the evidence of the Church Struggle mounted, their initial optimism was challenged, and their positive evaluations seemed only misguided. The result was often a vacillating stance, or a readiness to adopt a position of abstention, even of isolationism, which was only strengthened by their strongly pacifist inclinations and the pro-appeasement mood of the times. As a result several North American churches and church periodicals were led to tone down or even ignore reports about the persecution of the churches in Germany lest these encourage a revival of the „war spirit". They were also disinclined to accept the arguments put forward by the declared opponents of the Nazi regime's intentions, such as the Confessing Church, and, at least initially, deplored the so-called „politicking" of Martin Niemöller and his associates.

Early in 1933, highly conflicting reports on the German churches reached North America. On the one hand, the widespread enthusiasm for the new regime amongst both Catholics and Protestants was well noted, calling forth such responses from German emigrant pastors as the following:

We overseas Germans have, with great joy, experienced inwardly the reawakening of the German Volk. After the frightful war years and the even sadder post-war years, what a turnaround! We thank God that he has raised up a saviour in Adolf Hitler[5].

On the other hand, alarming reports were received about the massive and violent attacks launched by Nazi thugs against well-known opponents of the new regime, especially communists and Jews, but also against some church members. Open protests were held in New York against this kind of lawlessness, and numerous concerned enquiries were sent by such bodies as the U.S. Federal Council of Churches to their German counterparts. In central Canada, a public rally held in Winnipeg in April 1933, attended by both Jews and Christians, was described as „one of the biggest single-purpose demonstrations in the history of the city"[6].

But in response, leading German church figures, such as General Superintendent Otto Dibelius in Berlin, prompted presumably by the newly-established Ministry of Propaganda, made a broadcast to the United States which appeared, not to

---

[4] See *Kenneth Barnes*, American Lutherans and the Third Reich, in: What kind of God? Essays in honour of Richard Rubenstein, ed. *B. Rubenstein, Michael Berenbaum* (Lanham, N.Y. 1997) 187–99.
[5] Quoted in *Andrew Bonell et al.*, Power, Conscience and Opposition. Essays in German history in honour of John A. Moses (New York 1996) 495.
[6] Cited in *Alan Davies, Marilyn Nefsky*, How Silent were the Churches? Canadian Protestantism and the Jewish Plight during the Nazi Era (Waterloo, Ontario 1997) 46.

condemn, but to excuse what had happened. He warned his listeners not to give credit to exaggerated and fictional reports of anti-Jewish actions, which were being spread abroad, he claimed, „by persons who did not know personally the conditions in Germany"[7]. The same theme was repeated by the Methodist bishop in Germany, Otto Melle, and his superior, the Methodist bishop in Europe, an American, John Nuelsen.

But in early April, there could be no doubt as to the effect of the well-publicised Law for the Reconstruction of the Civil Service, by which several well-known theology professors were compulsorily suspended and later dismissed, such as Paul Tillich, Emil Fuchs, Karl Ludwig Schmidt and Gunther Dehn. Only two months later, after a bunch of Nazi-hired thugs had raided the hospital in East Berlin where he worked, one of the foremost German figures in the whole ecumenical movement, Friedrich Siegmund-Schultze, was summarily banished from the country and fled to Switzerland. Siegmund-Schultze was one of the International Secretaries of the World Alliance for Promoting International Friendship through the Churches, and hence was a popular figure in ecumenical church circles, having campaigned tirelessly for many years in the cause of peace and international reconciliation. His expulsion sent alarm signals around the globe.

In Canada, a similar situation prevailed. Caught up in the hardships caused by the Great Depression and the Great Drought, the Canadian Protestant church leaders believed their nation was in travail, their churches were in travail. Here too, many churchmen were sympathetic to the call for national renewal and revival, and most were strongly influenced by the reformist ideas of the Social Gospel, with its strongly pacifist overtones. By contrast the more conservative French-speaking Catholics in Quebec were attracted by the aura of Hitler's anti-communist stance, and some, like the prominent Abbé, Lionel Groulx, were openly supportive of his antisemitic tirades. Canadian Presbyterians, on the other hand, having a history of imperial patriotism, adopted a passionate concern with the German Church Struggle from the outset. Their most prominent preacher in Toronto effectively linked the persecution of both the churches and the Jews as evidence of the iniquity of the Nazi state, and denounced the attempts to create a new state church under direct governmental jurisdiction. From this point of view „the spirit of the German Reformation was dead in its German homeland"[8].

At the same time, outright politically-motivated sentiments were expressed by the Mennonites of western Canada, many of whom had fled or been expelled from the Soviet Union. Amongst such refugees, hatred of Communism had become a political obsession. Still clinging to their German origins and language, these Mennonites were ready to greet the Nazi revolution as a welcome revival of their German heritage, and to see Hitler as the laudable defender of their anti-Communist faith. The Mennonite German-language publications, the Mennonitische Rundschau and Der Bote, often published counter-attacks on the non-German media

---

[7] *John S. Conway*, The Nazi Persecution of the Churches 1933–1945 (London 1968) 32.
[8] The Presbyterian Record, January 1934, 4, cited in *Davies, Nefsky*, How Silent 71.

and its persistent lies about the innocent German government and the German people. These journals had nothing to say about the imposition of the Aryan laws, and also attempted to play down the Nazi antisemitic persecutions[9]. Indeed, their editors were later found to have allowed themselves to be used by the propaganda agencies of the Third Reich[10]. Such sentiments were, however, not shared by more sober, pacifist Mennonites, nor in the better-informed head offices of the major denominations. Instead the mood varied between a cautious optimism and a muted feeling of alarm.

In New York, the Federal Council of Churches decided that an official visit to Germany was required, and invited their former General Secretary, Charles Macfarland, a man renowned for his extensive contacts and commitment to international reconciliation, to undertake this task. Macfarland, who knew Germany well and spoke the language, accordingly toured the country in late 1933. His report, subsequently published as a book in January 1934 entitled The New Church and the New Germany was written with sympathy for and confidence in the German churches, but at the same time showed an awareness of the „magnitude of the problems and the multitude of the difficulties which our Christian brethren have had to meet" (p.viii)[11]. This even-handed, liberal approach was not, however, entirely free from wishful thinking, which later events were to destroy. And by showing the complexities of the revolutionary situation, and the entrenched divisions within the German Evangelical Churches, Macfarland's impressions did not resolve the North American dilemma of how to respond as the German Church Struggle became increasingly embittered despite his eirenical approach. Macfarland had forcefully criticized two features of the policies pursued by the Nazis and their enthusiastic supporters in the German Protestant churches, namely the intolerance towards the Jews and the deliberate attempts to suppress the opposition in the churches' ranks. These policies were to become of increasing concern in North American church circles, despite their leaders' desire to keep open the lines of communication and not to break off their relations with the established German churches. Church spokesmen and periodicals alike were to join in a chorus of condemnation of the Nazis' actions which grew with each successive outrage, and which ran parallel to the North American secular press' consistently hostile aversion to Nazism. Most notably, already from 1933 onwards, the Nazi attacks on both Christians and Jews were seen as companion evils, calling for

---

[9] As one Mennonite in 1936 remarked „Almost 50 million people have been devoured by the Jewish Moloch in Russia! Hate against the Jews! Ask the millions of orphaned children in Russia, the masses of deprived, homeless, exiled, starving wanderers in the country." Or as another inflamed comment stated: „If our people in Russia had been treated only half as well as the Jews in Germany, none, I daresay, would have thought of leaving", cited in Davies, Nefsky, How Silent 110, 113.

[10] See John F. Wagner, Brothers beyond the Sea, National Socialism in Canada (Waterloo, Ontario 1981) 102.

[11] Macfarland, The New Church and the New Germany (New York 1934). Both Macfarland's successor, Sam Cavert, and the Federal Council's „foreign secretary" Henry Leiper took a similar stance after visiting Germany in 1933.

widespread protest, and leading, even more remarkably, to an unprecedented recognition that the churches' circle of obligation should be enlarged to include the victimized Jews. The Christian Century, probably the leading religious journal in the United States, had early on recognized this feature. In May 1933, an editorial had already noted the implications of the Nazis' misuse of nationalistic feelings:

In Hitler's Germany, the principles of nationalism are being carried to an apotheosis higher than any nation has attempted since the days of ancient Israel, and the Jews themselves are made the first victims of it. But this is a Christian nationalism. Alas, it is even so! It is those nations which bear high the banner of Christ who are guilty of this evil[12].

In North American Catholic circles, their initial alarm at the impact of the dictatorial Nazi regime was greatly relieved by the signing of the Reich Concordat in July 1933[13]. The excesses of Nazi radicalism would now, it was hoped, be curbed, and the inflammatory rhetoric and actions of the early revolutionary phase be replaced by a more sober acceptance of the Catholics' place in German society. German Catholics were absolutely and reliably patriotic. So matters would surely in time settle down, if Hitler was able to control the party underlings who were seen as the worst inciters of anti-Catholic outbursts. Most American Catholics were, moreover, pre-occupied with other issues, such as the even more violent persecution of the church in the Soviet Union, Mexico or Spain. Many Catholic observers, however, were alerted by the views of such well-informed journalists in Berlin as F.W. Voight, who quickly recognised the incompatibility of Nazism with Christian principles. In Voight's view, the Nazi campaign was the product of a populist and totalitarian nationalism, attacking the universalist aspirations of Christian civilisation. He sought to strengthen the faithful inside the Third Reich by championing the cause of their resistance – a view which accorded well with North American Catholic opinion. At the same time, some Catholics were concerned about the possible renewal of the Kulturkampf. In 1935, a well-informed and provocative book by a leading American Catholic, George Shuster, explicitly warned his readers against any illusions on the score of Hitler's intentions: „Der Fuehrer' is a pure double-crosser", and directly responsible for the attacks on the churches[14].

In 1934, observers in North America, who had been alarmed by the ominous and seemingly unstoppable nazification of the Protestant churches in Germany, warmly greeted the growth of the Pastors' Emergency League, the adoption of the name Confessing Church and the issuing of the forceful Barmen Declaration by this group at the end of May. To be sure there was a tendency to believe that such

---

[12] Editorial, „Jews and Jesus", in: Christian Century, 3 May 1933, 582–4.
[13] Interestingly, events in Germany were closely monitored from a far-away monastery in Oregon, where the monk-editor of a German-language weekly newspaper, St. Josephs-Blatt, kept his readers well informed, including commentaries on the Protestant Church Struggle. His earlier assessments that the Nazis' dictatorial drive would soon cool down were later replaced by a much fuller awareness of the dangers facing both Christians and Jews.
[14] *George Shuster*, Like a Mighty Army. Hitler versus Established Religion (New York 1935) 121.

developments constituted not merely a theological opposition to the errors of the „German Christians" but also a political protest against the regime. As the General Secretary of the Lutheran Council in America, Ralph Long, remarked, these churches were „fighting a valiant fight" against the Nazis' attempts to impose their nefarious policies[15]. English-speaking commentators were inclined, unanimously if one-sidedly, to see the German Church Struggle in political terms, as one of Church versus State, good versus evil, Confessing Church versus Stormtroopers or racialists. Despite Karl Barth's remonstrance that the conflict was not at all politically motivated, but really between rival theological parties in a dispute between the true and the false church, the prevalent view abroad was too simplistic to take account of these differentiations. In the Protestant ranks, including the American Lutherans, despite their differences with Barth's theology, the Confessing Church came increasingly, but in fact wrongly, to be seen as the champion of those liberal and democratic values so highly prized on the other side of the Atlantic.

Karl Barth's authorship of the Barmen Declaration ensured that his views were widely supported by Presbyterians abroad. Indeed, a Canadian minister in June 1935 was to compare Barth with John the Baptist as a man „sent from God" to awaken the German churches from their spiritual errors. Some months later, the same minister castigated the „spirit of anti-Christ" that was overwhelming German Christianity. „The clouds lie dark and heavy over Christian Germany. Hitler's latent desire is to starve out the great living elements of German Protestantism which resist him. ... Side by side with this goes something akin to the deification of Hitler."[16]

1934 also saw the holding of the Baptist World Alliance's international Congress in Berlin, despite fierce debate and considerable doubt over the location. Although they declared their intention not to interfere in the domestic affairs of the German state church, the Baptists made clear their resolve to uphold the principle of freedom of religion and their total opposition to any religious compulsion. Even more outspokenly, the Congress passed a resolution which „deplores and condemns as a violation of the law of God, the Heavenly Father, all racial animosity and every form of oppression or unfair discrimination toward the Jews, toward colored people, or toward subject races in any part of the world"[17].

---

[15] See *Webster*, Lutherans. This view was echoed by the Christian Century, which provided extensive and critical coverage to the German Church Struggle throughout the whole period.
[16] *Davies, Nefsky*, How Silent 71.
[17] Western Baptist, October 1934, 4; for the debate in the United States, see *Robert W. Ross*, So it was true. The American Protestant Press and the Nazi Persecution of the Jews (Minneapolis 1980) 48–66. A similar attitude prevailed among the Pentecostalists. One of their leaders in Canada, Donald Gee, after visiting Germany in 1935, noted that Pentecostalists, like the Baptists, were accorded full freedom of worship, but added with some dismay: „It is to be understood, however difficult it may be for those in other lands to do so, that the Christians in Germany as a whole, including our own Pentecostal pastors and people, have a great appreciation for Herr Hitler, ... whose rigidly self-denying and consecrated character... is an

This kind of clear speaking was echoed by others. Claris Silcox, a leading member of the Canadian United Church, was early on to note the dark essences of the Nazi system. In March he observed percipiently:

The Nazis first organised what they called the German Christians, who sought to unify the church life of German Protestantism with themselves in the saddle. They insisted the Church must be the soul of the nation. Their opponents insisted that the Church should rather be the conscience of the nation – that the Church must always be ready to reprove the nation when it did wrong[18].

With leadership such as this, North American church members kept a wary eye on developments in Germany.

In 1935, their dismay at the Nazi state's decision to establish a Ministry of Church Affairs, obviously to control church life more closely, was palpable. So too was their outrage at the blatantly antisemitic Nuremberg Laws. In Canada, as one historian noted: „Protestants of all persuasions followed the battle closely, as the future of Christianity itself was at stake. The cause of ecclesiastical integrity overshadowed the predicament of the Jews, but the persecution of Christians and others and building of concentration camps created an antipathy to the new regime and its ‚Nordic racialism'."[19]

The Canadian Pentecostal pastor, Donald Gee, was led to comment:

The facts concerning the Nazi opposition to the Jews seems too undeniable to question, and the treatment given to Jews seems on the whole to be beyond defence; but we have heard it said by Christian brethren who deserve to have both sides of a question stated, that the immoral literature which was flooding Germany was largely published by Jewish interests[20].

Similar sentiments prevailed in the United States. Indeed by the mid-1930s, there was general recognition that the Church Struggle had become an international scandal, and the Nazis' antisemitic policies with their „aimless" cruelty, whatever their alleged justification might be, had reached „a pitch of brutality and injustice" which North American church leaders believed the world should no longer tolerate[21].

A related issue was the question of what practical steps could be taken to relieve the consequences of Nazi brutality and persecution. This is not the place to outline the various proposals to assist refugees from Germany, both Christian and Jewish, which have been well analysed by Peter Ludlow, William Nawyn and Haim Genizi[22]. But it is notable that, despite, or because of, the refusal of both the

---

inspiration to the whole nation. ... Naturally there is the fear that things may go too far, and such fears are anything but groundless", The Pentecostal Testimony, May 1935, 2.
[18] The New Outlook, 7 March 1934; see also *Sam Cavert*, What the Tourist in Germany does not see, in: The Christian Leader XXXVIII (Oct. 1935) 1259.
[19] *Davies, Nefsky*, How Silent 34–5.
[20] *Donald Gee*, The Truth about Hitler and Germany. The Pentecostal Testimony, February 1935.
[21] The limit has been reached, The New Outlook, 22 January 1936, 73; see also *Ross*, So it was true, chapter 2.
[22] See *Peter Ludlow*, The Refugee Problem in the 1930s: the Failures and Successes of Prot-

American and Canadian governments to open their doors to increased immigration, the church leaders were increasingly concerned about this problem and were vocal in stressing their countries' obligation to render humanitarian assistance. Already in 1934 the American Federal Council of Churches launched a campaign to raise half a million dollars for this cause, and had sponsored the establishment of a new agency, the American Christian Committee for German Refugees. But the results were disappointing, even though leading academics, such as Reinhold Niebuhr, strongly supported this cause, and such journals as the Christian Century were tireless in drawing attention to this issue. But the majority of their followers did not see the necessity for turning their abhorrence of Nazism into tangible measures on behalf of its victims, especially since most of them were not Christians. In the wake of the Depression, potential immigrants from anywhere were unwanted in North America. The widespread feelings of xenophobia and anti-alienism created inhibitive barriers, at least until 1938. So too did the effects of the continual inter-denominational rivalries within the church bureaucracies, and the lack of any overall structure with sufficient political influence to mobilize public protest against their governments' intransigence[23].

Nevertheless, church leaders, as early as 1936, did try to express their sympathy since, as an ecumenical team in Canada stated: „as a Christian people, it is ours to see that those whom the spirit of anti-Christ has bruised, whether they be Aryans or non-Aryans, are healed by the compassionate spirit of Him, in whom ,there is neither Jew nor Gentile, Greek nor barbarian, bond nor free'". Pragmatically, this group called for the admission of a „reasonable number of selected refugees" which was hardly a heroic demand, but was clearly influenced by their awareness of the prevailing political atmosphere[24].

In 1936, during the holding of the Olympic Games in Berlin, a relative relaxation seemed to set in, but in the following year the situation escalated again. In March 1937, the issuing of the Papal Encyclical Mit brennender Sorge, which had been secretly smuggled into Germany and read from all Catholic pulpits, again alerted the world to the dangers of Nazi racism. In North America, its message was readily picked up by the leading Jesuit periodical America which published a strong article by John LaFarge condemning the idolatry of unfettered nationalism, and its frequent companion, antisemitism. North American Catholics continued to be warned of the impact of this „new heathenism".

In the Protestant ranks, the sensational arrest of Martin Niemöller in July 1937 and his subsequent show trial, aroused tremendous reactions. Church notice boards prominently displayed posters: „Pray for Pastor Niemöller". His staunch defiance of state interference into church affairs was frequently compared with

estant Relief Programmes, in: English Historical Review XC (June 1975) 564–603; *William Nawyn*, American Protestantism's Response to Germany's Jews and Refugees 1933–1941 (Ann Arbor 1981); *Haim Genizi*, American Apathy: the Plight of Christian Refugees from Nazism (Ramat-Gan 1983).
[23] *Webster*, Lutherans.
[24] *Davies, Nefsky*, How Silent 39.

that of his valiant predecessor, Martin Luther[25]. Hundreds of sympathetic letters poured into his prison cell, but to no practical avail. Nevertheless the fate of this well-known and erstwhile foe highlighted the equally awful plight of thousands of other unknown victims of Nazi repression. The lesson for the North American churches was clear. As Sam Cavert commented:

The traditional readiness of German Lutheranism to regard the State as absolute in the temporal sphere is part of the explanation of the rise of the totalitarian State in Germany. Unless American Christians can now learn that there is no realm in which the secular State is absolute. We may discover to our sorrow that what has happened in Germany can happen here[26].

The North American reaction to such scandalous injustice was eloquently voiced by the Anglican bishop of Montreal, John Farthing, addressing his Synod in 1937:

Fascism will go down in history... as the darkest blot on our modern civilisation. [It] is the negation of all for which Christ stands. In Germany it has now come out boldly as pagan, which it has been in spirit since its inception. ... What a hell such a condition of life would be to us liberty-loving Anglo-Saxons[27].

This call for a more militant stand was strongly supported both by Canadian Presbyterians and by a leading Canadian Baptist educator, Watson Kirkconnell, in his outspokenly condemnatory book Canada, Europe and Hitler[28].

Such views were, however, off-set by two factors. The first was the tendency, reflected in the Canadian Anglican Churchman, to believe that the Nazi repressive actions were due not to Hitler, but to the radical wing of his Party underlings. This illusion, frequently fed to North Americans by many Germans who refused to know better, continued to claim that „if only the Fuehrer knew, he would put matters right". So too there was also a tendency, as noted by the editor of a Catholic German-language newspaper in Oregon, for North Americans „to have the false impression that the Third Reich's measures are merely designed to bring about the separation of church and state, such as we have here, and hence are not seen as a persecution of every kind of Christianity"[29].

The second factor was the still lingering sympathies in North America for the pacifist cause. In 1937 and 1938 the British Prime Minister Neville Chamberlain's policy of appeasement was widely supported by all who dreaded the thought of a renewed war. However regrettable the Nazi policies might be, they were no reason to forgo the isolationist stance of North Americans, whose priority was to work for peace through negotiation and the good example of disarmament. The Munich Conference of September 1938 seemed therefore to many churchmen to

[25] In March 1938, The Canadian Baptist pointedly referred to Niemöller's „martyrdom".
[26] Quoted in Schmidt, Architect of Unity 130.
[27] Quoted in Davies, Nefsky, How Silent 50–1.
[28] Watson Kirkconnell, Canada, Europe and Hitler (Toronto 1937). Already in 1933 the American Northern Baptist press had sought to mobilise its readers against the „barbaric Hun". Throughout the thirties, this policy continued, updating Baptists on events in Germany in suitably indignant tones.
[29] St Josephs-Blatt, 21 November 1938.

be a victory for such policies, and received the heartfelt blessing of many church leaders. But Hitler's subsequent actions soon destroyed the credibility of such endeavours.

Some resolutely patriotic clergymen had already recognised the dangers of such unrealistic appeasement of Hitler. In Toronto, the Canadian Baptist preacher, T.T. Shields, led the way in denouncing not only the Nazi leader, but also those sentimentalists who so recklessly sold out to this „utterly satanic personality". „It is amazing to us how any man of moral sense and ordinary intelligence can be a pacifist." Neville Chamberlain's government was a disgrace to the British imperial tradition, since, Shields maintained, „the whole programme of Hitlerism is against God! We cannot take the bloody hand of Hitler, who is the devil's chief representative on earth, in friendship. I, for one, will not."[30]

Such sentiments were overwhelmingly confirmed, less than two months later, by the notorious pogrom of 9 November 1938, commonly called Crystal Night. No other single event served, not only to shatter many illusions, but to lead to an unprecedented show of ecumenical solidarity, and to an equally unprecedented demonstration of Christian readiness to espouse the cause of the persecuted Jews. In New York, a joint resolution brought together not only all the members of the Protestant Federal Council of Churches, but for the first time the Roman Catholic, the Orthodox and the Southern Baptist churches, to attack the barbarities of the Nazi antisemitic orgy. In Canada, huge non-sectarian public rallies involving civic officials, members of parliament, educators and leaders of the churches and synagogues were held in all the major cities expressing their outrage, and their detestation of these baneful results of antisemitism. They also called on the government in a series of strongly-worded and thoroughly unwelcome pro-Jewish and pro-refugee resolutions „to ameliorate the lot of refugees in Germany and Austria, and to make the German people aware of the horror with which their actions have filled the civilised world"[31].

So too, in the United States, various church bodies passed similar forceful resolutions expressing their shock and indignation, and were followed by their periodical and journal editors in even harsher terms. The authorities of the Lutheran churches, who had hitherto been careful to defend Germany's best interests, now acknowledged that the Nazi violence was disgraceful, though they affirmed their belief that such deeds were not approved by the German people. At the same time they also expressed the hope that the terrible sufferings of the Jews would lead them to a recognition that their true salvation lay in coming to Christ. All these church representatives endorsed proposals for the admission of refugees to the full limit of the quotas, while urging their government to remember the American tradition to be a haven for those oppressed for conscience's sake. Several of these

[30] Quoted in *Davies, Nefsky*, How Silent 83–4.
[31] Quoted in *Davies, Nefsky*, How Silent 135; by contrast, the Crystal Night received scant attention in the German-language press, and Der Bote at the end of November 1938 was still trying to persuade its readers that concentration camps were a myth, and that no Jew had died during this orgy of antisemitic hatred, Der Bote, 30 November 1938, 4.

statements were sent, for greater effect, to the German Ambassador[32]. But for other churches, notably the Southern Baptist Convention, even the scandal of Crystal Night could not induce them to break their total silence on the subject of conditions in Germany, or the needs of the refugees, which prevailed unbroken between 1933 and 1941[33].

For most North Americans the horrors of the Crystal Night cemented the almost universal hostility towards Nazi Germany, fully reflected in the church press. Even the formerly pro-German Lutherans and Mennonites were converted to a more critical stance. And as one far-sighted Catholic observer noted: „The old experience that persecution of the Jews precedes and parallels persecution of the church has been proved again."[34] As the dark clouds of war loomed ever closer, the churches, even if reluctantly, accepted the necessity of resorting once again to arms to halt the advance of Nazi paganism and totalitarianism.

Their one regret, only occasionally voiced, was that the German churches had failed to take their own measures to oppose such an obvious menace. Some of the more engaged ecumenical leaders were, to be sure, well aware of the dilemmas and difficulties of their German church partners, torn between their conflicting religious and political loyalties, especially in the Confessing Church, but also in the Catholic Church. But for public consumption, the notion was disseminated that the German churches were being repressed by Nazi intolerance, and that the „true" voice of German Christianity had been silenced by the Gestapo's draconian persecution. In line with their political interpretation of the German Church Struggle, North American church leaders could therefore reach the conclusion that participation in the war after September 1939 or 1941, could in part be justified by the thought that they were helping to rescue their fellow Christians from the evils of Nazi domination. Even though North American churchmen could be criticized for too often reflecting the vacillations of their politicians, especially in the isolationist climate of the 1930s, they were genuinely scandalized by events in Germany, and found the language needed to rally their followers in a renewed campaign to reassert the claims of Christian justice and morality. Armed with such sentiments, they could embark on a new holy war to make the world safe both for democracy and for God.

---

[32] *Nawyn*, American Protestantism's Response 38.
[33] *Nawyn*, American Protestantism's Response 37.
[34] St Josephs-Blatt, 21 November 1938; the General Secretary of the Federal Council of Churches, S. *Cavert*, repeated this theme in an article entitled „The Church may be next. Anti-Semitism leads to anti-Christianity", The Lutheran Companion, 20 October 1938, 1323.

Personenregister

Bearbeitet von von Sonja Döpke

Schriften des Historischen Kollegs: Kolloquien

1 *Heinrich Lutz* (Hrsg.): Das römisch-deutsche Reich im politischen System Karls V., 1982, XII, 288 S. ISBN 3-486-51371-0

2 *Otto Pflanze* (Hrsg.): Innenpolitische Probleme des Bismarck-Reiches, 1983, XII, 304 S. ISBN 3-486-51481-4 *vergriffen*

3 *Hans Conrad Peyer* (Hrsg.): Gastfreundschaft, Taverne und Gasthaus im Mittelalter, 1983, XIV, 275 S. ISBN 3-486-51661-2 *vergriffen*

4 *Eberhard Weis* (Hrsg.): Reformen im rheinbündischen Deutschland, 1984, XVI, 310 S. ISBN 3-486-51671-X

5 *Heinz Angermeier* (Hrsg.): Säkulare Aspekte der Reformationszeit, 1983, XII, 278 S. ISBN 3-486-51841-0

6 *Gerald D. Feldman* (Hrsg.): Die Nachwirkungen der Inflation auf die deutsche Geschichte 1924–1933, 1985, XII, 407 S. ISBN 3-486-52221-3 *vergriffen*

7 *Jürgen Kocka* (Hrsg.): Arbeiter und Bürger im 19. Jahrhundert. Varianten ihres Verhältnisses im europäischen Vergleich, 1986, XVI, 342 S. ISBN 3-486-52871-8 *vergriffen*

8 *Konrad Repgen* (Hrsg.): Krieg und Politik 1618–1648. Europäische Probleme und Perspektiven, 1988, XII, 454 S. ISBN 3-486-53761-X *vergriffen*

9 *Antoni Mączak* (Hrsg.): Klientelsysteme im Europa der Frühen Neuzeit, 1988, X, 386 S. ISBN 3-486-54021-1

10 *Eberhard Kolb* (Hrsg.): Europa vor dem Krieg von 1870. Mächtekonstellation – Konfliktfelder – Kriegsausbruch, 1987, XII, 216 S. ISBN 3-486-54121-8

11 *Helmut Georg Koenigsberger* (Hrsg.): Republiken und Republikanismus im Europa der Frühen Neuzeit, 1988, XII, 323 S. ISBN 3-486-54341-5

12 *Winfried Schulze* (Hrsg.): Ständische Gesellschaft und soziale Mobilität, 1988, X, 416 S. ISBN 3-486-54351-2

13 *Johanne Autenrieth* (Hrsg.): Renaissance- und Humanistenhandschriften, 1988, XII, 214 S. mit Abbildungen ISBN 3-486-54511-6

14 *Ernst Schulin* (Hrsg.): Deutsche Geschichtswissenschaft nach dem Zweiten Weltkrieg (1945–1965), 1989, XI, 303 S. ISBN 3-486-54831-X

15 *Wilfried Barner* (Hrsg.): Tradition, Norm, Innovation. Soziales und literarisches Traditionsverhalten in der Frühzeit der deutschen Aufklärung, 1989, XXV, 370 S. ISBN 3-486-54771-2

16 *Hartmut Boockmann* (Hrsg.): Die Anfänge der ständischen Vertretungen in Preußen und seinen Nachbarländern, 1992, X, 264 S. ISBN 3-486-55840-4

17 *John C. G. Röhl* (Hrsg.): Der Ort Kaiser Wilhelms II. in der deutschen Geschichte, 1991, XIII, 366 S. ISBN 3-486-55841-2 *vergriffen*

Schriften des Historischen Kollegs: Kolloquien

18 *Gerhard A. Ritter* (Hrsg.): Der Aufstieg der deutschen Arbeiterbewegung. Sozial-demokratie und Freie Gewerkschaften im Parteiensystem und Sozialmilieu des Kaiserreichs, 1990, XXI, 461 S. ISBN 3-486-55641-X

19 *Roger Dufraisse* (Hrsg.): Revolution und Gegenrevolution 1789–1830. Zur gei-stigen Auseinandersetzung in Frankreich und Deutschland, 1991, XVIII, 274 S. ISBN 3-486-55844-7

20 *Klaus Schreiner* (Hrsg.): Laienfrömmigkeit im späten Mittelalter. Formen, Funk-tionen, politisch-soziale Zusammenhänge, 1992, XII, 411 S. ISBN 3-486-55902-8

21 *Jürgen Miethke* (Hrsg.): Das Publikum politischer Theorie im 14. Jahrhundert, 1992, IX, 301 S. ISBN 3-486-55898-6

22 *Dieter Simon* (Hrsg.): Eherecht und Familiengut in Antike und Mittelalter, 1992, IX, 168 S. ISBN 3-486-55885-4

23 *Volker Press* (Hrsg.): Alternativen zur Reichsverfassung in der Frühen Neuzeit? 1995, XII, 254 S. ISBN 3-486-56035-2

24 *Kurt Raaflaub* (Hrsg.): Anfänge politischen Denkens in der Antike. Griechenland und die nahöstlichen Kulturen, 1993, XXIV, 454 S. ISBN 3-486-55993-1

25 *Shulamit Volkov* (Hrsg.): Deutsche Juden und die Moderne, 1994, XXIV, 170 S. ISBN 3-486-56029-8

26 *Heinrich A. Winkler* (Hrsg.): Die deutsche Staatskrise 1930–1933. Handlungs-spielräume und Alternativen, 1992, XIII, 296 S. ISBN 3-486-55943-5

27 *Johannes Fried* (Hrsg.): Dialektik und Rhetorik im früheren und hohen Mittelalter. Rezeption, Überlieferung und gesellschaftliche Wirkung antiker Gelehrsamkeit vornehmlich im 9. und 12. Jahrhundert, 1997, XXI, 304 S. ISBN 3-486-56028-X

28 *Paolo Prodi* (Hrsg.): Glaube und Eid. Treueformeln, Glaubensbekenntnisse und Sozialdisziplinierung zwischen Mittelalter und Neuzeit, 1993, XXX, 246 S. ISBN 3-486-55994-X

29 *Ludwig Schmugge* (Hrsg.): Illegitimität im Spätmittelalter, 1994, X, 314 S. ISBN 3-486-56069-7

30 *Bernhard Kölver* (Hrsg.): Recht, Staat und Verwaltung im klassischen Indien, 1997, XVIII, 257 S. ISBN 3-486-56193-6

31 *Elisabeth Fehrenbach* (Hrsg.): Adel und Bürgertum in Deutschland 1770–1848, 1994, XVI, 251 S. ISBN 3-486-56027-1

32 *Robert E. Lerner* (Hrsg.): Neue Richtungen in der hoch- und spätmittelalterlichen Bibelexegese, 1996, XI, 191 S. ISBN 3-486-56083-2

33 *Klaus Hildebrand* (Hrsg.): Das Deutsche Reich im Urteil der Großen Mächte und europäischen Nachbarn (1871–1945), 1995, X, 232 S. ISBN 3-486-56084-0

34 *Wolfgang J. Mommsen* (Hrsg.): Kultur und Krieg. Die Rolle der Intellektuellen, Künstler und Schriftsteller im Ersten Weltkrieg, 1995, X, 282 S. ISBN 3-486-56085-9

Oldenbourg

Schriften des Historischen Kollegs: Vorträge

1 *Heinrich Lutz:* Die deutsche Nation zu Beginn der Neuzeit. Fragen nach dem Gelingen und Scheitern deutscher Einheit im 16. Jahrhundert, 1982, IV, 31 S.
vergriffen

2 *Otto Pflanze:* Bismarcks Herrschaftstechnik als Problem der gegenwärtigen Historiographie, 1982, IV, 39 S. *vergriffen*

3 *Hans Conrad Peyer:* Gastfreundschaft und kommerzielle Gastlichkeit im Mittelalter, 1983, IV, 24 S. *vergriffen*

4 *Eberhard Weis:* Bayern und Frankreich in der Zeit des Konsulats und des ersten Empire (1799–1815), 1984, 41 S. *vergriffen*

5 *Heinz Angermeier:* Reichsreform und Reformation, 1983, IV, 76 S. *vergriffen*

6 *Gerald D. Feldman:* Bayern und Sachsen in der Hyperinflation 1922/23, 1984, IV, 41 S. *vergriffen*

7 *Erich Angermann:* Abraham Lincoln und die Erneuerung der nationalen Identität der Vereinigten Staaten von Amerika, 1984, IV, 33 S. *vergriffen*

8 *Jürgen Kocka:* Traditionsbindung und Klassenbildung. Zum sozialhistorischen Ort der frühen deutschen Arbeiterbewegung, 1987, 48 S.

9 *Konrad Repgen:* Kriegslegitimationen in Alteuropa. Entwurf einer historischen Typologie, 1985, 27 S. *vergriffen*

10 *Antoni Mączak:* Der Staat als Unternehmen. Adel und Amtsträger in Polen und Europa in der Frühen Neuzeit, 1989, 32 S.

11 *Eberhard Kolb:* Der schwierige Weg zum Frieden. Das Problem der Kriegsbeendigung 1870/71, 1985, 33 S. *vergriffen*

12 *Helmut Georg Koenigsberger:* Fürst und Generalstände. Maximilian I. in den Niederlanden (1477–1493), 1987, 27 S. *vergriffen*

13 *Winfried Schulze:* Vom Gemeinnutz zum Eigennutz. Über den Normenwandel in der ständischen Gesellschaft der Frühen Neuzeit, 1987, 40 S. *vergriffen*

14 *Johanne Autenrieth:* „Litterae Virgilianae". Vom Fortleben einer römischen Schrift, 1988, 51 S.

15 *Tilemann Grimm:* Blickpunkte auf Südostasien. Historische und kulturanthropologische Fragen zur Politik, 1988, 37 S.

16 *Ernst Schulin:* Geschichtswissenschaft in unserem Jahrhundert. Probleme und Umrisse einer Geschichte der Historie, 1988, 34 S.

17 *Hartmut Boockmann:* Geschäfte und Geschäftigkeit auf dem Reichstag im späten Mittelalter, 1988, 33 S. *vergriffen*

18 *Wilfried Barner:* Literaturwissenschaft – eine Geschichtswissenschaft? 1990, 42 S.

Schriften des Historischen Kollegs: Vorträge

19 *John C. G. Röhl:* Kaiser Wilhelm II. Eine Studie über Cäsarenwahnsinn, 1989, 36 S.
vergriffen

20 *Klaus Schreiner:* Mönchsein in der Adelsgesellschaft des hohen und späten Mittelalters. Klösterliche Gemeinschaftsbildung zwischen spiritueller Selbstbehauptung und sozialer Anpassung, 1989, 68 S.
vergriffen

21 *Roger Dufraisse:* Die Deutschen und Napoleon im 20. Jahrhundert, 1991, 43 S.

22 *Gerhard A. Ritter:* Die Sozialdemokratie im Deutschen Kaiserreich in sozialgeschichtlicher Perspektive, 1989, 72 S.

23 *Jürgen Miethke:* Die mittelalterlichen Universitäten und das gesprochene Wort, 1990, 48 S.

24 *Dieter Simon:* Lob des Eunuchen, 1994, 27 S.

25 *Thomas Vogtherr:* Der König und der Heilige. Heinrich IV., der heilige Remaklus und die Mönche des Doppelklosters Stablo-Malmedy, 1990, 29 S.

26 *Johannes Schilling:* Gewesene Mönche. Lebensgeschichten in der Reformation, 1990, 36 S.
vergriffen

27 *Kurt Raaflaub:* Politisches Denken und Krise der Polis. Athen im Verfassungskonflikt des späten 5. Jahrhunderts v. Chr., 1992, 63 S.

28 *Volker Press:* Altes Reich und Deutscher Bund. Kontinuität in der Diskontinuität, 1995, 31 S.

29 *Shulamit Volkov:* Die Erfindung einer Tradition. Zur Entstehung des modernen Judentums in Deutschland, 1992, 30 S.

30 *Franz Bauer:* Gehalt und Gestalt in der Monumentalsymbolik. Zur Ikonologie des Nationalstaats in Deutschland und Italien 1860–1914, 1992, 39 S.

31 *Heinrich A. Winkler:* Mußte Weimar scheitern? Das Ende der ersten Republik und die Kontinuität der deutschen Geschichte, 1991, 32 S.

32 *Johannes Fried:* Kunst und Kommerz. Über das Zusammenwirken von Wissenschaft und Wirtschaft im Mittelalter vornehmlich am Beispiel der Kaufleute und Handelsmessen, 1992, 40 S.

33 *Paolo Prodi:* Der Eid in der europäischen Verfassungsgeschichte, 1992, 35 S.

34 *Jean-Marie Moeglin:* Dynastisches Bewußtsein und Geschichtsschreibung. Zum Selbstverständnis der Wittelsbacher, Habsburger und Hohenzollern im Spätmittelalter, 1993, 47 S.

35 *Bernhard Kölver:* Ritual und historischer Raum. Zum indischen Geschichtsverständnis, 1993, 65 S.

36 *Elisabeth Fehrenbach:* Adel und Bürgertum im deutschen Vormärz, 1994, 31 S.

Schriften des Historischen Kollegs: Dokumentationen

Vorträge und Dokumentationen ohne ISBN erscheinen nicht im Buchhandel; sie können über die Geschäftsstelle des Historischen Kollegs (Kaulbachstraße 15, 80539 München) bezogen werden.

Schriften des Historischen Kollegs: Jahrbuch

Jahrbuch des Historischen Kollegs 1995:

Arnold Esch
Rom in der Renaissance. Seine Quellenlage als methodisches Problem

Manlio Bellomo
Geschichte eines Mannes: Bartolus von Sassoferrato und die moderne europäische Jurisprudenz

František Šmahel
Das verlorene Ideal der Stadt in der böhmischen Reformation

Alfred Haverkamp
„... an die große Glocke hängen". Über Öffentlichkeit im Mittelalter

Hans-Christof Kraus
Montesquieu, Blackstone, De Lolme und die englische Verfassung des 18. Jahrhunderts

1996, VIII, 180 S. ISBN 3-486-56176-6

Jahrbuch des Historischen Kollegs 1996:

Johannes Fried
Wissenschaft und Phantasie. Das Beispiel der Geschichte

Manfred Hildermeier
Revolution und Kultur: Der „Neue Mensch" in der frühen Sowjetunion

Knut Schulz
Handwerk im spätmittelalterlichen Europa. Zur Wanderung und Ausbildung von Lehrlingen in der Fremde

Werner Eck
Mord im Kaiserhaus? Ein politischer Prozeß im Rom des Jahres 20 n. Chr.

Wolfram Pyta
Konzert der Mächte und kollektives Sicherheitssystem: Neue Wege zwischenstaatlicher Friedenswahrung in Europa nach dem Wiener Kongreß 1815

1997, VIII, 202 S. ISBN 3-486-56300-9

Schriften des Historischen Kollegs: Jahrbuch

Jahrbuch des Historischen Kollegs 1997:

Eberhard Weis
Hardenberg und Montgelas. Versuch eines Vergleichs ihrer Persönlichkeiten und ihrer Politik

Dietmar Willoweit
Vom alten guten Recht. Normensuche zwischen Erfahrungswissen und Ursprungs-legenden

Aharon Oppenheimer
Messianismus in römischer Zeit. Zur Pluralität eines Begriffes bei Juden und Christen

Stephen A. Schuker
Bayern und der rheinische Separatismus 1923–1924

Gerhard Schuck
Zwischen Ständeordnung und Arbeitsgesellschaft. Der Arbeitsbegriff in der frühneuzeitlichen Policey am Beispiel Bayerns

1998, VIII, 167 S. ISBN 3-486-56375-0

Jahrbuch des Historischen Kollegs 1998:

Peter Pulzer
Der deutsche Michel in John Bulls Spiegel: Das britische Deutschlandbild im 19. Jahrhundert

Gerhard Besier
„The friends … in America need to know the truth …"
Die deutschen Kirchen im Urteil der Vereinigten Staaten (1933–1941)

David Cohen
Die Schwestern der Medea. Frauen, Öffentlichkeit und soziale Kontrolle im klassischen Athen

Wolfgang Reinhard
Staat machen: Verfassungsgeschichte als Kulturgeschichte

Lutz Klinkhammer
Die Zivilisierung der Affekte. Kriminalitätsbekämpfung im Rheinland und in Piemont unter französischer Herrschaft 1798–1814

1999, 193 S., ISBN 3-486-56420-X

Schriften des Historischen Kollegs: Jahrbuch

Jahrbuch des Historischen Kollegs 1999:

Jan Assmann
Ägypten in der Gedächtnisgeschichte des Abendlandes

Thomas A. Brady
Ranke, Rom und die Reformation: Leopold von Rankes Entdeckung des Katholizismus

Harold James
Das Ende der Globalisierung: Lehren aus der Weltwirtschaftskrise

Christof Dipper
Helden überkreuz oder das Kreuz mit den Helden. Wie Deutsche und Italiener die Heroen der nationalen Einigung (der anderen) wahrnahmen.

Felicitas Schmieder
„... von etlichen geistlichen leyen". Definitionen der Bürgerschaft im spätmittelalterlichen Frankfurt

2000, VI, 199 S., 7 Abb., ISBN 3-486-56492-7

Jahrbuch des Historischen Kollegs 2000:

Winfried Schulze
Die Wahrnehmung von Zeit und Jahrhundertwenden

Frank Kolb
Von der Burg zur Polis
Akkulturation in einer kleinasiatischen „Provinz"

Hans Günter Hockerts
Nach der Verfolgung
Wiedergutmachung in Deutschland: Eine historische Bilanz 1945–2000

Fank-Rutger Hausmann
„Auch im Krieg schweigen die Musen nicht"
Die ‚Deutschen Wissenschaftlichen Institute' (DWI) im Zweiten Weltkrieg (1940–1945)

Ulrike Freitag
Scheich oder Sultan – Stamm oder Staat?
Staatsbildung im Hadramaut (Jemen) im 19. und 20. Jahrhundert

2001, ca. 240 S., 16 Abb., ISBN 3-486-56557-5

Oldenbourg